석씨요람 역주 1

석씨요람 역주

1

석도성 저 · 김순미 역주

운주사

책머리에

『석씨요람』은 1020년 석도성 선사가 찬집한 이래로 불가에 출가하여 도를 배우고자 하는 이들에게는 나침반과 같은 역할을 해왔다. 그래서 『번역명의집飜譯名義集』, 『현수제승법수賢首諸乘法數』와 함께 『석씨요람』은 불학삼서佛學三書로 불리며 오랫동안 중간重刊을 거듭하여 왔고 그 결과 여러 판본이 존재한다. 중국과 일본 등에서는 선종 사찰에서 근세까지도 간행이 이루어진 것이 확인되지만, 우리나라에서는 일부 승려들을 통해 언급이 될 뿐, 그 존재조차 희미해지고 있다.

불교에 입문하기 위해서는 출가자뿐 아니라 재가자들도 불교 용어와 의미, 어원, 예절, 도구, 풍습, 의복, 사상, 규범 등 기본적으로 알아야 할 것들이 많다. 이 책은 석도성 선사가 유·불서를 가리지 않고 303종이나 되는 책을 탐독하면서 이와 관련한 내용을 발췌하여 모은 것이다. 책이 찬집되고 천 년이 지났지만, 이 책이 출가자 및 불교 신자들에게 여전히 유효한 것은 출가자의 생활이 큰 변화 없이 이 규범대로 작동하고 있기 때문이고, 앞으로도 다르지 않을 것이라는 점 때문이다.

『석씨요람』은 오래 전 역자가 박사 논문을 준비하면서 접하였고, 일부 번역하여 논문에 인용한 뒤에는 덮어 두고 있었다. 적지 않은 분량과 본인의 일천한 지식으로 다 읽어내지 못하는 안타까운 마음을 항상 가지고 있었기 때문에 이 책의 가치를 아는 누군가가 밝은 눈으로 번역하여 출간해주길 늘 바랐다. 중국과 일본에서는 관련 연구 논문들이 나오고 교주본校註本이 나오는데도 우리나라에서는 아무 소식도 들리지 않고 그렇게 십여 년의 시간이 흘렀다.

한국연구재단의 지원을 받아 연구 논문을 쓰게 되면서 일부 번역해 두었던 부분을 바탕으로 처음부터 천천히 정리해 나갔고 그 글을 모아 책으로 출간할 마음을 간신히 먹게 되었다. 곳곳에 학문적 식견이 뛰어난 승려나 재가자들이 많기 때문에 책을 만들어 세상에 내놓는 일이 내 허물을 드러내는 일처럼 느껴져 두렵고 또 두렵다. 이 일이 분수에 넘치는 일이라는 것을 잘 알지만 이 책의 출간을 계기로 관련 분야 연구가 활력을 얻고, 더불어 이 책의 모자란 부분도 바로잡는 계기가 되길 바라는 마음에서 용기를 내었다.

이 책이 발간되기까지 역자는 많은 분들의 도움을 받았다. 부족한 제자의 해독력이 안타까워 윤문에 적극 동참해 주신 정경주 교수님과 교정에 도움을 주신 엄원대 교수님이 아니었다면 원고는 아직도 미완성인 상태로 남아 있을 것이다. 또, 열악한 출판 사정에도 불구하고 기꺼이 출판을 허락하신 운주사 김시열 대표님과 역자보다 더 꼼꼼히 탐독하여 오류를 잡아내 주신 임헌상 과장님 및 편집자께도 감사의 마음을 전한다.

2022년 10월

김순미 삼가 씀

해제

1. 서설

『석씨요람』은 불가佛家의 명물名物·전장典章·칭위稱謂·계율戒律·생활生活의 세세한 예절·제도·풍습 등 다양한 내용을 다루고 있는 책으로서, 왕수王隨가 쓴 후서에 따르면 "출가자의 규범서"이다. 초판은 11세기 초에 간행되었는데, 저자 석도성은 처음 법문法門에 입문하는 사람들이 불교의 본말을 몰라 조롱을 받을까 염려되어 『석씨요람』을 찬술하였다고 했다.

이후에 중국과 일본의 사찰에서는 부록으로 종남산終南山의 도선道宣이 정리한 465조의 「교계신학비구행호율의敎誡新學比丘行護律儀」를 첨부하여 여러 차례 중간하였는데, 이러한 사실은 다양한 판본이 남아 있는 것을 통해 확인할 수 있다.

이렇게 유통되는 동안 『석씨요람』은 '불학삼서佛學三書'의 하나로 불리며, 오랫동안 『현수제승법수賢首諸乘法數』·『번역명의집飜譯名義集』과 더불어 중요도 있게 활용되어 왔다.

조선에서 간행된 불교의식집 서문에 '불문佛門의 상의집喪儀集을 만들 때 참조하였다'는 기록이 있는 것으로 볼 때 우리나라에서도 이 책이 활용되었던 것은 확실하나, 우리나라 판본이 발견되고 있지 않아서 학계에서는 우리나라에서 간행하지 않은 것으로 보고 있다.

그러나 이 책은 불교용어를 고증학적인 방법으로 접근해서 신뢰성 있는 근거 제시와 정확한 의미 전달을 하고 있어서 신뢰할 만하다는 장점과 『화엄경』의 '보살십종지菩薩十種知'에 의거하여 불문佛門의 요점을 잘 간추린 책이라는 강점, 불가의 상례와 유가의 상례가 어떻게 습합되어 시속時俗이 되었는지 알 수 있다는 점 때문에 현재 우리나라 불교계와 학계에서는 학술적인 글에 많이 활용되고 있다.

찬술자인 석도성은 독서량과 범위가 대단히 깊고 넓다. 이 책에서 다루고 있는 679가지의 용어 설명은 그 결과물이며, 제목 그대로 석씨들의 요람要覽이라 부를 만하다. 그래서 중국에서는 풍속연구와 문헌연구·언어연구·기물연구 등에도 귀중한 사료로 사용되고 있다. 왜냐하면 이 책에 지금은 선방禪房에서 사용하지 않는 기물들이 설명되고 있고, 중국 북방과 남방의 서로 다른 불교 풍습에 대해 이야기하고 있으며, 지역적으로 서로 달러 부르는 용어에 대해서도 기술하고 있기 때문이다. 그들이 이 책을 연구하고 그 내용과 가치를 알리는 목적은 인접 학문의 발전에 큰 기여를 할 것으로 기대하기 때문이다.[1]

우리나라의 경우 조선 오백년 동안의 억불 정책에도 불구하고 그 이전부터 적층된 불교문화와 불교 용어가 오늘날까지 생활 곳곳에

1 陳星橋, 「李洪志是怎樣剽窃, 篡改佛教名詞術語蒙人的」, 「邪教的本質, 危害及治理對策」, 『中國反邪教協會第二次報告會暨學術討論會論文集』, 2001. 介永强, 『西北佛教歷史文化地理研究』, 陕西師范大學, 2004. 劉沛, 『≪釋氏要覽≫引書研究』, 華中科技大學, 2013. 楊志飛, 「日藏 『釋氏要覽』室町鈔本与慶長刊本考述」, 『中國典籍与文化』, 2015. 楊志飛·瞿朝禎, 「中華書局本 『釋氏要覽校注』的版本問題」, 『圖書館雜志』, 2017 등 다수.

남아 있다. 그리고 우리나라 종교 인구 가운데 큰 부분을 여전히 불교신자가 차지한다는 점을 감안할 때, 우리나라에서도 『석씨요람』은 여러 측면에서 활용도가 높은 책이라고 할 수 있다.

이제 이 책을 번역하여 간행함에 있어서 『석씨요람』의 구성과 내용, 성격과 사상, 판본 고찰, 역시적 가치 등에 대해 간단히 소개하겠다.

2. 구성과 내용

『석씨요람』의 찬술자 석도성釋道誠은 송나라 초 전당錢塘(지금의 절강성 항주)의 승려로 호는 혜오慧悟이고 용화사龍華寺와 월륜사月輪寺에 기거했다. 왕발王勃이 편찬한 『석가여래성도기釋迦如來成道記』에 주注를 달았고, 『니몽구尼蒙求』, 『석씨수지釋氏須知』 등의 저술이 있으나 책 이름만 남아 있을 뿐이다. 책의 서두에 "전당 월륜사 강경론 사자사문 석도성 편집錢塘月輪寺講經論賜紫沙門釋道誠編集"이라고 쓴 것으로 볼 때, 그는 '사자賜紫'의 직함을 받은 승려로서 중국의 절강성 항주 지역의 월륜사에 머무르면서 『석씨요람』을 찬술하였음을 알 수 있다.

'사자'는 중국에서 승려를 관료처럼 대우하면서 붉은색 방포方袍를 하사했던 것이 제도화되어 나타난 것으로, 국가에 공훈을 세웠거나 국가적으로 존숭하는 승려에게 내려준 호칭이다. 이것을 받은 경우 승려의 직함으로 사용되었으니, 당시 석도성은 불가에서 존숭받는 위치에 있었던 인물이었음을 알 수 있다. 나머지 생평生平에 대해서는 자세히 알려진 것이 없다.

『석씨요람』의 구성과 내용을 파악하기 위해서 이 번역에서 저본으로 삼은 4권 2책의 『석씨요람』(중국판본)의 목차를 소개하면 아래와 같다.

〈표1〉

책수	권수	편명
상권	1	1.姓氏篇 2.三寶篇 3.稱謂篇 4.住處篇 5.出家篇
	2	6.師資篇 7.剃髮篇 8.法衣篇 9.戒法篇 10.禮數扁 11.道具篇 12.制聽篇
하권	3	13.恩孝篇 14.界趣篇 15.中食篇 16.志學篇 17.說聽篇 18.擇友篇 19.畏愼篇 20.勤懈篇 21.躁靜篇 22.忍諍篇
	4	23.入衆篇 24.住持篇 25.雜紀篇 26.瞻病篇 27.送終篇

위에 제시한 27개의 각 편篇에는 다시 그 주제에 속하는 단어들이 나오고, 그 단어의 뜻을 경전의 내용 혹은 선사先師들의 말을 근거로 풀이하고 있다. 이 단어들을 제시하면 아래의 표와 같고, 모두 합하면 679조목에 달한다. 그러나 중국판본은 27편임에도 불구하고 마지막 송종편이 28편으로 오기되어 있어 번역 과정에서 바로잡았다.

〈표2〉

번호	편명	단어 제목	비고
1	姓氏篇	姓氏, 天竺種姓有四, 别姓有五, 瞿曇氏, 甘蔗氏, 日種氏, 舍夷氏, 釋迦氏, 出家人統姓	9조목
2	三寶篇	三寶, 同體三寶, 别體三寶, 住持三寶, 佛寶, 一身, 二身, 三身, 四身, 五身, 十身, 十號, 六德, 阿耨多羅三藐三菩提, 釋迦牟尼, 天中天, 法寶, 經, 典, 教, 十二分教, 律, 五部律, 律名始, 論, 大乘, 小乘, 三藏, 八藏, 法門, 法輪, 二諦, 四諦, 正法, 佛法壽命, 佛法先後, 僧寶, 菩薩, 聲聞, 獨覺, 福田, 供養三寶, 供養佛, 讃佛, 念佛, 觀佛, 禮佛, 親近佛,	63조목

		一切恭敬, 南無, 遶佛, 造像, 師子座, 蓮花座, 火焰, 雕像, 鑄像, 畫像, 浴佛, 三寶物, 盜三寶物結罪處, 受用自體物福, 令佛法速滅有五法.	
3	稱謂篇	沙門, 比丘, 苾蒭, 僧, 除饉男, 導師, 祖師, 禪師, 善知識, 長老, 宗師, 法主, 大師, 法師, 律師, 闍梨, 勝士, 尊者, 開士, 大德, 上座, 座主, 上士, 上人, 道人, 貧道, 頭陀, 支郎, 緇流, 龍象, 空門子, 宗主, 僧錄, 副僧錄, 講經論首座, 僧正, 僧主, 國師, 尼, 式叉摩那, 優婆塞, 優婆夷, 七衆, 道德, 名德	45조목
4	住處篇	僧伽藍摩, 寺, 院, 道場, 精舍, 招提, 僧坊, 鹿苑, 雞園, 雁塔, 支提, 梵刹, 禪苑, 金地, 蓮社, 蘭若, 庵, 草堂, 方丈, 房, 雁堂, 禪室, 蕭寺, 香室, 造伽藍法, 護伽藍神, 比丘經營精舍, 寺院三門	28조목
5	出家篇	出家由, 出家難, 出家以信爲首, 出家越五道, 出家喜, 出家三法, 發心卽是出家, 出家正因, 出家五法, 國王父母不許不得出家, 三等出家人, 問出家苦樂, 佛不定答, 出家行, 出家人事務, 佛留福廕末世弟子	16조목
6	師資篇	師, 和尙, 師問來出家者, 律不許度者, 以貌擇師, 資, 小師, 弟子, 度惡弟子, 師資相攝, 師念弟子, 弟子事師, 教訶弟子, 童子, 度小兒緣起, 行者	16조목
7	剃髮篇	祠部牒, 剃髮, 周羅髮, 父母拜, 沙彌, 纔剃髮便授十戒, 三品沙彌, 沙彌亦名比丘, 沙彌行	9조목
8	法衣篇	衣, 二衣, 三衣, 統名, 別名, 大衣有三品九種, 五部衣色, 問五部衣得取次著否, 紫衣, 染色, 物體, 田相緣起, 作法, 明孔, 縵衣, 貼相, 納衣, 著衣功過, 袈裟五種功德, 八法信重, 受持衣法, 背著袈裟, 鉤紐, 披袒, 作袷, 偏衫, 裙, 坐具, 絡子, 襪	30조목
9	戒法篇	戒, 二戒, 三戒, 二歸戒, 三歸戒, 五戒, 八戒, 十戒, 三聚戒, 受菩薩戒有五利, 具足戒, 五篇名, 七聚, 六聚, 波羅提木叉, 制戒十益二意, 受戒次第, 得戒, 熏戒種子, 戒體, 比丘稱良福田, 問但制七支, 戒果, 受戒始, 立壇始, 受戒軌儀, 持戒三樂, 持戒三心, 破戒五衰, 護戒事業, 問俗人受三歸後違失, 捨戒四緣, 問捨戒已更出得家否	33조목
10	禮數篇	天竺九儀, 合掌, 問訊, 抽坐具, 禮拜式, 三拜, 稽首, 稽顙,	23조목

		頓首, 拜首, 揖, 恭敬, 謙下獲四種功德, 長幼序, 應遍禮, 齋會禮拜, 互跪, 長跪, 偏袒, 結加趺坐, 代禮, 珍重, 慚愧.	
11	道具篇	道具, 什物, 百一物, 六物, 鉢, 瓦鉢, 鐵鉢, 五綴鉢, 降龍鉢, 鉢器大小數, 鉢支, 鉢袋, 鉢盖, 錫杖, 解虎錫, 拂子, 麈尾, 如意, 手爐, 數珠, 扇, 拄杖, 淨甁, 盖, 戒刀, 濾水囊.	26조목
12	制聽篇	持盖, 畫房壁, 懸香, 翟耀, 栽樹, 養狗, 嚴飾床褥, 用外書治佛經, 帶縷釧, 偸稅, 看鬪, 照鏡, 歌, 飮酒, 食肉, 食辛, 捨身, 浴.	18조목
13	恩孝篇	恩, 孝	2조목
14	界趣篇	三界, 欲界, 色界, 無色界, 九地, 三有, 二十五有, 三千大千世界, 趣, 天趣, 生天因, 人趣, 人因, 人道十苦, 凡夫, 人有爲四相, 人間四事必定別離, 地獄趣, 落地獄因, 畜生趣, 畜生因, 三塗, 八難, 修羅趣, 修羅因, 閻羅王, 衆生, 心	28조목
15	中食篇	正食, 不正食, 齋, 齋正時, 粥, 粥正時, 食體, 食相, 食事, 食義, 食三德, 六味, 八味, 施食五常報, 粥十利, 食前唱密語, 五觀, 食法, 食量, 食戒, 出生, 施食, 乞食, 長食, 赴請, 言語避諱, 齋不請强往, 行香, 梵音, 表白, 疏子, 行淨水, 嚫錢, 呪願, 說法, 食後漱口, 嚼楊枝, 制一食, 中後不食得五福, 絶食, 中食論	41조목
16	志學篇	學, 二學, 三學, 開外學, 學書, 二智, 視肉, 府庫, 智囊, 義龍, 義虎, 律虎, 僧英, 僧傑, 彌天釋, 釋門千里駒, 義天, 學海, 經笥法將, 釋門瑚璉, 慧苑琳瑯, 寫甁傳器, 傳燈, 投針, 三絶, 四絶, 五備, 八備, 因人顯名, 紙貴如玉, 標領, 領袖, 八達, 八能, 辯鼎, 擔筆, 談諧上首, 義解名知, 寒松, 碧雲, 立雪, 撤被, 擁塵, 擬書, 德香, 道風, 變薤, 學者二患, 無錢決貨, 炳燭, 誡.	51조목
17	說聽篇	說, 聽, 說聽二難, 法師升高座, 法師心, 法師八種言, 語有八支, 說者過罪, 自大憍人, 講說三益, 說者五福報, 講堂制, 講堂置佛像, 講處念經, 學肆, 省, 絳帳, 龍門, 籌室, 函丈, 都講, 講僧始, 法器, 人中師子, 法匠, 義少, 四海論主, 三國論師, 毘曇孔子, 壽光學士, 經論元匠, 菩薩戒師, 講經天花墜, 說律山峰落, 聰明釋子, 摽表道人, 優賞, 金師子座, 學者爲四事墮落.	39조목
18	擇友篇	擇友, 四品友, 朋友三要, 得善友常行四法, 親友七法, 視朋	9조목

		友五事, 庸人, 染習, 察間諜	
19	畏愼篇	畏愼, 護惜浮囊, 毁破德甁, 市買禍母, 狸呑鼠子, 綿裹鐵丸, 日用木杵, 小魚忘教, 野干拒諫, 九橫, 入俗舍五法, 捨五慳, 除三惡, 息三暴害, 招輕賤三法, 得人不可愛有十法, 八誡, 成就威儀四法, 受施知節量, 四聖種, 警誡	21조목
20	勤懈篇	勤, 精進, 懈怠, 放逸, 魔	5조목
21	躁靜篇	貪, 欲, 出家人三欲, 五欲, 苦, 五畏, 七情, 八風, 少欲知足, 四歡喜法, 唯識相分, 靜, 三摩提, 禪, 坐禪, 禪帶, 禪鎭, 倚版, 骨人, 禪杖, 禪鞠, 宴坐, 佛法二柱	23조목
22	忍諍篇	諍有四種, 諍根本有六, 鄙喩, 惡報, 諍有五過, 忍, 以忍止諍, 滅瞋五觀, 行忍五德, 治一切煩惱法, 禍從口生, 緘口愼心	12조목
23	入衆篇	遊行人間, 飛錫, 海衆, 入衆五法, 入寺問制, 接新到衣, 入堂五法, 掛錫, 威儀, 安居, 夏臘, 自恣, 迦提, 經行, 在衆安樂行, 掃地, 同力收拾, 燃燈, 禮拜忌, 向火七過, 嚏, 剪爪, 剃髮, 臥法, 睡眠, 發睡緣, 晝小眠, 在床忌七事, 小行, 屛廁, 洗淨, 善品軌則, 六和敬, 善言, 在衆惡報.	35조목
24	住持篇	禪住持, 主事四員, 禪, 禪僧行解, 禪門別號, 十方住持, 長老巡寮, 侍者, 普請, 僧次, 律住持, 布薩, 行籌, 營事比丘, 出力比丘, 守寺比丘, 僧使, 常住, 祇待俗士, 慳惜僧物惡報, 擯治, 結界, 伽藍立廟, 淨人	24조목
25	雜紀篇	寺院畫壁, 五趣生死輪, 修飾畫像, 伽毘羅神像, 犍稚, 寺院擊鼓, 寺院長生錢, 盂蘭盆, 解夏草, 三長月, 寄褐, 淸齋, 法曲子, 柳枝淨水, 唾空, 紙錢綵絹, 三日齋, 累七齋, 齋七幡子, 無常鐘, 預修齋七, 城門上天王, 娑婆世界, 閻浮	24조목
26	瞻病篇	瞻病制, 瞻病五德, 瞻病人六失, 得病十緣, 橫死九法, 病僧得數數食, 得以酒爲藥, 無常院, 堂內置佛, 爲病人念誦, 說法示導, 捨墮, 打無常磬, 風刀, 命終, 悶絶位, 死位, 問捨戒, 無常, 沙門不應畏死, 沙門以寂滅爲樂, 驗來果	22조목
27	送終篇	初亡, 龕子, 安龕柩, 服制, 杖, 頭巾, 哭, 祭奠, 行弔, 受弔, 奔喪, 葬法, 闍維, 指果, 送葬, 舍利, 立塔, 誌石, 稱孤, 唱衣, 覆墓, 禮師塚, 忌日, 踈子, 寒食上墓, 問墳墓間 精神有無	26조목
		총계	679조목

〈표2〉를 보면 이 책은 「성씨편」으로 시작된다. 『석가씨보』에 의하면 "성씨가 생겨난 것은 바탕을 밝히려는 것"이라 하였다. 그래서 인도의 전통적인 4등급(찰제리刹帝利·바라문婆羅門·비사毘舍·수타首陁)의 신분 계급과 별도의 5가지 성씨, 즉 구담씨瞿曇氏·감자씨甘蔗氏·일종씨日種氏·사이씨舍夷氏·석가씨釋迦氏에 대해 설명하는데, 『아함경』에서 "사방의 큰 강물이 바다로 들어가면 본래의 이름은 없어지고 똑같이 바다라 한다." 했듯이, "머리 깎고 가사를 입은 사람들은 석가의 법통을 이어받은 것이므로 다른 성을 붙일 수가 없고 석씨라 부르는 것이 마땅하다."고 출가자들이 석釋씨 성을 쓰는 이유에 대해 설명하고 있다.

2편은 「삼보편三寶篇」인데 불가에서 흔히 사용하는 삼보와 관련된 63개 낱말의 개념을 설명하고 있다. 불교의 기본 교리와 관련된 만큼 『석씨요람』 27편 가운데 가장 많은 단어들을 선별하여 중요하게 다루고 있다. 그 첫 번째가 삼보에 관한 것이다. 삼보는 불법승을 말하는데 동체삼보는 소승과 대승 구분 없이 본성을 깨달은 것을 '불보', 법을 지키는 것을 '법보', 화합함이 있는 것을 '승보'라 하고, 별체삼보에서는 소승의 설과 대승의 설, 두 가지로 나누어 설명하고 있다. 이 외에도 경·율·론에 대한 설명과 찬불·염불·관불·예불·친근불·요불·욕불 등에 대해서 설명이 이어진다.

3편은 「칭위편稱謂篇」으로 불가에서 직책에 따라 사용하는 각종 호칭에 대한 것이다. 대사·법사·율사·도사·비구·승에서부터 바른 행실을 하는 자를 일컫는 사리闍梨, 청정한 계율을 지키는 사람을 일컫는 승사勝士, 보살을 일컫는 개사開士, 행실이 원만하고 덕이 높은 이를 가리키는 대덕大德, 학덕과 지해知解가 특출한 이를 칭하는 좌주座主, 법으로 통제하고 바른 곳으로 귀의하도록 하는 사람을 가리키는 승정僧正 등에 대해 설명한다.

4편은 「주처편住處篇」으로 사찰을 뜻하는 여러 단어와 사찰에 딸린 부속 건물의 이름, 즉 연사蓮社·초당草堂·소사蕭寺·안당雁堂·향실香室과 같은 이름의 유래를 설명하고 있다.

5편은 「출가편出家篇」인데 여기에는 출가의 이유와 출가의 어려움과 즐거움, 출가자의 행실, 출가자가 가져야 할 다섯 가지 법, 상·중·하 세 가지 등급을 가지고 있는 출가인, 출가인이 하는 일 등에 대해 말한다.

6편은 「사자편師資篇」으로 출가 여부를 물을 때 스승이 해야 하는 말, 출가를 허락할 수 없는 경우의 사람, 스승의 자질, 용모로 스승을 택했을 경우, 스승을 섬기는 제자의 마음, 스승이 제자를 생각하는 마음 등등에 대해 설명하고 있다.

7편은 「체발편剃髮篇」으로 승려임을 인정하는 사부첩祠部牒, 삼품사미三品沙彌에 대한 설명, 출가를 위해 삭발을 하고 십계를 받으며 사미로서의 행실이 어떠해야 하는지, 출가했을 때 부모가 절하는 이유 등에 대해 설명하고 있다.

8편은 「법의편法衣篇」으로 승려들이 입는 이의二衣, 삼의三衣, 자의紫衣, 만의縵衣, 첩상貼相, 납의納衣, 낙자絡子와 이것들을 입었을 때의 공덕, 옷을 받아 지니는 법, 법의에 사용하는 고리와 매듭단추, 좌구坐具 등에 대해 설명하고 있다.

9편은 「계법편戒法篇」으로 계법에 관한 것이니 출가자가 지켜야 할 계율과 대승보살의 계율, 계를 받았을 때의 이로움, 계를 지켰을 때의 결과, 계율을 제정하는 뜻, 그리고 계율을 제정하였을 때 얻는 이로움, 계를 받는 순서, 계율의 과보, 수계受戒의 시초, 수계할 때 단壇을 세운 시초 등에 대해 설명하고 있다.

10편은 「예수편禮數篇」으로 승려들의 일상인 행주좌와行住坐臥 어묵동정語默動靜에 관해 설명하고 있다. 합장하는 방법과 합장하는 이유, 예배하는 방법, 삼배하는 이유, 호궤互跪, 장궤長跪, 결가부좌結加趺坐 등 앉는 방법에 대해 설명하는 부분이다.

11편은 「도구편道具篇」으로 승려들이 사용하는 발우, 발우의 크기, 발우 받침, 석장錫杖, 여의如意, 향로, 염주, 부채, 주장자, 물병인 정병淨甁, 도를 닦기 위한 도구인 계도戒刀, 생명을 보호하기 위해 물 거를 때 사용하는 여수낭濾水囊 등에 대해 설명한다.

12편은 「제청편制聽篇」으로 반드시 지켜야 하는 것과 편의상 허락하는 것에 대해 설명하고 있다. 즉 일산을 가지고 다니는 것, 방의 벽에 그림을 그리는 것, 침상을 장식하는 것, 개를 기르는 것, 술을 마시는 것, 육식하는 것, 매운 것을 먹는 것, 목욕 등에 대한 것이다.

13편은 「은효편恩孝篇」으로 부모에 대한 은혜와 효도, 스승, 국왕, 시주자에 대한 은의를 새기는 것에 대해 설명한다.

14편은 「계취편界趣篇」으로 중생이 윤회하는 욕계·색계·무색계와 중생이 지은 업력에 따라 나게 되는 천상·인간·수라·지옥·아귀·축생의 6취趣, 구지九地, 이십오유二十五有, 삼천대천세계三千大千世界, 천상에 사는 인연, 지옥에 떨어지는 인연, 사람이 되는 인연 등에 대해 설명한다.

15편은 「중식편中食篇」으로 음식에 관한 것이다. 음식을 먹는 법, 먹는 양, 먹는 시간, 정식正食과 부정식不正食, 밥 먹을 때의 다섯 가지 관법, 음식 먹을 때의 계율, 중생식衆生食을 내어 놓는 이유, 걸식乞食, 식후 버드나무 가지를 씹어 양치질하는 이유, 이익까지 설명한다.

16편은 「지학편志學篇」으로 배움과 배움에 투철했던 선승에 대해 말하고 특별한 재주를 가진 지낭智囊·의룡義龍·율호律虎 등의 인물에 대해 소개하고 있다.

17편은 「설청편說聽篇」으로 설법하고 듣는 어려움, 설법하는 사람의 잘못, 설법하는 사람이 받는 복, 법사의 마음가짐, 설법하는 사람이 자칫 저지를 수 있는 죄, 강당의 제도, 경전을 강의한 최초의 승려 등에 대해 설명하고 있다.

18편은 「택우편擇友篇」으로 네 등급의 벗, 좋은 벗을 얻는 데 행해야 하는 것, 벗에게 해야 하는 일, 법을 삼을 때 갖추어야 하는 법, 이간질로 인해 벗을 버려서는 안 되는 일 등에 대해 설명한다.

19편은 「외신편畏愼篇」으로 출가자로서 항상 두려워하고 조심해야 하는 일에 대해 설명한다. 여러 경전의 비유를 통해 금지하는 것들을 설명하고, 선한 가르침을 듣지 않으면 당하게 되는 재앙, 육근六根을 잘 보호해야 하는 이유, 승려로서 위의를 갖추는 법 등이 이에 해당한다.

20편은 「근해편勤懈篇」으로 정진수행과 게으름, 방종, 마귀 등 수행을 게을리했을 때 그 결과에 대해 설명하고 있다.

21편은 「조정편躁靜篇」으로 탐욕과 탐욕으로 인해 생기는 괴로움,

두려움, 삼매, 칠정七情, 팔풍八風, 유식상분唯識相分에 대한 것과 좌선할 때 사용하는 도구로 두 무릎을 고정시키는 선대禪帶, 좌선하다가 졸음이 오면 머리에서 떨어지게 만들어 깨우는 선진禪鎭, 피곤한 몸을 기댈 수 있도록 만든 의판倚版, 조는 사람을 콕콕 찔러 깨우는 선장禪杖, 털 뭉치로 조는 사람에게 던져 깨우는 선국禪鞠 등에 대해 설명한다.

22편은 「인쟁편忍諍篇」으로 언쟁과 언쟁의 근본, 언쟁으로 생기는 허물, 인내, 화를 사라지게 하는 법, 참으면 생기는 덕, 번뇌를 다스리는 법, 재앙의 근원인 입 등에 대한 것이다.

23편은 「입중편入衆篇」으로 승려들의 행각과 행각하다가 다른 절에 들어갔을 때 그곳 승려들과 어울리는 법, 다른 절에 들어갔을 때 규칙에 대해 묻는 일, 법당에 들어갈 때의 법도, 안거, 하랍夏臘, 자자自恣, 안거를 말하는 가제迦提, 경행經行, 연등燃燈, 예배할 때의 금기사항, 눕는 법 등에 대해 설명한다.

24편은 「주지편住持篇」으로 선찰禪刹의 별호, 사찰에서의 일상의식, 승려의 소임, 시자侍者, 힘을 쓰는 비구, 사찰을 지키는 비구, 보청普請, 승차僧次, 포살布薩, 승사僧使, 상주물常主物, 결계結界에 대해 설명한다.

25편은 「잡기편雜紀篇」으로 사찰의 벽화, 종, 북, 장생전長生錢, 예수재豫修齋, 칠칠재七七齋, 우란분盂蘭盆, 안거를 해제하는 날 보내는 해하초解夏草, 아이들을 보호하기 위해 승복 입히는 기갈寄褐, 몸을 깨끗이 하기 위해 종일 먹지 않는 청재淸齋, 사십구재, 예수재, 염부재, 종이돈 등 사찰 전반에 관한 것들을 설명한다.

26편은 「첨병편瞻病篇」으로 병든 승려를 간호하는 제도와 방법,

병든 자를 간호하는 사람의 덕, 병든 자를 간호하는 사람의 실책, 병이 생기는 이유, 비명횡사하는 이유, 술을 먹을 수 있는 경우, 병든 사람을 위한 염불에 대해 설명한다.

27편은 「송종편送終篇」으로 불가의 장례법에 대한 것이다. 불가의 상복 제도와 상구喪具 일체에 관해 설명하고, 조문을 행하고 조문을 받음에 대해, 분상奔喪의 시초에 대해, 장법葬法, 다비사리의 종류와 탑을 세우는 것에 대해, 두건頭巾, 곡哭, 제전祭奠, 다비荼毘 등에 설명하고 있다.

이렇게 『석씨요람』은 불교의 명물名物·전장典章·칭위稱謂·생활生活의 세세한 예절, 예절이 생겨난 유래, 개념 등에 대해 상세히 설명하고 있어서, 불교 전반에 대해 설명하고 있는 '종합 백과사전'이라고 정의내릴 수 있다.

3. 성격과 사상

『석씨요람』의 발문을 쓴 석보성釋寶成은 이 책의 성격을 "출가자의 규범서"라고 하였다. 그리고 후서를 쓴 왕수王隨의 말에 의하면, 석도성釋道誠은 내외의 학문에 밝았으며 속세의 어지러운 일에 매이지 않고 항상 절에 조용히 앉아 참선하는 사람이었다. 국가의 시책 변동으로 승려들이 많아지자 불가佛家의 요람要覽이 필요하게 되었고, 그래서 경·율·론의 요점들을 초록하되, 부문과 조목이 온전히 거론되도록 편집하는 과정을 거치게 된다. 그 결과 유가의 『예기』「학기」와 같다고 평가받게 되었으니, 즉 『석씨요람』은 '승려들이 배워야 할 것과 가르쳐야 할 것에 대해 기록한 것'으로 출가자가 불문佛門에 들어 생활할 때 필요한 것을 요약·정리한 책인 것이다.

> 국가에서 불교의 가르침을 내려서 전의田衣를 입은 대중들이 많아졌다. 또 광범위한 경전을 두루 배우기가 어려워 배우러 오는 동몽童蒙들이 출속의 본말에 어두울까 두려워하였다. 이에 보화寶華에 간직된 서적들을 살펴보고 패엽의 글들(불경)을 두루 궁구하여 요점을 끌어 모으되, 의미 있는 것들끼리 채록하여 조리 있게 꿰뚫었고 요점들을 모아서 정밀하고 간결하게 하니 부문과 조목이 온전히 거론되었고 일의 자취가 자세히 갖추어졌다. 그 말을 열어 보면 화사한 봄날같이 빛나고 그 이치를 살펴보면 얼음이 풀리는 듯 환하여 유가의 『예기』「학기」와 같으니 실로 불문佛門의 요점이다.[2]

이 책은 우리나라에 고려 때 수입된 것으로 추정되는데, 조선 초에 간행된 불교의례집 서문에서 불교 상의집佛教喪儀集을 찬집하는 데 이 책을 참조하였다고 한 것에서 알 수 있다.

일본판 3책본 『석씨요람』에는 서문 바로 뒤에 '편목篇目'이라 제목하고 다음과 같은 내용이 실려 있다.

---

2 〈後序〉 王隨撰, "…以聖朝 降浮圖之敎 盛田衣之衆 且謂契經至廣 博習難周 慮來學之童蒙 昧出俗之本末 乃閱寶華之藏 徧窮貝葉之文 采義類以貫穿 撮樞要而精簡 門目具擧 事迹該詳 披其言 則曄若春融 質其理則煥然氷釋 猶儒宮之學記 實佛門之會要也. …"

『화엄경』에는 "보살은 열 가지 앎이 있으니, 이른바 여러 방편으로 개념을 설정함을 알며, 여러 언어를 알며, 여러 설법을 알며, 여러 규칙을 알며, 여러 호칭을 알며, 여러 제도와 법령을 알며, 여러 허명虛名을 알며, 다함없음을 알며, 적멸을 알며, 일체가 공함을 안다." 하였다. 이것을 27편으로 나누었으니 그런즉 대·소승, 경·율·론의 문구들이 같은지 견주어 보면 모두 열 가지로 수렴된다는 것을 알 것이다.[3]

즉 보살과 같이 출가자는 제안립諸安立, 제언어諸語言, 제담의諸談議, 제궤칙諸軌則, 제칭위諸稱謂, 제제령諸制令, 기가명其假名, 기무진其無盡, 기적멸其寂滅, 일체공一切空의 열 가지를 알아야 하니, 이것에 근거하여 이 책을 편집하였다는 것이다. 『화엄경』「이세간품」에는 위의 편목 뒤에 "보살이차보지 일체삼세제법菩薩以此普知一切三世諸法"[4]이라 하였으니, "보살은 이것으로써 일체 삼세의 여러 법을 두루 알게 되는 것"이다. 이 말에 따르면 보살이 되기 위해서 출가자들은 기본적으로 이 열 가지로 수렴되는 경·율·론을 알아야 하는데 이 책을 통해서 그곳에 입문하게 된다는 것이다.

그러나 사실 '보살십지菩薩十知'는 범위가 매우 넓고 의미가 깊은

---

3 『석씨요람』上, 篇目: 準華嚴經云 菩薩有十種知 所謂知諸安立 知諸語言 知諸談議 知諸軌則 知諸稱謂 知諸制令 知其假名 知其無盡 知其寂滅 知一切空. 由是分爲二十七篇 然則大小乘經律論文句 參同皆十知所攝也.

4 『화엄경』 53권 「이세간품」 38(T.10, p.0281b29), 佛子 菩薩摩訶薩有十種知三世何等爲十? 所謂 知諸安立 知諸語言 知諸談議 知諸軌則 知諸稱謂 知諸制令 知其假名 知其無盡 知其寂滅 知一切空 是爲十 **菩薩以此普知一切三世諸法**.

데까지 닿고 있어서 갓 출가한 승려들을 위한 '불교 입문서'에 그 설명을 다 담기에는 어려운 일이다. 그리고 이 책은 당시 갑자기 늘어난 승려들 수준이 너무 낮아서 승려 생활을 하기에 겪는 어려움과 무식하다는 기롱을 받는 것을 면하게 하기 위한 것이었으므로 명물·전장·칭위와 기타 생활의 세세한 규범 등에 오히려 더 자세한 설명을 덧붙이고 있다. 그렇게 출가자들이 알아야 할 열 가지, 즉 '보살십지'는 27편으로 나누어지고 또 679조목으로 분화된다. 결국 『석씨요람』은 화엄 사상에 기반을 두고 출가자들의 교육을 위해 편찬된 책이고, 더 나아가서는 출가자들이 일체 삼세의 여러 법을 두루 알 수 있게 하는 데 목적이 있었다고 하겠다.

『화엄경』의 사상은 깊고 넓고 또 여러 가지 사상이 담겨 있다. 그 가운데 중요한 것은 첫째 법계연기法界緣起와 유심唯心사상이다. 즉 모든 현상은 함께 의존하여 일어나, 걸림 없이 서로가 서로를 받아들이고 서로가 서로를 비추면서 끊임없이 흘러가는 장엄한 세계라는 관점이다. 둘째는 보살도菩薩道의 실천이다. 이는 십신十信·십주十住·십행十行·십회향十廻向·십지十地·등각等覺·묘각妙覺으로 전개되면서 특히 십지(환희지·이구지·발광지·염혜지·난승지·현전지·원행지·부동지·선혜지·법운지)에 집중적으로 제시되어 있는 대승 보살의 실천행을 하나하나 추구한다. 셋째는 보현행원普賢行願사상이다. 보현보살은 사실상 이 경전의 설자說者로서 부처의 본원력을 바탕으로 중생이익의 원을 세우고 행을 닦는다. 그래서 이 책에서는 '심心', '심지心地', '유식唯識' 등에 대해서 자세히 설명하고 있다.

이 외에도 『석씨요람』을 통해 알 수 있는 것은 석도성의 독서량과 범위가 매우 방대하다는 것이다. 그가 이 책에서 인용하고 있는 저서는 『서경』·『주례』·『논어』·『여씨춘추』·『좌전』 등 유교와 불교 경전을 뛰어넘어 『서역기』·『당내전록唐內典錄』·『기귀전寄歸傳』·『고공기考功記』·『경음소』·『개원록』·『고금역경도기』 등 분야를 가리지 않고 303종이나 된다.[5] 또 각 지역에서 직접 견문한 남북의 다른 풍습에 대해서도 기술하고 있어서 현재 중국에서는 11세기 중국의 제도와 풍습·언어·고문헌·출가 생활의 세세한 예절·계율 등을 연구하는 데 중요한 자료가 되고 있다.[6]

4. 판본 고찰

『불조통기佛祖統記』 권44에 의하면, 중국은 북송 건국 이후 불교와 도교 사원 건설을 엄격히 제한하는 정책을 실시하다가 1019년 8월에 진종眞宗이 대사면령을 내리자 비구 230,127인, 비구니 15,643인이 갑자기 증가하였고, 이에 석도성이 처음 법문에 입문하는 사람들을 위해 방편으로 『석씨요람』을 편찬하였다고 했다.

최육림崔育林[7]의 석씨요람 서문(1020년)과 석도성의 자서(1019년) 등을 종합하면 『석씨요람』은 석도성이 찬집할 당시 4권 2책 27편으로

---

5 劉沛, 『≪釋氏要覽≫引書研究』, 華中科技大學碩士論文, 2013.

6 앞의 각주 2)번 참조.

7 학계에서는 '材'와 '林'의 불분명한 획수 때문에 서문을 쓴 사람을 崔育材라고도 한다. 필자가 참고하고 있는 일본판 『석씨요람』에는 崔育林으로 기록되어 있어서 최육림으로 설명하였다.

만들었는데, 초판본이 나오고 100여 년이 안 되어 3권 3책으로 재편성하여 간행되었다[8]는 것을 조공무晁公武(1105~1180)의 『군재독서지郡齋讀書志』[9] 권16(1151년)을 통해 알 수 있다. 이후 중국과 일본에서는 3권 본이 주로 유통되었고, 이는 남송 때 사람 잠설우潛說友의 『함순임안지咸淳臨安志』 100권, 지반志磐의 『불조통기佛祖統紀』, 원나라 사람 마단림馬端臨의 『문헌통고文獻通考』 227권 「경적고經籍考」, 『송사宋史』 등에 기록이 있는 것으로 확인할 수 있다. 현재 가장 오래된 3권 본은 일본 관영寬永 10년(1633) 간행본이다. 4권 본에 남아 있는 보은사報恩寺 석도성釋寶成(1433년)의 『석씨요람』 「발문」과 위항사葦航寺 성월性月이 쓴 『신간석씨요람』 「서문」(1583년)을 보자.

> 전당의 도성대사 요람집은 출가하여 도를 배우는 이들의 규범이다. 세상에 행해진 것이 오래되어 구판은 인몰되었다. 내가 어려서 이 책을 얻어 일찍이 몸에 지니고 다닌 지 40년이었다. 선덕 원년(1426) 이래로 황상의 밝고 넓은 은혜가 두루 퍼져 천하의 승려들을 두루 제도함에 그는 뜻을 같이하는 고도진顧道珎과 함께 베껴 쓰고, 삼가

---

8 부세평의 校注에 의하면 孫猛의 『郡齋讀書志校證』에 『석씨요람』은 초고 상태에서 보정할 때 10권 20편으로 분류되었으나 이것은 전하지 않고, 조공무의 『군재독서지』에도 3권 본이 수록되어 있다. 『석씨요람교주』, 중화서국, 2014, p.591

9 『郡齋讀書志』. 조공무는 昭德先生이라 불렸는데, 사천성의 관리로 있었다. 당시 사천에서 轉運使로 있던 井度가 이 지방이 戰禍를 입지 않아 귀한 서적이 많이 남아 있어 10여 년간이나 책을 모았는데, 조공무의 好學에 감탄하여 그 책을 전부 양도하였다 한다. 이것을 조공무가 任地의 관아, 즉 郡齋에서 해설한 것이다. 전20권으로 되어 있다.

의자衣資를 덜어내어서 신관信官 강보성姜普成 등과 함께 장인에게 명하여 새기고 인쇄하여 유통시켰다.[10]

—석도성, 「발문」 1433년

명나라 선덕宣德(1424~1435)과 가정嘉靖(1522~1566) 연간에 요약하여 새롭게 판각했다는 이야기를 듣기는 하였으나 종적을 감추었기 때문에 있는 곳을 몰랐다. 근래 항주의 보령사普寧寺에서 『화엄경』 초록을 강설하는 도중에 동양東陽 선사가 옛 판본을 내놓고 대중들에게 한차례 돌려 보여주니 각기 들어보기 어려운 내용이라며 감탄을 하였다. 이에 벽봉사璧峰寺 주지와 승려인 여간如艮이 사비를 내고 아울러 신도들에게 모금하여 판각하고 유통시켰다.[11]

—성월, 「서문」 1583년

석보성의 발문에 의하면 14세기 말까지 『석씨요람』(4권 2책)이 유통되었던 것을 알 수 있다. 이 책을 40년 동안 가지고 있다가 고도진에게 자금을 지원하라 하고 글을 쓰게 하였으며, 신관인 강보성 등에게 명하여 1433년에 새롭게 판각하였다. 또 백여 년 세월이 흘러 책이

---

10 『신간석씨요람』 「발문」, 錢塘道誠大師要覽集 乃出家學道之軌範也. 行世久矣 舊板湮沒 釋寶成自幼得此集 嘗隨身四十年矣 洎宣德元年以來 皇上覃昭曠之恩 普度天下行童 率同志顧道珎繕寫 謹捐衣資 洎信官姜普成等 命工刊板 印造流通….

11 『신간석씨요람』 「서문」(1583), 至我朝宣德及嘉靖間 雖聞節新其板第 以踪跡湮沒 不知其所存矣. 邇於抗郡普寧說華嚴鈔中有東陽禪侶 出其故本以遏衆目 而人各有罕聞之歎. 於是璧峰寺主 同徒如艮 抽己衣資 兼募衆信 刻梓流通.

보기 어려워지자 이 잔본을 가지고 1529년에 주영周榮과 홍음洪音이 자금을 대어 혜조사慧照寺에서 중간하였으니, 권말에 "중간판재 혜조사 인행重刊板在慧照寺印行"이라 한 것으로 알 수 있다. 그리고 위항사 성월이 쓴 『신간석씨요람』 「서문」에 의하면 동양 선사가 가지고 있던 판본, 즉 1529년 혜조사에서 중간한 판본의 잔본을 가지고 다시 1583년에 승려와 신도들의 모연募緣으로 판각하게 된 것이다. 즉 본 역주서의 저본인 4권 2책의 중국판본은 11세기 초에 간행한 초판본을 1583년까지 세 번에 걸쳐 중간한 판본인 것이다.

청나라 서건학徐乾學이 기록한 『전시루서목傳是樓書目』에는 『석씨요람』이 2책이라 하였고, 하버드대학교 연경도서관장 중문선본휘간총서燕京圖書館藏中文善本彙刊叢書에도 1529년에 간행한 2책 본이 소장되어 있다. 하지만 2책 본은 오랜 세월 탓에 현존하는 판본이 드물고, 3책 본으로 분권하여 중간한 이후로는 3책 본이 주로 쓰였기 때문에 현존하는 것들도 비교적 판본 상태가 좋다. 2책 본과 3책 본의 목차는 서로 다르나 27편목으로 되어 있는 것은 같고, 27편목 안에 소제목으로 다루고 있는 679가지의 낱말들은 약간의 글자 출입만 있을 뿐 대동소이하기 때문에 내용에 차이는 없다.

일본에서는 1633년 풍설재豐雪齋에서 3책으로 간행하였으니, 일인日人 삼립지森立之(1807~1885)가 쓴 『경급방고지經笈訪古志』 권5에 활자본이 수록되어 있으며, 『대정장大正藏』 제54책에도 3책 본이 수록되어 있다. 일본에 전하고 있는 판본들의 면모를 살펴보면, 영전문창당각본永田文昌堂刻本(1885년), 옹만각본擁萬閣本(1889년), 출운사문차랑본出雲寺文次郎本(간년미상), 강호간본江戶刊本(간년미상), 간행처 미상본(1875년, 1919년, 1936년) 등이 있는데, 이들의 문자 차이가 크지 않은 것으로 볼 때 동일 판본 계통으로 보이고, 이 중에 풍설재본(1633년), 옹만각본(1889년), 출운사문차랑본, 강호간본(간년미상)은 권말에 "서법당사비구행묘근서習法堂司比丘行妙謹書"라 되어 있어서 동일 판본을 여러 번에 걸쳐 간행한 것임을 알 수 있다.[12]

청나라 학자 무전손繆荃孫의 『예풍장서독기藝風藏書續記』에는 3책 본이 수록되어 있고, 청나라 학자 양수경楊守敬(1839~1915)의 『일본방서기日本訪書記』 권16에도 3책 본이 수록되어 있다. 일본에서는 3책 본을 번각하면서 말미에 '전천무우위문위 개판前川茂右衛門尉開板'이라고 새겼는데 이곳에서 간행이 이루어진 것이다.

우리나라 국립중앙도서관에 소장되어 있는 『석씨요람』은 2종이다. 하나는 이 국역의 1차 자료인 4권 2책의 중국판본이고(1583년 간행), 다른 하나는 3권 3책의 일본판본(간년미상, 풍설재본 계통)으로 두 판본 모두 온전한 형태를 갖추고 있다. 우리나라 국공립도서관을 비롯하여 각 대학도서관과 사찰의 성보박물관 등을 찾아본 결과 이 책을 소장하고 있는 곳이 드물고, 소장하고 있는 것도 낙질본이어서 간사지刊寫地나 간사자刊寫者 등 제반 사항을 확인하기 어려웠다. 고려대도서관에 소장되어 있는 것은 3책 본 가운데 상권만 남아 있는 낙질본이고[13] 책 표지에 '금명장錦溟藏'이라고 쓰여 있는 것으로 볼 때 구한말의 승려로서 송광사를 중심으로 후학 양성에 힘을 쏟았던 금명보정錦溟寶

---

12 부세평, 『석씨요람교주』, 中國佛教典籍選刊, 중화서국, 2014, p.4. ##

13 고려대 소장 『석씨요람』 형태사항: 零本1冊, 四周單邊 半郭 21.9×15.1cm, 有界, 11行20字, 上下白口, 上下內向黑魚尾; 29.5×18.8cm.

鼎(1861~1930)이 소장자였던 것으로 추정된다. 그렇다면 20세기 초까지도 우리나라 사찰에서 이 책을 소장·활용하고 있었다는 것을 알 수 있다. 판본 형태는 고려대 소장본과 국립중앙도서관 본이 또 달라 동일 판본은 아닌 것으로 결론 내릴 수 있었다.

『석문상의초釋門喪儀抄』(벽암각성碧岩覺性, 징광사澄光寺, 1705년) 서문에 의하면, 우리나라 실정에 맞게 재편하여 『석문상의초』를 만들었는데, 이 책을 만들 때 중국 자각대사慈覺大師의 『선원청규禪苑淸規』, 응지대사應之大師의 『오삼집伍衫集』, 『석씨요람』 등에 의거하여 상례집喪禮集을 편찬하였다고 하였다.[14] 그렇다면 우리나라에서도 『석씨요람』이 유통되었을 것으로 추정하는데, 우리나라 판본으로 확인되는 서적이 없어서 간행과 그 유통 상황을 파악하기 어렵다.

국립중앙도서관 소장본인 2책 본과 3책 본의 서지사항을 비교하면 아래와 같다. 이것은 국립중앙도서관의 서지사항을 참고하면서 국역자가 확인한 사실들을 보충한 것이다.

두 판본을 비교해 보면 2책 본에는 편찬자 석도성의 자서(1019년)와 최육림의 서문(1020년)이 빠져 있고, 3책 본에는 석보성의 발문(1433년)과 석종림(1529년)의 발문이 빠져 있다. 일본으로 서적이 전해지기 위해서는 조선을 거쳐야만 했을 것이고, 우리나라에 있던 1529년 이전에 간행된 판본이 일본으로 전해졌을 것이다. 그리고 3책 본에는 부록인 「교계신학비구행호율의」가 없다. 2책의 중국 판본은 구판舊版

14 『한국불교의례자료총서』 2집, p,455, 慈覺大師禪苑淸規 應之大師伍衫集 釋氏要覽讀之 其中最爲龜鑑者喪禮一儀甚詳而但是中國所尙之□不合東方之禮改抄出其要分爲上下篇以□初學云時

이 인몰되어 중간重刊을 할 때, 앞부분에 석도성과 최육림의 서문이 훼손된 까닭에 싣지 못하고, 1529년에 중간할 때 도선 스님이 저술한 「교계신학비구행호율의」 23장을 부록으로 첨부한 것으로 추정된다.

〈표3〉

<table>
<tr><th>책제목</th><th colspan="2">『석씨요람』</th><th>『석씨요람』</th></tr>
<tr><td>서지사항</td><td colspan="2">4권 2책 중국 목판본
四周雙邊 半郭 19.8×13.0cm,
12행 23자 註雙行,
上黑魚尾; 25.7×17.0 cm</td><td>3권 3책 일본 목판본
27.4×19.1cm
10행 20자
上下內向花紋魚尾</td></tr>
<tr><td>서문</td><td colspan="2">1583년 (明)性月 *「신간요람서」라 함</td><td>1019년 釋道誠
1020년 崔育林</td></tr>
<tr><td>발문</td><td colspan="2">1024년 王隨
1433년 顧道珍
1433년 釋寶成
1529년 釋宗林</td><td>1024년 王隨
1433년 顧道珍
(習法堂司比丘行妙謹書)</td></tr>
<tr><td rowspan="4">부록</td><td colspan="2">教誡新學比丘行護律儀</td><td rowspan="3">×</td></tr>
<tr><td>서문</td><td>終南山 沙門 道宣</td></tr>
<tr><td rowspan="2">후서</td><td>若訥</td></tr>
<tr><td>釋寶成(1433년)</td><td></td></tr>
<tr><td>간기</td><td colspan="2">刊寫地: 杭州府 海寧縣計村吉祥寺
刊寫者: 璧峯 重刊印行
刊行年: 萬曆癸未(1583년)季冬</td><td>刊寫地: 前川茂右衛門尉 開板
刊寫者: 未詳
刊行年: 未詳</td></tr>
<tr><td>편목</td><td colspan="2">×</td><td>○</td></tr>
</table>

3책의 일본 판본에는 초판본에 있는 석도성과 최육림의 서문, 왕수의 발문이 남아 있고, 1433년에 고도진의 발문이 있는 것으로 봐서 고도진이 자금을 내고 석보성이 간행한 이후의 판본이 일본으로 건너

가 지속적으로 간행되었을 것이다. 간행연도는 알 수 없고 간사刊寫한 곳은 “전천무우위문위前川茂右衛門尉”이다. 이상의 정황은 1529년에 부록을 첨부하여 간행하면서 석종림釋宗林(자는 대장大章, 호는 후암朽庵, 절강 항주 사람)이 쓴 발문을 통해 알 수 있다. 최근에 『석씨요람교주』(중국불교전적찬간中國佛教典籍選刊, 중화서국, 2014)를 펴낸 부세평은 2책 본보다 3책 본이 더 합리적 구성을 갖추고 있다고 했으며, 『석씨요람교주』도 3책 본을 가지고 교주하였다. 두 판본의 목차를 비교하면 아래와 같다.

〈표4〉

<table>
<tr><th colspan="2">책제목</th><th>중국 목판본 『석씨요람』</th><th>일본 목판본 『석씨요람』</th></tr>
<tr><td colspan="2">분권</td><td>4권 2책(1583년)</td><td>3권 3책(간년미상)</td></tr>
<tr><td rowspan="2">上</td><td>1권</td><td>1.姓氏篇 2.三寶篇 3.稱謂篇 4.住處篇 5.出家篇</td><td rowspan="2">1.姓氏 2.稱謂 3.居處 4.出家 5.師資 6.剃髮 7.法衣 8.戒法 9.中食</td></tr>
<tr><td>2권</td><td>6.師資篇 7.剃髮篇 8.法衣篇 9.戒法篇 10.禮數扁 11.道具篇 12.制聽篇</td></tr>
<tr><td>中</td><td></td><td></td><td>10.禮數 11.道具 12.制聽 13.畏愼 14.勤懈 15.三寶 16.恩孝 17.界趣 18.志學</td></tr>
<tr><td rowspan="2">下</td><td>3권</td><td>13.恩孝篇 14.界趣篇 15.中食篇 16.志學篇 17.說聽篇 18.擇友篇 19.畏愼篇 20.勤懈篇 21.躁靜篇 22.忍諍篇</td><td rowspan="2">19.說聽 20.躁靜 21.諍忍 22.入衆 23.擇友 24.住持 25.雜紀 26.瞻病 27.送終</td></tr>
<tr><td>4권</td><td>23.入衆篇 24.住持篇 25.雜紀篇 26.瞻病篇 27.送終篇</td></tr>
</table>

위의 표에서 보는 바와 같이 두 판본의 내용은 1권의 '주처편住處篇'을 '거처편居處篇'으로 3권의 '인쟁편忍諍篇'을 '쟁인편諍忍篇'으로 고친 것과 2책을 3책으로 분권하면서 편차를 바꾼 것 외에 달라진 것은 없다. 부세평은 3책 본이 더 합리적 구성을 갖추고 있다고 하였지만, 2책 본은 초간본의 형태를 파악할 수 있는 사료인 데다 중국에서도 드물게 보이는 것이기 때문에 2책 본 그대로의 가치가 있다고 하겠다.

이상의 판본 고찰을 종합하면 4권 2책의 중국 목판본은 11세기 초판본을 저본으로 몇 번의 중간 과정을 거쳐 1583년에 다시 간행한 것이고, 3권 3책의 일본판본은 12세기경 2책을 3책으로 분책하고 새롭게 편집하여 중국에서 간행한 것 중 1433년에 간행한 것이 일본으로 유입된 이후의 판본이다. 세월이 흐르면서 2책 본은 중간하는 일이 없었기 때문에 유통되는 것을 더 이상 볼 수 없게 되었고, 3책 본은 일본으로 건너가 20세기까지 꾸준히 간행 유통되었다. 그래서 현재 중국이나 일본에 현존하는 『석씨요람』은 3책 본이 주를 이루고 있는 것이다.

5. 『석씨요람』의 역사적 가치

국역 자료인 중국판본 『석씨요람』은 앞에서 살폈듯이 중국에서도 귀하게 여기는 자료이다. 아래는 「신간석씨요람서문」으로 성월의 글이다.

『석씨요람』은 송나라 천희天禧(1017~1021) 연간에 석도성釋道誠

선사가 찬집한 불서이다. 그는 경전(敎乘)을 살펴보다가 요체들을 뽑아내고 이 글들을 모아 두 권으로 만들었으니 모두 스물일곱 편이다. 후학들이 드넓은 대장경의 글들을 읽기 전에 먼저 스님들의 아름다운 법을 궁구하여 시대의 변화에 어둡지 않게 하려는 의도에서였다.……[15]

위에서 살펴본 바에 의하면, 이 책은 한국·중국·일본에서 모두 사용하였던 불서佛書이고 선찰에서 많이 사용하였기 때문에 중국이나 일본에서는 지속적인 연구 자료로 현재도 사용되고 있다. 그래서 중국에서는 여러 편의 연구 논문이 나왔고, 2014년에는 『석씨요람교주』(중국불교전적선간)가 간행되는 등 이 책에 대한 관심이 끊이질 않고 있다. 일본에서도 20세기 초반까지 간행이 이루어지는 등 공급과 연구가 이어지고 있다. 이 책이 가지고 있는 언어적·문헌적 가치, 그리고 불가에서 이 책의 활용성을 생각해 볼 때, 우리나라에서 국역서가 이제껏 나오지 않은 것은 무척 아쉬운 일이다.

〈표2〉에서 보듯이 『석씨요람』「삼보편」(2편)에는 〈욕불浴佛〉에 대한 설명이 있다. 이 내용을 살펴보면 강절江浙지방과 회북淮北지방은 욕불 날짜가 다르다. 강절지방은 강소성과 절강성을 말하는데, 여기서는 4월 8일을 욕불일로 하고 있고, 그보다 북쪽인 안휘성과 삼경三京인 장안·낙양·북경에서는 12월 8일을 욕불일로 한다.[16] 같은 중국이지만

15 「新刊要覽序」, 釋氏要覽者 乃宋天禧間 誠禪師所集之佛書也. 由其披閱敎乘 研摭精要 葺此一文 約爲二卷 始末卄有七篇. 意欲後學未質大藏廣文 先究緇門令範而不昧乎 時變者也.…

지방에 따라 욕불 날짜를 달리하고 있음을 알 수 있다. 그리고 "남방의 승려들은 좌구를 끌어당겨 앉아 예를 행한다"(「예수편」 10)[17] 하였고, "절강성의 서쪽지역 승려들은 안거를 해제하는 날에 비단으로 띠풀을 묶어 시주자에게 보내는데 이것을 일컬어 해하초라고 한다. 북방의 승려들은 모두 행하지 않는다."(「잡기편」 25)[18]고 하여 불교 풍습이 지역에 따라 다르게 전승되어왔음을 알 수 있다.

「조정편」(21편)에는 선가禪家에서 참선할 때 사용하는 〈선대禪帶〉, 〈선진禪鎭〉, 〈의판倚版〉, 〈선장禪杖〉, 〈선국禪鞠〉 등을 설명하고 있는데, 오늘날 사용하지 않는 기물들이 포함되어 있어서 그 사용처와 모양 등을 확인하고 고증할 수 있는 자료적 근거가 된다. 가령 '선대'는 좌선할 때 두 무릎이 움직이지 않게 묶는 가죽끈이고, 모양과 크기가 홀笏과 비슷하게 생긴 '선진'은 좌선을 할 때 머리에 이고 있다가 졸면 떨어지게 만들어 정진할 수 있게 도와주는 도구이다. '의판'은 '선판禪版'이라고도 하는데 좌선할 때 기대어 피로를 없애는 데에 도움을 주는 것이고, '선장'은 좌선할 적에 졸면 찔러 깨우는 도구이며, '선국'은 털 뭉치로 좌선할 때 조는 사람이 있으면 그것을 던져 깨어나게 하는 것이다. 이러한 기물들은 도를 구하기 위하여 용맹정진하는 선사들의 지혜와 열정을 엿볼 수 있는 것이면서 당시 선찰의 구도적 분위기를 파악할 수 있는 흥미로운 도구들이다.

「송종편」(27편)에서는 〈곡哭〉, 〈복제服制〉, 〈제전祭奠〉, 〈분상奔

---

16 而今江浙 用四月八日浴佛也. 今淮北乃至三京 皆用臘八浴佛也.

17 南方以抽坐具爲禮 律檢無文.

18 今浙右僧 解夏日 以綵束茆 以遺檀越 謂之解夏草.

喪〉, 〈장법葬法〉, 〈사유闍維〉, 〈사리舍利〉, 〈입탑立塔〉 등에 대해 설명하고 있다. 불교의 교리상 승려들은 본래 죽음을 꺼리지 않는다. 그래서 이 「송종편」에서는 상이 났을 때 곡을 하는 문제, 출가자들이 상복을 입는 문제, 전奠을 올리는 것, 분상奔喪의 시초, 다비법, 사리의 어원, 탑을 세우는 의미 등 흥미로운 것들이 많다. 「송종편」에서 다루고 있는 조목들을 살펴보면, 불교의 장례법과 당시대의 시속 예법이 혼재되어 있음이 확인되기 때문에 불가식 장례법의 근원과 당시 시속의 예법이 어떠했는지 고찰할 수 있다. 그러므로 종교 의례가 시속과 습합되어 나타나는 형태와 현장에서 설행되는 불교 장례법을 살피는 데에도 이 책은 귀중한 사료가 될 것이다.

한편, 「잡기편」(25편)에는 〈사원장생전寺院長生錢〉에 대해 아래와 같이 설명하는 부분이 있다.

○계율에서는 다함이 없는 재물(無盡財)이라 했으니, 대개 원금과 이자가 이리저리 굴러 변화함이 끝이 없기 때문이다.

○『양경기』에서 말했다. "사찰에는 고갈되지 않는 기금(無盡藏)이 있다.……

○『십송률』에서 말했다. "불탑의 물건을 내어 이자를 불리자 부처가 그것을 허락하였다."

○『승기율』에서 말했다. "부처에게 공양한 꽃이 많자 향유를 매매하자고 청하니 허락하였다. 그래도 많이 남자 팔아서 부처의 무진재에 넣었다.[19]

---

19 〈寺院長生錢〉, 律云 無盡財 蓋子母展轉無盡故. ○『兩京記』云 寺中有無盡藏.

장생전에 대한 위 인용문을 보면 부처에게 공양한 것들을 자본으로 이식利殖을 늘려가는 당시 사찰의 또 다른 면모를 보게 된다. 계율에서 말하는 '무진재無盡財'를 근거로 사찰에서 이자를 받고 돈을 빌려주는 금융업을 한 것이다. 본래 사찰에서 운영하던 무진재는 무진장 있는 보시금으로 서민들을 돕기 위해 낮은 이자를 받고 빌려주던 돈이었으나, 우리나라의 경우 고려시대 때에는 이것이 사찰의 타락 원인이 되었다고 할 만큼 고리대금업으로 변질되어 갔다.

또한, 「잡기편」에 나오는 〈법곡자法曲子〉와 〈류지정수柳枝淨水〉의 설명을 보면, 수도의 승려들이 부르는 당찬唐讚이 무엇이며, 남방의 유풍과 북방의 단오절 풍속이 어떤지 알 수 있다.

『비나야』에서 말하였다. "왕사성 남쪽 지방에 '납파臘婆'라 부르는 악공이 있었는데, 보살의 팔상八相을 취하여 노래를 만들자 공경하며 믿는 사람들은 듣고 환희심을 일으켰다. 지금 수도의 승려들은 〈양주팔상梁州八相〉, 〈태상인太常引〉, 〈삼귀의三歸依〉, 〈류함연柳含煙〉 등을 염송하는 것을 당찬이라고 부른다. 또한 남방의 선인禪人들이 〈어부漁父〉, 〈발도자撥棹子〉와 같이 창도하는 가사를 만든 것은 모두 여기에서 나온 유풍遺風이다."[20]

又則『天經序』云 將二親之所蓄 用兩京之舊邸 莫不摠結招提之宇 咸充無盡之藏. ○『十誦律』云 以佛塔物出息 佛聽之. ○『僧祇』云 供養佛花多 聽賣買香油. 猶多者 賣入佛無盡財中.

20 〈法曲子〉, 『毘奈耶』云 王舍城南方 有樂人名臘婆 取菩薩八相 緝爲歌曲 令敬信者聞生歡喜心. 今京師僧 念梁州八相 太常引 三歸依 柳含煙等 號唐讚. 又南方禪人作漁父撥棹子 唱道之詞 皆此遺風也.

북쪽 사람들의 풍속인데 매년 단오절 등 혹독한 계절이 되면,[21] 모두 동이에 물을 담고 안에 버들가지를 꽂아서 문 앞에 두고 악한 일을 피했다.

『관정경』에서 말하였다. "옛날 유야리維耶黎 성의 백성들이 돌림병을 만나자 어린 비구 선제禪提가 부처의 가르침을 받들며 마하신주摩訶神呪를 외우며 가서 역질을 물리치니, 역질 걸린 사람들은 모두 나았다. 선제가 그 나라에 머문 29년 동안 백성들은 편안하였는데 그가 죽자 백성들은 다시 역질을 만나게 되었다. 백성들은 선제를 생각하며 마침내 그가 머물던 곳으로 가니 그곳에는 그가 씹다가 버린 이쑤시개가 땅에서 자라나 숲을 이뤘고 숲 아래에는 샘물이 있었다. 백성들이 그 물을 뜨고 버들가지를 꺾어 돌아가서 병든 사람에게 뿌리니 모두 나았으며 독기가 사그라들고 많은 사악한 것들이 물러갔으니 모든 일이 길상하기 때문이었다."[22]

악공이 보살의 팔상에 대해 만든 노래를 듣고 사람들이 환희심을 일으키자 그것을 본 때 중국 북송 개봉부開封府의 승려들은 '당찬'이라 하며 〈양주팔상〉, 〈태상인〉, 〈삼귀의〉, 〈류함연〉 등을 노래하였다. 〈양주팔상〉에서 '양주'는 북송의 수도 개봉을 일컫는 말로 개봉부의

21 춘궁기로 인한 혹독함과 봄 가뭄, 역병, 자연재해 등을 말하는 것으로 보인다.

22 〈柳枝淨水〉, 北人風俗 每至重午等毒節日 皆以盆盛水 內揷柳枝置之 門前辟惡. 『灌頂經』云 昔維耶黎城 人民遭疫 有一少年比丘 名禪提 奉佛教 持摩訶神呪 往爲辟之 疫人皆愈. 其禪提 住彼國 二十九年民安. 至其遷化 民復遭疫. 民思禪提 遂往住處 但見所嚼齒木 擲地成林 林下有泉. 民酌其水 折楊枝歸洒病者皆愈 毒氣消亡 辟除衆惡 萬事吉祥故也.

여덟 가지 모습을 노래로 만들어 불렀다는 것이고, 〈태상인〉은 사패병詞牌名으로 '태청인太淸引', '석전매腊前梅'로도 불렸다. 정체운격正體韻格은 평운격平韻格이고, 자수는 49자, 50자이며 송대에 크게 유행하였다. 〈삼귀의〉는 불자로서 불·법·승 삼보에게 귀의하겠다는 노래이다. 대상물을 찬미하여 사람들의 환희심을 일으키는 데는 노래만한 것이 없기에 승려들은 이를 잘 활용하였던 것이다. 〈류함연〉은 본디 당나라 교방敎坊의 곡명이었는데 뒤에 사패명으로 바뀌었다. 쌍조雙調에 자수는 45자이다.

북방의 단오절 풍속은 승려들이 사용하는 양지楊枝, 즉 버드나무 가지와 관계된 것으로 이 풍속이 생기게 된 이유에 대해 설명한다. 유야리 성에 역병이 돌자 선제동자는 부처의 가르침대로 마하신주를 외우며 역질을 물리친다. 선제가 죽고 난 뒤, 다시 역병이 돌자 백성들은 선제가 살던 곳으로 가서 그가 양치질용으로 사용하다 버린 버드나무 가지가 생명을 얻어 숲을 이루고 있는 것을 보게 된다. 사람들은 버들가지를 꺾고 주변에 있던 샘에서 물을 길어 돌아와서 역질에 걸린 사람들에게 뿌리니 모두 회복하게 된다. 이 때문에 단옷날이 되면 물동이에 버드나무 가지를 꽂아 문 앞에 두는 풍속이 생기게 되었다는 것이다. 이야기의 신빙성에 대해서는 차치하고, 『관전경』이란 경전을 근거로 풍속이 생기게 된 과정을 이야기하고 있다.

이상과 같이 『석씨요람』은 불가 장례절차 가운데 근거를 가지고 말할 수 있는 기원에 대해 또는 방법, 어원, 의미에 대해 설명하고 있고, 당시 참선할 때 사용하던 도구를 설명하여 용맹정진하는 선방의 분위기를 읽을 수 있게 하며, 한편 무진재를 이용하여 금융업을 한 사실도 알 수 있게 한다. 그리고 〈법곡자〉의 설명을 통해 '당찬'이 무엇인지, 남방의 승려들이 부르는 〈어부〉나 〈발도자〉 등의 노래가 '당찬'에서 근거한 것임을 확인할 수 있게 하며, 〈류지정수〉의 내용을 통해 북방의 단오절 풍속이 선제에게서 유래하였음을 알 수 있게 한다. 이처럼 『석씨요람』은 다양한 분야를 다루고 있기 때문에 연구자들에게는 무궁무진한 연구 자료를 얻을 수 있는 책으로 언어적·역사적·자료사적 가치가 충분하다 하겠다.

6. 결어

북송시기 11세기 초에 처음 간행된 『석씨요람』의 가치를 확인하기 위해 구성과 내용, 성격과 사상, 판본 고찰을 하면서 중국과 일본의 판본 간행상황까지 살펴보았다. 저자 석도성은 처음 법문에 입문하는 자들이 본말을 몰라 조롱받을까 염려하여 『석씨요람』을 찬술하였고, 이후에 불가에서는 부록으로 종남산의 도선이 정리한 465조의 「교계신학비구행호율의」를 첨부하여 불가의 규범서로 활용하게 되었다.

조선에서도 불문의 상의집을 만들 때 참조하였다는 기록이 있어서 우리나라에서도 활용되었다는 것은 알 수 있으나, 중국이나 일본에서처럼 간행되어 널리 유통되지는 않았던 것으로 보인다.

이 책은 불교용어를 고증학적인 방법으로 접근하여, 근거 있고 정확한 의미를 전달하고 있어서 신뢰할 만하다는 장점과 『화엄경』의 '보살십종지'에 의거하여 불문의 요점을 잘 간추린 책이라는 특이점을 가지고 있어서 현재 우리나라 불교계와 학계에서는 학술적인 글에 많이 인용하고 있다.

4권 2책의 중국판본과 3권 3책의 일본판본을 비교하여 보면, 내용상 27편 679조목을 다루고 있다는 점에서는 같고, 구성상 2책을 3책으로 분권하면서 편차를 대폭 수정한 점에서는 다르다. 11세기 초 4권 2책의 초판본(12행 23자)이 만들어지고 백 년이 안 되어 중간하면서 3권 3책(10행 20자)으로 분책한 것은 서·발문을 통해 알 수 있었다. 그 후에 우리나라를 통해 일본으로 건너간 『석씨요람』은 일본 내에서 여러 차례 간행되어 선찰에서 중요한 규범서로 사용되었다는 것을 남아 있는 판본들로 확인할 수 있었다.

우리나라 국립중앙도서관에도 중국판본과 일본판본을 소장하고 있는데, 중국에서도 보기 드물다는 2책 본이 있어서 그 자료사적 가치와 더불어 역사적 가치 또한 높다 하겠다.

***범례**

1. 『석씨요람』은 현재 국립중앙도서관에 소장된 명나라 판본(4권 2책, 이하 명판본이라 함)과 일본 판본(3권 3책, 이하 일판본이라 함)이 유일하다. 역자는 명판본을 원본으로 삼아 국역을 하였으나 오자가 많아 일판본 및 대정장大正藏과 대조하며 교감을 하였고, 또 두 판본 모두 오자인 경우는 여러 원전을 참조하여 역자가 교감하여 주를 달았다.
2. 역자가 저본으로 삼고 있는 명판본에는 본문과 세주細注를 구분하고 있지 않으나 일판본에는 세주를 쌍주로 처리하여 확연히 구분하고 있다. 따라서 역자는 일판본과 중국 부세평富世平(1973~현재) 교수의 『석씨요람 교주釋氏要覽校注』(중화서국, 2014)를 참고하여 본문과 세주를 구분했으며, 세주의 앞과 뒤에 【 】를 넣고 서체를 달리하였다. 그런 가운데 문장이 완전히 다르거나 글자의 출입이 있는 경우에는 각주를 달아 문구를 비교할 수 있도록 하였다.
3. 명판본과 일판본 및 대정장을 비교하여 오자인 경우에는 역자가 교감하였지만, 글자가 달라도 내용이 달라지지 않는 경우에는 명판본을 저본으로 삼았기 때문에 그대로 두었다.
4. 『석씨요람』은 중국에서 1020년·1433년·1529년·1583년에 간행을 했고, 부세평에 의하면 일본에서는 1633년·1875년·1885년·1889년·1919년·1936년에 간행을 했다. 본 역서는 1583년 명나라(1368~1662) 때 중간重刊된 것을 저본으로 삼고 있기 때문에 간행 시기의 이름을 붙여 명판본이라 하였고, 일본에서 간행된 것은 그 시기를 알 수 없으므로 일판본과 대정장(대정신수대장경)으로 줄여 썼다.

9. 계법편戒法篇 • 318

「석씨요람 서」[1]

공덕주선림주산단주 우극선덕랑수상서 둔전원외랑[2]
상경차도위 최육림이 찬함

옛날 우리 부처는 미묘하고 바른 삼신三身으로 원만히 4가지 지혜를 이루셨고 열반하지 않고 스스로 증명하였으며 방편을 써서 사람들을 제도하였다. 만법을 펼쳐 드러내고 진실의 궁극(眞實際)을 가리키며 중생의 본성을 가르쳐 인도하였다. 근본이 공空함을 깨닫고 삼매의 문을 세워 구족의 상相을 공경하며 유위有爲의 집착을 끝내고, 무생無生의 인忍으로 돌아갔다. 바다 같이 넓은 종회宗會의 깨달음으로 실로 깨끗한 무리들이 늘어나자 적멸로 가는 것을 보여주기를 바랐다. 결집하여 말을 하되, "경론을 조술하여 교법을 널리 퍼지게 하니 크도다. 끝까지 받아들이되 양을 정할 수가 없으니 작도다! 미세한 것도 빠트리지 않지만 그것을 봐도 보이지는 않고, 무궁한 겁 동안 무너뜨릴 수도 없도다." 하였다.

내면에 있는 지식은 착종된 것이어서 끝내 말할 수 없지만 실마리를

1 명판본에는 이 서문이 누락되어 있어서 일판본의 서문을 가지고 와서 첨부하였다.

2 둔전원외랑屯田員外郎: 당나라 때 공부工部에 속한 관직. 군사지역 내의 둔전도 관리하고, 문무관원들의 직전 분배에 관한 사무도 맡았다.

가지고 곧장 뒤따라가서 선회하지 않고 방대하게 깨달아 이해하면 초월하여 이르게 될 것이다. 장차 지름길로 가려 하지 말고 도반에 의지하여 간다면 이제 『석씨요람』으로 말미암아 그곳에 이를 수 있을 것이다. 천축국에 가지 않고도 불법의 본말을 알고, 법장法藏에 놀지 않고도 만행萬行의 절도(節制)를 밝히며, 용用에 따라 움직이거나 그치면서 규범을 세우고, 수행하여 나아갈 곳을 알아야 미혹되지 않을 것이다. 크고 작음을 포괄하여 승乘과 제諦를 설명하였고 그것을 증명하려고 각 품品의 예문例文을 밝혔다. 상·하권을 고르게 하였으니, 그것을 보는 자는 태양에 오르는 것 같이 모든 경계가 확연해질 것이다.

말하기를, "진여眞如는 말 속(句義)에도 일체법에도 있지 않고 애상礙相 가운데도 없으니, 배우지 않으면 알지 못하고 배움에 응하면 알게 될 것이다. 성인이 가신 지 이미 오래되어 털과 뿔만큼의 큰 차이가 생겼으니, 배우고 알게 된 뒤에는 부족해도 향해 가고, 이르지 못하더라도 멀리하지 말고 배우는 것이 옳을 것이다. 수행의 첫 자리(因地)가 결과의 자리(果位)이니 그것에 매달리면 공功이 있을 것이다.

지금 석도성釋道誠 대사는 들어 아는 것이 풍부하여 법을 펼치고 뜻에 머무르며, 불법을 계승하는 위엄 있는 힘으로 이 요람을 모았으니 '지智'라 부르고 '혜慧'라 부른다. 누가 총명하지 않다고 말하겠는가.

때는 송나라 천희 4년(1020) 9월 16일 서문을 적다.

釋氏要覽序

功德主仙林住山壇主 愚極宣德郎守尙書 屯田員外郎 上輕車都尉 崔育林 撰

昔我佛妙正三身 圓成四智 不泥洹而自證 運漚和以度人. 敷顯萬法指眞實際 導誨群性. 了根本空 設三昧之門 嚴具足之相 盡有爲之執歸無生之忍. 宗會覺海 實蕃淨徒 迨乎寂滅示往. 結集垂言 經論以祖述 教法以摽闡 其爲大也. 至極含受而不可限量 其爲小也. 細而不遺視之弗見 窮無央之劫不可壞. 終內有之識不能稱錯綜 端緒雖惟逮而莫周 恢博開解 非超越而不至. 將不由徑儔爲所依 則今要覽可由而致之也. 靡涉西流知五竺之本末 不游法藏 明萬行之節制 動息隨用而立軌 修習知趣而不迷. 包括微著 詮乘諦以證之 昭灼品例. 卷上下以勻之覽之者 猶若太陽升而萬境廓然矣. 謂曰 眞如非在句義 且夫一切之法 無礙相中 非學非知 應學應知. 去聖彌遠 毛角差別 雖學雖知然後不足 罔有行向未臻而遠離 於學可也. 因地果位繫之在功. 今誠公大師 博富於有聞 法施而留志 承佛威力 載集斯要 曰智曰慧. 孰謂不敏. 時皇宋天禧四載季秋旣望序而引之.

「신간요람」 권상[1]

남경(建康)[2]의 천희天禧 문하에서 법을 배우고
강주講主의 도움을 받아 항주의 월륜사에 머물며
경론을 강하는 사자사문 석도성이 찬집함

나(석도성)는 경사京寺에서 강경講經하는 것을 그만두고 동쪽 고향으로 돌아왔다. 처음에는 용화사에 우거하다가, 후에 월륜사에 머물면서 10여 년간 바깥일을 끊고 조용히 오직 날마다 장경만을 읽으며 항상 평소에 가진 생각대로 공부하였다. 글을 보다가 뜻을 모르면 갈증 난 사내가 벌컥벌컥 강물을 마시는 것처럼 하여 배가 가득 차게 할 수 있었으나 그 깊이와 광대함을 알지 못하였다. 간혹 출가인이 반드시 알아야 할 일을 보고 편의에 따라 그것을 초록하다 보니 천희 3년(1019) 가을에 이르렀다.

황상의 밝은 은혜가 이르러서 두루 천하의 승려들을 제도하였다. 이것으로 인하여 비슷한 내용끼리 모으고, 제가諸家의 전기傳記와

---

1 이 국역 작업은 4권 2책 27편의 명판본을 저본으로 하였으나 이 판본에는 위의 서문이 없다. 이 책의 편차를 이해하기 위해서는 일판본에 있는 편목이 중요하기에 일판본의 서문과 편목을 첨부하였다.

2 건강建康: 중국 남경南京의 옛 명칭.

편지의 절문을 더하여 3권 27편으로[3] 나누고 제목을 『석씨요람』이라 하였다. 또 처음으로 불문에 입문하는 자들은 모두 진실로 경전에 익숙하게 알지 못하므로 이 말들을 마음속에 잘 간직한다면 종신토록 몰래 훔쳤다는 꾸짖음을 면하게 될 것이다. 혹자들이 나를 능통하고 재주 있는 석학이라 부르지만, 이것들이 어찌 미천한 내 말이겠는가. 이것은 성인의 말씀일 뿐이다.

新刊要覽 卷上

建康天禧講下聚公 講主助緣 錢塘月輪山居講經論賜紫沙門釋道誠集

道誠自委講京寺 東歸維桑. 始寓龍華禪府 後住月輪蘭若 中間十年寂絶外事 唯讀藏經日 爲常課酬昔志也. 然則臨文昧義 猶渴夫飮河但能滿腹 不知其深廣焉. 或見出家人須知之事 隨便抄錄之 洎天禧三年秋.

皇上覃昭曠之恩 普度我天下童行. 因是讎文以類相從 兼益諸家傳記書疏節文 分爲二十七篇 析爲三卷 題曰釋氏要覽焉. 且恤創入法門者皆所未知苟或玩此典 言藏諸靈府 則終身免竊服之誚矣. 或通才碩學豈以誠之微而廢. 聖人之言也云爾.

---

3 저본으로 삼은 명판본은 4권 2책 27편인데, 대정신수대장경(大正新脩大藏經, 이후로는 약칭하여 대정장이라 함)과 일판본에 동일하게 있는 서문을 가지고 온 것이어서 3권 27편으로 되어 있다.

「편목」

『화엄경』에서는 "보살은 삼세의 10가지를 다 아니, 이른바 여러 방편으로 개념을 설정함을 알며, 여러 언어를 알며, 여러 설법을 알며, 여러 규칙을 알며, 여러 호칭을 알며, 여러 제도와 법령을 알며, 여러 허명虛名을 알며, 다함없음을 알며, 적멸을 알며, 일체가 공함을 안다."라고 하였다. 이것을 나누어 27편으로 하였으니, 그런즉 대·소승, 경·율·론의 문구들이 같은지 견주어 보면 모두 10가지로 수렴된다는 것을 알 것이다.

篇目

準華嚴經云 菩薩有十種知 所謂知諸安立 知諸語言 知諸談議 知諸軌則 知諸稱謂 知諸制令 知其假名 知其無盡 知其寂滅 知一切空. 由是分爲二十七篇 然則大小乘經律論文句 參同皆十知所攝也.

「신간요람 서」

『석씨요람』은 송 천희(天禧, 1017~1021) 연간에 석도성釋道誠 선사가 찬집한 불서이다. 그는 경전(敎乘)[1]을 살펴보다가 요체들을 뽑아내고 이 글들을 모아 2권으로 만들었으니, 모두 27편이다. 후학들이 드넓은 대장경의 글들을 읽기 전에 먼저 스님들의 아름다운 법을 궁구하여 시대의 변화에 어둡지 않게 하려는 의도에서였다. 명나라 선덕宣德(1424~1435)과 가정嘉靖(1522~1566) 연간에 요약하여 새롭게 판각했다는 이야기를 듣기는 하였으나 종적을 감추었기 때문에 있는 곳을 몰랐다.

근래 항주의 보령사普寧寺에서 『화엄경』 초록을 강설하는 도중에 동양東陽 선사가 옛 판본을 내놓고 대중들에게 한차례 돌려 보여주니 각기 들어보기 어려운 내용이라며 감탄하였다. 이에 벽봉사璧峰寺 주지와 승려인 여간如艮이 사비를 내고 아울러 신도들에게 모금하여 판각하고 유통시키니, 이는 또 하나의 기회이지 어찌 조그만 보탬에 그치겠는가? 일이 끝나는 날에 나에게 서문을 지으라고 하기에, 불법을 즐거워하는 정성을 가상하게 여겨 재창한 세월을 다시 기록한다.

때는 대명 만력 계미년(1583) 늦겨울 12월 8일 금릉金陵[2]의 위항사葦

---

1 교승敎乘: 부처가 설법한 경문經文을 말하는 것이다. 즉 교법敎法으로 중생을 실어 열반에 이르게 한다는 뜻.

航寺 성월性月이 기록하다.

新刊要覽序

釋氏要覽者 乃宋天禧間 誠禪師所集之佛書也. 由其披閱敎乘研摭精要 葺此一文約爲二卷 始末卄有七篇. 意欲後學未質大藏廣文 先究緇門令範而不昧乎時變者也. 至我朝宣德及嘉靖間 雖聞節新其板第 以踪跡湮沒 不知其所存矣. 邇於抗郡普寧說華嚴鈔中有東陽禪侶 出其故本以遏衆目 而人各有罕聞之歎. 於是璧峰寺主 同徒如艮抽己衣資兼募衆信 刻梓流通 此又一機也 豈小補哉? 功成日 欲予言以序之因佳其樂法之誠 復誌再唱歲月云爾. 旹大明萬曆癸未季冬 佛成道日金陵葦航性月識.

2 금릉金陵: 중국 남경南京의 옛 이름. 당나라 때에 금릉부라 한 데서 생겼다.

釋氏要覽 卷上

錢塘月輪寺 講經論 賜紫沙門 釋道誠 編集

(항주 월륜사에서 경론을 강하는 사자사문 석도성 편집)

1. 성씨편姓氏篇

1) 성씨

『서역기』에서 말하였다. "성姓이란 백세의 계통을 묶어놓아 분리되지 않도록 하는 것이다. 씨氏란 자손이 나온 곳을 분별하는 것이다."

○『석가씨보』에서 말하였다. "대저 성씨가 생겨난 것은 바탕을 밝히려는 것이다. 그러므로 사람의 부류에 따라 명명하였다."

姓氏

『西域記』云 姓者 所以繫統百世 使不別也. 氏者 所以別子孫之所出也. ○『釋迦氏譜』云 夫姓氏之興 本欲召諸質也. 故隨物類而命焉.

(1) 천축에 네 종류의 성씨가 있음

첫째는 찰제리刹帝利요【세상에 알려진 군왕의 종족을 일컫는다.】둘째는 바라문婆羅門이며【진秦나라 말로는 밖에 있는 것에 생각을 둠(外意)이니,

행실을 깨끗이 하고 도에 뜻을 두는 종족이다. 그 종족은 별도의 경서經書가 있어서 대대로 서로 전하여 재가하든지 출가하든지 하며 자기 방법대로 고행하는 것이 많아서 스스로 아만심我慢心[1]을 가지고 있는 사람들이다.】 셋째는 비사毘舍요【폐사吠舍라고도 하며, 상업에 종사하는 부류이다.】 넷째는 수타首陁인데【술달라戌達羅라고도 하며, 농업에 종사하는 부류이다.】 우리 부처 석가모니 세존은 찰제리의 종족이다.

『장아함경』에서 말하였다. "현겁賢劫[2]이 처음 이루어질 때는 해와 달이 없었다. 이때 광음천인이 세상에 내려오셨는데[3] 모두에게 신광이 있어 자유로이 비행飛行[4]하며, 남녀·존비·친소의 구별이 없었다.

---

1 아만심我慢心: 자기 스스로 잘나고 높은 체하여 남을 가볍게 여기고 업신여기는 마음.

2 현겁賢劫: 삼겁三劫(莊嚴劫·賢劫·星宿劫) 중의 하나. 발타겁跋陀劫(颰陀劫)·파타겁波陀劫이라 음역하고, 현시분賢時分·선시분善時分이라 번역한다. 세계는 인간의 수명 8만 4천 세 때부터 백 년을 지낼 때마다 1세씩 줄어들어 인간의 수명 10세에 이르고, 여기서 다시 백 년마다 1세씩 늘어나서 인간의 수명 8만 4천 세에 이르며, 이렇게 1증增 1감減하는 것을 20회 되풀이하는 동안에 세계가 성립되고(成), 다음 20세 증감하는 동안에 머물러(住) 있고, 다음 20세 증감하는 동안에 무너지고(壞), 다음 20세 증감하는 동안은 텅 비게(空) 된다. 이렇게 세계는 성成·주住·괴壞·공空을 되풀이하는데 이 4기期를 대겁大劫이라 하고, 과거의 대겁을 장엄겁莊嚴劫, 현재의 대겁을 현겁賢劫, 미래의 대겁을 성수겁星宿劫이라 한다. 현겁 때에는 1천 부처가 출현하여 중생을 구제한다고 한다.

3 광음천인이 세상에 내려오셨는데(光音天人下生): 『증일아함경』에 "겁초에 광음천의 천인들이 서로 말하기를 '염부제에 가고 싶다'고 하면서 즉시 염부제로 내려와 이 땅의 살찐 고기를 먹었다. 때문에 신족통神足通을 잃고 서로 울부짖어 말하기를 '우리는 궁액窮厄을 만나 다시 천상에 오르지 못한다.'"라고 하였다.

4 비행飛行: 공중을 자유자재로 날아다니는 것. 육통六通 중에서 여의통如意通에

음식은 자연의 검소한 맛이었고 이런 음식을 먹자 이들은 신광과 신통이 없어져 버려 비로소 탐심이 싹텄다. 다시 지병地餠·지부地膚·지지地脂의 맛이 생겨나서 이를 먹고서 여러 나쁜 것들이 몰려들었고, 남녀의 모습이 처음으로 갖추어졌다. 땅에서 쌀이 생겨나서 아침에 베어내도 저녁이면 생겨났으며 쌀겨가 없었다. 당시 사람들이 탐심이 더욱 늘어나서 모두 미리 취하여 넉넉하게 저장하니 쌀이 마침내 자라나지 않았다. 이에 각자 땅을 차지하여 김매고 씨 뿌리는 일을 배웠다. 이때부터 간음하고 도둑질하는 자들이 많아졌는데, 판결해 주는 사람이 없었다. 그 가운데 한 사람이 용모와 자질이 뛰어나 세상 사람들의 공경과 신임을 받자 여러 사람의 의견을 모아 백성의 주인으로 삼고 '마하삼마갈라사'라고 불렀다. 【이는 '대평등왕'이라는 말이다.】 각기 세금을 갖다 바치기 시작하니 【이것이 조세의 시작이다.】 그래서 찰제리刹帝利[5]라고 명명하였다." 【이는 땅의 주인이라는 말이니, 처음에 땅을 나눌 적에 각기 쟁송諍訟이 있었기에 그로 하여금 주관하게 하였음을 말한다.】

든다. 육통에 대해서는 2. 삼보편의 각주 2)번을 참조할 것.

5 찰제리刹帝利: 인도의 카스트 중 두 번째 계급이다. 불교 경전과 논서에서는 찰리종刹利種이라 번역한다. 성직자 계급인 브라만을 모시며, 하위계급인 바이샤(서민), 수드라(천민) 계급을 통치하는 계급이다. 브라만은 성직자이므로 정치에는 개입할 수 없고, 왕·총리·의원·군 지휘관·법관·경찰 등의 공무원은 모두 크샤트리야가 담당한다.

天竺種姓有四

一者刹帝利【謂弈世君王種】二者婆羅門【秦言外意 謂淨行志道. 其種別有經書 世世相承 或在家 或出家 苦行多任己術 自我慢人也.】三者毘舍【或云吠舍 謂商賈之種】四者首陁【或云戍達羅 謂田農種】我佛釋迦牟尼世尊 卽刹帝利之種也.

○『長阿含經』云 賢劫初成 未有日月. 是時光音天人下生 皆有身光飛行自在 無有男女 尊卑親疏之別. 食自然地味 因食此物 乃身光滅神通亡 貪心始萌. 復生地餠地膚地脂之味 食乃諸惡湊集 男女始形. 地生粇米 朝刈暮生 亦無糠檜. 時人貪心增長 皆預取厚藏 米遂不生. 乃各占田土 學耨種業. 自此姦盜滋彰 無決斷者. 中有一人容質瓌偉世所欽信 衆議立爲民主 號摩訶三摩曷羅闍.【此云大平等王.】各願輸賦供億【此租稅之始.】故命氏刹帝利.【此云土田主 謂初分土田 各有諍訟使主之.】

2) 별도로 다섯 성씨가 있음

우리 부처 석가는 아주 오랫동안(三阿僧祇劫)[6] 6가지 보살수행(六度)[7]과

6 삼아승기겁三阿僧祇劫: 보살이 부처의 지위에 이르기까지 수행하는 시간. 삼기三祇라고도 한다. 아승기는 무량수이다. 10주·10행·10회향의 3위位를 수행하여 마치는데 제1아승기겁을 지내며, 그동안에 7만 5천 부처께 공양한다. 10지 중 초지~7지에 이르기까지 수행을 마치는데 제2아승기겁을 지내며, 7만 6천 부처께 공양한다. 제8지~제10지의 수행을 마치는데 제3아승기겁을 지내며, 7만 7천 부처께 공양한다.

7 육도六度: 보살이 열반에 이르기 위해서 해야 할 6가지의 수행(6바라밀). 보시布施·

중생구제를 위한 온갖 행위(萬行)를 닦았기에, 간혹 실제로 보신報身이기도 하고, 간혹 화신化身의 한 모습을 보여주기도 하면서 각 사람의 종족에 따라 씨를 구별하여 명명하였다.

別姓有五

我佛釋迦 於三阿僧祇劫 修六度萬行 因[8]或實報或示化 各隨物類別名氏也.

(1) 구담씨

범어로는 '구답마' 또는 '구담미'이다. 이것은 '땅에 있는 것 중에 가장 좋다'는 말이니, 하늘을 제외하고 땅에 사는 사람 가운데 가장 뛰어난 사람이라는 말이다. 경서에서 말하였다. "아주 오랜 옛날에 부처가 국왕이 되었다가 선위禪位[9]하고 구담선瞿曇仙을 스승으로 삼아 도를 닦았는데, 일찍이 정원에서 놀다가 도적에게 해를 입었다. 그 구담선의 시신을 염하고 피 묻은 흙을 취해 뭉쳐 2개의 덩어리를 만들고, 그것을 그릇에 담아 좌우에 두고 10개월 동안 주문을 외자, 왼쪽 것은 변하여 남자가 되고 오른쪽 것은 변하여 여자가 되었다. 이에 구담이라 씨를 명명하였으니 구담씨의 시작이다."

지계·持戒·인욕忍辱·정진精進·선정禪定(止觀)·지혜智慧를 말한다. 도度는 도피안到彼岸의 뜻이다.

8 명판본에는 '內'로 되어 있으나 '因'의 오자이므로 바로잡았다.

9 선위禪位: 왕이 살아서 임금의 자리를 물려주는 것.

一[10] 瞿曇氏

梵語正云[11] 瞿答摩 又云瞿曇彌. 此云[12]地最勝 謂除天外 在地人類中最勝故. 經云 昔佛於劫初 作國王禪位 師瞿曇仙修道 嘗[13]於一園游止爲賊所害. 彼仙乃殯尸取血 泥爲兩團用器盛之置於左右 呪之滿十月左化爲男右化爲女. 乃命氏瞿曇始也.

(2) 감자씨

경전을 살펴보니, 옛날 전륜왕이 있었는데 이름이 대자재大自在였다. 자손이 대대로 이어져서 합이 8만 4천 명의 왕에 이르렀고, 최후의 왕 이름은 대모초大茅草인데 늙도록 자식이 없었다. 이에 정치를 대신에게 맡기고 스스로 삭발하고 출가하자 사람들이 왕선王仙이라고 불렀다. 너무 늙어서 다닐 수가 없게 되자 제자들은 걸식하러 갈 때 풀로 만든 바구니에 왕선을 담아 나무에 매달아 놓았는데, 이는 호랑이가 해칠까 염려되어서였다. 어떤 사냥꾼이 그것을 보고 백조라 생각하고 바로 쏘아 죽이니 핏방울이 땅에 방울방울 떨어졌다. 제자들이 돌아와 스승이 죽은 것을 보고 곧 함께 시신을 염하였다. 핏방울이 떨어진 곳에서 뒷날 홀연히 감자 두 뿌리가 생겨났는데, 햇빛이 비치자 감자가 쪼개지면서 하나에서는 동자가 나왔고 다른 하나에서는 동녀가 나왔다. 대신들이 소문을 듣고 그들을 영접하여 궁으로 돌아와

---

10 명판본에는 '一'이 없으나 뒤에 二, 三, 四, 五가 나오므로 '一'을 넣어 바로잡았다.

11 명판본에 '正'으로 되어 있는 것을 '正云'으로 바로잡았다.

12 명판본에는 '二'로 되어 있으나 '云'의 오자이다.

13 명판본에는 '常'으로 되어 있으나 '嘗'의 오자이다.

서 장성하도록 키웠고, 왕의 종족이었기 때문에 추대하여 왕으로 삼았으며, 씨를 감자라 명명하였으니 이것이 감자씨의 시작이다.【범어로는 '교답마喬答摩(고타마의 음역)' 혹은 '교담미喬曇彌'라고 하는데 두 성은 중국말로는 '가장 좋다'는 말이다. 『경음소』에는 '모두 감자왕의 후손'이라 하였으며, 『순정리론』에는 '교답마의 후손'이라 하였으니, 햇빛에서 생겨났기 때문이다.】

二 甘蔗氏

按經云 昔有轉輪王 名大自在. 子孫相傳 合有八萬四千王 最後王名大茅草 垂老無子. 乃委政大臣 自剃髮出家 衆號王仙. 極老不能行李諸弟子輩 時行乞食 遂以草籠盛王仙懸於樹 虞狼虎之害也. 有獵人望見 謂是白鳥 乃射之死 血瀝于地. 諸弟子歸 見師被害 卽共殯尸. 其血瀝之地 後時忽生甘蔗二本 日炙開剖 一生童子一生童女. 大臣聞 迎取歸宮 養育長成 以王種故遂立爲王 命氏甘蔗始也.【梵云 喬答摩或喬曇彌二姓 華言最勝. 『經音疏』云 皆甘蔗王種也 『順正理論』云 喬答摩種 生於日光.】

(3) 일종씨

경전에서 말하였다. "감자왕은 모태에서 태어난 것이 아니라, 햇빛을 받아 갈라졌기 때문에 일종日種[14]이라고 한다."

○『대비경』에서 말하였다. "성姓이 '태양(日)'인 것은 어둠에서 나와

14 일종日種: 태양의 후예라고 생각한 왕족의 가문을 말한다. 석존이 태어난 석가족도 여기에 속한다. 인도에는 일종日種과 월종月種의 왕족이 있다.

밝은 빛을 만들었기 때문이다."【지금 두 경전을 상세히 살펴보면, 전자는 인연의 이유를 따른 것이고, 후자는 공덕을 요약한 것이다.】

三 日種氏

經云 卽甘蔗王 不受胎藏 因日炙開剖 故名日種. ○『大悲經』云 姓日者 爲離諸暗 而作光明故.【今詳二經 前就本緣 後約功德.】

(4) 사이씨

감자왕은 4명의 태자를 쫓아내었다.[15] 그 넷은 첫째가 거면炬面, 둘째가 금색金色, 셋째는 상중象衆, 넷째는 니구라尼拘羅인데【수나라 말로는 별성別成이다.】그들이 처음에 설산 북쪽에 이르러 모두 잎이 무성한 큰 나뭇가지 아래에서 쉬었으니 이 때문에 '사이기야奢夷耆耶'라 불렀다. 지금은 '사이'라 말하는데, 필시 범어가 와전되어 '야耶'자가 생략된 것이다. ○『오분율』에는 "설산 북쪽 사이림 가까이에 성을 쌓아 집을 지었다."라 하고, 또 병사왕이 처음에 부처에게 "어느 나라에서 태어났는가?"를 묻자 부처가 "사이국에서 태어났다."고 말했다 한다.【지금 상고해보면 필시 나무로 인하여 나라 이름을 지은 것이고, 나라 이름을 따라

15 감자왕은 4명의 태자를 쫓아내었다: 일종을 성씨로 한 크샤트리야는 일찍이 '포오탈라가'에 나라를 세우고 농지를 개척하고 백성을 다스려 왔다. 그 후손 모초왕茅草王은 '구담瞿曇'을 성씨로 하였다. 모초왕의 자손 감자왕에게는 두 왕비가 있었으니, 첫째 왕비의 소생은 장수長壽이고, 둘째 왕비 소생은 거면·금색·상중·별성의 네 왕자이다. 첫째 왕비는 둘째 왕비의 아들인 네 왕자를 시기하여, 왕에게 간청하여 죄 없는 네 왕자를 나라 밖으로 내쫓게 했다.

성씨를 일컬은 것이다.】

○『법원주림』에서는 "사이는 서방의 귀한 성이다."라고 했다.

四 舍夷氏

卽甘蔗王 擯出四太子. 一名炬面 二名金色 三名象衆 四名尼拘羅【隋言別成.】四子初至雪山北 頓駕大樹枝條蓊鬱之下 是故名奢夷耆耶. 今言舍夷 必梵語訛略耶. ○『五分律』云 近雪山北 舍夷林 築城營舍 又絣沙王 始問佛生何國 佛言 生舍夷國.【今詳必因樹命國 從國稱氏.】

○『法苑』云 舍夷者 西方之 貴姓也.

(5) 석가씨

그 4명의 태자들이 덕으로써 사람들을 귀의시키자 몇 년이 되지 않아 백성들이 가득하여 강국이 되었다. 부왕(감자왕)은 후회하고 사신을 보내어 네 아들에게 잘못을 사과하며 불렀으나 허물을 말하며 돌아오지 않았다. 부왕은 이에 세 번 탄식하며 "내 아들 석가야!"라고 하였다.【중국어로는 '능인能仁'이라는 뜻이다.】

○『장아함경』에서 말하였다. "석가는 진나라 말로는 '능함(能)'이고, 번역하면 '곧음(直)'이니, 곧은 재목을 뜻하기 때문이다."【이 2가지 번역을 상고해 보면, 앞에 것은 사람의 재능을 위주로 한 것이고, 뒤의 것은 처신을 위주로 한 것이다.】지금 또 생각해 보면 4명의 태자를 모두 석가라 불렀지만 오직 4번째 니구라만이 우리 부처의 조상이다. 살펴보건대, 경전에는 니구라에게 구로俱盧라는 아들이 있고, 구로에게는 구구로瞿俱盧라는 아들이 있으며, 구구로에게는 사자협師子頰이

라는 아들이 있다. 사자협에게는 네 아들이 있었으니 첫째가 정반, 둘째가 백반, 셋째는 곡반, 넷째는 감로반이다.【범어로는 수도타나首圖馱那라고 하며 이를 정반왕이라 하니, 곧 부처의 아버지이다.】

五 釋迦氏

卽彼四太子 以德歸人 不數年間 鬱爲强國. 父王悔憶 遣使往詔 四子辭過不歸. 父王乃三歎曰 我子釋迦.【華言能仁.】○『長阿含經』云 釋迦 秦言能 又譯爲直 謂直林[16]故.【詳此二譯 初從人 後就處.】今詳四太子 俱命釋迦 惟第四尼拘羅 是我佛祖也. 按經云 尼拘羅 有子名俱盧 俱盧有子名瞿俱盧 瞿俱盧有子名師子頰. 師子頰有四子 一淨飯 二白飯 三斛飯 四甘露飯.【梵云 首圖馱那 此云淨飯王 卽佛父也.】

3) 출가인들의 통성

『개원록』에 의하면, 진진秦晉[17] 이전에 출가자들은 스승의 성을 따르는 경우가 많았다. 훗날 미천彌天(천하) 사문 도안이 말하길 "무릇 머리 깎고 가사를 입은 사람들은 석가의 법통을 이어받은 것이므로 다른 성을 붙일 수가 없다. 모두 석씨라 부르는 것이 마땅하다." 하였으나 그 당시 모두 그렇게 하지는 않았다. 불경의 번역이 나오면서부터

16 명판본에는 '材'로 되어 있으나 '林'의 오자이다. 『장아함경』에는 "住直樹林 又號釋迦"라고 했다.

17 진진秦晉: 서기 400년대 남북조 시대 초기를 말한다. 부견符堅의 전진前秦(351~394년. 5호 16국의 하나)과 동진東晉(317~420년. 중국을 지배한 6조 가운데 하나).

『아함경』에 이르기를 부처가 비구들에게 "사방의 큰 강물이 바다로 들어가면 본래의 이름은 없어지고 똑같이 바다라 한다." 하였다.

4개의 성을 가진 자식들이 부처에게 출가하여 머리와 수염을 깎고 삼법三法[18]의 옷을 입으면 본래의 성은 없어지고, 다만 '사문의 석자釋子'라고 말한다.

○『미사색률』에서 말하였다. "너희 비구들은 여러 종족이 출가한 것이므로 모두 본래의 성을 버리고 똑같이 석자釋子라 부르겠다." 【지금 사문 석釋이라고 부르는 호칭은 대개 인도의 출가한 외도들이 자칭하여 사문이라 불러서이다. 오늘날에는 '석釋'이라 간단하게 쓰나 '석'이라고만 불러도 좋다. 그렇지만 승려들 사이에서는 그렇게 부를 수가 없으니 동일한 '석'씨 가문의 법형제이기 때문이다.】

出家人統姓

『開元錄』云 秦晉已前 出家者多隨師姓. 後彌天沙門道安云 凡剃髮染衣 紹釋迦種 卽無殊姓. 宜悉稱釋氏 時皆未然. 洎譯出『阿含經』云 佛告比丘 四大河水入海 無復本名 同名爲海. 四姓之子於佛出家 剃除鬚髮著三法衣 無復本姓 但云沙門釋子. ○『彌沙塞律』云 汝等比丘 雜類出家 皆捨本姓同稱釋子. 【今稱沙門釋者 蓋天竺出家外道 亦自稱沙門. 今以釋字簡之 或單稱釋亦可. 若彼此是僧 卽不用稱 蓋同一釋家法兄弟故也.】

---

18 삼법三法: ① 교법敎法(석가모니 부처가 45년 동안 설한 법). ② 행법行法(부처의 가르침에 따라 수행하는 4가지 성제, 12인연법 등). ③ 증법證法(수행으로 얻은 보리와 열반).

2. 삼보편三寶篇

1) 삼보

삼보란 불·법·승을 일컫는 말이다. 『보성론』에서는 "저 6개의 서로 비슷한 것은 서로 대립되기 때문에, 불법승을 이름하여 '보배(寶)'라고 한다. 첫째, 세간에서 얻기 어려움이 비슷함이니, 선근善根이 없는 중생들은 백천만겁이 지나도 얻을 수 없기 때문이다. 둘째, 더러움이 없는 것이 비슷함이니, 유루법有漏法[1]을 다 벗어났기 때문이다. 셋째, 위엄과 덕이 비슷함이니, 여섯 신통(六通)[2]의 불가사의함과 위엄과

---

1 유루有漏: ↔ 무루無漏. 루漏는 누설의 뜻. 우리들의 6문門으로 누설하는 것. 곧 번뇌·고제苦諦·집제集諦를 유루라 한다.

2 육통六通: 육신통六神通이라고도 한다. 6가지의 불가사의한 작용. ① 신족통神足通: 자유로이 원하는 곳에 나타나는 능력. ② 천안통天眼通: 자신과 남의 미래 상태를 아는 능력. ③ 천이통天耳通: 보통 사람에게 들을 수 없는 소리를 듣는 능력. ④ 타심통他心通: 타인의 생각을 아는 능력. ⑤ 숙명통宿命通: 자신과 남의 과거 세상의 모습을 아는 능력. ⑥ 누진통漏盡通: 번뇌를 제거하는 능력.

덕의 자재함을 갖추었기 때문이다. 넷째, 장엄함이 비슷함이니, 능히 장엄하여 세상에서 벗어나기 때문이다. 다섯째, 수승하고도 미묘함이 비슷함이니, 묘하게 빼어난 점이 세간을 벗어나기 때문이다. 여섯째, 달리 고칠 수 없음이 비슷함이니, 무루법無漏法으로써 세간의 8가지 법을 흔들 수 없기 때문이다." 게偈로 읊었다.

참된 보배는 세상에 드물고 眞寶世希有
밝고도 깨끗하고 또 세력이 있어 明淨及勢力
능히 세상에서 제일 장엄하여 能莊嚴世間
최상의 경지에서 바뀌지 않네. 最上不變等

三寶

謂佛法僧也. 『寶性論』云 依彼六種相似相對故 佛法僧說名爲寶. 一世間難得相似 以無善根諸衆生等 百千萬劫不能得故. 二無垢相似 以離一切有漏法故. 三威德相似 以具足[3]六通不可思議 威德自住故. 四莊嚴相似 以能莊嚴出世間故. 五勝妙相似 以出世間[4]故. 六不可改異相似 以無漏法 世八法不能動故. 偈云 眞寶世希有 明淨及勢力 能莊嚴世間 最上不變等.

---

3 명판본에는 '之'로 되어 있으나 '足'의 오자이다.

4 명판본에는 '門'으로 되어 있으나 '間'의 오자이다.

(1) 동체삼보[5]

체를 같이하는 삼보는 한 가지 진여眞如[6]로 말하자면 그 의미의 설명이 3가지이다. 첫째, 진여는 바로 본성을 깨달은 것이므로 불보라고 한다. 둘째, 진여는 법을 가지고 지킨다는 것이므로 법보라고 한다. 셋째, 진여는 화합함이 있다는 것이므로 승보라고 한다.

同體三寶

謂於一眞如上 義說爲三也. 一眞如是覺性 名佛寶. 二眞如有執持義 名法寶. 三眞如有和合義 名僧寶.

(2) 별체삼보[7]

체를 달리하는 삼보에는 2가지 학설이 있다. 첫째로 소승의 설에서는 장육금신丈六金身[8]은 바로 불보이고, 사제四諦[9]와 12인연因緣[10]이 공에

---

5 동체삼보同體三寶: 별체삼보別體三寶의 반대어. 본체론적으로 설명하는 삼보. 삼보는 진여법신을 본체로 삼고, 같은 보체寶體의 세 방면을 나타내는 것. 곧 진여법신에 갖추어져 있는 완전무결한 영각靈覺을 불보佛寶, 그의 고요한 법성을 법보法寶, 화합하는 덕상德相을 승보僧寶라 한다.

6 진여眞如: 모든 현상의 있는 그대로의 참모습이며, 중생이 본디 갖추고 있는 청정한 성품이다. 궁극적으로 변하지 않는 진리이며 모든 분별과 대립이 소멸된 마음 상태를 가리킨다.

7 별체삼보別體三寶: 각각의 것으로 간주되었던 삼종삼보三種三寶의 하나. 대승과 소승의 삼보를 말한다. 대승에서는 삼신여래三身如來를 불보佛寶, 이공二空의 리理를 법보法寶, 삼현십성三賢十聖을 승보僧寶라 하여 삼보로 삼고, 소승에서는 장육丈六의 신身을 불보佛寶, 사제四諦·12인연·생공生空의 교敎를 법보法寶라 하고, 사과四果·연각緣覺을 승보僧寶라 하여 삼보로 삼는다.

서 생긴다는 가르침이 바로 법보이고, 사과四果[11]·연각緣覺[12]이 바로 승보이다. 둘째, 대승의 설에서는 삼신여래三身如來[13]가 바로 불보이고, 이공二空[14]의 가르침이 바로 법보이고, 삼현십성三賢十聖[15]이 바로 승보이다.

---

8 장육금신丈六金身: 석존은 신장이 1장 6척으로 전신이 자마금색紫磨金色이었다고 한다. 석존이 범부보다 뛰어난 것을 말한다.

9 사제四諦: 4종류의 기본적인 진리. 고제苦諦·집제集諦·멸제滅諦·도제道諦.

10 12인연因緣: 인간의 고통, 고민이 어떻게 해서 성립하는지 고찰하고, 그 원인을 추구하여 12가지 항목으로 세운 것. ①무명無明: 무지. ②행行: 잠재적 형성력. ③식識: 식별 작용. ④명색名色: 정신과 육신. ⑤육입六入: 눈·귀·코·혀·몸·뜻. ⑥촉觸: 감관과 대상과의 접촉. ⑦수受: 감수 작용. ⑧애愛: 맹목적 충동·망집·갈망에 비유되는 것. ⑨취取: 집착. ⑩생生: 생존. ⑪노사老死: 무상함. ⑫무명심無明心: 깨닫지 못하는 어두운 마음. 차례로 앞에 것이 뒤의 것을 성립시키는 조건이 되므로 앞의 것이 없어지면 뒤의 것도 사라진다.

11 사과四果: 소승에서 깨달음의 결과로 견도見道 이후 정과正果의 4단계. ①수다원과須陀洹果(入流果) ②사다함과斯陀含果(一來果) ③아나함과阿那含果(不還果) ④아라한과阿羅漢果(無生果).

12 연각緣覺: 혼자서 깨달음을 연 사람. 벽지불이라 번역한다.

13 삼신여래三身如來: 법신·보신·응신 여래를 말한다.

14 이공二空: 생공生空과 법공法空. 생공(혹은 我空, 人空)은 나의 존재는 오온이 임시로 화합한 것으로 상일주재常一主宰의 아我인 것은 아니라고 이해하는 것. 즉 실체적 자아의 관념을 부정하는 것. 법공은 개체를 구성하는 여러 법도 자성이 아니라고 설한 것. 즉 물질적·정신적인 모든 존재의 실체 관념을 부정하는 것.

15 삼현십성三賢十聖: 깨달음의 단계에 의한 성현賢聖의 구별. 삼현은 10주住·10행行·10회향回向의 보살. 십성은 십지보살十地菩薩. 십지는 ①환희지歡喜地 ②이구지離垢地 ③발광지發光地 ④염혜지焰慧地 ⑤난승지難勝地 ⑥현전지現前地 ⑦원행지遠行地 ⑧부동지不動地 ⑨선혜지善慧地 ⑩법운지法雲地이다.

別體三寶

此有二宗. 初小乘說 丈六金身是佛寶 四諦十二因緣 生空教是法寶 四果緣覺是僧寶. 次大乘說 三身如來是佛寶 二空教是法寶 三賢十聖是僧寶.

(3) 주지삼보

머물러 지키는 삼보는 주물이나 나무, 그림과 흙으로 만든 것은 바로 불보이고, 삼장三藏[16]의 문구들은 바로 법보이며, 머리 깎고 가사 입고 똑같이 이理와 사事에 종사하는 이들은 바로 승보이다.

住持三寶

範金雕木繪塑形像是佛寶 三藏文句是法寶 剃髮染衣 同一理事是僧寶.

2) 불보

범어 불타(Buddha)는 '부도浮屠'라 하기도 하고, 혹은 '부다部多'라고도 하며, '무타毋馱' 혹은 '몰타沒陀'라고도 한다. 이것은 모두 오천축五天竺[17]어의 발음상 차이(楚夏)인데, 깨달았다는 뜻으로 번역되기도 하니

---

16 삼장三藏: 불교 전적典籍의 총칭. ①경장經藏: 부처가 말한 법문을 모은 부류部類의 전적. ②율장律藏: 부처가 제정하신 일상생활에 지켜야 할 규칙을 말한 전적. ③논장論藏: 경에 말한 의리를 밝혀 논술한 전적.

17 오천축五天竺: 고대 인도에 있던 5개의 정치 구획. 동·서·남·북과 중앙의 천축국天竺國을 말한다.

이른바 '자각自覺', '각타覺他'[18]라고 한다. 그래서 스스로 깨닫고 보살수행(覺行)이 원만한 사람을 지금은 약칭하여 부처(佛)라 한다.

○『반야등론』에서 말하였다. "어째서 '부처'라 하는가? 모든 만물에 전도되지 않고 참된 깨달음을 얻었기 때문에 부처라 한다." 또 말하였다. "실체가 없는 법(無體法)에서 모든 법이 남김없이 평등하다는 것을 깨달았기 때문에 부처라 부른다."

○『보살본행경』에서 말하였다. "부처란 모든 악이 영원히 소멸되고 모든 선이 두루 모여서 다시는 번뇌가 없고, 모든 욕심이 온통 멸하였으며 육바라밀(六度無極)을 다 모두 원만히 마치고 권도와 방편으로써 수시로 교화하기 때문에 큰 신통력이 있다. 몸은 자금색에 32길상吉相과 80종호種好[19]가 있으며, 육통이 맑고 투철하여 앞을 내다보는 지혜가 무궁하고, 뒤를 돌아보는 혜안도 끝이 없으며, 현재의 일도 모르는 것이 없어서 삼세를 통달하여(三達)[20] 멀리까지 내다보는 이와 같은 덕이 있기 때문에 부처라 부른다."

---

18 각타覺他: 스스로 깨달은 뒤 아울러 가르침을 설하여 타인을 깨닫게 하는 것.

19 32길상吉相 80종호種好: 부처를 형상화하는 데 가장 기본이 되는 독특한 용모. 이러한 특징은 경전마다 조금씩 다르며 실제로 불상을 조성할 적에 이 특징이 다 표현되는 것도 아니다. 본래 이러한 특상관이라는 것은 인도의 베다 시대부터 있어 온 관상에서 유래한다.

20 삼달三達: 과거·현재·미래 삼세를 통달함의 뜻. ①숙주지증명宿住智證明으로 과거의 일을 통달. ②사생지증명死生智證明으로 미래의 일을 통달. ③누진지증명漏盡智證明으로 현재의 일을 통달.

佛寶

梵語佛陀 或云浮屠 或[21]云部多 或云毋馱 或沒陀. 皆是五天竺語楚夏也 並譯爲覺所謂自覺覺他. 覺行圓滿今略稱佛也. ○『般若燈論』云何名佛? 於一切法不顚倒眞實覺了故名佛. 又[22]云於無體法中 覺了無餘諸法平等覺 故名爲佛. ○『菩薩本行經』云 佛者諸惡永盡 諸善普會無復衆垢 諸欲都滅六度無極 皆悉滿畢以權方便 隨時敎化有大神力. 身紫金色 三十二相 八十種好 六通淸徹 前知無窮後覩無極 現在靡所不知三達遐鑒 有如此德故號佛也.

(1) 일신

오직 법신만을 가지고 하는 말이다. 체體가 의리를 모으는 데 의지하였기에 '신身'이라 부른다. 『섭론』[23]에서는 "응화신應化身[24]과 여래의 모든

---

21 명판본에는 '兎'으로 되어 있으나 '或'의 오자이다.

22 명판본에는 '人'으로 되어 있으나 '又'의 오자이다.

23 『섭론攝論』: 4세기경 인도의 아상가(Asaṅga, 無着)가 대승불교를 통일하기 위하여 지은 불서佛書인 『섭대승론攝大乘論』을 말한다. 유식설唯識說의 입장에서 대승불교 전체를 하나의 정연한 조직으로 묶어 논한 책으로, 전체가 10장章으로 나누어져 있다.

24 응화신應化身: 화신. 부처의 삼신三身 중 하나로 중생을 교화하기 위해 여러 가지 형상으로 변화하는 불신佛身이다. 법신불法身佛이 시방삼세에 걸쳐 보편적으로 존재하는 완전하고 원만한 이상적인 불신인 데 반해, 화신불은 특정한 시대와 장소에 따라 특정한 대상을 구제하기 위해 출현하는 역사성을 지닌 부처이다. 석가모니 부처는 B.C 5세기경 인도에 출현한 화신이며, 과거의 여섯 부처를 비롯한 많은 부처와 미래에 출현할 미륵 부처도 화신에 속한다. 즉 구체적인 부처는 모두 화신이라고 할 수 있다.

공덕이 의지하는 곳이 되기 때문에 법신이라 부른다."라고 하였다.

一身

唯就法身也. 體依聚義名身. 『攝論』云 爲應化身及如來一切功德所依 故名法身也.

(2) 이신

『불지론』에서 말하였다. "첫째, 법신은 자수용신불自受用身佛[25]이고, 둘째, 생신生身[26]은 타수용신불他受用身佛[27]이며 화신불化身佛이다."

○『섭론』에서 말하였다. "여래에게는 2종류의 몸이 있다. 첫째는 자성으로 몸을 얻었으니 바로 법신이고, 둘째는 중생들의 공덕으로 몸을 얻었으니 바로 응화신이다. 이것이 2종류의 몸이다."

二身

『佛地論』云 一法身 卽自受用身佛也 二生身 卽他受用幷化身佛也.

○『攝論』云 如來有二種身. 一自性得身 是法身也 二人功得身 是應化. 二身也.

---

25 자수용신불自受用身佛: 수행이 완성되어 복덕과 지혜가 함께 원만하며 진지眞智가 밝아서 항상 진리를 밝게 비추어 보며, 스스로 그 법락을 누리는 불신佛身.

26 생신生身: 모든 불보살이 중생제도를 위해 임시로 나타내 보인 육신.

27 타수용신불他受用身佛: 중생에게 깨달음을 향수享受시키려고 하는 부처.

(3) 삼신[28]

『유식론』에서 말하였다.

첫째는 청정법신清淨法身이니, 모든 여래가 참되고 청정한 법계에서 수용·변화하며 평등하게 의지하는 곳을 말한다. 상相에서 벗어나 고요하게 모든 희론戱論[29]을 끊고 끝없이 참되고 항상 존재하는 공덕을 갖춘다. 이것은 모든 법의 평등하고 참다운 성품이고, 곧 이것이 자성이며, 또한 법신이라고도 말하니 큰 공덕에 의지하기 때문이다.

둘째는 원만보신圓滿報身이니, 여기(『유식론』)에서는 2종류가 있다고 말한다.

첫 번째, 자수용신自受用身이다. 모든 여래가 보리와 열반에 이르기

---

28 삼신三身: 대승불교에서 부처의 3가지 몸, 혹은 3가지 존재 방식을 가리키는 개념. 일반적으로 법신·보신·응신을 말한다. 법신은 절대적 지혜의 지고한 상태, 즉 진리 그 자체를 가리키는 것으로 빛깔이나 형상이 없다. 보신은 한량없는 노력과 정진의 결과 깨달음에 이른 부처의 영원한 몸으로, 진리를 깨닫는 데서 오는 기쁨을 누린다고 한다. 응신은 중생을 교화하기 위하여 지상에 나타나는 몸으로, 현실 속에 보살·왕·그림·연꽃과 같은 꾸밈없는 사물 그 자체로 나타난다. 삼신의 개념은 역사상의 부처인 석가모니에게만이 아니라 아미타불 등 다른 모든 부처에게도 적용되는 개념이다. 삼신으로 자성신自性身·수용신受用身·변화신變化身을 드는 경우도 있는데, 이는 각각 법신·보신·응신의 개념과 대체로 비슷하다.

29 희론戱論: 부질없이 희롱하는 아무 뜻도 이익도 없는 말. 여기에는 사물에 집착하는 미혹한 마음으로 하는 여러 가지 옳지 못한 언론인 애론愛論과 여러 가지 치우친 소견으로 하는 의론인 견론見論의 2종류가 있다. 둔근인鈍根人은 애론, 이근인利根人은 견론, 재가인在家人은 애론, 출가인出家人은 견론, 천마天魔는 애론, 외도外道는 견론, 범부凡夫는 애론, 이승二乘은 견론을 고집한다.

위해 아주 오랜 시간(三無數劫)[30] 동안 여러 가지 무량한 공덕을 닦아서(資糧)[31] 끝없이 진실된 공덕과 원만·청정함이 항상 색신色身에 골고루 미친다. 이것이 담담하게 서로 이어져 미래세가 다하도록 항상 광대한 법의 즐거움을 스스로 누린다.

두 번째, 타수용신他受用身이다. 모든 여래가 평등한 지혜로 말미암아 미묘하고 청정한 공덕을 나타내 보임으로써 순수한 정토에 있으면서 십지보살로 대신통大神通을 나타내고, 정법륜을 굴려서 많은 의심의 그물을 제거하여 그들로 하여금 대승大乘의 법락을 받도록 한다. 이 둘을 합하여 보신報身이라고 부른다.

셋째는 변화신變化身이다. 모든 여래가 일을 성사시킬 때에 생겨나는 지혜로 무량하게 변화·현생現生하여 무리에 맞게 몸을 변화시키는 것을 말한다. 정토淨土와 예토穢土에 머물면서 10지(登地)[32]에 오르지 못한 보살들과 이승二乘[33]과 범부(異生)를 위해서 중생의 근기(機宜)[34]

---

30 삼무수겁三無數劫: 아승기겁의 번역. 아주 오랜 시간을 가리킨다. 원문에는 二라 하였고 일판본에는 三이라 하였는데 '삼아승기겁'의 뜻으로 본다면 '三'이 옳을 듯하다.

31 자량資糧: 자재資財와 식량食糧. 보살수행의 오위五位 가운데 첫 번째를 자량위라 한다. 이것은 보리·열반에 이르기 위하여 여러 가지 선근 공덕의 자량을 모으기 때문이다.

32 등지登地: 또는 진지鎭地. 보살수행의 지위 중에서 10지地의 자리에 오르는 것을 말한다. 이 자리에 오르면 영원히 삼계의 미혹한 경계에 돌아오지 않고, 점차로 나아가 불과佛果에 도달하는 것이므로, 그 이하의 보살에 대하여 분별하는 것이다.

33 이승二乘: 일반적으로 성문과 연각을 일컬으며, 때로는 대승과 소승을 일컫기도 한다. ①성문승·연각승. ②성문승·보살승.

에 맞추어 신통을 나타내고 법을 설하여 각각 이롭고 안락한(利樂) 모든 일을 얻게 한다.

○또 본성을 깨달은 것이 바로 법신인데, 상相이 없는 것을 상으로 삼아 상을 깨닫는 것을 보신報身이라 하고, 4가지 지혜(四智)[35]를 이용하여 체體로 삼고 용用을 깨닫는 것을 화신化身이라고 부른다. 즉 무리에 따라 변화·현생하므로 모양과 양의 크고 작음이 정해져 있지 않다.

○『장엄론』에서 말하였다. "이 삼신三身이 모든 불신佛身을 통섭하고 모든 자리이타自利利他[36]에 의지하여 나타나는 까닭을 알아야 하리라."

三身

『唯識論』云 一淸淨法身 謂諸如來眞淨法界受用變化. 平等所依離相寂然 絶諸戱論具無邊際 眞常功德是一切法. 平等實性 卽此自性 亦名法身 爲大功德 所依止故. 二圓滿報身 論云 此有二種. 一自受用身. 謂諸如來 三[37]無數劫 修習無量功德 資粮所起 無邊眞實功德及圓淨常遍色身. 相續湛然 盡未來際 常自受用 廣大法樂. 二他受用身. 謂諸

---

34 기의機宜: 중생이 선근善根을 갖추고 있어 교화하기 좋은 상태.

35 4가지 지혜(四智): 불도를 닦아 부처의 지위에 오른 모든 부처가 갖추는 4가지 지혜. 대원경지·평등성지·묘관찰지·성소작지이다.

36 자리이타自利利他: 자기만의 이익을 우선하여 자기의 수양을 주로 하는 것은 자리이고, 다른 이의 이익을 목적으로 하여 행동하는 것은 이타이다. 자리와 이타는 대승보살이 닦는 행과 소승인 성문·연각의 행의 차이를 대표적으로 보여주는 것이다. 이 자리이타를 완전하고 원만하게 수행한 이를 불타라 한다.

37 명판본에는 '二'로 되어 있으나 '三'의 오자이다.

如來 由平等智 示現妙淨功德身 居純淨土 爲住十地菩薩現大神通轉正法輪決衆疑網 令彼受用大乘法樂. 合此二種名曰報身. 三變化身. 謂諸如來由成事智 變現無量隨類化身. 居淨穢土爲未來登地菩薩 及二乘異生稱彼機宜 現通說法令各得諸利樂事. ○又覺性是法身以無相爲相 覺相爲報身 用四智爲體 覺用名化身. 卽隨類變現 形量大小不定. ○『莊嚴論』云 應知此三身攝一切佛身 示現一切自利利他依止故.

(4) 사신

『능가경』에서 말하였다. "첫째는 응불應佛(應身佛)이고, 둘째는 공덕불功德佛이고, 셋째는 지혜불智慧佛이고, 넷째는 여여불如如佛(法身佛)이다."

四身

『楞伽經』云 一應佛 二功德佛 三智慧佛 四如如佛.

(5) 오신

『보살영락경』에서 말하였다. "첫째는 여여지법신如如智法身이요, 둘째는 공덕법신功德法身이요, 셋째는 자법신自法身이요, 넷째는 변화법신變化法身이요, 다섯째는 허공법신虛空法身이다."

五身

『菩薩瓔珞經』云 一如如智法身 二功德法身 三自法身 四變化法身 五虛空法身.

(6) 십신

『화엄경』에서 말하였다. "첫째는 무착불無著佛이요, 둘째는 원불願佛이요, 셋째는 업보불業報佛이요, 넷째는 주지불住持佛이요, 다섯째는 열반불涅槃佛이요, 여섯째는 법계불法界佛이요, 일곱째는 심불心佛이요, 여덟째는 삼매불三昧佛이요, 아홉째는 성불性佛이요, 열째는 여의불如意佛이다."【○『무소발보살경』과 『불지론』에 아주 흡사한 말이 있다. 십중타수용불이라 하고 십신이라고도 부른다.】 이상의 여러 불신佛身이 같지 않지만 삼신에서 벗어나지 않는다. 삼신이 같지 않지만 곧 일신에서 떠나지 않으니 부처마다 다 갖추어져 있기 때문이다."

十身

『華嚴經』云 一無著佛 二願佛 三業報佛 四住持佛 五涅槃佛 六法界佛 七心佛 八三昧佛 九性佛 十如意佛.【『無所發菩薩經』及『佛地論』頗同. 有云十重他受用佛 亦名十身.】已上諸身不同 無出於三身也. 三身不同 卽不離一身 而佛佛具足矣.

(7) 열 가지 호칭

『보살지지경』에서 말하였다. 여래에게는 10종류의 공덕에 대한 명칭이 있다. 첫째, 말씀과 같지 않음이 없으므로 '여래如來'라 부른다.

둘째, 모든 뜻을 얻고 더 높을 수 없는 복전이어서 공양받는 것이 마땅하므로 '응공應供'[38]【'응應'자가 평성으로 발음할 때에는 위의 3가지 뜻을 다 갖추고 있는 것을 말하기 때문이고, 거성으로 발음할 때에는 '응공'이란 1가지 뜻만 가진다.】이라 부른다. 셋째, 가장 높은 뜻(弟一義)을 그대로 깨달았으므로 '등정각等正覺'이라 부른다. 넷째, 그침 수행과 이해 수행(止觀)[39]이 구족하여 '명행족明行足'[40]이라 부른다. 다섯째, 으뜸가는 지위에 높이 올라 영원히 돌아오지 않으므로 '선서善逝'라 한다. 여섯째, 세계와 중생계의 모든 번뇌와 청정함을 모두 알기에 '세간해世間解'[41]라 부른다. 일곱째, 제일인 조복하는 마음(調伏心)과 임시방편의 지혜(方便智)로써 모든 세간에서 유일한 대장부이니 이를 '위없는 조어장부調御丈夫'라 부른다. 여덟째, 4가지 진실한 지혜와 의로운 법이 진실하기 때문이고, 불요의不了義[42]를 드러내기 때문이고,

---

38 응공應供: 응수공양應受供養의 뜻. 범어 아라하阿羅呵(아라한)를 번역한 말. 온갖 번뇌를 끊어서 인간·천상의 중생들로부터 공양을 받을 만한 덕이 있는 사람을 말한다.

39 지관止觀: 불교의 중요한 수행 방법. 지는 정지停止. 마음을 고요히 거두어 망념을 쉬고 한곳에 집중하는 것. 관은 관달觀達. 지혜를 일으켜 관조하여 진여에 계합하는 것. 이 둘은 서로 떨어질 수 없는 법이어서, 두 법이 서로 의지하고 도와서 해탈의 중요한 길을 이루므로 지관이라 한다.

40 명행족明行足: 부처의 10가지 호칭 중 하나. 『열반경』에 의하면 명明은 무상정변지無上正遍智, 행족行足은 각족脚足이란 뜻으로 계·정·혜 삼학三學을 가리킨다. 부처는 삼학의 각족에 의하여 무상정변지를 얻었으므로 명행족이라 한다. 『지도론』에 의하면, 명은 숙명宿命·천안天眼·누진漏盡의 삼명三明, 행은 몸·입·뜻의 삼업三業, 족은 만족. 삼명과 삼업을 원만히 갖추었으므로 명행족이라 하였다.

41 세간해世間解: 로가비路迦憊라 음역. 부처는 세간의 온갖 일을 다 안다는 뜻.

모든 정의에 의지하기 때문이고, 널리 두루 설하여 온갖 의심을 끊어 매우 깊고 청백淸白한 곳을 드러내기 때문이고, 일체법으로 이끄는 스승이 되기 때문에 '천인사天人師'[43]라 부른다. 아홉째, 삼취三聚[44]가 두루 갖추어지고 일체가 평등하다는 것을 깨달았으므로 '부처(佛)'라 부른다. 열째, 모든 마귀의 힘(魔力)을 무너뜨렸으므로 '바가바婆伽婆'라 부른다.

十號

『菩薩地持經』云 如來有十種名稱功德. 謂非不如說 故名如來. 得一切義 無上福田 應供養 故名應供. **【應字平聲呼 謂具上三義故 若去聲呼只有應供一義.】** 如第一義開覺 故曰等正覺. 止觀具足 名明行足. 第一上升 永不復還故 名善逝. 知[45]世界衆生界 一切種煩惱 及淸淨 名世間解. 第一調伏心方[46]便智 一切世間唯一丈夫 名無上士調御丈夫. 四種眞實智 義法眞實故 顯示不了義故 依一切義故 廣說斷一切疑 顯示甚深淸白處故 爲一切法導師故 名天人師. 三聚具足 一切種平等開覺名佛. 壞一切魔力 名婆伽婆.

---

42 불요의不了義: 실지의 뜻은 덮어놓고 알아듣기 쉽도록 방편을 쓰는 일.

43 천인사天人師: 부처는 하늘과 사람의 스승이라는 뜻.

44 삼취三聚: 또는 삼정취三定聚. 사람의 성질을 셋으로 나눈 것. ①정정취正定聚: 항상 진전하여 반드시 성불할 종류. ②사정취邪定聚: 성불할 만한 소질이 없어 더욱 타락하여 가는 종류. ③부정취不定聚: 연緣이 있으면 성불할 수 있고, 연이 없으면 미혹되는 부류로서 향상과 타락에 결정이 없는 종류.

45 명판본에는 '如'로 되어 있으나 '知'의 오자이다.

46 명판본에는 '巧'로 되어 있으나 '方'의 오자이다.

(8) 여섯 가지 덕

범음으로는 '바가바' 혹은 '바가범'이라고도 하는데, 6가지 뜻을 함의하고 있다. 첫째는 자재自在이고, 둘째는 치성熾盛이고, 셋째는 단엄端嚴이고, 넷째는 명칭名稱이고, 다섯째는 길상吉祥이고, 여섯째는 존귀尊貴이다.

친광보살이 지은 『불지론석』에서 말하였다. "여래는 영원히 모든 번뇌에 얽매이지 않기에 '자유로움'의 뜻이 있고, 지혜의 불이 맹렬히 번뇌를 불태운다고 했기에 '치성'의 뜻이 있으며, 32가지 거룩한 모습(三十二大士相)으로 장식하기에 '단엄'의 뜻이 있다. 모든 수승한 공덕이 원만하고 모르는 것이 없기에 '명칭'의 뜻이 있고, 모든 세상에서 친근히 공양하며 모두 칭찬하기에 '길상'의 뜻이 있으며, 모든 덕을 갖추고 항상 방편을 일으켜서 모든 중생을 이익되고 안락하게 하는 데 게을러 그만두게 함(懈廢)이 없기 때문에 '존귀'의 뜻을 가지고 있다."

六德

梵音婆伽婆 或云薄伽梵 此含六義. 一自在 二熾盛 三端嚴 四名稱 五吉祥 六尊貴. 親光菩薩造『佛地論釋』云 謂如來永不繫屬諸煩惱故 具自在義 焰猛智火所燒煉故 具熾盛義 妙三十二大士相等所莊飾故 具端嚴義. 一切殊勝 功德圓滿 無不知故 具名稱義 一切世間 親近供養 咸稱讚故 具吉祥義 具一切德 常起方便 利益安樂 一切有情 無懈廢故 具尊貴義.

(9) 아뇩다라삼막삼보리

여기에서는 '더 이상 높고 두루 깨달아 모르는 것이 없음(無上正遍知覺)'이라는 말이다.

阿耨多羅三藐三菩提

此云 無上正遍知覺.

(10) 석가모니

『지도론』에서 말하였다. "진나라 말로 석가모니는 '능인적묵能仁寂默'이다." 【성명을 겸해서 부르는 것이다.】

釋迦牟尼

『智度論』云 秦言能仁寂默.[47] 【姓名兼稱也.】

(11) 천중천

천중천은 부처의 젊었을 때의 이름이다. 『본행경』에서 말하였다. "정반왕은 태자가 태어난 뒤에 모든 일이 이루어지자 '살바알타실타薩婆頞他悉陀라 해야 되겠다.' 하였다." 【중국어로는 모든 일이 뜻대로 이루어지다(一切義成)의 뜻인데, 혹은 실달다悉達多이고 여기서는 재성財成이라고 한다.】 또 여러 석가 종족들은 성질이 교만하여 말을 많이 하는데

---

47 『지도론』에 이런 내용은 나오지 않고, 『금강경찬요간정기金剛經纂要刊定記』에 '능인이기 때문에 열반에 머무르지 않고, 적묵이기 때문에 생사에 머무르지 않는다.'고 하였다.

태자를 보고 모두 침묵하니 왕이 '모니牟尼라 이름하는 것이 마땅하다.' 하였다. 【이 말은 고요하다(寂默)는 뜻이다.】 또 하루는 태자를 품에 안고 석가증장대천신묘釋迦增長大天神廟에 참배하러 갔는데, 신석神石이 천신의 모습으로 일어나며 즉시 태자의 발에 예를 올렸다. 왕이 "우리 아이는 천신들 가운데에서도 존귀하구나. 마땅히 천중천이라 이름하리라." 하였다. 【이것은 '아울러 갖추었다'는 말이다.】

○옛날 번역한 경전에는 부처를 '대선大仙'이라 부르는 사람도 있는데, 이것은 '천선天仙'의 뜻과는 다르다.

○『반야등론』에서 "성문보살聲聞菩薩들도 '선仙'이라 부르지만, 부처는 그중에서 가장 존귀하고 이미 모든 보살수행의 공덕과 선근이 피안의 세계로 건너갔기 때문에 '대선'이라 부르는 것이다." 하였다.

○또 『대비바사론』에서는 부처를 '대진인大眞人'이라 부른다. 부처가 이숙異熟[48]으로 사람의 몸을 받고 계속하여 진실법을 증명하였기 때문에 '진인'이라 부르는 것이다.

○또 『본행집경』에서는 부처를 '용龍'이라고 칭하였는데, 세상의 애착을 여기에서 멀리하기 때문에 부르는 말이고, 결박에서 벗어나 모든 번뇌가 이미 다하였기 때문에 용이라 부르는 것이다. '나가那伽(용)'는 항상 선정禪定에 들어 있으므로 선정에 들지 않은 때가 없다. 【범음으로 '나가'이고 여기에서는 '용'이라고 하며, 이 세간의 업보로 용이 된 것이 아니고 대체로 자유롭게 변화하고 장애가 없다는 뜻을 취한 것이다.】

〈이상 불보에 대한 설명을 마침〉

---

48 이숙異熟: 과거 업의 결과로 생긴 것이지만 그 자신은 선도 악도 아닌 것.

天中天

佛之小字也.『本行經』云 淨飯王云 太子生後 諸事皆成 宜字薩婆頞他悉陀.【華言一切義成 或云悉達多 此云財成.】又諸釋種 立性憍慢多言 及見太子 悉皆默然 王云 宜名牟尼.【此云寂默.】又一日抱太子謁釋迦增長大天神廟 神石爲像 即起禮太子足. 王曰 我子於天神中更爲尊勝 宜名天中天.【此並約事而言也.】○古譯經 有稱佛名大仙者此與天仙不同. ○『般若燈論』云 聲聞菩薩等亦名仙 佛於中最尊上故已有一切波羅蜜多 功德善根彼岸 故名大仙. ○又『大毘婆沙論』稱佛爲大眞人者. 謂佛旣受人異熟相續證眞實法故 名眞人. ○又『本行集經』稱佛爲龍者 謂世間有愛皆遠之 繫縛解脫 諸漏已盡名龍. 故云那伽常在定 無有不定時.【梵音那伽 此云龍 非是世間業報龍 蓋取自在變化無礙義故.】右佛寶訖.

3) 법보

범음으로는 '달마'이고, 중국어로는 '법'이다. 궤도를 지킨다(軌持)[49]는 뜻이니 사물의 궤도를 지킴에 이해가 생겨나서 자성을 지킨다는 것이다.

○『반야등론』에서 말하였다. "무엇을 법이라고 하는가? 인간계·천상계의 선취善趣[50] 및 해탈의 즐거움(解脫樂)을 얻고자 하면, 부처는

49 궤지軌持: 궤軌는 사물에 대한 이해를 생기게 하는 것이고, 지持는 자기의 특질을 버리지 않는 것이다. 즉 자성을 지키고 알게 하는 것.

50 선취善趣: 좋은 업인業因에 대한 과보로 중생이 태어나는 곳. 육취 중 인간·천상의

중생들의 모든 근기와 본성을 알고서 전도되지 않게 하려고 인천도人天道 및 열반도涅槃道를 설하였으니 그러므로 법이라고 부른다. 그 다음으로 자타가 서로 이어가면서 훈습薰習[51]이 되거나 훈습이 되지 않더라도 번뇌와 원적을 모두 없앨 수 있으니, 그러므로 법이라고 부른다." 이제 법보를 잘 지녀 간직하는 측면에서 셋으로 나누어 경·율·론이라 부른다.

法寶

梵音達磨 華言法. 以軌持爲義 謂軌物生解住持自性故. ○『般若燈論』云 何名法? 若欲得人天善趣及解脫樂 佛知衆生諸根性 欲不顚倒故 說人天道及涅槃道 故名法. 復次自他相續 所有熏習及無熏習 煩惱怨賊悉能破散 故名法也. 今就住持法寶分爲三 謂經律論焉.

(1) 경

범음으로 '소달람素怛覽' 혹은 '소달라蘇怛囉'라고 한 것은 중국어로는 '실(線)'이니, 대체로 '꿰뚫어서 모아 간직함(貫穿攝持)'의 뜻을 취한 것이다.

○또 범어로 '수다라修多羅'라고도 하고 '수투로修妬路'라고 하는 것은 진秦나라 말로 '계契'인데, 위로는 이치에 계합契合하고 아래로는 근본에 계합하기 때문에 일컫는 말이다. 이제 경經이라는 말은 3가지

2취趣. 혹은 아수라·인간·천상의 3취를 들기도 한다.

51 훈습薰習: 몸과 입으로 표현하는 선악의 말이나 행동. 또는 뜻에 따라 일어나는 선악의 생각이 그대로 없어지지 않고, 심체心體에 머물러 있는 것을 말한다.

뜻을 갖추고 있으니, 변치 않음(久), 통함(通), 본받음(由)이다. 승조 법사[52]는 '경'을 '변함없음(常)'[53]이라 하였고, 사영운謝靈運[54]은 '경'이란 '경유함(由)'이고 '규칙(律)'이며 '통함(通)'이라 하였으니, 말은 이치로 인해 생겨나고 이치는 말로 인해 드러나는 것이니, 배우는 자의 신통한 깨달음은 이치와 교설(理教)을 좇아 통함을 말하는 것이다.

經

梵音素怛覽 或蘇怛囉者 華言線 蓋取貫穿攝持義也. ○又梵云 修多

52 승조 법사僧肇法師(384~414): 후진後秦 때 섬서성陝西省 경조京兆(현 西安) 사람. 가난하여 소년 시절부터 서사가書寫家로 고용되어 생계를 꾸려나가다 유교와 도교, 역사에 달통하였다. 『유마경』을 읽고 환희가 넘쳐 불문에 귀의하였고, 20세 무렵에는 서안에서 이름이 났다. 구마라집이 고장姑臧(현 甘肅省 武威市)에 왔다는 말을 듣고 찾아가, 인도 용수계龍樹系의 대승불교를 공부했다. 401년 구마라집이 서안에서 후진 왕의 명을 받고 국가사업으로 불전의 대번역과 강술을 시작하자, 그의 제자로 활약하였기에 승략僧碧·도항道恒·승예僧叡(355~439)와 함께 구마라집 문하 4철哲로 일컬어진다. 『조론肇論』, 『주유마힐경注維摩詰經』 등을 저술하여 반야중관의 사상을 중국화하는 데 선구적인 역할을 하였다.

53 변함없음(常): 승조 법사는 『주유마힐경』에서 다음과 같이 말하였다. "경이란 변함없음이다. 고금이 비록 다르지만 도를 깨우치고 고치지 않으면 삿된 무리는 막을 수가 없고 성스러운 이들은 달라질 리가 없으므로 변함없음이라고 하는 것이다(肇曰 經者 常也 古今雖殊 覺道不改 群邪不能沮 衆聖不能異 故曰常也)."

54 사영운謝靈運(385~433): 중국 6조 시대의 문인. 주로 자연 시인으로 알려져 있다. 멸망한 남조 귀족 가문의 자제로, 동진東晉과 유송劉宋에서 벼슬하여 영가태수永嘉太守를 지냈다. 그러나 파쟁으로 인하여 자주 면직되다가 결국 유배 중에 사형 당했다. 독실한 불교 신자였던 그는 혜원慧遠이 주석하던 여산廬山 동림사東林寺를 지원했는데, 불교 경전을 번역하고 종교적 작품을 쓰기도 했다.

羅 或修妬路者 秦言契 謂上契理下契根故. 今言經者具三義 謂久通由也. 肇云 經常也 謝靈運云 經者由也律也通也 謂言由理生 理由言顯 學者神悟從理教而通矣.

(2) 전범

근본(經)이요, 변하지 않음(常)이요, 모범(法)이다.

典

經也常也法也.

(3) 교

범음으로 '아함阿含'을 여기서는 '교敎'라 한다. 『유식론』에서는 "아함이라는 것은 여러 여래가 설한 가르침을 말한다." 하였다. 『장아함경』의 서문에서는 "아함이라는 것은 진나라 말로 법귀法歸이니, 이른바 만 가지 선이 모이는 창고요, 다라니(摠持)[55]의 동산(林苑)이다." 하였다. 또 '아급마阿笈摩'라고도 한다. 【새로 생긴 범어이다.】

○많은 경전에서는 성聲·명名·구句·문文의 4법法을 체體로 삼아 실제로 잘 사용하는데, 부처는 아무런 흠결이 없는 목소리를 체로 하므로 성교聲敎라 한다.

○『지도론』에서 말하였다. "고행한 두타頭陀가 초·중·후 밤에 마음을 부지런히 닦아 좌선 수행하였으니, 고행하여 도를 얻는 것을 성문의

---

55 총지總持: 다라니陀羅尼라 음역. 한량없는 뜻을 포함하여 잃지 않게 하는 것. 또 선법을 잃지 않고, 악법이 일어나지 않게 하는 것.

가르침(聲聞敎)이라고 한다. 마치 법의 모습(法相)을 살펴서 구속됨도 없고 풀어짐도 없이 청정한 마음을 얻는 것을 보살의 가르침(菩薩敎)이라고 하는 것과 같다."

敎

梵音阿含 此云敎. 『唯識論』云 阿含者 謂諸如來所說之敎. 『長阿含經』序云 阿含者秦言法歸 所謂萬善之淵府 總持之林苑也. 又云阿笈摩.【新梵語也.】 ○一切經 皆以聲名句文四法爲體克實用 佛無漏聲音爲體 故云聲敎. ○『智度論』云 若苦行頭陀 初中後夜 勤心禪 觀苦而得道者 聲聞敎也. 若觀法相 無縛無解 心得淸淨 菩薩敎也.

(4) 십이분교

십이부경十二部經[56]이라고도 한다. 첫째 수다라修多羅[57]【계경契經】 둘째 기야祇夜[58]【응송應頌】 셋째 화가라和伽羅[59]【수기授記】 넷째 가타伽陀[60]

---

56 십이부경十二部經: 부처가 설한 일체의 말씀을 그 내용과 형식을 따져 12가지로 나눈 것.

57 수다라修多羅(契經): 부처의 가르침을 간결하게 정리한 산문 형태를 말한다. 『대비바사론』에 보면 계경은 모든 경전 중에서 산설散說되는 문구라 하여 자연스럽게 내려쓰는 줄글임을 말하고 있다.

58 기야祇夜(重頌, 偈): 앞에서 산문으로 서술했던 부분을 요약하거나 부연하기 위해서 다시 운문으로 나타낸 부분이다. 『아비달마집론』에 의하면 모든 경의 중간, 또는 뒤에 송頌으로 거듭 설하는 말이 나오는데 이것이 바로 중송重頌을 말하는 것이다. 대부분의 경전은 이런 중송의 형태로 되어 있다.

59 화가라和伽羅(授記): 서로 묻고 대답하는 가운데 부처가 제자에게 미래에 성불할 것을 수기授記하는 부분이다.

【풍송諷頌】 다섯째 타나陀那[61] 【인연因緣】 여섯째 우타나憂陀那[62] 【자설自說】 일곱째 이제목다가伊帝目多伽[63] 【본사本事】 여덟째 사다가闍多伽[64] 【본생本生】 아홉째 비불략毘佛略[65] 【방광方廣】 열째 아부달마阿浮達摩[66]

---

60 가타伽陀(孤起頌, 頌): 운문이라는 점에서는 중송과 같으나 이것은 산문의 뒤에 따르는 중송이 아니고, 단독의 운문으로 나타난다. 따라서 고기송이라 한다. 『유가론瑜伽論』에 나오는 긴 글이 없는 결구설結句說로서 2구·3구 등으로 짓는다. 초기의 경전들은 다 이러한 형태로 되어 있다. 『법구경』이나 『숫타니파아타』 같은 원시경전 초기의 것은 물론, 『금강경』과 같은 대승경전 초기의 것도 그 원전은 운문체로 되어 있다.

61 타나陀那: 니타나尼陀那(因緣). 교법敎法이나 계율 등이 성립하게 된 인연과 연기에 대한 이야기다.

62 우타나憂陀那(自說): 부처가 누가 묻지도 않았는데 어떤 기연奇緣에 의해서 크게 감동된 나머지 스스로 설한 경전을 말한다. 형식은 운문 또는 산문 둘 다 있다. 대개의 경설이 상대방의 물음에 의해서 설해지고 있는데, 이 형식은 누구의 물음도 없이 혼자 감동해서 설한 것이다.

63 이제목다가伊帝目多伽(本事): 불·보살의 전생에 있었던 여러 가지 일을 설한 경문으로 기야(偈)가 발달한 것이다. 주로 정형 문구로 이루어졌다. 『유가론』에 보면 본생本生이 아닌 과거 전생의 일을 본사라 했다.

64 사다가闍多伽(本生): 부처 자신의 전생담이나 보살행을 말한 부분이다. 『유가론』에 보면 세존이 과거세에 혹 생사의 난행고행을 했다고 설한 부분이다.

65 비불략毘佛略(方廣): 심층적인 교리를 문답의 형식으로 말한 부분이다. 도리를 방정方正히 하고 문의文義를 널리 갖추는 대승법문을 가리키는 것이다. 가상사嘉祥寺 길장吉藏의 『승만보굴勝鬘寶窟』에 보면 방광이란 대승경의 통명通名으로 이치를 바르게 하는 것을 방方이라 하고, 문장을 풍부하게 하는 것을 광廣이라 했다.

66 아부달마阿浮達磨(未曾有): 부처의 출생 설화 같은 신비한 일과 부처의 위신력으로 신비하고 불가사의한 미증유의 일을 나타내 보인 것을 기록한 부분을 말한다.

【미유未有】 열한째 파타婆陀[67] 【비유譬喩】 열두째 우파제사優波提舍[68] 【논의論義】 소승에게는 9부만 있으니 자설·수기·방광 등이 없다.

十二分教

亦云十二部經. 一修多羅【契經】二祇夜【應頌】三和伽羅【授記】四伽他【諷頌】五陀羅【因緣】六優陀那【自說】七伊帝目多【本事】八闍陀伽【本生】九毘佛略【方廣】十阿浮達摩【未有】十一婆陀【譬喩】十二優波提舍【論義】若小乘 只有九部 無自說 授記 方廣等.

(5) 율

범어로 '비니毘尼'를 여기서는 '율律'이라 번역하니, 율은 법이다. 가르침에 따르는 것으로 이름을 삼은 것이니, 경중을 판단해서 융통성 있게 지키거나 범하는 것을 막는 것(持犯開遮)[69]을 말한다.

---

67 아파타나阿波陀那(譬喩): 교리를 설명하는 데 있어 전생의 이야기를 교훈적이며 비유적으로 말한 것이다. 한 경전 전체가 비유·우화로 성립된 것도 있다. 『지도론』에 보면 일반 세간의 모양과 비슷한 부드러운 천어淺語라는 말이 나오는데 바로 이를 말한 것이다. 부드럽고 쉽게 이해되는 서민적인 말이라는 뜻이다.

68 우바제사優婆提舍(論議): 교리에 대해 설명이나 해석을 가해 법문의 진상眞相을 밝히는 것이다. 『남본열반경南本涅槃經』에 보면 이것은 다만 부처에 한한 것으로 되어 있으나 『대비바사론』, 『순정리론』 등에 보면 반드시 부처에게만 한정하는 것이 아니고 현성賢聖이나 지자智者 등의 설에도 통한다고 했다.

69 지범개차持犯開遮: 개지차범開持遮犯의 뜻. 개방하여 지키고 범하는 것을 차단하는 것. 수행자가 지켜야 할 계율에 있어서 율장에 언급된 문자 그대로에 치우쳐 근본 뜻을 잃는다면 바른 수행이 아니다. 이는 물에 빠진 여인을 발견한 한 수행자가 '여인의 손을 잡아서는 안 된다'는 율장의 조목만을 고집할 수 없듯

○『청정비니경』에서는 "번뇌를 알아 번뇌를 조복시키기 때문에 비니毘尼라 한다." 하였다. 새로 생긴 범어로는 '비나야毘奈耶'라 하고, 당나라 말로는 조복調伏이라 하니, 율의律儀[70]를 드러내어서 육근六根과 삼독三毒을 조복시키는 것을 말한다.

○『살바다론』에서 말하였다. "비니毘尼에 4가지 뜻이 있다. 첫째, 이것은 불법의 평탄한 땅이니 모든 선善이 여기에서 생겨나 자란다. 둘째, 모든 불제자는 모두 계에 의지하여 머무르니, 모든 중생이 계에 의지하여 존재하는 것이다. 셋째, 열반으로 나아가는 첫 관문이다. 넷째, 이것이 불법의 영락瓔珞이니 불법을 장엄하게 하기 때문이다."

律

梵云毘尼 此翻名律 律法也. 從教爲名 謂斷割輕重 開遮持犯故. ○『淸淨毘尼經』云 調伏煩惱 爲知煩惱故 名毘尼.[71] 新梵語云 毘奈耶 唐言調伏 謂顯律儀調伏六根三毒故. ○『薩婆多論』云 毘尼有四義. 一是

계율 적용에 있어 융통성을 갖고 어떤 것이 최선인가를 먼저 생각해야 한다는 것을 의미한다. '지持'는 자신이 받은 계를 반드시 지키겠다는 다짐이며, '범犯'은 자신도 모르게 계를 범했을 경우 반드시 참회하겠다는 의미이다. '개開'는 한 생명이 위태로움에 처해 있을 때 거짓말을 해서라도 살리려는 것처럼 자비심을 바탕으로 보살행을 행하기 위한 방편이며, '차遮'는 어떤 방편도 사용할 수 없는 경우 차라리 닫아버리라는 뜻을 내포한다.

70 율의律儀: 계율. 부처가 제정한 규모를 지켜 위의를 엄정하게 하는 율법.

71 명판본에는 '知'자가 없으나 구마라집이 번역한 『청정비니방광경』을 보면, "文殊師利言 天子 毘尼毘尼者 調伏煩惱 爲知煩惱 故名毘尼."라 하였으므로 '知'를 넣어 바로잡았다.

佛法平地 萬善由之生長. 二一切佛弟子皆依戒住 一切衆生依戒而有. 三趣涅槃之初門. 四是佛法瓔珞 能莊嚴佛法故.

(6) 오부율

『출삼장기』에서 말하였다. "첫째 바추부라婆麤富羅[72]【즉 승기율僧祇律】 둘째 살발다薩婆多[73]【양나라 말로 '모두 있음(一切有)'이니 곧 십송부十誦部】 셋째 담무덕曇無德[74]【양나라 말로 '법경法鏡'이니 곧 사분부四分部】 넷째 미사색彌沙塞[75]【곧 오분부五分部】 다섯째 가섭비迦葉毘[76]"【양나라에 들어오지 않았다.】

五部律

『出三藏記』云 一婆麤富羅【卽僧祇律】二薩婆多【梁云 一切有 卽十誦部】三曇無德[77]【梁云 法鏡 卽四分部】四彌沙塞【卽五分部】五迦葉毘

---

72 바추부라婆麤富羅: 수지하고 있는 경전이 모두 유아有我를 설하고 공상空相을 설하지 않아서 마치 어린아이와 같기 때문에 '바추부라'라고 한 것이다.

73 살발다薩婆多: 모든 법이 유상有相이라고 설하고, 내전內典과 외전外典을 배워서 이도異道를 훌륭하게 논파하였기 때문에 이렇게 부른다.

74 담무덕曇無德: B.C 4세기경의 논사論師라고 전하는 우바국다優波鞠多의 제자로 율장의 한 학파인 담무덕부를 세웠다. 이를 담무덕률曇無德律이라 한다. 내용이 4종으로 나뉘어 있으므로 사분율이라고도 한다.

75 미사색彌沙塞: 부처의 모든 제자가 12부경을 수지하면서 지상地相·수상水相·화상火相·풍상風相·허공상虛空相·식상識相을 일으키지 않기 때문에 미사색부라고 한 것이다.

76 가섭비迦葉毘: 부처의 제자들 중 12부경을 수지하면서 번뇌를 가볍게 여기는 것이 마치 죽은 시체와 같기 때문에 가섭비라고 부른다.

【未至梁地.】

(7) 율명의 시초

『고금역경도기』에서 말하였다. "처음 한나라 영제靈帝 건녕建寧(168~172) 2년 경술년(169년)에 안세고安世高[78]가 『의결률義決律』 1권을 처음 번역하였고, 그다음 비구들의 『제금률諸禁律』 1권을 번역했다. 조씨의 위나라 때에는 천축의 승려 담마가라曇摩迦羅[79]가 【여기에서는 법시法時라 부른다.】 낙양에 도착했을 때 승려들에게 율범律範이 없는 것을 보고 가평嘉平(249~254) 연간에 담제曇諦와 함께 『갈마승기羯磨僧祇』와 『계심도기戒心圖記』를 번역했으니, 곧 율이란 이름의 시초이다.

律名始

『古今譯經圖記』云 初是漢靈帝 建寧二年庚戌 安世高首譯出義決律一卷 次有比丘諸禁律一卷. 至曹魏世 天竺僧曇摩迦羅【此云法時.】

---

77 명판본에는 '得'으로 되어 있으나 '德'의 오자이다.

78 안세고安世高: 번역가. 안식국安息國의 태자. 안후安候 또는 안청安淸이라고도 한다. 부왕이 죽은 후 왕위를 숙부에게 사양하고, 불교를 배워 특히 『아비담阿毘曇』에 정통하였고, 선경禪經도 배웠다. 147년(후한 건화 1)에 중국 낙양에 와서 170년(건녕 3)까지 경권 95부 115권을 번역하였다.

79 담마가라曇摩迦羅: 또는 담마가曇摩迦·담마가류曇摩迦留라고도 한다. 인도 사람. 처음엔 4베다(吠陀)를 배우다가 뒤에 불교에 귀의. 조위(曹魏, 220~265)의 가평嘉平 때 중국 낙양에 와서 『승기계본僧祇戒本』 1권을 번역하였고, 갈마수계羯磨授戒하는 법을 행했다. 이 사람이 중국에 계법을 전하였다.

到洛陽 見僧全無律範 於嘉平年中 與曇諦譯出『羯磨僧祇』『戒心圖記』卽律名始也.

(8) 논

범어梵語로 '아비담阿毘曇'이라 하는 것을 여기에서는 '무비법無比法'이라 한다. 분별하는 지혜(分別慧)가 있기 때문에 4종이 있다.

첫째, 범어로 '마달리가摩怛理迦'라 하는 것을 여기에서는 본생 어머니(本母)라고 하니, 출생의 뜻을 취한 것이다.

둘째, 범어로 '사살달라奢薩怛囉'라 하는 것을 여기에서는 의론議論이라 하니, 텅 빔과 있음(空有)[80]을 상세히 의논하고 거짓과 참(假實)에 대해 따지는 것을 말한다.

셋째, '오파니사烏波你舍'라 하는 것을 여기에서는 근설近說이라 하니, 경전의 요의要義를 간략히 설명하며 순서를 따지지 않는 것이다.

넷째, 범어로 '아비달마阿毘達磨'[81]라 하는 것을 여기에서는 대조하는 법(對法)이라 하니, 상대되는 것을 능히 대조하여(能對所對)[82] 논하는 것을 말한다.

○또 2가지 논의가 있으니, 앞의 4가지를 포함한다. 첫째는 종론宗論이니 곧 대승경·소승경의 가르침을 종지로 삼는 것이고, 둘째는 석론釋

---

80 공유空有: 논리상 정반대의 개념인 '공空'과 '유有'를 아울러 이르는 말이다.

81 아비달마阿毘達磨: 아비阿毘는 능히 대하는 지혜(能對智)이고, 달마達摩는 대하는 바 경계의 법(所對境法)이니, 곧 경계로써 명칭을 세운 것이다.

82 능대能對 소대所對: 능동적으로 작용하는 주체를 능대라 하고, 그 작용을 받는 객체를 소대라 한다.

論이니 대승경·소승경을 풀어서 논한 것이다.

論

梵云 阿毘曇 此云無比法. 爲分別慧故 而有四種. 一梵云摩怛理迦 此云本母 取出生之義也. 二梵云奢薩怛囉 此云議論 謂議詳空有 論量假實. 三烏波你舍 此云近說 謂略說經中要義不次第故. 四梵云阿毘達磨 此云對法 謂能對所對論也. ○又有二論 則攝前四. 一宗論 卽宗大小乘經造也 二釋論 謂造論釋大小乘經也.

(9) 대승

범어로는 '마하연摩訶衍'이라 하고 여기서는 '대승大乘'이라 한다. 대大는 작다(小)는 것에 상대하여 일컫는 명칭이고, 승乘은 '실어 나른다'는 뜻이다.

○『십이문론十二門論』에서 말하였다. "용수보살龍樹菩薩이 '어째서 마하연이라 하는 것입니까?' 하니, 답하기를 '대승·소승(二乘)이 가장 위에 있기 때문이며, 여러 부처가 이것을 타고 가장 높은 경지에 도달하기 때문이며, 여러 부처와 대인大人이 이것을 타기 때문이며, 모든 법의 끝까지 다 궁구하기 때문에 대승이라고 하는 것이다.' 하였다."

○『보살지지경』에서는 "7가지 큰 것이 있기 때문에 대승이라 부른다." 하였다.

첫째는 법이 크니, 범위가 넓어서(方廣) 가장 크고 높은 것을 일컫기 때문이다.

둘째는 마음이 크니, 아뇩다라삼먁삼보리심을 일으키는 것을 일컫기 때문이다.

셋째는 깨달음(解)이 크니, 보살의 대승경전(方等藏)을 이해함을 일컫기 때문이다.

넷째는 정심淨心이 크니, 행해지行解地를 초과하는 것을 일컫기 때문이다.

다섯째는 갖추어진 것(衆具)이 크니, 복덕이 많이 갖추어짐을 일컫기 때문이다.

여섯째는 시간(時)이 크니, 삼아승지겁三阿僧祇劫을 일컫기 때문이다.

일곱째는 얻은 것(得)이 크니, 무상보리를 얻는 것을 일컫기 때문이다.

大乘

梵云 摩訶衍 此云大乘. 大者簡小之稱 乘者運載爲義. ○『十二門論』龍樹菩薩問云 何名摩訶衍? 答於二乘爲最上故 諸佛最大是乘能至故 諸佛大人乘是乘故 能盡諸法邊底故 名大乘. ○『菩薩地持經』云有七種大 名大乘. 一法大 謂方廣藏最上大故. 二心大 謂發阿耨菩提心故. 三解大 謂解菩薩方等藏故. 四淨心大 謂過行解地故. 五衆具大謂福德衆具故. 六時大 謂三阿僧祇劫故. 七得大 謂得無上菩提故.

(10) 소승

소小라는 것은 상대적으로 크지 않음이니, 여래가 근기를 보고 근기에 맞추어(逗機)[83] 임시방편으로 베푸는 것(施設)을 말한다.

○『문수문경』에서 문수사리가 부처에게 아뢰기를 "세존이시여, 부

처께서 열반에 든 뒤에 미래 제자들은 어떻게 모든 부部를 분별합니까?" 하자, 부처가 말하였다. "미래의 내 제자들에게는 20부部[84]가 있어서 모든 법에 머물게 할 것이고, 아울러 사과四果[85]와 삼장三藏을 얻으면 평등하여 상중하가 없을 것이다. 비유하면 마치 바닷물 맛이 차이 없는 것과도 같고 사람에게 스무 명의 자녀가 있는 것과 같나니, 여래가 설명한 그대로 진실하다. 근본 2부部(상좌부와 대중부)는 대승大乘으로부터 나오고 반야바라밀般若波羅密로부터 나온 것이니, 성문聲聞·연각緣覺과 모든 부처도 모두가 반야바라밀로부터 나오느니라."

小乘

小者簡非大也 謂如來觀根逗機 方便施設也. ○『文殊問經』云 文殊白佛言 世尊入涅槃後 未來弟子 云何諸部分別? 佛言 未來我弟子 有二

83 두기逗機: 중생의 근기를 보아서 근기에 맞추어 설법하는 일.

84 이십부二十部: 소승 이십부를 말한다. 소승불교의 20파. 이 20파는 북방불교에서 말하는 것이고, 남방불교에서는 18부를 말하고 있다. 북방의 소전所傳에 따르면, 석존 입멸 후 백여 년 후에 대천大天(Mahādeva)이라고 하는 비구가 계율과 교단 운영 등에 대하여 5개 조항에 이르는 새로운 주장을 했다. 전통교단에서는 이것을 망언으로 간주하여 대천오사망언大天五事妄言이라고 한다. 이때 불교는 마하데바에 따라서 5개조를 인정하는 자유주의 일파와 그 신설新設을 거부하는 보수주의 일파로 분열했다. 전자를 대중부大衆部, 후자를 상좌부上座部라고 한다. 이것이 소승불교 최초의 분열이다. 그 후 불멸 400년에 이르는 약 300년 동안 대중부로부터 8부部가 분파되고, 상좌부에서 10부가 분파되었으며, 대중大衆·상좌上座의 본파本派를 합하여 소승 20부가 되었다.

85 사과四果: 과果는 무루지無漏智가 생기는 지위. 깨달음의 4단계, 즉 수다원과須陀洹果·사다함과斯陀含果·아나함과阿那含果·아라한과阿羅漢果. 앞의 각주 11 참조.

十部 能令諸法住 並得四果三藏 平等 無下中上. 譬如海水味無有異 如人有二十子 眞實如來所說. 根本二部 從大乘出 從般若波羅蜜出 聲聞緣覺諸佛 皆從般若波羅蜜多出故.

(11) 삼장

경經·율律·론論을 일컬어 삼장三藏이라 하고, 또 불장佛藏과 보살장菩薩藏과 성문장聲聞藏을 일컬어 삼장이라고도 한다. 장藏이란 거두어들임이니 사람을 모으고, 법을 거두어들이는 것을 말한다.

○『장엄론莊嚴論』에서 말하였다. "'일체 알아야 할 뜻을 포함하였음을 말한다.' 하였기 때문이다."

○『인왕경仁王經』에서 게偈로 말하였다.

불법은 삼보를 보관한 곳이라 　　佛法衆海三寶藏
무량한 공덕은 그 안에 포함하였네. 　　無量功德於中攝

○『아비달마집론阿毘達磨集論』에서 말하였다. "'여래가 삼장을 세운 것은 무슨 까닭입니까?' 하니, '의심하는 번뇌를 치유하고자 소달람장素呾囕藏(경장)[86]을 세웠고, 2가지 치우친 견해(二邊)를 수용하여 이에 따라 일어나는 번뇌를 치유하고자 비나야장毘奈耶藏(율장)을 세웠으며, 스스로 잘못된 견해에 집착하는 번뇌를 치유하고자 아비달마장阿毘達磨藏(논장)을 세운 것이다.'"

---

86 소달람장素呾囕藏: sutta의 음역에 '장'을 붙인 것. 경장經藏.

三藏

經律論 謂之三藏 又佛藏菩薩藏聲聞藏 名三藏. 藏者攝也 謂攝人攝法故. ○『莊嚴論』云 謂攝一切所應知義故. ○『仁王經』偈云 佛法衆海[87]三寶藏 無量功德於中攝. 『阿毘達磨集論』云 何故如來建立三藏? 爲欲對治疑煩惱故 建立素呾纜藏 欲對治受用二邊隨煩惱故 建立毘奈耶藏 欲對治自見取[88]執隨煩惱故 建立阿毘達磨藏.

(12) 팔장

『보살처태경菩薩處胎經』에서 말하였다. "태화장胎化藏·중음장中陰藏·마하연장摩訶衍藏·계율장戒律藏·십주보살장十住菩薩藏·잡장雜藏·금강장金剛藏·불장佛藏, 이것이 석가모니 부처의 경이니 법이 다 갖추어졌다."

○오늘날 경·율·론을 안치하는 장소를 '장藏'이라 하고, 범어로 구사俱舍라 하며, 여기에서는 장藏이라 말하니, 이것들은 창고의 총칭이다.

---

87 명판본에는 '佛海法衆海'로 되어 있으나 '佛海'의 '海'는 잉자剩字로 보인다. 일판본과 대정장에도 '佛法衆海'로 되어 있다.

88 명판본에는 '建取'로 되어 있으나 '見取'의 오자이다. 견취는 4취 가운데 하나이다. 4취는 욕취欲取·견취見取·계취戒取·아취我取이다. 이 4취는 번뇌를 4가지로 분류한 것이니 곧 4가지 집착이다. 색성향미촉色聲香味觸이라는 다섯 대상에 탐착하는 욕취, 오온을 아견我見이나 변견邊見 등으로 그릇되게 집착하는 견취, 그릇된 계율이나 관습을 수행하는 계취, 아견이나 아만의 온갖 언어에 집착하는 아취.

八藏

『菩薩處胎經』云 胎化藏 中陰藏 摩訶衍藏 戒律藏 十住菩薩藏 雜藏 金剛藏 佛藏 是爲釋迦文佛經法具足[89]矣. ○若今安置經律論處 名藏者 梵云俱舍 此言藏 謂庫府之揔稱也.

(13) 법문

승조 법사는 "'세칙世則'이라 말하기도 하고, '법'이라고도 하면서 많은 현성賢聖들이 거쳐 가는 곳이므로 그것을 '문門'이라 한다."라고 하였다.

○『지도론智度論』에서 말하였다. "지혜로운 이는 3종류의 법문에 들어가서 부처의 모든 말이 진실된 법과 서로 어그러지지 않음을 살핀다. 첫째는 곤륵문蜫勒門이고【여기에서는 협장篋藏이라 한다.】 둘째는 아비담문阿毘曇門이며, 셋째는 공문空門이다. 곤륵문에 들어가서는 논의가 끝이 없고, 아비담문에 들어가서는 부처께서 직접 말한 여러 법의 의미와 이름들을 여러 제자가 갖가지로 모아 찬술하고 그 이치를 풀이한다. 공문에 들어가는 사람은 이른바 중생공衆生空과 법공法空과 대승大乘의 의리 등 모든 갖가지 법성法性이 저절로 항상 공空하니, 지혜와 방편으로 보지 않기 때문에 공하다."

○8만 4천 법문이라는 것은 『현겁왕경賢劫王經』에서 말하였다. "부처는 최초로 여러 바라밀다를 실천 수행하고, 이어 최후에 부처의 몸에 있는 육바라밀을 나누어 펼치기를 3백 5십 차례 하니, 할 때마다 모두 육바라밀을 갖추어 이와 같이 총 2천 1백 가지가 있게 되었으며,

---

89 명판본에는 '之'로 되어 있으나 '足'의 오자이다.

그것을 탐·진·치 등으로 나누어 다스리니 8천 4백 개가 있게 되고, 4가지 요소(四大種, 지·수·화·풍)와 6가지 감각의 대상(六無義, 색·성·향·미·촉·법)【육진六塵이다.】을 제거하는 데 적용하여 생겨난 과실이 10가지이니 이것을 합하면 8만 4천 법문이 된다."

法門

肇云 言爲[90]世則謂之法 衆聖所由謂之門. ○『智度論』云 智者入三種法門 觀一切佛語 皆是實法不相違. 一蜫勒門【此云篋藏也.】二阿毘曇門 三空門. 入蜫勒門 論議則無窮 入阿毘曇門 或佛自說諸法義名字 諸弟子種種集解 入空門者 所謂衆生空法空 若大乘義 一切諸法性自常空 不以智慧方便觀故空. ○八萬四千法門者『賢劫王經』云 謂佛最初修行諸波羅蜜多 乃至最後分布佛體波羅蜜 三[91]百五十度 一一皆具六波羅蜜 如是摠有二千一百 對治貪瞋癡及等分 有八千四百 除四大種六無義【六塵也.】所生過失十轉 合有八萬四千法門也.

(14) 법륜

『대비바사론大毘婆沙論』에서 말하였다. "'무엇을 법륜이라 합니까?' 하니, 답하였다. '이 법은 완성된 것이기 때문에 자성自性이 되는 것이고, 그러므로 법륜이라 부르는 것이다. 마치 세상에서 금륜金輪 등에 '윤輪'을 붙여 부르는 것과 같다. 이것은 부처의 말씀이 계속 전해지면서 머물지 않는다는 뜻이고, 여기저기에 집착하지 않고 떠난다는 뜻이며,

90 명판본에는 '謂'로 되어 있으나 '爲'의 오자이다.

91 명판본에는 '二'로 되어 있으나 '三'의 오자이다.

원한이 있는 적을 복종케 할 수 있다는 뜻이다. 또한 원만圓滿하다는 뜻이 있으니 수레바퀴 통(轂)과 바퀴살(輻)과 바퀴 테두리(輞), 3가지가 모두 갖추어졌다는 말이다. 그러므로 바퀴 몸체(輪體)의 법은 팔성도지八聖道支[92]이다. 처음에 소승의 법륜을 밝히는 자는 계율戒律을 우선으로 삼고 정언正語·정업正業·정명正命을 수레바퀴 통으로 삼으니 수레바퀴 통은 근본이 된다. 계율에 의지하여 선정이 생기기 때문에 정정正定·정근正勤·정념正念을 사용하여 바퀴 테두리를 만드니 테두리는 모아서 단속할 수 있다. 선정에 의지하여 지혜가 발휘되기 때문에 정견正見·정사유正思惟를 바퀴살로 삼는다.'"

○다음 대승의 법륜이라는 것은 지혜를 우선으로 삼는다. 정견·정사유를 이용하여 수레바퀴 통으로 삼으니 지혜는 모두 근본지根本智라 부른다. 다음으로 정언·정업·정명을 이용하여 바퀴살로 삼는데, 바퀴살은 바퀴통에 의지하여 성립되고 계율은 지혜로 말미암아 깨끗해지기 때문에 그 뒤에는 정정·정념·정근을 이용하여 바퀴 테두리로 삼는다. 선정은 계율로 말미암아 얻는 것이니 계율은 선정에 들게 되면 두루두루 통하기 때문이다.

---

92 팔성도지八聖道支: 또는 팔정도분八正道分·팔정도八正道라 한다. 불교의 실천 수행하는 중요한 종목을 8종으로 나눈 것. 이것이 중정中正·중도中道의 완전한 수행법이므로 정도, 성인의 도이므로 성도, 또 8종으로 나누었으므로 지支 또는 분分이라 한다. 정견正見·정사유正思惟·정어正語·정업正業·정명正命·정정진正精進·정념正念·정정正定의 중정·중도의 완전한 수행법. 부처께서 최초의 설법에서 설하셨으며 4제·12인연과 함께 불교의 원시적 근본 교의가 된다.

法輪

『大毘婆沙論』云 何名法輪? 答是法所成故 法爲自性故名法輪. 如世間呼金輪等輪. 是動轉不住義 捨此離彼義 能伏怨敵義. 又圓滿義 謂轂輻輞 三事具足. 故輪體法 卽八聖道支也. 初明小乘法輪者 以戒爲先 故用正語正業正命爲轂 轂根本也. 依戒生定 故用正定正勤正念爲輞 輞能攝錄. 依定發慧 故用正見正思惟爲輻. ○次大乘法輪者 以智爲先. 用正見正思惟爲轂 智慧皆名根本智. 故次用正語正業正命爲輻 輻依轂立 戒因智淨故 後用正定 正念正勤爲輞. 定因戒得 戒爲定攝故.

(15) 이제

첫째, 속제俗諦이니 안립제安立諦[93]라고도 부른다. 둘째, 진제眞諦이니 비안립제非安立諦[94]라고도 부르며, 승의제勝義諦[95]라고도 부른다.

○『바사론婆沙論』에서 말하였다. "제諦라는 것은 실하다는 뜻이고, 참되다는 뜻이며, 그대로라는 뜻이며, 뒤집히지 않는다는 뜻이며, 거짓(虛誑)[96]이 아니라는 뜻이다."

---

93 안립제安立諦: 생각과 말로 미치지 못하는 진여를 가설로 차별과 명목을 세워 나타냄을 말한다. 『기신론』의 의언진여依言眞如와 같이 진여의 모양을 말한 것.

94 비안립제非安立諦: 우주의 본체인 진여. 진여는 말로 표현할 수 없고, 마음으로 생각할 수도 없으므로 이렇게 부른다.

95 승의제勝義諦: 진제眞諦·제일의제第一義諦. 승의는 수승한 지혜의 대경, 제는 제리諦理라고도 하니, 변치 않는 진리를 말함이다. 이는 진실한 것, 허망치 않은 것, 그대로의 진상 등 여러 가지 의미로 해석한다.

96 허광虛誑: 실속 없이 남을 속이는 것.

○『계경契經』에서 말하였다. “부처가 설법한 것은 모두 진제眞諦와 속제俗諦(二諦)로 귀결된다.”

二諦

一俗諦 又名安立諦. 二眞諦 又名非安立諦 又名勝義諦. ○『婆沙論』云 諦者實義眞義如義 不顚倒義 無虛誑義. ○『契經』云 佛所說法 皆歸二諦.

(16) 사제

사제는 고제苦諦·집제集諦·멸제滅諦·도제道諦이다.

○『비바사론』에서는 “핍박받아 굴러다니는(流轉)[97] 것이 고상苦相이고, 태어나고 자라면서 업을 짓는 것이 집상集相이고, 선정에 들어서 번뇌가 멈춘 것이 멸상滅相이며, 벗어나 깨달음의 세계로 들어가는 것(還滅)[98]이 도상道相이다.” 하였다.

○또 말하기를 “일체 여래가 베푼 말들을 사제법四諦法으로 열어 보여준 것은 중생들을 구제하여 생사에서 벗어나게 하기 때문이다. 스스로 부지런히 도를 닦는 것에서 기인하지 다른 사람의 수행으로 기인하는 것이 아님을 뚜렷이 드러내고자 한 것이다.” 하였다.

四諦

一苦諦 二集諦 三滅諦 四道諦. ○『毘婆沙論』云 逼迫流轉是苦相 生

97 유전流轉: 환생을 계속하여 미혹의 세상을 떠돌아다니는 것.

98 환멸還滅: 번뇌를 끊고 깨달음의 세계에 들어가는 것.

長能轉業是集相 寂靜止息是滅相 出離還滅是道相. ○又云 一切如來宣說 開示四諦法 拔濟有情 出離生死故. 欲顯要由自勤修道 不由他修故.

(17) 정법

『바사론』에서 말하기를 "정법에 2종류가 있다. 첫째 세속의 정법(世俗正法)인데, 명신名身·구신句身·문신文身이라 한다. 즉, 경·율·론이다. 둘째 수승한 이치의 정법(勝義正法)인데, 성인의 도(聖道)라 한다. 즉, 무루無漏[99]의 근력(根力, 5근[100]과 5력[101])과 각지覺支[102]·도지道支[103]이다." 하였다.

正法

『婆沙論』 正法有二種. 一世俗正法 謂名句文身. 卽經律論也. 二勝義正法 謂聖道. 卽無漏根力 覺支道支也.

(18) 불법의 수명

『법주경法住經』에서 말하였다. "부처가 아난에게 말하길 '내가 열반한

---

99 무루無漏: 마음과 몸을 괴롭히는 번뇌에서 벗어남.

100 오근五根: 번뇌를 누르고 성도聖道로 이끄는 5가지 근원. 신근信根·정진근精進根·염근念根·정근定根·혜근慧根.

101 오력五力: 수행에 필요한 5가지 힘. 신력信力·정진력精進力·염력念力·정력定力·혜력慧力.

102 각지覺支: 각분覺分이라고도 한다. 깨달음을 얻기 위한 수단.

103 도지道支: 도를 구성하는 여러 가지 부분.

뒤에 정법正法이 천 년 갈 텐데 여인들이 출가하기 때문에 오백 년으로 줄어들 것이고, 상법像法[104]은 천 년, 말법末法[105]은 만 년이 될 것이다.' 하였다."

○『초초』에서 말하였다. "정법에는 2가지가 있다. 첫째, 증명된 정법正法으로 성인의 도와 설법을 요약하여 증명한 것이니, 정正은 증명한다(證)와 같다. 둘째, 가르치는 정법으로 불법(內法)의 문자를 일컬어 모두 정법이라 부르는데, 상법과 말법을 통틀어 말하는 것이다. 마치 정법이라 할 때 교법教法도 있고, 행법行法도 있고, 증법證法도 있는 것과 같다. 상법인 경우는 비슷하다는 뜻이기 때문에 교법과 행법이 있어서 정법이 있을 때와 비슷하지만 불과를 증명할 자(證果)는 드물다. 말법일 때에는 헛되이 교법만 있고 수행자는 없다."

○『대비바사론大毘婆沙論』에서 부처는 2가지 보특가라補特伽羅[106]가 있다고 했으니, 정법을 주지하여 설법하는 자와 수행하는 자를 말한다. 만약 교법을 지키는 자는 서로 상속되어 사라지지 않고, 세속의 정법을 오래 머물게 하고, 증법을 지키는 자는 서로 상속되어 소멸하지 않고, 절대적 진리(勝義)에 정법을 오래 머물게 한다. 정법을 가진 사람은 2종류가 있다. 첫째, 교법을 지닌 사람은 경·율·론 등을 독송하고

---

104 상법像法: 부처가 멸도한 뒤 500년의 정법 시기가 지난 1천 년 동안을 말한다. 정법 시기에는 교教·행行·증證이 다 갖추어져 있지만, 상법 때는 교·행만 있다.

105 말법末法: 부처가 멸도한 지 오래되어 교법이 쇠퇴된 시기. 교법(教)만 있고, 행行·증證이 없는 시대. 이 세 시대가 지나면 교법까지 없어지는 시기가 되니, 이때를 법멸法滅 시대라 한다.

106 보특가라補特伽羅: 개체·개인의 뜻. 푸드갈라(pudgala)의 음역.

해설함을 일컫는다. 둘째, 정법(證法)을 지닌 사람은 번뇌에서 벗어난 거룩한 도(無漏聖道)를 수행으로 증명할 수 있음을 말한다.

佛法壽命

『法住經』云 佛告阿難 我涅槃後 正法一千年 由女人出家故 減五百年 像法一千年 末法一萬年. ○『鈔』云 正法有二 一證正法 約證聖道說正猶證也. 二敎正法 謂內法文字 總名正法 統像末說. 若正法時有敎有行有證故. 若像法時像似也有敎有行 似正法時 則證果者鮮矣. 若末法時 空有敎無修行者. ○『大毘婆沙論』云 佛言有二補特伽羅 能住持正法 謂說者行者. 若持敎者 相續不滅 能令世俗正法久住. 若持證者相續不滅 能令勝義正法久住持. 正法人有二. 一持敎法者 謂讀誦解說經律論等. 二[107]持正法者 謂能修證無漏聖道.

(19) 불과 법의 선후

『보은경』에서 말하였다. "불은 법을 스승으로 삼고 불은 법을 좇아 생겨나니, 법이 바로 부처의 어머니이다. 불은 삼보 가운데에서 법에 의지하여 머무름이니 어찌 법을 처음으로 삼지 않겠는가? 부처가 말하길 '법은 비록 부처들의 스승이지만, 부처가 아니면 넓어지지 않는다. 이른바 도는 사람으로 인하여 넓어지니, 그러므로 불이 먼저이고 법이 나중이다.'"

〈이상 법보에 대한 설명을 마침〉

---

107 명판본이나 일판본 및 대정장에도 '二'는 없으나 앞에 '一'이 있으므로 보충하였다.

佛法先後

『報恩經』云 佛以法爲師 佛從法生 法是佛母. 佛依法住 於三寶中 何不以法爲初? 佛言 法雖是佛師 而非佛不弘. 所謂道由人弘 是故佛先法後也. 右法寶訖.

4) 승보

『법원주림法苑珠林』에서 말하였다. "대저 승보를 논하는 자는 금지하는 계법으로 참법을 지키고 위의威儀가 세속을 뛰어넘으며, 세속에 구애받지 않는 세계를 도모함으로써 발심發心하고, 세간을 버림으로써 법을 세우며, 벼슬의 영광에도 그 뜻이 움직이지 않고, 친속들 때문에도 그 생각에 누가 되지 않으며, 도를 폄으로써 사은四恩[108]을 갚고, 덕을 기름으로써 삼유三有[109]를 도우며, 높기는 인간계와 천상계를 뛰어넘고, 중함은 금옥金玉보다 더하니, 승보라 부른다."

○『순정리론順正理論』에서 말하였다. "승려는 다섯 부류가 있다. 첫째, 염치없는 승(無恥僧)이니 계율을 훼손하고서도 법복을 걸친 자들이다. 둘째, 아양승瘂羊僧이니 삼장의 가르침을 명료하게 이해하지 못하여 설법을 들어도 소용이 없는 자들이다. 셋째, 붕당승朋黨僧이니 이리저리 돌아다니며 영리를 도모하여 싸우고 기교를 부리고 사건

---

108 사은四恩: 4가지 은혜. 부모·국왕·중생·삼보의 은혜를 말하기도 하고, 부모·스승·국왕·시주施主의 은혜를 말하기도 한다.

109 삼유三有: 유有는 '존재한다'는 뜻으로 욕유欲有(欲界)·색유色有(色界)·무색유無色有(無色界)를 말한다.

을 꾸미는 자들이다. 이 세 부류의 승려들은 다분히 비법非法의 업을 짓는 자들이다. 넷째, 세속승世俗僧이니 이들은 작법과 비법의 업에 능통하여 이생異生에게 이로움을 주는 자들이다. 다섯째, 승의승勝義僧이니 사과四果가 확정되어서 결코 비법의 업 짓는 것을 용납하지 않는 자들이다."

○『십륜경十輪經』에서 말하였다. "승려에는 두 부류가 있다. 첫째는 승의승勝義僧이니, 즉 부처·보살·이승(성문승·연각승) 등이다."[110]

○『반야등론般若燈論』에서 말하였다. "사과四果의 지위에 있는 사람은 계·정·혜·해탈·해탈지견과 합치되기 때문에 '승'이라 부른다."

僧寶

『法苑珠林』云 夫論僧寶者 謂禁戒守眞 威儀出俗 圖方外以發心 棄世間而立法 官榮無以動其意 親屬莫能累其想 弘道以報四恩 育德以資三有 高越人天 重逾金王 稱爲僧寶. ○『順正理論』云 僧有五種. 一無恥僧 謂毁戒披法服者. 二瘂羊僧 謂於三藏教不了達 無聽說用. 三朋黨僧 謂於遊散營務 鬪諍善巧結構. 此三種多分造非法業. 四世俗僧 謂善異生 此通作法非法業. 五勝義僧 謂四果此定 不容造非法業. ○『十輪經』云 僧有二種 一勝義僧 卽佛菩薩二乘等. ○『般若燈論』云

---

110 본문에서 승려에는 두 부류가 있다 하고 '승의승'만을 말하고 있는데, 『대승대집지장십륜경大乘大集地藏十輪經』 권5를 살펴보면 다음과 같다. "또 선남자여, 네 부류의 승이 있으니 그 네 부류란 어떤 것인가? 첫째는 승의승이요, 둘째는 세속승이요, 셋째는 아양승이요, 넷째는 무참괴승이다(復次 善男子 有四種僧 何等爲四? 一者 勝義僧 二者 世俗僧 三者 啞羊僧 四者 無慚愧僧)."

四果人 謂與戒定慧解脫解脫知見和合故 名僧也.

(1) 보살

보살이란 모두 갖춘 자이니 '보리살타'의 줄인 말이다. 당나라 말로는 '깨달은 중생(覺有情)'이라 하는데, '각'이란 구하는 바의 결과이고 '유정'이란 제도하는 대상이다. '마하살'이란 '대유정大有情(위대한 사람)'이라는 말이니, 즉, 능히 깨달아 중생을 제도하는 것이다.

○『지지론』에서 "'살타'는 용맹의 뜻이요, 정진의 뜻이요, 큰 깨달음을 구하는 것이므로 마하살이라 한다." 하였다.

菩薩

菩薩者具足 應云菩提薩埵. 唐言覺有情 覺者所求果也 有情者所度境也.[111] 言摩訶薩者 此云大有情 卽能求能度人也. ○『地持論』云 薩埵是勇猛義 精進義 求大菩提 故名摩訶薩.

(2) 성문

성문이란 『유가론』에서는 "제불의 성스러운 가르침"이라 하였으니, 부처의 음성(聲)을 들은 것을 최고로 여긴 것이다. 스승과 벗을 좇으며 가르침을 듣고(聲敎) 여기저기서 수행하며, 세간에서 영원히 벗어나 소승小乘의 행법을 행하고 과보를 얻으므로 성문이라 부른다.

---

111 명판본에는 '唐言覺有情者 所度境也.'로 되어 있으나 일판본과 대정장에는 '唐言覺有情 覺者 所求果也 有情者 所度境也.'로 되어 있다. 이를 참조하여 바로잡았다.

聲聞

聲門者『瑜伽論』云 諸佛聖教 聲爲上首. 從師友所 聞此聲教 展轉修證 永出世間 小行小果 故名聲聞.

(3) 독각

인도에서는 '필륵지지가畢勒支底迦'라 하고, 당나라 말로는 '독행獨行'이라 한다. 여기에는 2가지가 있는데, 동료를 만들어 수행하는 것(部行)과 홀로 수행하는 것(麟喩)[112]이다.

『유가론』에서 말하였다. "늘 고요한 것을 좋아하여 함께 살려고 하지 않으며, 수행이 더해지고 행동이 원만하여 벗이나 스승의 가르침 없이도 자연스럽게 홀로 세간을 떠나 바른 행실로 과보에 합치되므로 독각이라 부른다." 혹은 12인연[113]의 이치를 관찰하여(觀緣) 도를 깨달았기에 연각緣覺이라고도 부른다.

○『화엄경華嚴經』에서 말하였다. "상품上品의 십선도十善道[114]를 청정히 닦아 다스리되, 다른 이의 가르침을 따르지 않고 스스로 깨닫기 때문이며, 대비방편이 구족하지 못하기 때문이며, 심오한 인연법을

---

112 인유麟喩: 인각유독각麟覺喩獨覺의 준말. 기린 뿔이 하나인 것같이 한 사람이 홀로 수행하는 것.

113 12인연因緣: 12연기설緣起說, 12연기緣起, 12지연기支緣起라고도 한다. 무명無明·행行·식識·명색名色·육입六入·촉觸·수受·애愛·취取·유有·생生·노사老死의 12지, 즉 12요소로 된 연기설緣起說이다.

114 십선도十善道: 몸(動作)·입(言語)·뜻(意念)으로 십악을 범치 못하도록 막는 일. 불살생不殺生·불투도不偸盜·불사음不邪婬·불망어不妄語·불양설不兩舌·불악구不惡口·불기어不綺語·불탐욕不貪欲·불진에不瞋恚·불사견不邪見.

깨닫기 때문이다."

○둘째 주지승住持僧이라는 것은 『고승전高僧傳』에 의거하면 10가지 항목이 있다. 첫째는 경을 번역함(譯經)이요, 둘째는 뜻을 해석함(解義)이요, 셋째는 선을 익힘(習禪)이요, 넷째는 계율을 밝힘(明律)이요, 다섯째는 법을 지킴(護法)이요, 여섯째는 느낌이 통함(感通)이요, 일곱째는 몸을 버림(遺身)이요, 여덟째는 소리 내어 경전을 읽음(讀誦)이요, 아홉째는 복을 일으킴(興福)이요, 열째는 덕을 가르침(聲德)이다. 【통혜 대사通惠大師[115]는 "스님이 되려 하는 자들이 10가지 항목을 준비하지 않으면 불도를 섬기더라도 백세토록 수고로울 것이다." 하였다.】

〈이상 승보에 대한 설명을 마침〉

獨覺

梵云 畢勒支底迦 唐言獨行. 此有二 謂部行麟喩也. 『瑜伽論』云 常樂寂靜 不欲雜居 脩加行滿 無師友教 自然獨出世間 中行中果 故名獨覺. 或觀緣悟道 又名緣覺. ○『華嚴經』云 上品十善道修治淸淨 不從他教自覺悟故 大悲方便不具足故 悟解甚深因緣法故. ○二住持僧者 准『高僧傳』有十科. 一譯經 二解義 三習禪 四明律 五護法 六感通 七遺身 八讀誦 九興福 十聲德. 【通慧大師云 爲僧不預於十科 事佛徒勞於百歲.】 右僧寶訖.

---

115 통혜 대사通慧大師: 찬녕贊寧(918~999)을 말한다. 중국 송나라 승려. 속성은 고高씨. 오흥吳興의 덕청德淸(절강성)에서 태어났으며, 삼장에 통달했다. 오월吳越의 충의왕忠懿王이 덕을 사모하여 명의종문대사名義宗文大師의 호를 주고, 송宋 태종은 통혜대사라는 호를 주었다. 『송고승전宋高僧傳』의 저자로 유명하다.

(4) 복전

언종 법사彦琮法師가 『복전론福田論』에서 말하였다. "복전이란 무엇인가? 삼보(佛·法·僧)를 일컫는 것이다. 공력으로 미묘한 지혜를 이루고, 도로써 원만한 깨달음을 증명하는 것이 '불佛'이요, 극히 작은 현묘한 이치를 정성을 다하여 바르게 가르치는 것이 '법法'이요, 금지하는 계율을 잘 지키면서 위의는 속세를 벗어난 자를 '승僧'이라 한다. 모두 이것은 사생四生(胎生·卵生·濕生·化生)의 길잡이요, 육취六趣[116]로 가는 배이다."

福田

彦琮法師『福田論』云 夫福田者何也? 三寶之謂也. 功成妙智 道證[117]圓覺佛也 玄理幽微 正教精誠法也 禁戒守眞 威儀出俗僧也. 皆是四生[118]導首 六趣舟航.

---

116 육취六趣: 육도六道라고도 한다. 미혹한 중생이 업인에 따라 가는 곳을 여섯 곳으로 나눈 것. ①지옥취地獄趣: 8한寒·8열熱 등의 고통을 받는 곳으로 지하에 있다. ②아귀취餓鬼趣: 항상 밥을 구하는 귀신들이 사는 곳. 사람들과 섞여 있어도 보지 못한다. ③축생취畜生趣: 금수가 사는 곳으로 인계人界와 있는 곳을 같이한다. ④아수라취阿修羅趣: 항상 진심을 품고 싸움을 좋아한다는 대력신大力神이 사는 곳으로 심산유곡을 의처依處로 한다. ⑤인간취人間趣: 인류가 사는 곳. 남섬부주 등의 4대주大洲. ⑥천상취天上趣: 몸에 광명을 갖추고 자연히 쾌락을 받는 중생이 사는 곳으로 육욕천六欲天과 색계천色界天·무색계천無色界天이 있다.

117 명판본에는 '登'으로 되어 있으나 '證'자의 오자이다.

118 명판본에는 '大'로 되어 있으나 '生'의 오자이다.

(5) 공양삼보

『대방광불사의경계경』에서 말하였다. "불보에게 공양하는 사람은 대복덕을 얻어 아뇩보리를 빨리 이루고, 여러 중생으로 하여금 모두 안락을 획득하게 한다. 법보에게 공양하는 사람은 지혜를 자라나게 하며 자유롭게 법을 증명하여 여러 법의 실성實性을 이해할 수 있다. 승보에게 공양하는 사람은 무량한 복덕과 수행의 바탕이 되는 선근공덕(資糧)을 증장시켜서 불도를 이루게 된다."

供養三寶

『大方廣不思議境界經』云 供養佛者 得大福德 速成阿耨菩提 令諸衆生 皆獲安樂. 供養法者 增長智慧 證法自在 能了知諸法實性. 供養僧者 增長無量福德資糧 致成佛道.

(6) 공양불

『보적경寶積經』에서 말하였다. "광박선인廣博仙人이 묻기를 '부처 멸도 후에 어떤 씨앗을 심으면 복의 과보(福報)를 얻을 수 있습니까?' 부처가 '여러 여래가 다 법신이므로 세상에 있거나 열반에 들거나 공양하는 복에는 다름이 없다.' 하였다. 또 물었다. '복은 쌓는 것입니까?' 부처가 말하였다. '비유하면 사탕수수(甘蔗)를 아직 짜지 않았을 때는 그 즙은 볼 수 없고, 그것의 한 마디나 두 마디 사이에 즙이 쌓여있는 것을 보려고 해도 끝내 보이지 않지만 그 즙은 그것 이외의 것에서는 얻을 수 없는 것처럼, 복덕의 과보果報[119]도 그와 같아서 시주자의 손안이나 마음속이나 몸속에 있지 않지만 역시 그것들을 벗어나지도 않으므로 그림자가 형상을 따르는 것과 같다.'"

○『대집경大集經』에서 상주천자商主天子가 물었다. "부처가 세상에 있었을 때 날마다 공양하였고 세존이 이것을 받았으니, 시주자는 복을 받을 것이다. 세존이 멸도한 후에 세존의 형상에다 공양한다면 누가 그것을 받습니까?" 부처가 말하였다. "여러 부처와 여래는 법신이라서 세상에 있거나 열반한 뒤 공양을 해도 그 복은 다르지 않다."

○『선생경善生經』에서 말하였다. "부처가 말하였다. '여래는 바로 모든 지혜의 창고이니 이런 까닭으로 지혜로운 자는 지극한 마음으로 부지런히 수행하면서 공급하는 것이 마땅하다. 살아있을 때나 멸도한 뒤에 형상이나 탑묘塔廟에 이미 공양하여 마치고 자기 몸에서 가벼운 생각이 생겨나게 하지 말며, 삼보가 있는 곳에서도 응당 이와 같이 하여야 한다. 만약 내가 현재에 있거나 열반한 뒤라도 똑같이 하여 다르지 않아야 한다.'"

『우바새계경優婆塞戒經』에서 부처가 말하였다. "어떤 사람이, '탑에 공양하면 수명壽命과 색력色力, 안락安樂과 변재辯才[120]를 얻을 수 없으니 받은 사람이 없기 때문이다.'라고 하지만, 이 뜻은 그렇지 않다. 신심이 있기 때문에 시주자는 신심으로 보시하는 것이다. 이 때문에 오상五常[121]의 복福에 대한 과보를 받게 되니, 비유하면 비구가 자비로

---

119 과보果報: 과果와 보報. 동류인同類因으로 생기는 결과를 과, 이숙인異熟因으로 생기는 결과를 보라 한다. 동류인은 육인六因의 하나로 원인과 결과가 그 성질을 같이할 경우의 원인을 말하고, 이숙인은 육인의 하나로 과보를 초래하는 원인이지만 과보가 생겼을 때 그 과보가 인因과 다른 형태로 나타나는 것.

120 변재辯才: 말 잘하는 재주.

운 마음을 수행하여 익히면 실제로 받는 사람이 없어도 무량한 과보를 얻는 것이다."

供養佛

『寶積經』云 廣博仙人問. 佛滅度後 云何種植 獲福報耶? 佛言 諸如來者皆是法身 若在世或滅後 所有供養福無有異. 又問. 福爲積聚耶? 佛言 譬如甘蔗未壓之時 汁不可見 彼於一節二節之中 求汁積聚了無見者 然彼汁不從外得 福德果報亦復如是 不在施主手中心中身中 亦不相離猶影隨形. ○『大集經』商主天子問. 佛在世日供養世尊是受者 而施者獲福. 世尊滅後 供養形像 誰是受者? 佛言 諸佛如來法身也 若在世若滅度 所有供養 其福無異. ○『善生經』云 佛言 如來卽是一切智藏 是故智者 應當志心 勤修供給. 生身滅身 形像塔廟 既供養已 於已身中 莫生輕想 於三寶所 亦應如是. 若我現在 若涅槃後 等無有異.[122]『優婆塞戒經』佛言 有人言供養施於塔像 不得壽命色力安樂辯才 以無受者故 是義不然. 有信心故 有施主信心布施. 是故得是五常福報 譬喻比丘 脩習慈心 實無受者 而亦獲得 無量果報.

---

121 오상五常: 사람이 항상 하여야 할 5종의 덕목德目, 곧 인·의·예·지·신을 말한다.

122 『선생경』에는 이런 내용은 나오지 않고 『우바새계경優婆塞戒經』 권3(T24, p.1051c13)에 다음과 같은 내용이 나온다. "善男子 如來卽是一切法藏 是故智者 應當至心勤心供養生身 滅身 形像 塔廟 … 既供養已 於己身中莫生輕想 於三寶所 亦應如是 … 善男子 若能如是至心供養佛法僧者 若我現在及涅槃後 等無差別."

(7) 찬불

『보살본행경』에서 말하였다. "아난이 부처에게 아뢰길, '만약 어떤 사람이 4구게로써 여래를 찬탄한다면 어떤 공덕을 얻습니까?' 하자, 부처가 말하였다. '곧바로 백천억의 무수한 중생으로 하여금 모두 벽지불의 도를 얻을 것이다. 어떤 사람이 의복·음식·의약·침상 등의 도구를 만백세토록 공양한다면 그 공덕이 많지 않겠느냐?' 아난은 '매우 많을 것입니다.' 하였다. 부처가 '만약 사람들이 4구게로써 환희심을 표현하고 여래가 얻은 공덕을 찬탄한다면 위에서 말한 복보다도 백천만 배 넘는 것이어서 비유해서 말할 것도 없다.' 하였다."

○『지도론』에서 말하였다. "여러 부처의 공덕을 듣게 되면 마음으로 존尊·중重·공恭·경敬·찬讚·탄歎하게 되는데, 일체중생 가운데 이보다 더할 사람이 없음을 알기 때문에 '존'이라고 말하는 것이다. 경외하는 마음이 군왕·부모·스승의 이익보다 더하기 때문에 '중'이라고 말하는 것이다. 겸손하면서 두렵고 어렵기 때문에 '공'이라고 말하고, 지덕智德을 존중하기 때문에 '경'이라고 말하며, 그 공덕을 아름답게 여겨 '찬'하고, 찬미하는 것만으로 부족하여 또 칭찬하고 선양하여 '탄'이라고 말한다."

讚佛

『菩薩本行經』云 阿難白佛 若使有人 以四句偈 讚歎如來 得幾功德? 佛言. 正使億百千那術無數衆生 皆得辟支佛道. 設有人供養是等 衣服飮食醫藥床臥敷具滿百歲 其功德多否? 阿難言甚多. 佛言若人以四句偈 用歡喜心 讚嘆如來所得功德 過於上福百千萬倍 無以爲喩. ○『智度

論』云 若聞諸佛功德 心尊重恭敬讚嘆 知一切衆生中得無過者 故言尊也. 敬畏之心 過於君王父母師長利益 故言重也. 謙遜畏難故曰恭也 推其智德故曰敬也 美其功德爲讚 讚之不足 又稱揚之爲歎.[123]

(8) 염불

『지도론』에서 말하였다. "'나무불이라고 한 번만 불러도 이 사람은 괴로움을 끝낼 수 있고 그 복이 끝이 없을 것이다.' 물었다. '어찌 부처의 이름만 부르는데 곧 괴로움을 끝낼 수 있고 그 복이 끝이 없습니까?' 답하였다. '일찍이 이 사람은 부처의 공덕이 사람의 늙고 병들고 죽는 것을 제도한다 들었으니, 만약 공양을 조금만 하거나 부처의 명호만 부르더라도 무량한 복을 얻을 수 있을 것이고, 또한 괴로움을 끝낼 수 있을 것이다.' 하였다."

○『능엄경』에서 대세지보살이 말하였다. "초일월광여래가 나에게 염불삼매念佛三昧[124]를 가르치면서 비유하기를 '한 사람은 오로지 기억하여 생각하는데 한 사람은 아득히 잊고 있다면, 두 사람은 만나도 만난 것이 아니고 혹 보아도 본 것이 아니다. 두 사람이 서로 기억하여 두 생각이 깊어서 이와 같이 지극하게 되면 이 생에서 저 생에 이르기까지 형체에 그림자가 따르듯 서로 어긋나지 않게 된다.

---

123 『대지도론』(T25, p.277a3~a6), "尊重者 知一切衆生中 德無過上 故言尊. 敬畏之心 過於父母師長君王 利益重故 故言重. 恭敬者 謙遜畏難故言恭 推其智德 故言敬. 讚歎者 美其功德爲讚 讚之不足 又稱揚之 故言歎."

124 염불삼매念佛三昧: 정토문에서 아미타불 한 분만 염하면서 생각이 다른 데 흩어지지 않고 일심으로 이름을 부르는 것.

온 세상의 여래가 중생들을 불쌍히 생각하고 가엽게 여김은 어머니가 자식을 생각하는 것과 같은데, 만약 자식이 달아나 버린다면 생각한들 무슨 소용이 있겠는가? 어머니를 생각하는 자식의 마음이 자식을 생각하는 어머니의 마음과 같을 때, 어머니와 자식은 여러 생을 지낼지라도 서로 어그러지거나 멀어지지 않을 것이다. 만약 중생들의 마음이 부처를 생각하면서 염불한다면, 현재 또는 미래에 반드시 부처를 뵙거나 부처와의 거리가 멀지 않을 것이며, 방편을 빌리지 않고도 스스로 마음이 열릴 것이다. 마치 향을 물들이는 사람이 몸에 향기가 있는 것과 같으니, 이를 향광장엄香光莊嚴[125]이라고 한다.'라고 하였다. 나는 근본 수행자리(本因地)에서 염불하는 마음으로 무생인無生忍[126]의 경지에 들었으니, 이제 이 세상에서 염불하는 사람을 데리고 정토淨土로 돌아가리라."

念佛

『智度論』云 但一稱南無佛 是人亦得畢苦 其福無盡. 問云 何但空稱佛名字 便得畢苦 其福無盡? 答是人曾聞佛功德 能度人老病死 若少供養 及稱名字 得福無量 亦至畢苦. ○『楞嚴經』大勢至菩薩云 超日

---

125 향광장엄香光莊嚴: 염불삼매. 향을 피우면 늘 향기가 남아 있는 것같이, 염불하면 항상 부처를 볼 수 있으므로 염불을 향에 비유한 것. 또 염불은 지혜이고 지혜는 광명이므로 광이라 하고, 또 염불하는 인행因行은 부처를 만나는 과덕果德을 장식하는 것이므로 장엄이라 한다.

126 무생인無生忍: 생겨나고 사라지는 것을 실체적 현상으로 보지 않는 확신의 경지.

月光如來 敎我念佛三昧 譬如有人 一人專憶 一人專忘 如是二人 若逢不逢 或見非見. 二人相憶 二憶念深 如是乃至 從生至生 同於形影 不相乖異. 十方如來憐念衆生 如母憶子 若子逃逝 雖憶何爲? 子若憶母 如母憶時 母子歷生 不相違遠. 若衆生心 憶佛念佛 現前當來 必定見佛 去佛不遠 不假方便 自得心開. 如染香人 身有香氣 此則名曰香光莊嚴. 我本因地 以念佛心 入無生忍 今於此界 攝念佛人 歸於淨土.

(9) 관불

『호국경護國經』에서 말하였다. "부처가 파사닉왕波斯匿王[127]에게 물었다. '그대는 어떤 모습으로 여래를 봅니까?' 왕이 말하길 '있는 그대로의 모습(實相)을 봅니다. 부처를 보는 것도 그렇습니다. 과거(前際)도 없고 미래(後際)도 없고 현재(中際)도 없어서 삼제三際에 머무르지도 않고 삼제를 벗어나지도 않으며, 오온五蘊에 머무르지도 않고 오온을 벗어나지도 않으며, 사대四大에 머물지도 않고 사대를 벗어나지도 않으며, 육처六處[128]에 머물지도 않고 육처를 벗어나지도 않으며, 삼계三界에 머물지도 않고 삼계를 벗어나지도 않습니다. 심지어 보고·듣고·깨닫고·아는 것도 아니고, 마음은 행하는 곳에서 사라지고(心行處

---

127 파사닉왕波斯匿王: 중인도 사위국(코살라국)의 왕. 정치를 잘하여 가시국迦尸國(Kāśī)도 그의 지배를 받았고, 그의 아들 기타 태자는 신하 숫달타와 함께 힘을 모아 기원정사를 지어 부처에게 바쳤다. 부처와 생일이 같고, 부처가 성도하던 해(B.C 569)에 왕위에 올랐다.

128 육처六處: 육입六入과 같다. 눈·귀·코·혀·몸·뜻의 육근과, 빛깔·소리·냄새·맛·부딪침·법法의 육경六境을 합쳐 육입이라고 한다. 육처六處라고도 하는데, 육근·육경을 합하여 12입入 또는 12처處라고도 한다.

滅), 말은 말하는 길에서 끊어져서(言語道斷) 진제眞際[129]와 같고 법성과 동등하니, 나는 이러한 모습으로 여래를 봅니다.' 하였다. 부처가 말하길 '선남자여, 그대의 말과 같습니다. 제불 여래는 힘 있고 두려움 없이 갠지스강의 모래알만큼 많은 공덕과 부처만이 갖는 고유한 능력(不共法)[130]들이 모두 다 이와 같으니 반야바라밀다般若波羅蜜多를 닦는 사람은 응당 이와 같이 볼 것이며, 만약 이와 다르게 보는 사람은 삿되게 본다(邪觀)[131]고 말합니다.' 하였다."

觀佛

『護國經』佛問波斯匿王言. 汝以何相 而觀如來? 王言 觀身實相. 觀佛亦然. 無前際 無後際 無中際 不住三際 不離三際 不住五蘊 不離五蘊 不住四大 不離四大 不住六處 不離六處 不住三界 不離三界. 乃至非見聞覺知 心行處滅 言語道斷 同眞際等法性 我以此相觀如來. 佛言善男子 如汝所說. 諸佛如來 力無畏等 河沙功德 諸不共法 悉皆如是 修般若波羅蜜多者 應如是觀 若他觀者 名爲邪觀.

---

129 진제眞際: 제際는 마지막 경지의 뜻. 오온의 제법에 대한 객관적 미혹·집착과 오온으로 조성된 아我에 대한 주관적 미혹·집착이 없어질 때 나타나는 진여.

130 불공법不共法: 범부는 물론 아라한이나 벽지불 또는 보살과도 구별되는, 부처 독자의 법이라는 뜻이다. 십력十力·사무소외四無所畏·삼념주三念住·대비大悲의 18가지를 말한다.

131 사관邪觀: ↔ 정관正觀. 극락세계의 국토와 그곳에 있는 불·보살 등을 관상觀想할 때에 올바르게 관상하려고 하는 것을 관득觀得하지 못하고 다른 경계를 관찰하여 마음과 경계가 상응相應하지 않는 상태.

(10) 예불

『대방광보협경大方廣寶篋經』에서 말하였다. "성문승聲聞僧 지등智燈이 문수文殊에게 '무엇을 예불이라 합니까?' 하고 물었다. 문수는 '만약 깨끗한 법을 보거나 깨끗한 부처를 보면 몸이나 마음이나 의욕이 없지도 않고 넘치지도 않게 하며, 바르고 곧게 하여 머물되 움직이지도 흔들리지도 않게 하며, 마음은 고요하게 행동은 조용하게 하는 것을 예불이라 합니다.'라고 답하였다."

○『법원주림法苑珠林』에서 말하였다.

제齊나라 때 천축국의 삼장三藏인 늑나마제勒那摩提[132]가 7종류의 예법에 대해 번역하였다.

그 첫째는 아만례我慢禮이니, 자리에 있으면서 마음에는 공경심이 없고 마음이 밖으로 치달리기만 하며 오륜五輪[133]을 갖추지 않아 디딜방아처럼 위아래로 고개만 끄덕이는 것을 말한다.

둘째는 창화례唱和禮이니, 위의威儀를 대충 바르게 하여 마음에는 깨끗한 생각이 없고, 사람을 보면 몸을 가볍고 급하게 예를 올리며, 사람이 가고 나면 몸은 게을러지고 마음은 피로해서 대개 마음은 흩어지고 입으로만 부르는 것을 말한다.

---

132 늑나마제勒那摩提: 학식이 고명하고 사리에 밝으며 선관禪觀에 통달한 중인도 사람. 508년 중국 낙양에 와서 칙명을 받고, 보리유지菩提流支와 함께 태극전太極殿에서 『십지론十地論』을 번역하였는데, 나중에 서로 의견이 달라 따로 번역하게 된다.

133 오륜五輪: 지륜地輪·수륜水輪·화륜火輪·풍륜風輪·공륜空輪의 5가지. '륜輪'은 모든 덕을 구비했다는 뜻이고, '오五'는 오대五大를 가리킨다. '오대'는 모든 덕을 구비하고, 두루 미쳐서 모자람이 없으므로 이렇게 말한다.

셋째는 신심공경례身心恭敬禮이니, 부처 부르는 소리를 들으면 곧 부처의 모습을 생각하면서 몸과 마음으로 공경하며 게으르거나 싫어하는 마음이 없는 것을 말한다.

넷째는 발지청정례發智淸淨禮이니, 부처의 경계에 도달함으로써 마음이 나타나는 대로(現量) 한 부처에게 예배하면 모든 부처에게 예배하는 것이고, 한 번 절하면 법계에 두루 예배함을 말하는 것이니 불·법·신이 하나로 통한다고 보기 때문이다.

다섯째는 편입법계례遍入法界禮이니, 스스로 몸과 마음을 법과 동등하게 여겨 본래부터 그 이후로 법계에서 벗어나지 않으며, 부처와 내가 평등함을 보고서 지금 한 부처에게 예배하면 곧 법계의 여러 부처에게 두루 예배하는 것임을 말한다.

여섯째는 정관례正觀禮이니, 자신불(自佛)에게 예배하여 다른 부처와 인연 짓지 않음을 말함이니 무엇 때문인가? 모든 중생은 각각 불성이 있어서 누구나 똑같이 깨달을 수 있기 때문이다.

일곱째는 실상평등례實相平等禮이니, 앞의 것(아만례~정관례)과 마찬가지로 예禮가 있고 관觀이 있는 것은 같으나 자타가 서로 다른 것을 말한다. 이제 이 실상평등례는 자기도 없고 타인도 없다. 중생이나 성인이 똑같고 체體와 용用이 그대로 평등하기 때문이다. 문수가 말하였다. '예를 올리는 이(能禮)와 예경을 받는 이(所禮)는 그 본성이 조용하다(空寂).'【이 7가지 예에서 앞의 3가지는(아만례·창화례·신심공경례) 사례를 요약한 것이고, 뒤의 4가지는(발지청정례·편입법계례·정관례·실상평등례) 이치를 설명한 것이다.】

무릇 예불이라는 것은 모름지기 자신이 좌구(尼師壇)[134]를 펼쳐야지 다른 사람을 시켜 펼쳐서는 안 된다. 혹시라도 탑전에 이르렀을 때 먼저 깔아놓은 자리가 있으면 그 위에서 예를 올리고, 먼저 깔아놓은 것이 없으면 서성대지 말며, 자리를 펼 적에는 상에 닿도록 깔지 말며, 모름지기 신발을 벗고 예의 없이 행동하여 스스로 깊은 죄를 불러들이지 말라.

禮佛

『大方廣寶篋經』智燈聲聞問文殊言 云何禮佛? 文殊言 若見法淨 名見佛淨 若身若心 不低不昂 正直而住 不動不搖 其心寂靜 行寂靜行是禮佛. ○『法苑』齊有天竺三藏勒那 譯出七種禮法. 一我慢禮 謂依位次 心無恭敬 心馳外境 五輪不具 如碓上下. 二唱和禮 謂粗正威儀心無淨想 見人則身輕急禮 人去則身墮心疲 蓋心散而口唱也. 三身心恭敬禮 謂聞唱佛名 便念佛相 身心恭敬 情無厭怠. 四發智淸淨禮 謂達佛境界 隨心現量 禮一佛則禮一切佛 禮一拜則禮法界 以佛法身融通故. 五遍入法界禮 謂自觀身心等法 從本以來 不離法界 佛我平等今禮一佛 卽是遍禮法界諸佛. 六正觀禮 謂禮自佛 不緣他佛 何以故? 一切衆生 各有佛性 平等正覺. 七實相平等禮 謂前猶有禮有觀 自他兩異. 今此一禮 無自無他. 凡聖一如 體用如如平等故. 文殊云. 能禮所禮性空寂.【**此七禮 前三約事 後四就理.**】凡[135]禮佛 須自展尼師壇

---

134 니사단尼師壇: 니사단나尼師但那. 번역하여 좌구坐具·부구敷具·수좌의隨坐衣라 한다. 부처가 마련한 제도에 따라 만든 비구 6물物의 하나. 비구가 앉거나 누울 적에 땅에 펴서 몸을 보호하며, 또 와구臥具 위에 펴서 와구를 보호하는 네모난 깔개이다.

不得令他人展. 或至塔殿上 先有地席 便就上禮 先無 不得立佇布席 不得於抵[136]床 上禮須脫屣履 勿以無儀 自招深罪矣.

(11) 친근불

『승사유범천문경勝思惟梵天問經』에서 말하였다. "범천이 문수에게 물었다. '비구들이 어떻게 해야 부처를 친히 가까이한다 할 수 있습니까?' 문수가 답하였다. '만약 비구가 모든 법에서 법法이 가까이 있다고 보지도 않고 멀리 있다고 보지도 않는다면 부처를 친히 가까이하였다고 할 수 있다.'"

○『대집경大集經』에서 말하였다. "만법萬法의 미세한 모습을 깨닫지 않은 자라야 여래의 세상 벗어나심을 훤히 알아서 항상 여러 부처를 볼 수 있다."

親近佛

『勝思惟梵天問經』云 梵天問文殊言 比丘云何親近於佛? 答云 若比丘於諸法中 不見有法若近若遠 是則名爲親近於佛. ○『大集經』云 不覺一法微相者 乃能了知如來出世 常見諸佛.

(12) 일체공경

무릇 예불하는 사람이 먼저 이 말(一切恭敬)을 창唱하여 중생들의 마음이 수습되고 흩어지지 않도록 한다. '일一'은 말씀이 두루두루

---

135 명판본에는 '死'로 되어 있으나 '凡'의 오자이다.

136 명판본이나 일판본, 대정장에는 '低'로 되어 있으나 '抵'의 오자이다.

미친다는 뜻이고, '체切'는 가장자리 끝까지라는 뜻이며, '공恭'은 몸을 단속하여 간절히 우러러보는 것이고, '경敬'은 마음을 단속하여 삼가 엄숙하게 하는 것이다. 마음에는 다른 마음이 없어야 하고, 공경에는 믿음이 근본이 되어야 한다.

○『지도론』에서 말하였다. "일체에는 2종이 있는데, 하나는 이름(名字)으로서의 일체요, 또 하나는 실리로서의 일체이다." 이제 이름을 실리實理로 돌아가게 할 것이다. 혹자가 "예배할 적에 삼업은 어디에 두루 통합니까?" 하고 묻자, 답하였다. "삼업을 통합하면 오체투지(五輪著地)는 바로 신업身業이고, 부처의 명호를 부르는 것은 바로 구업口業이며, 성인의 경지를 연상緣想하면서 오로지 집중하여 흩어지지 않는 것이 바로 의업意業이다."

一切恭敬

凡禮佛者 首唱此言 收攝衆心 不馳散故. 一者普及爲言 切者盡際爲語 恭者束身翹仰 敬者束心謹肅. 心無異心 敬爲信本. ○『智度論』云 一切有二 一名字一切 二實一切. 今以名字歸實理也. 或問禮拜 三業何攝? 答通三業 若五輪著地是身業 稱佛名號是口業 緣想聖境 專注不散是意業.

(13) 나무

『비화경悲華經』에서 말하였다. "부처가 말하길 '나무南無라는 것은 제불 세존의 명호와 음성을 결정짓는 것이다.'"

○『유식초唯識鈔』에서 말하였다. "범어의 '나무'는 번역하면 곧 귀의

한다는 뜻이다. 혹은 나마那摩, 혹은 나모曩謨라고 하는데 모두 범음이 와전된 것이다."

南無

『悲華經』云 佛言 南無者 此決定諸佛世尊名號音聲. ○『唯識鈔』云 梵語南無 此翻名 卽是歸趣之義也. 或云那摩 或云曩謨 皆梵音訛也.

(14) 요불

또 말하였다. "정근하며 도량을 두루 도는 것(旋遶)은 이 지방(항주)에서는 행도行道라고 말한다." 『서역기西域記』에서 말하였다. "인도에서는 종단의 일에 따라 예배한 뒤에 모두 선요를 하는데 대개 지극한 공경심으로 귀의한다는 뜻이다." 오직 불법에서만 오른쪽으로 도는데, 『법원주림』에서는 "하늘의 운행에 따르는 것이다."라고 하였다. 도는 횟수는 정해지지 않았다. 세 번 도는 것은 삼업을 표시한 것이고, 일곱 번 도는 것은 칠각지七覺支[137]를 표시하는 것이다. 같은 경전에서 백천 번 돈다고 한 것은 무수히 많이 도는 것을 말하는 것이니, 많은 수를 말하여 공경함이 지극하다는 것을 드러낸 것이다.

○『현자오계경賢者五戒經』에서 말하였다. "탑을 세 번 돌면서 삼존三尊에게 공경심을 표하는 것은 삼독을 소멸하기 위함이다."

○『제위경提謂經』에서 말하였다. "묻기를 '꽃을 뿌리고 향을 사르고

137 칠각지七覺支: 불도를 수행할 때 참되고 거짓되고 선하고 악한 것을 살펴서 올바로 골라내는 7가지 지혜. 택법각분擇法覺分·정진각분精進覺分·희각분喜覺分·제각분除覺分·사각분捨覺分·정각분定覺分·염각분念覺分이다.

등불을 켜고 예배하는 것을 공양이라고 말하지만 탑을 돌면 무슨 복을 얻습니까?' 하자, 부처가 말하였다. '탑을 돌면 5가지 복덕이 있다. 첫째 후세에 단정한 좋은 여인을 얻을 것이고, 둘째 좋은 음성을 얻을 것이고, 셋째 천상에 태어날 것이고, 넷째 왕후王侯 집안에 태어날 것이고, 다섯째 열반도涅槃道를 얻을 것이다.'"

○『삼천위의경三千威儀經』에서 말하였다. "요불할 때는 5가지 일을 조심해야 한다. 첫째, 고개를 숙여 땅을 본다(低頭視地). 둘째, 걸을 때 벌레를 밟지 않는다(不得蹈虫). 셋째, 좌우를 두리번거리지 않는다(不得左右視). 넷째, 땅에 침을 뱉지 않는다(不得唾地). 다섯째, 사람들과 말을 하지 않는다(不得與人語話)."

遶佛

又云 旋遶 此方稱行道.『西域記』云 西天隨所宗事 禮後皆須旋遶 蓋歸敬之至也. 唯佛法右遶『法苑』云 順天行也. 若匝數則不定. 若三帀表三業 七帀表七支. 如經云 百千帀無數帀 但以爲數表敬之極也. ○『賢者五戒經』云 旋塔三帀 表敬三尊 爲滅三毒故. ○『提謂經』問散華燒香燃燈禮拜 是謂供養 旋遶得何等福? 佛言 有五福. 一後世得端正好色 二好聲 三得生天上 四生王侯家 五得泥洹道. ○『三千威儀經』云 旋遶有五事. 一低頭視地 二不得蹈虫 三不得左右視 四不得唾地 五不得與人語話.

(15) 불상을 만듦

『대승조상공덕경大乘造像功德經』에서 말하였다. "우타연왕優陀延王이 불상을 만들고자 하였는데 시작하는 날 밤에 스스로 생각해 보았다. '불상은 앉은 모습이어야 할까, 서 있는 모습이어야 할까?' 이때 지혜로운 신하가 왕에게 아뢰었다. '앉아 있는 모습으로 만드는 것이 마땅합니다.' '무엇 때문인가?' '모든 부처는 큰 깨달음을 얻고 나서는 나아가 법륜을 굴리거나 큰 신비한 변화를 나타낼 때 모두 앉아 있었기 때문입니다. 그러므로 사자좌 위에 결가부좌한 모습을 만드는 것이 좋을 것입니다.' 왕은 불상이 완성되자 머리에 불상을 이고(頂戴)[138] 여래가 있는 곳에 가서 아뢰었다. '여래는 최상의 미묘한 몸이라서 더불어 동등한 것이 없습니다. 제가 만든 불상이 부처와 비슷하지 않아서 깊이 생각해 보니 허물이 될 것 같습니다.' 부처는 왕에게 '허물 될 것이 없습니다. 그대는 이미 무량한 이익을 지었으니, 다시 어떤 사람도 그대와 같을 수 없을 것입니다. 그대는 지금 내 불법 안에서 처음으로 본보기(軌則)를 만들었으니, 미래 세상에 믿음이 있는 사람들은 모두 왕으로 인하여 부처의 형상을 만들고 큰 복을 얻게 될 것입니다.' 하였다."

○『불재금관경복경佛在金棺敬福經』에서 말하였다. "경전이나 불상의 주인은 어느 누구를 막론하고 장인을 고용했다고 해서 남이 만든 것이라고 말해서는 안 된다. 장인匠人은 술과 고기를 먹지 말아야 하니, 성스러운 가르침대로 하지 않고 만든다면 비록 경전에 있는 모습대로 만들었다고 해도 그 복은 매우 적을 것이다. 장인이 부처상을 만들 때 상호相好[139]를 갖추지 않은 자는 오백만세토록 육근을 갖추지

---

138 정대頂戴: 머리에 인다는 뜻으로, 물건을 주거나 받을 때 그 물건을 이마에 갖다 대며 상대편에게 경의를 표한다.

못할 것이다."

○『오백문경五百問經』에서 말하였다. "생계를 이어가느라 계율을 파괴하고 재물을 얻고자 부처를 만든다면 오히려 지옥을 면하지 못할 것이니, 하물며 어찌 복을 얻겠는가?"

○『죄복결의경罪福決疑經』에서 말하였다. "승려나 재가 불자(白衣)가 자신의 재물을 내놓거나 혹은 다른 사람에게 권유하여 시주하게 한 재물(勸化得財)로 불상을 만드는 데 사용하려 하였다가 경영하는 사람이 이 돈으로 새나 짐승의 형상을 만들어 불단 위에 안치하였을 때 손해를 계산해 보면 5전錢에 불과하다. 그러나 역죄를 범한 것이므로 끝내 환생하지 못하고 1겁 동안 아비지옥에 떨어질 것이다. 만약 그 돈으로 향유香油를 공양하여 속죄한 사람은 죄를 범한 것이 아니다."[140]

○선 율사宣律師가 말하였다. "송제宋齊 때에는 불상을 만들 때 모두 입술은 도톰하게, 코는 높게, 눈은 길게, 턱은 두툼하게 하여 뚜렷한 장부의 모습이었다. 당나라 때부터는 필공筆工들이 모두 단엄端嚴하고 유약柔弱하게 그려서 기녀의 모습과 비슷했다. 그래서 지금 사람들은 과장하여 궁녀가 보살 같다고 한다."

---

139 상호相好: 용모, 형상. 상相은 몸에 드러난 부분, 호好는 상相 중의 세밀한 모습. 이 상호가 모두 완전하여 하나도 모자람이 없는 것을 불신佛身이라 한다. 불신에는 32상相과 80종호種好가 있다.

140 대정장의 『법원주림』「수조부」(T53, p.540a25)에 다음과 같은 글이 실려 있다. "僧尼白衣等 或自捨財 及勸化得物 擬佛受用 經營人將此物 造作鳥獸形 像安佛磐上者 計損滿五 犯逆罪究竟不還 一劫墮阿鼻地獄 贖香油燈供養者無犯."

또 말하였다. "지금 사람들은 제 마음대로 만들어 본디 실제를 따르지 않아서 믿음과 공경은 얻지만 법식은 잃어버리고, 다만 자(尺)와 치(寸)의 길고 짧음만을 논하고 눈·귀 등 전체를 갖추는 것에 대해서는 묻지 않는다. 간혹 가격을 다투고 공양물의 후함과 박함을 계산하면서 술과 고기를 먹이니 몸은 정결하지 않게 되므로 존엄한 불상이 비록 세워지더라도 위엄과 영험이 없게 되기에 이르렀다. 나아가 경전을 베껴 쓸 적에는 오직 필력이 약하고 거친 종이를 값싸게 구하는 것에만 힘써서 장인을 부림에 공경함이 없고, 자신의 마음에 교만한 마음을 가지고 있어서 피차간에 통틀어 값싸게 하다 보니 법도에 따른 의식이 줄어든다. 만약 발원자와 장인으로 하여금 법식을 지키려는 마음을 가지고 진정한 모습을 만들게 한다면 금수를 만들어도 오히려 더럽히지 않을 텐데, 하물며 사람임에랴."【베껴 쓸 글이 많아서 중요한 부분만 골라 적다보니 순서대로 글을 적지 못하였다.】

造像

『大乘造像功德經』云 優陀延王雕像 始夜自思惟. 但其像爲坐爲立? 時有智臣白王. 當作坐像. 何以故? 一切諸佛得大菩提 乃至轉法輪 現神變 皆悉坐故. 是故應作師子座 結加之像. 王雕像訖 以頂戴像 至如來所白佛言. 如來最上微妙之身 無與等. 我所造像 不似於佛 竊自思惟 深爲過咎. 佛告王言 非爲過咎. 汝已作無量利益 更無與汝等者. 汝今於佛法中 初爲軌則 未來世中 有信之人 皆因王故造佛形像 而獲大福. ○『佛在金棺敬福經』云 造經像主 莫論雇匠. 匠人不得飮酒食肉 不依聖敎 雖造經像 其福甚少. 若匠人造像 不具相好者 五百

萬世 諸根不具. ○『五百問經』云 治生破戒 得財造佛 尚不免地獄 何況得福? ○『罪福決疑經』云 僧尼白衣 或自捨[141]財 或勸化得財 擬作佛像用 經營人[142]將此錢 造作鳥獸形 安佛盤上 計損五錢. 犯逆罪究竟不還 一劫墮阿鼻地獄. 若用贖香油供養者不犯. ○宣律師云 造像梵相 宋齊間 皆脣厚鼻隆 目長頤豐 挺然丈夫之相. 自唐來筆工皆端嚴柔弱 似妓女之貌. 故今人誇 宮娃如菩薩也. 又云 今人隨情而造 不追本實 得在信敬 失在法式 但論尺寸長短 不問耳目全具. 或爭價利 計供厚薄 酒肉餉遺 身無潔淨 致使尊像雖樹 無復威靈. 乃至抄寫經卷惟務賤得 弱筆麤紙 使前工無敬 自心有慢 彼此通賤 法儀減矣. 若使道俗存法 造得眞儀 鳥獸尚不敢汚 何況人乎. 【鈔文多 但撮要言 故不次第焉.】

(16) 사자좌

『지도론』에서 말하였다. "'무엇 때문에 사자좌라 부르는 것인가? 부처가 변하여(化作)[143] 실제 사자가 되었는가? 금·은·나무·돌로 사자 형상을 만들었는가?' 답하였다. '그렇다. 사자좌라고 부르기는 하나 실제는 아니다. 부처는 사람 가운데서 사자이다. 무릇 부처가 앉는 곳은 평상이건 땅이건 모두 사자좌라 부른다. 사자는 짐승 가운데 혼자 다니면서도 두려움이 없이 모든 것을 복종시킬 수 있다. 부처 역시 이와 같아서 96종의 외도인과 모든 인간계와 천상계들이 모두 복종하므로 두려움이

---

141 『법원주림』을 참조하여 '捨'자를 보충하였다.

142 『법원주림』을 참조하여 '營'자를 보충하고 '久'를 '人'으로 교감하였다.

143 화작化作: 불보살이 불가사의한 힘으로 온갖 사물로 변하는 일.

없다. 그러므로 사람 중에 사자라 부르는 것이다.'"

師子座

『智度論』問 云何名師子座? 爲佛化作 爲實師子? 爲金銀木石作耶? 答云 是號師子座 非實也. 佛爲人中師子. 凡佛所坐 若床若地 皆名師子座. 夫師子獸中 獨步無畏 能伏一切. 佛亦如是 於九十六種外道 一切人天中 一切降伏 得無所畏. 故稱人中師子.

(17) 연화좌

『지도론』에서 말하였다. "물었다. '앉을 수 있는 여러 평상이 있는데 어째서 반드시 연꽃에 앉습니까?' 답하였다. '평상은 세간의 속인들이 앉는 법이다. 연꽃은 깨끗하면서도 연약하지만 신통력을 발현하여 그 위에 앉아도 꽃이 무너지지 않을 수 있기 때문이다. 또한 묘법의 자리를 장엄하게 하기 위해서이다.'"

蓮花座

『智度論』問云 諸床可坐 何必蓮華? 答諸床爲世間白衣坐法. 又蓮華濡淨柔脆 欲現神力 能坐其上 令華不壞故. 又以莊嚴妙法座故.

(18) 화염

『장아함경』에서 말하였다. "부처는 마갈타국 비타산에 있으면서 화염삼매에 들었고, 또 예전에 사위국의 바라사에 있을 적에도 화염삼매에 들었다. 지금은 그것을 본뜬 것이다."

火焰

『長阿含經』云 佛在摩竭國毘陀山中 入火焰三昧 又昔在舍衛婆羅舍入火焰三昧. 今則像之.

(19) 불상을 조각함

『증일아함경』에서 말하였다. "우전왕優塡王[144]이 우두전단牛頭旃檀[145]을 사용하여 부처의 모습을 새겼는데, 높이가 다섯 자나 되었다. 이것이 처음이다."

雕像

『增一阿含經』云 優塡王用牛頭旃檀 雕佛形像 高五尺. 此爲始也.

(20) 쇳물을 부어 불상을 만듦

경전에서 말하였다. "당시 바사닉왕은 우전왕이 전단나무를 사용하여

---

144 우전왕優塡王: B.C 6세기경 인도 반사국의 푸라판타왕의 왕자. 모후가 만삭 때에 매가 채어가 히말라야의 나무 위에서 탄생했다. 신심이 깊었으며, 세존이 33천에 올라 생모를 위하여 설법하실 때 그는 부처를 예배하지 못하는 괴로움으로 병이 들자, 신하들이 우두산의 향나무로 불상을 조성하였는데, 이것이 최초의 불상이었다.

145 우두전단牛頭栴檀: 또는 적전단赤栴檀, 마라야산摩羅耶產이라고도 한다. 인도 마라야산에서 나는 향나무 이름. 빛깔은 적동색赤銅色. 전단 중 가장 향기가 있고, 그 향기는 오래도록 없어지지 않으므로 이 나무로 불상佛像·전당殿堂·기구器具를 만들었다. 가루는 약품의 재료로도 사용되고, 기름은 향수의 원료로 쓴다.

불상을 조각하였다는 말을 듣고, 이에 자신은 자마황금紫磨黃金[146]으로 불상을 주조하였는데, 높이가 다섯 자나 되었다. 이것이 시작이다."

鑄像

經云 時波斯匿王 聞優塡王用香雕像 乃用紫磨黃金 鑄佛形像 亦高五尺. 此爲始也.

(21) 불상을 그림

『당내전록唐內典錄』에서 말하였다. "후한 명제 영평永平 7년(64년)에 진경秦景을 월지국月支國으로 보내어 우전왕優塡王이 네 번째로 만든 불상을 얻었다.[147] 【이것이 서역의 시초이다.】 낙양으로 돌아와서 칙령으로 그림을 그리게 하고 낙양 성문의 서쪽과 현절릉顯節陵에 공양하게 하였다. 중국에서의 시작이다."

---

146 자마황금紫磨黃金: 자색이 나는 황금. 염부나무 아래를 흐르는 강물 속에서 나는 사금砂金. 곧 염부단금閻浮檀金.

147 『당내전록』에는 "어느 날 황제가 금빛 나는 신인神人이 하늘을 날아 전각에 내려앉는 꿈을 꾸게 되었다. 불타의 법이 전해올 조짐이라는 신하들의 말에 따라 사신을 보내어 불법을 받아오게 하였다. 월지국 국경에 이르니 전도승 가섭마등과 축법란이 석가모니불 입상과 『42장경』을 가지고 중국으로 오는 중이었다. 이들과 함께 돌아와 그들이 모시고 온 석가 입상을 명제에게 보였더니, 명제는 바로 꿈에 보았던 것이라고 크게 기뻐하면서 화공을 시켜 입상을 그리게 하여 낙양문 서쪽과 현절릉에 안치하게 하였다. 그리고 가섭마등과 축법란은 낙양성 서문 밖에 절을 지어 살게 하였는데, 백마白馬가 경전과 불상을 실어왔다 하여 절 이름을 백마사白馬寺라 했다." 하였다.

畫像

『唐內典錄』云 後漢明帝永平七年 使秦景往月支國 得優塡王雕像師第四畵像.【此西域之始也.】至洛陽 敕圖於西陽城門 及顯節陵上供養. 此土爲始也.

(22) 불상을 목욕시킴

『마하찰두경摩訶刹頭經』에서 말하였다. "부처가 대중들에게 말하였다. '시방의 여러 부처가 모두 4월 8일 한밤중 자시子時에 태어났는데 무슨 까닭일까?' 봄과 여름 사이는 재앙이 모두 끝나고, 만물이 두루 생겨나되 독기는 아직 생겨나지 않으며, 춥지도 덥지도 않아서 기후가 화창하고 쾌적하여서이다." 지금은 이것이 부처 생일이니, 대중들이 부처의 공덕을 생각하고 부처의 형상을 목욕시킨다.【오늘날 강소성과 절강성(江浙)에서는 4월 8일을 욕불일로 한다.】

○『비유경譬喩經』에서 말하였다. "부처는 섣달 8일 신통력으로 나타나 육사六師(外道)[148]들을 항복시켰다. 육사들은 부처에게 논쟁에서 지자 그대로 물에 떨어져서 죽어버렸다. 무리 중 살아남은 자들은 부처가 설법하자 깨닫고는 동시에 부처에게 아뢰었다. '세존께서 법수로 저희 마음의 때를 씻어주셨으니, 저희도 지금 불승들의 몸에 묻은 때를 씻을 수 있기를 청합니다.'"【오늘날 안휘성安徽省(淮北) 지방이나 삼경三京[149] 지방에서는 모두 12월 8일을 욕불일로 하고 있다.】

---

148 육사六師: 육사외도六師外道. 석가 당시 인도 지방에서 가장 세력이 컸던 6인의 철학자·종교가의 유파. 6파 철학이라고도 한다.

149 삼경三京: 경도京都(장안), 동도東都(낙양), 북도北都(태원, 북경).

○『욕불공덕경浴佛功德經』에서 말하였다. "청정혜 보살이 부처에게 말하였다. '세존이시여, 만약 부처가 세상에 계실 때나 법이 사라진 여러 미래세에 중생들은 어떻게 불상을 목욕시켜야 합니까?' 부처가 말하였다. '텅 비었다거나 있다는 생각(空有)[150]에 집착하지 말고, 여러 선법(善品)을 마음에 품고 목마르게 우러르며 싫어하지 말아야 한다. 어째서인가? 여래의 법신과 보신을 성취해야 하기 때문이다. 나는 지금 너희들을 위해 불상에 목욕시키는 법에 대해 설하겠다. 이는 여러 공양 중에서 가장 뛰어난 것이다. 여러 향탕수를 만들어 깨끗한 그릇에 담아두고 먼저 네모난 단을 만들고 그 위에 신묘한 자리를 펼쳐서 위에 불상을 올린다. 여러 가지 향탕수를 만들어 차례로 목욕시키고 향탕수 목욕이 끝나면 다시 맑은 물로 불상에 적셔 씻는다.' 사람들은 각각 불상을 씻은 물을 조금 손으로 찍어서 자기 정수리 위에 두고【저 경전에는 향탕수를 끓여 만들고 단을 설치하는 법식이 있다.】처음 불상 위에 물을 끼얹을 때에 이 게偈를 외운다."

내가 이제 여러 여래 목욕시키니	我今灌沐諸如來
맑은 지혜·공덕·장엄이 모였네.	淨智莊嚴功德聚
오탁에 사는 중생들 번뇌에서 벗어나고	五濁衆生令離垢
원컨대 여래의 청정법신 함께 증명하기를.	願證如來淨法身

○『마하찰두경摩訶刹頭經』에서 말하였다. "불상을 목욕시키고 얻은

150 공유空有: 공空과 유有, 평등과 차별, 실체와 가상假象처럼 논리상 반대 되는 2개의 개념을 이르는 말이다.

돈은 세 등분으로 나누어 3분의 1은 부처에게 돌아가게 하고, 3분의 1은 법에 돌아가게 하고, 3분의 1은 승려에게 돌아가게 한다. 만약 부처 앞에 바친 돈(佛錢)이라면 불상을 만드는 데 사용할 수 있고, 법 앞에 바친 돈(法錢)이라면 탑과 누樓와 절을 짓고 허물어진 울타리의 담장과 안팎을 수리하는 데 사용할 수 있고, 만약 승려에게 바친 돈(僧錢)이라면 각기 비구에게 주어 사용하게 한다."

浴佛

『摩訶刹頭經』云 佛告大衆 十方諸佛 皆用四月八日 夜半子時生 所以者何? 爲春夏之際 殃罪悉畢 萬物普生 毒氣未行 不寒不熱 時氣和適. 今是佛生日 人民念佛功德 浴佛形像.【而今江浙 用四月八日浴佛也.】○『譬喩經』云 佛以臘月八日 現神變 降伏六師. 六師負墮 遂投水而死. 徒黨有存者 佛爲說法開悟同白佛言. 世尊以法水洗我心垢 今我請佛僧洗浴身垢.【今淮北乃至三京 皆用臘八浴佛也.】○『浴佛功德經』淸淨慧菩薩 白佛言. 世尊若佛在世 及滅度諸未來世中 諸衆生云何浴像? 佛言 不作空有想 於諸善品心懷渴仰 不生疲厭. 何以故? 爲成就如來法報身故. 我今爲汝說浴像法. 諸供養中最爲殊勝. 爲衆香湯 置淨器中 先作方壇 敷妙牀座 於上置佛. 以諸香湯 次第浴之 用香水畢復以淨水 淋洗其像. 人各取少許洗像水 置自頭上【彼經有用香煎湯設壇法式.】初於像上淋水時 應誦此偈云. 我今灌沐諸如來 淨智莊嚴功德聚 五濁衆生令離垢 願[151]證如來淨法身. ○『摩訶刹頭經』云 浴像

151 명판본에는 '同'으로 되어 있으나 '願'의 오자이다.

得錢 當分作三分 一分屬佛 一分屬法 一分屬僧. 若佛錢 得作佛像用 若法錢 得造塔樓寺 籬落墻壁 內外屋舍等用 若僧錢 各給與比丘用.

(23) 삼보물

부처의 법물(佛物)에는 4종류가 있다.

첫째는 부처가 사용하는 법물(受用物)이니, 전당殿堂·의복衣服·상장床帳 등을 말하며 승물이나 법물과 서로 바꾸어 쓸 수 없다. 일찍이 부처가 사용했던 물건은 탑 안에 넣어 공양하니 옮기거나 바꾸어서 사용할 수가 없다.

○『오백문경五百問經』에서 말하였다. "불당佛堂의 기둥이 훼손되어 시주받은 것으로 교체하고 나면 옛날 기둥을 승려에게 시주한다 하더라도, 승려는 그것을 사용할 수가 없다."

둘째는 부처에게 귀속되도록 시주한 물건(施屬佛物)이니, 『오백문경』에서 말하였다. "부처의 물건은 다른 사찰로 옮기거나 범하거나 내다 버릴 수가 없다. 만약 승려들이 모두 가버렸다면 승려들에게 알리는 것이 마땅하며, 승려들이 받아들여 가지고 가는 것은 죄가 없다." 또 말하였다. "부처의 물건은 매매하여 공양구供養具들을 살 수 있다."

○『십송률十誦律』에서 말하였다. "부처의 물건으로 재산 불리는 것을 허락한다."

셋째는 부처에게 공양한 물건(供養佛物)이니, 『승기율』에서 말하였다. "부처에게 공양한 꽃(供養佛花)이 많으면 판매를 허락한다. 향유가 여전히 많으면 또 팔아서 부처의 다함없는 재물(無盡財)로 한다. 【곧

장생전長生錢[152]이니 원금에 이자가 계속 붙으므로 무진재라 한다.】

○『오백문경』에서 말하였다. "부처의 깃발(佛幡)은 여벌로 많이 만들고자 하는데 시주가 허락하지 않으면 사용할 수 없다."

넷째는 헌불물獻佛物이니, 율律에서 말하였다. "불탑에 공양하는 밥은 탑을 관리하는 사람이 먹는다."

○『선견율善見律』에서 말하였다. "불전에 올리는 밥은 부처를 모시는 비구가 먹는다. 혹여 부처를 모시는 사람이 속인이라도 먹을 수 있다."【부처를 모시는 비구는 지금의 전주殿主이며, 백의는 곧 속인으로 절에 살면서 승려를 돕는 사람(淨人)이다.】

○『다비경荼毘經』에서 말하였다. "부처가 열반한 뒤에 신자가 보시하는 모든 물건(信施物)은 응당 불상과 부처의 옷과 깃발을 만드는데 사용하고, 향유와 꽃을 사서 공양하며, 나머지는 사용할 수가 없다. 나머지를 사용하는 자는 도둑질하는 죄를 범하는 것이다."

○다음으로 법물法物인 상箱·함函·녹簏·건巾·파帊·궤櫃 등은 본래 경전과 관련된 물건이니 다른 용도로 바꿔 쓸 수가 없다.

○다음으로 승물僧物은 절에 소속된 물건(常住物)으로서 본래 있어야 할 곳이 이미 정해져 있으니 다른 곳으로 옮겨갈 수가 없다. 불당 안에 승려의 자리를 펴거나 승방에 불상과 경전을 안치하거나 승려가 사용하기에 방해가 되면 서로 번갈아 사용한다. 삼보의 지위는 다르기 때문에 각각 알맞게 고루 나누어준다. 만약 방해되지 않는다면 잠시 머무는 것도 해로울 것이 없다.

152 장생전長生錢: 중국 당나라 때 절에서 이자利子를 받고 빌려주던 돈.

○『오백문경』에서 말하였다. "본래 불당이 아닌 곳에 승려의 자리를 마련하여 비구가 부처와 함께 자는 경우, 가리개를 만들어 침범하지 않도록 한다. 부처가 살아있었을 때 제자들과 방을 함께 사용한 것에서 말미암는다."

三寶物

佛物有四種. 一佛受用物 謂殿堂衣服床帳等 不得互用. 若曾佛用者 只得著塔內供養 不得移易使用. ○『五百問經』云 佛堂柱木壞 有施主修換訖 其故者施僧 僧不得用之. ○二施屬佛物『五百問』云 佛物不得移至他寺犯棄. 若僧盡去當白僧 僧聽將去無罪. 又云 佛物得賣買取供養具. ○『十誦律』云 以佛物 出息聽之. ○三供養佛物『僧祇』云 供養佛花多聽賣買. 香油猶多者 更賣著佛無盡財中.【卽長生錢 謂子母茲生故無盡.】○『五百問』云 佛幡多欲作餘事者 若施主不許不得用. ○四獻佛物 律云 供養佛塔食 治塔人得食. ○『善見律』云 佛前獻飯 侍佛比丘得食. 或白衣侍佛亦得食.【侍佛比丘 卽今殿主 白衣卽淨人也.】○『茶毘經』云 佛滅度後 一切信施物 應用造佛像 及佛衣幡蓋買香油花以供養佛 餘不得用. 餘用者犯盜罪. ○次法物者 如箱函簏巾帊櫃等 本是經物 不可回改別用. ○後僧物者 若是常住物 局本處已定 不得移往他處. 又佛堂內設僧席 僧房安佛像經卷 妨僧受用並是互用. 由三寶位別故 各攝分齊故. 若無妨暫安著卽無損. ○『五百問』云 本非佛堂 今設僧席在中 比丘共佛宿 若作障隔者不犯. 由佛在世 亦與弟子同房故.

(24) 삼보의 법물을 훔쳤을 때 죄를 짓는 곳

『대비바사론』에서 말하였다. "만약 불탑의 물건을 훔쳤다면 누가 근본업도를 처리하여 결정합니까?" 답하였다. "국왕과 시주자, 수호하는 인천에서 죄를 처리하여 결정한다. 부처가 죄를 처리하여 결정한다는 설명이 있으니, 이 물건은 부처가 받아들인 것이기 때문이다.

승려의 법물을 훔치거나 잃은 자는 이미 수계(羯磨)를 했으면 수계를 해준 승려에게서 죄를 받고, 아직 수계를 받지 않은 자는 모든 좋은 법을 설(善說)하는 법중法衆에게 근본업도를 받는다."

盜三寶物結罪處

『大毘婆沙論』問云 若盜佛塔物 於誰處得根本業道? 答於國王施主及守護人天處結罪. 有說於佛邊結罪 此物爲佛攝受故. 若盜亡僧物者 若已作羯磨 於羯磨衆處得 若未作羯磨者 普於一切善說法衆處得根本業道.

(25) 받아서 내 몸에 사용하는 물건과 복

『반야등론般若燈論』에서 말하였다. "'받아서 내 몸에 사용하는 것은 무엇입니까?' '시주자가 보시한 집(房舍)과 숲(園林), 의복과 음식, 침구와 탕약, 자신을 건사할 도구 등이다.' '무엇을 복福이라고 합니까?' '건져낸다는 뜻이다. 중생이 번뇌의 강에 빠진 것을 보고 대비심을 일으켜 생사의 고달픔에서 건져내어 열반의 언덕에 있게 하므로 복이라 한다.'"

受用自體物福

『般若燈論』云 云何受用自體? 謂檀越所捨 房舍園林 衣服飮食 臥具湯藥 資身具等. 云何名福? 謂撈攎義也. 見諸衆生沒溺煩惱河中 起大悲心攎出生死 置涅槃岸故名福.

(26) 불법이 빨리 사라지는 다섯 가지 법

『사분율四分律』에서, 장로 파마나波摩那가 부처에게 물었다. "무슨 인연으로 여래의 정법이 빨리 사라져 오래 머물지 못합니까?" 【식息을 멸滅이라 했지만 사멸死滅은 아니다.】 부처가 말하였다. "사라지는 인연에는 5가지가 있으니, 여래가 멸도한 뒤에 비구가 불·법·승·계戒·정定[153]을 공경하지 않기 때문에 정법이 오래 머물 수가 없다."

○『남산초南山鈔』에서 말하였다. "불상과 경전의 가르침을 신령스러운 위의로 갖추는 이유는 우리가 존중하는 것이기 때문이다. 지금 승려들은 불법을 받들지 않는 경우가 많다. 안으로는 올바른 믿음이 없고 식견은 높지 않아서 큰 절도를 어그러뜨리고 있다. 간혹 불상 앞에서 서로 희롱하며 법어가 아닌 말을 하고 눈을 치켜 떠 불상을 바라보면서 팔을 걷어붙여 손가락으로 가리킨다. 혹은 거만하게 걸터앉는데 두렵거나 거리끼는 마음도 없고, 경전과 불상을 보더라도 받들어 맞이하려 일어나지 않으며, 속인들과 뒤섞여 가볍게 웃으며 정법을 손상시키고 있다. 이미 많은 허물이 있음을 알았으면 모름지기 크게 삼가하여 진殿이나 탑塔에 이르러 불상이 보이면 반드시 두려워하

---

153 계정戒定: 몸을 절제함을 계戒라 하고, 마음을 고요히 함을 정定이라 한다.

면서 더욱더 공경하여 마치 신하가 왕王을 대하듯이 해야 하는 것임을 알아야 한다."

令佛法速滅有五法

『四分律』有長老波摩那白佛言. 以何因緣 如來正法疾滅而不久住? 【息用名滅 非死滅也.】佛言 有五因緣 若如來滅後 比丘不敬佛法僧戒定 以是正法不得久住. ○『南山鈔』云 佛像經教住持靈儀 並是我等所尊故. 今僧尼多不奉佛法. 內無正信 見不高遠 致虧大節. 或在形像前 更相戲弄 出非法語 擧目攘臂 遍指聖像. 或端坐踞傲 情無畏憚 雖見經像 不起迎奉 致令俗人輕笑 損滅正法. 旣知多過 彌須大愼 凡至殿塔覩形像 必懾然加敬 如對王臣 亦可知矣.

3. 호칭편稱謂篇

1) 사문

사문에 대해 승조 법사가 말하였다. "출가한 사람 모두를 일컫는 이름이다. 범어로는 사가만낭沙迦懣囊이라 하고, 당나라 말로는 근식勤息이라고 하니, 이 사람들이 부지런히 선한 성품을 닦아서 여러 악을 그치게 하기 때문에 일컫는 말이다. 또 진秦나라 말로 번역하면 근행勤行이니, 선법善法을 부지런히 닦으며 수행하여 열반으로 달려가는 것을 일컫는다. 혹은 사문나沙門那라고도 하고, 상문桑門이라고도 하니, 모두 번역하는 사람들의 발음상 차이일 뿐이다."

○『열반경涅槃經』에서는 사문沙門이라 하였고, 중국에서는 선각善覺이라고 하였다.

○『대방광보협경大方廣寶篋經』에서 말하였다. "모든 인연과 번뇌에서 떠났기 때문에 사문이라 한다."

○『대장엄경大莊嚴經』에서 말하였다. "집착에서 벗어났기 때문에

사문이라 부른다."

○『정법념처경正法念處經』에서는 "좋은 것에 집착하는 마음이 없고, 모든 것을 얻고자 하는 마음도 없으며, 능히 모든 탐심에서 벗어났으니 이들을 '사문'이라 한다." 하였다.

○『화수경花首經』에서 말하였다. "허공처럼 접촉되는 걸림이 없고, 먼지 같이 더러워지는 티끌이 없나니, 내가 설하는 사문법沙門法은 이와 같이 물들지 않는다."

○『보적경寶積經』에서 말하였다. "사문이라고 부르는 것은 번뇌를 벗어났기 때문이고, 조복調伏[1]받기 때문이며, 부처의 가르침을 받들기 때문이고, 몸을 삼가 깨끗하게 하기 때문이며, 있는 그대로 보고 알기(如實)[2] 때문이며, 해탈을 얻기 때문이고, 세상의 팔법(世八法)[3]에서 벗어나기 때문이며, 마음을 굳게 지켜 땅과 같이 움직이지 않기 때문이고, 저와 나(彼我)의 생각을 보호하기 때문이다. 모든 형상에 집착하지 않아서 마치 공중에서 손을 움직여 걸리는 것이 없는 것과 같기 때문이고, 이와 같이 많은 법을 성취하기 때문에 사문이라 부른다."

○『장아함경長阿含經』에서 말하였다. "사문이라고 하는 것은 은애恩愛를 버리고 출가하여 도를 닦으며 모든 감각을 다스리는 사람이다. 외욕外欲에 물들지 않으므로 자비로운 마음은 모두 상해를 입지 않고,

---

1 조복調伏: 불력佛力에 의하여 원적怨敵과 악마에게 항복받는 일.

2 여실如實: 여실지견如實知見의 뜻. 인식론적 불교관을 나타내는 대표적인 말로서 '있는 그대로 보고 안다'는 말.

3 세팔법世八法: 세상의 8가지 법. 사람의 감정에 순응하는 이利·예譽·칭稱·낙樂의 4순順과 사람의 감정을 거스르는 쇠衰·훼毁·기譏·고苦의 4위違.

괴로운 일을 만나도 슬퍼하지 않으며, 즐거운 일을 만나도 기뻐하지 않으며, 참을 수 있다면 능히 참는다."

○『유가론瑜伽論』에서 말하였다. "사문에는 4가지가 있다. 첫째는 승도사문勝道沙門[4]이니, 즉 부처 등이다. 둘째는 설도사문說道沙門[5]이니 정법을 설하는 자를 말한다. 셋째는 활도사문活道沙門[6]이니 여러 선품善品을 닦는 사문을 일컫는다. 넷째는 오도사문汚道沙門[7]이니 여러 삿된 행동을 하는 자를 말한다."【도에는 8가지 올바른 수행의 길(八正道)이 있다. 만약 팔정도를 알고 있으면서 스스로 잘못된 길로 다니면 도의 그릇이 생겨나지 않으니, 그래서 오도사문汚道沙門이라고 부른다.】

『오분율五分律』에서 말하였다. "부처가 처음 도를 깨쳤을 때 세상에서는 모두 그를 '대사문大沙門'이라 불렀다."

沙門

肇師云 出家之都名也. 梵云 沙迦懣囊 唐言勤息 謂此人勤脩善品 息諸惡故. 又秦譯云勤行 謂勤修善法 行趣涅槃也. 或云沙門那 或云桑門 皆譯人楚夏爾. ○『涅槃經』云 沙門 此云 善覺. ○『大方廣寶篋經』云 離諸纏聚 故名沙門. ○『大莊嚴經』云 超過染著名沙門. ○『正

---

4 승도사문勝道沙門: 부처나 독각獨覺과 같이 스스로 능히 도를 깨닫는 이.

5 설도사문說道沙門: 또는 시도사문示導沙門. 교법을 풀어 설명하여 깨달음으로 나아가도록 하는 승려.

6 활도사문活道沙門: 또는 명도사문命道沙門. 도道, 곧 계·정·혜 등의 모든 선행을 닦는 사문. 도에 의하여 생활하며, 도를 수행하는 것으로 자기의 생명을 삼는다.

7 오도사문汚道沙門: 계戒를 범하고도 부끄러움이 없어 성도聖道와 승단僧團을 욕되게 하는 사문.

法念處經』云 心無所樂著 一切不希望 能脫一切貪 是名爲沙門. ○『花首經』云 如空無觸礙 煙塵無所汚 我說沙門法 無染亦如是. ○『寶積經』云 沙門者寂滅故 調伏故 受敎故 戒身淨故 如實義故 得解脫故 離世八法故 堅心不動如地故 護彼我意故. 於諸形相無染著 如空中動手無所礙故 成就如是多法故 名沙門. ○『長阿含經』云 沙門者 捨離恩愛 出家修道 攝御諸根. 不染外欲 慈心一切 無所傷[8]害 逢苦不戚 遇樂不欣 能忍如忍. ○『瑜伽論』云 有四沙門. 一勝道沙門 卽佛等. 二說道沙門 謂說正法者. 三活道沙門 謂修諸善品者.[9] 四汚道沙門 謂諸邪行者.【道卽八支聖道也. 若有其道 自行邪行 非生道器 故名汚道.】『五分律』云 佛始成道 世皆稱爲大沙門.

2) 비구

범어로는 '비구'라 하고, 진秦나라 말로는 '걸사乞士(구걸하는 지식인)'라 하니, 위로는 여러 부처에게 법을 구하여 자신들의 지혜와 명(慧命)에 보태고, 아래로는 시주자들에게 걸식하여 색신色身에 보태는 것을 말한다.

○승조 법사가 말하였다. "인과因果에는 3가지 이름이 있다. 첫째는 마귀를 두렵게(怖魔)[10]하는 것이니, 출가할 때 마궁魔宮이 진동하기

8 명판본에는 '像'으로 되어 있으나 '傷'의 오자이다.

9 명판본에는 '謂修諸善品'으로 되어 있으나 첫째·둘째·넷째 사문을 설명하는 문장과 비교하여 '者'자를 넣어 바로잡았다.

10 포마怖魔: 비구를 달리 이르는 말이며, 마귀를 두렵게 한다는 뜻이다. 비구

때문이다. 과보에 이르면 살적殺賊[11]이라 부른다."【어떤 사람이 말하였다. "출가한 사람이 바른 신심과 바른 인(正信正因)[12]을 갖추고서 용맹하게 마귀를 막아낼 마음을 내고 부처의 지위인 큰 깨달음을 구하고 모든 중생을 제도할 것을 맹세하고, 진실로 큰마음을 지닌 사람(大心者)이라야 바야흐로 마궁을 진동하게 할 수 있을 뿐이다."】 둘째는 원인의 관점으로는 걸사乞士라 하였고, 과보의 관점으로는 응공應供(응당 공양 받을 만한 사람)이라 한다. 셋째는 원인의 관점으로는 파악破惡(번뇌를 끊음)[13]이라 하고,【계를 지녀 악을 깨뜨리기에 부르는 이름이다.】 과보의 관점으로는 무생無生이라 부른다.

○『열반경涅槃經』에서 말하였다. "능히 번뇌를 깨뜨리기 때문에 비구라 부르며, 나 혹은 너라는 상相을 부수고 계·정·혜를 닦으며 삼유三有와 사류四流[14]를 깨닫고 두려움 없는 도에 편안히 처하기 때문에 비구라 부른다."

○『대장엄경大莊嚴經』에서는 말하였다. "무명장無明藏[15]을 깨뜨리기

오덕五德의 하나이며, 출가하여 비구계를 받아 마귀를 두렵게 하기 때문에 이렇게 부른다.

11 살적殺賊: 번뇌 망상의 적을 없앤다는 뜻.

12 정인正因: 왕생 또는 성불하는 결과를 얻기 위한 정당한 원인.

13 파악破惡: 파악은 계·정·혜 삼학을 닦아서 번뇌를 끊는다는 것.

14 사류四流: 사폭류四暴流라고도 함. 폭류는 거칠게 선善을 떠내려 보낸다는 뜻으로 번뇌를 말한다. 첫째, 욕폭류欲暴流: 욕폭계에서 일으키는 번뇌. 중생은 이것 때문에 생사계에 바퀴 돌듯 함. 둘째, 유폭류有暴流: 색계·무색계의 번뇌. 셋째, 견폭류見暴流: 삼계의 견혹見惑 중에 사제四諦마다 각각 그 아래서 일어나는 신견身見·변견邊見 등의 그릇된 견해. 넷째, 무명폭류無明暴流: 삼계의 사제와 수도修道에 일어나는 우치愚癡의 번뇌. 모두 15가지가 있다.

때문에 비구라 부른다."

○『유가론瑜伽論』에서 말하였다. "비구는 가법家法을 버리고 가법이 아닌 것을 향해 가며, 별해탈율의別解脫律儀[16]와 중동분衆同分[17]을 갖추어 그 자신의 본성과 형색으로 부지런히 정진해 가기 때문이며, 악취惡趣(악업으로 사후에 태어나는 고통의 세계)를 두려워하여 스스로 지키기 때문이며, 굳게 지켜 손해됨이 없기 때문에 비구라 부른다."

○『비바사론毘婆沙論』의 게에서 말하였다. "손발로 망령되게 범하지 않고, 말을 절제하고 행동해야 할 바를 순순히 따르면서, 항상 선정 지킴을 즐겁게 여기는 이를 참 비구라 부른다."

○『잡아함경雜阿含經』의 게에서 말하였다.

이른바 비구란	所謂比丘者
걸식하기 때문만은 아니네.	非但以乞食
세속의 법을 받아 지니면서	受持在家法
어떻게 비구라 이름하리오.	是何名比丘

공덕과 악행, 허물에서 모두 떠나	於功德過惡
바른 행실을 닦고	俱離修正行
그 마음에 두려움이 없으면	其心無所畏

---

15 무명장無明藏: 무명을 창고에 비유한 말. 무명은 혹惑·업業·고苦를 쌓아둔다.

16 별해탈율의別解脫律儀: 5계戒·10계·구족계具足戒 등을 받아 지녀서 몸이나 입으로 짓는 악업惡業을 방지하는 것.

17 중동분衆同分: 중생들이 똑같이 비슷한 과보를 얻게 되는 인因.

그를 곧 비구라 부르느니라. 是則名比丘

○『대위덕다라니大威德陀羅尼』에서 말하였다. “어떤 장자長者가 있었는데 이름은 선택選擇이고, 부처에게 출가하면서 머리를 깎았다. 이때 존자 바난타婆難陀가 있었는데 ‘장자야!’ 하고 불렀다. 선택이 답하였다. ‘나는 지금 출가하여 머리를 깎았으니 비구이지 장자가 아닙니다.’ 이때 바난타가 말하였다. ‘머리만 깎았다고 비구가 되는 것은 아니다.’ 이에 게偈로써 말하였다.

만약 욕망을 끊고자 할진대 若斷欲希望
모조리 번뇌를 끊어야 하리. 復斷諸漏盡
모든 법에는 희망이 없으니 諸法無希望
법이 있다고 설명할 수 없도다. 不可說有法

순리를 따라 열반을 향해 가고 隨順向涅槃
순리를 따라 속세를 벗어나야 하리. 隨順趣厭離
믿음에 들어가 피안에 이르고 入信到彼岸
이것을 이루면 비구가 되리라. 此成爲比丘

비구에는 4종류가 있다.
첫째, 결국 도에 이르는 비구이니 아라한阿羅漢이라 한다.
둘째, 도를 보여주는 비구이니 삼과三果[18]의 성인聖人이라 한다.

---

18 삼과三果: 아나함과阿那含果를 말한다. 불환不還이라고도 하는데 이들 수행자는

셋째, 도를 받는 비구이니 초과향初果向[19]이라 한다.

넷째, 도를 더럽히는 비구이니 범부로서 계를 파괴하는 자를 말한다. 【범부와 계를 지키는 비구는 믿음을 따르고 계법戒法을 따르기 때문에 반드시 도를 받은 비구 아래에 있다고 말한다. 물었다. "도를 더럽히는 비구는 복전으로 삼을 만합니까?" 답하였다. "『대바사론大婆沙論』에서 말하였다. '도를 더럽히는 비구는 비록 계를 깨뜨렸으나 식견을 깨뜨리지는 않았고, 비록 행실을 실행하는 것(加行)[20]을 깨뜨렸으나 목적을 향해 가는 마음(意樂)을 깨뜨리지는 않았다. 믿음에는 인과因果가 있으니, 이와 같이 정견正見과 의락意樂은 96종의 외도에게는 없다. 다만 시주자가 바른 믿음을 일으키고 혐오감이 생기지 않게 하면 큰 복은 저절로 생겨날 것이다.'"】

比丘

梵語云比丘 秦言乞士 謂上於諸佛乞法 資益慧命 下於施主乞食 資益色身. ○肇法師云 因果有三名. 一名怖魔 卽因出家時魔宮震動故. 至果上名殺賊. 【有云 出家者 具正信正因 發勇捍心 求佛果大菩提 誓[21]度

욕계의 번뇌를 모두 끊어 남은 것이 없으므로 천상에 태어나서 이 세상에 돌아오지 않는 지위에 도달한 성자聖者이다.

19 초과향初果向: 예류향豫流向이라고도 한다. 성문사향聲聞四向의 하나. 예류과豫流果에 나아가는 동안을 말한다. 무루無漏의 성지聖智를 처음 얻는 견도위見道位의 성자. 곧 삼계 견혹見惑의 88사使를 끊는 견도 15심心 동안의 과정.

20 가행加行: 어떤 것을 성취하기 위해서 본래의 수행에 힘을 더하여 행하는 수단적 수행. 또는 본격적인 수행에 앞서 행하는 예비적 수행을 말한다.

21 명판본에는 '擔'으로 되어 있으나 '誓'의 오자이다.

一切衆生 眞實大心者 方能震動魔宮爾.】 二因中名乞士 果上名應供. 三因中名破惡【卽持戒名破惡.】至果上名無生. ○『涅槃經』云 能破煩惱故 名比丘 破我等想修戒定慧 度三有四流安處無畏道故 名比丘. ○『大莊嚴經』云 破無明藏故 名比丘. ○『瑜伽論』云 比丘者 捨離家法趣非家等 具足別解脫律儀衆同分 是其自性 於其形色勤精進故 怖畏惡趣自防守故 攝無損故 名比丘. ○『毘婆沙論』偈云 手足勿妄犯 節言順所行 常樂守定意 是名眞比丘. ○『雜阿含經』偈云 所謂比丘者 非但以乞食 受持在家法 是何名比丘. 於功德過惡 俱離修正行 其心無所畏 是則名比丘. ○『大威德陀羅尼』有一長者名選擇 投佛出家剃髮. 已時有尊者婆難陁喚云 長者. 選擇答曰 我今出家 剃髮爲比丘非長者也. 時婆難陀語曰 不但剃髮名爲比丘. 乃以偈說云 若斷欲希望 復斷諸漏盡. 諸法無希望 不可說有法. 隨順向涅槃 隨順趣厭離. 入信到彼岸 此成爲比丘. 有四種比丘. 一畢竟到道比丘 謂阿羅漢. 二示道比丘 謂三果聖人. 三受道比丘 謂初果向. 四汚道比丘 謂凡夫破戒者.【凡夫持戒比丘 隨信隨戒法故[22] 必在受道下稱[23]也. 問汚道比丘堪爲福田否? 答『大婆沙論』云 汚道比丘雖破戒 而不破見 雖破加行 不破意樂. 信有因果 如是正見意樂 九十六種外道所無. 但施主於彼起正信 不生嫌惡 自生大福矣.】

---

22 명판본에는 '隨信隨戒法謀故'로 되어 있으나 '謀'자는 잉剩 자이다.

23 명판본에는 '攝'으로 되어 있으나 '稱'의 오자이다.

3) 필추

필추는 범어이다. 이것은 인도의 풀이름으로 오덕을 갖추었기 때문에 출가인에 비유한 것이다. 옛 선사들이 말하였다. "필추를 해석하지 않는 까닭은 5가지 뜻을 포함하고 있기 때문이다. 첫째, 본디 풀의 성질이 부드럽고 연약해서 출가자가 능히 거칠고 난폭한 말에 대해 몸과 말을 낮춤에 비유하기 때문이다. 둘째, 덩굴은 뻗어 두루 널리 퍼지니 출가자가 법을 전하고 사람들을 제도함이 끊어지지 않음에 비유하기 때문이다. 셋째, 향기가 멀리까지 퍼지기에 출가자가 계율을 지키는 덕성이 향기로워서 중생들에게 알려짐에 비유하기 때문이다. 넷째, 아픈 곳을 능히 고칠 수 있기에 출가자가 번뇌와 해로운 것을 끊을 수 있음에 비유하기 때문이다. 다섯째, 햇빛을 등지지 않으니 출가자가 항상 부처를 해처럼 향함에 비유하기 때문이다."

○근본율根本律의 『백일갈마본百一羯磨本』에서 말하였다. "어떤 필추의 나이가 80세인데 예순 번의 여름을 보내고도 만약 『별해탈경別解脫經』을 읽지도 않고 이해하지도 못한다면 '늙은이(老小苾蒭)'라 부른다." 【『별해탈경』은 계본戒本인데 이것은 일부분만 거론한 것이다.】

苾蒭

梵語也. 是西天草名 具五德故 將喩出家人. 古師云 苾蒭所以不譯者 蓋含五義故. 一者體性柔軟 喩出家人 能折伏身 語麤獷故. 二引蔓旁布 喩出家人 傳法度人 連延不絕故. 三馨香遠聞 喩出家人 戒德芬馥 爲衆所聞. 四能療疼痛 喩出家人 能斷煩惱毒害故. 五不背日光 喩出

家人 常向佛日故. ○根本律『百一羯磨本』云 有苾芻年八十歲 滿六十夏 若於別解脫經未曾讀誦 不了其義 此名老小苾蒭.【『別解脫經』卽戒本也 此擧隅爾.[24]】

4) 승

범어로는 '승가僧伽'라 갖추어 말하고, 당나라 말로는 '중衆'이다.【지금은 줄여서 '승僧'이라 부른다.】

○『중아함경』에서 말하였다. "'어째서 중衆이라 부릅니까?' 하자, '성姓과 이름과 종족이 다른 사람들이 머리와 수염을 깎고 가사를 입고서 지극한 믿음으로 집을 버리고 부처를 따라 도를 배우기 때문에 이들을 '중'이라 부른다.' 하였다."

○『선견율善見律』에서 말하였다. "계율이 동등하고, 견해가 동등하고, 지혜가 동등한(等智)[25] 승중(等衆)을 '승'이라 한다."

○『남산초南山鈔』에서 말하였다. "4인 이상이 성인의 법을 따르면서 목전의 일을 처리할 수 있으면 '승'이라 하니, 승은 화합을 옳은 것으로 여긴다. 화합이라는 말에는 2종류가 있다.

첫째는 이치로 화합(理和)하는 것이니, 번뇌의 소멸(擇滅)을 함께 체득하기 때문이다. 둘째는 일로 화합(事和)하는 것이니, 이것은 별도로 6가지가 있다. 첫째는 계로써 화합함(戒和)이니 함께 닦는 것이요, 둘째는 견해로 화합함(見和)이니 함께 이해하는 것이요, 셋째는 몸으

---

24 명판본에는 '此擧曰隅爾'로 되어 있으나 '曰'자는 잉자이다.

25 등지等智: 세속의 일을 아는 지혜. 십지十智의 하나.

로 화합함(身和)이니 함께 머무는 것이요, 넷째는 이익으로 화합함(利和)이니 함께 고르게 나누는 것이요, 다섯째는 입으로 화합함(口和)이니 말다툼이 없는 것이요, 여섯째는 뜻으로써 화합함(意和)이니 함께 기뻐하는 것이다."

『승사략僧史略』에서 말하였다. "무릇 네 사람 이상을 승이라 부르는데, 지금은 한 사람이라도 승이라 부르는 것은 대개 '(승가라는) 무리'의 이름을 따라 붙인 것이다. 12,500인이 '군軍'인데, 한 사람이라도 군이라 부르는 것과 같다."

僧

梵語具云僧伽 唐言衆.【今略稱僧也.】○『中阿含經』云 何名衆? 答有若干姓 異名異族 剃除鬚髮 著袈裟衣 至信捨家 從佛學道 是名衆. ○『善見律』云 等戒等見等智等衆 是爲僧. ○『南山鈔』云 四人已上能御聖法 辦得前事 名之爲僧 僧以和合爲義. 言和合者 有二種. 一理和 謂同證 擇滅故. 二事和 此別有六義. 一戒和同修 二見和同解 三身和同住 四利和同均 五口和無諍 六意和同悅. 『僧史略』云 凡四人已上名僧 今一人亦稱僧者 蓋從衆名之也. 亦如萬有二千五百人爲軍 一人亦稱軍也.

5) 제근남

강승회康僧會[26]가 주해를 한 『법경경法鏡經』에서 말하였다. "범부들이 육진六塵(색·성·향·미·촉·법)을 탐내고 집착하는 것은 굶주린 사람이 먹을 것을 탐하는 것과 같아서 만족을 모른다. 지금 성인들은 육근(六情)의 기근飢饉인 탐욕과 애착을 끊고 제거했기 때문에 '제근除饉'이라 부른다."

○『분별공덕론分別功德論』에서 말하였다. "세상 사람들은 색욕에 굶주려 있는데, 비구들은 이 색욕에 집착하는 생각을 없앴기 때문이다."

除饉男

康僧會 註『法鏡經』云 凡夫貪著六塵 猶餓夫貪食 不知厭足. 今聖人斷除貪愛 除六情飢饉故號除饉. ○『分別功德論』云 世人飢饉色欲 比丘除此愛饉之想故.

6) 도사

『십주단결경十住斷結經』에서 말하였다. "도사導師라고 부르는 것은 중생들에게 바른 도를 보여주기 때문이다."

○『화수경華首經』에서 말하였다. "사람에게 생겨나고 죽음이 없는 도를 설파하기 때문에 도사라 부른다."

---

26 강승회康僧會: 강거국康居國 사람. 그의 선조는 대대로 인도에서 살았는데, 아버지가 장사차 교지交趾에 옮겨와서 그를 낳았다. 10세 때에 양친을 여의고 출가. 불법을 선전할 뜻을 품고 247년에 중국 건업建鄴에 왔다. 오나라 임금 손권孫權은 그를 위해 처음으로 절을 짓고 건초사建初寺라 했다. 이곳에서 『육도집경六度集經』 등 7부 20권을 번역하였다. 280년(천기 4)에 입적하였고, 후세에 초화선사超化禪師라 불렀다. 저서는 『법경경주해法鏡經注解』·『도수경주해道樹經注解』·『안반수의경주해安般守意經注解』 등이 있다.

○『불보은경佛報恩經』에서 말하였다. "대도사大導師란 바른 길인 열반으로 가는 지름길을 보여주고 무위상락無爲常樂을 얻을 수 있도록 하는 사람이다."

○『대법거타나니경大法炬陀羅尼經』에서 말하였다. "보리도菩提道[27]에서 물러나지 않으며, 보리도를 끊어버리지 않기 때문에 도사라고 부른다."

○『상주천자소문경商主天子所問經』에서 말하였다. "'왜 도사라 부릅니까?' 문수가 답하였다. '이 도에 머물며 중생들을 성숙할 수 있게 하므로 도사라 부른다.'"

導師

『十住斷結經』云 號導師者 令衆生類 示其正道故. ○『華首經』云 能爲人說無生死道故[28]名導師. ○『佛報恩經』云 大導師者 以正路示涅槃經 使得無爲常樂故. ○『大法炬陀羅尼經』云 以能不退菩提道 不斷絶菩提道故 名導師. ○『商主天子所問經』云 何名導師? 文殊答云 住是道已 能令衆生得成熟故 名導師.

7) 조사

『보림전寶林傳』에서 말하였다. "기성期城의 태수太守 양현지楊衒之가 달마에게 물었다. '인도에서 서로 계승하는 것(相承)[29]을 조祖라 부르는

---

27 보리도菩提道: 부처의 지혜를 얻기 위하여 닦는 도.

28 명판본에는 '所'로 되어 있으나 '故'의 오자이다.

것은 무슨 뜻입니까?' 달마가 말했다. '불심의 종지(佛心宗)를 밝히고 견해와 수행(解行)이 서로 상응하기 때문에 조사라 부른다.'"【이곳에서는 달마가 서쪽에서 오면서부터 조계 혜능 대사曹溪慧能大師에 이르기까지 여섯 사람[30]이 조사라는 호칭을 얻었다.】

祖師

『寶林傳』云 期城太守楊衒之 問[31]達磨云. 西國相承稱祖何義? 達磨曰 明佛心宗 行解相應 名爲祖師.【此土自達磨西來 距曹溪能大師 六人得稱祖師.】

8) 선사

『선주의천자소문경善住意天子所問經』에서 말하였다. "천자가 문수에게 물었다. '어떤 비구들을 선사라고 합니까?' 문수가 말했다. '모든 법에 한 줄기 생각도 생겨나지 않는 것을 안다면 선사라 할 수 있으니, 이에 조그만 법도 취할 것이 없어서 어떤 법도 취하지 않음에 이른다. 이른바 취하지 않는다는 것은 이 세상이나 저 세상에서도 취하지 않고, 삼계三界에서도 취하지 않으며, 모든 법에 이르기까지 다 취하지 않는 것이다. 모든 법에 다 중생이 없다 말하며, 이와 같이 취하지 않으면 선사라 할 수 있다.

29 상승相承: 스승이 제자에게 교법을 전해주면 제자가 그대로 이어가는 것.
30 여섯 사람: 보리달마·혜가慧可·승찬僧璨·도신道信·홍인弘忍·혜능惠能을 말한다.
31 명판본에는 '間'으로 되어 있으나 '問'의 오자이다.

조금도 취함이 없다는 것은 취하거나 취하지 못하는 것이 아니고, 모든 법에 대하여 다 얻는 바가 없기 때문에 생각하지 않음이니, 만일 생각하지 않는다면 저것은 닦지 않고, 만일 닦지 않으면 저것은 증명할 필요가 없기 때문에 선사라고 한다.'"

禪師

『善住意天子所問經』云 天子問文殊曰. 何等比丘 得名禪師?[32] 文殊曰 於一切法一行思量 所謂不生 若如是知 得名禪師 乃至無有少法可取 不取何法. 所謂不取此世後世 不取三界 至一切法悉不取. 謂一切法悉無衆生 如是不取 得名禪師. 無少取 非取不取 於一切法悉無所得 故[33]無憶念 若不憶念 彼則不脩 若不脩者 彼則不證 故名禪師.

9) 선지식

『마하반야경摩訶般若經』에서 말하였다. "공空과 무상無相[34]·무작無作[35]·무생無生·무멸의 법과 모든 종류의 지혜를 설하여 사람들의 마음이 환희歡喜와 신락信樂에 들어가게 하는 사람을 선지식이라 한다."

---

32 명판본에는 '名爲禪師'로 되어 있으나 일판본과 대정장을 참조하여 '得名禪師'로 바로잡았다.

33 명판본에는 '彼'로 되어 있으나 이는 '故'자의 오자이다.

34 무상無相: 객관의 속박을 벗어나 만법이 환술幻術과 같은 줄 아는 온갖 무루심無漏心.

35 무작無作: 무위無爲. 생멸이 없는 이치. 즉 열반.

○『화수경花首經』에서 말하였다. "4가지 법이 있으면 이런 사람이 선지식이다. 첫째는 사람으로 하여금 능히 선법善法에 들어가게 한다. 둘째는 여러 가지 불선법不善法을 막아낸다. 셋째는 사람으로 하여금 바른 법에 머무르게 한다. 넷째는 항상 교화에 따라 순응하게 한다."

○『유가론瑜伽論』에서 말하였다. "선지식은 10가지 공덕을 갖추고 있다. 첫째는 조복調伏[36]이요, 둘째는 적정寂靜[37]이요, 셋째는 의혹을 없앰(惑除)이요, 넷째는 덕을 증진함(德增)이요, 다섯째는 용맹이 있음(有勇)이요, 여섯째는 경험이 풍부함(經富)이요, 일곱째는 진리를 깨달음(覺眞)이요, 여덟째는 법을 잘 말함(善說)이요, 아홉째는 자비심이 깊음(悲深)이요, 열째는 벗어나 물러남(離退)이다.

첫째의 '조복'이라는 것은 계율과 상응하는 것이니, 근기(根)로 말미암아 조복하기 때문이다. 둘째의 '적정하다'는 것은 선정(定)과 상응하는 것이니, 안으로 두루 통하기 때문이다. 셋째의 '의혹을 없앤다'는 것은 믿음과 생각이 지혜와 상응하는 것이니, 번뇌가 끊어지기 때문이다. 넷째의 '덕을 증진한다'는 것은 계·정·혜를 갖추어서 손실되지 않기 때문이다. 다섯째의 '용맹이 있다'는 것은 남을 이롭게 할 때 피곤하고 게으르지 않기 때문이다. 여섯째의 '경험이 풍부하다'는 것은 많이 보고 듣기 때문이다. 일곱째의 '진리를 깨달았다'라는 것은 진실한 뜻을 확실히 이해하기 때문이다. 여덟째의 '법을 잘 말함'이라는 것은 본디 뜻을 뒤집지 않기 때문이다. 아홉째의 '자비심이 깊다'는 것은 희망이 끊어졌기 때문이다. 열째의 '벗어나 물러남'이라는 것은 과거·

---

36 조복調伏: 원수나 악마 등을 항복시킴.

37 적정寂靜: 마음에 번뇌가 없고, 몸에 괴로움이 없는 편안한 상태.

현재·미래에 공경을 표하기 때문이다.”

善知識

『摩訶般若經』云 能說空 無相 無作 無生 無滅法 及一切種智 令人心入歡喜信樂 是名善知識. ○『花首經』云 有四法是善知識. 一能令人入善法中. 二能障礙諸不善法. 三能令人住於正法. 四常能隨順教化. ○『瑜伽論』云 善知識具十功德. 一調伏 二寂靜 三惑除 四德增 五有勇 六經富 七覺眞 八善說 九悲深 十離退. 且初調伏者 謂與戒相應 由根調故. 寂靜者 定相應 由內攝故. 惑除者 信念以慧相應 煩惱斷故. 德增者 戒定慧具 不缺減故. 有勇者 利益他時 不疲倦故. 經富者 多聞故. 覺眞者 了實義故. 善說者 不顚倒故. 悲深者 絶希望故. 離退者 於一切時恭敬故.

10) 장로

『장아함경長阿含經』에서 말하였다. “3종류의 장로가 있으니 첫째, 기년耆年 장로【법랍이 많은 사람이다.】 둘째, 법장로法長老【법성法性을 깨달아 안으로 지혜와 덕이 있는 사람이다.】 셋째, 작장로作長老이다.”【이름만 빌린 사람이다.】

○『비유경』의 게에서 말하였다.

소위 장로라고 해서 所謂長老者

반드시 머리와 수염 깎은 이 아니며　未必剃鬚髮
나이가 많아도　雖復年齒長
악행 면치 못한 이 있다네.　不免於惡行

제법을 보고　若有見諦法
뭇 생명 해치지 않으며　無害於群萌
온갖 더러운 행동 버리면　捨諸穢惡行
이 사람이야말로 장로라 부른다네.　此名爲長老

내가 지금 장로라고 일컫는 사람은　我今謂長老
반드시 먼저 출가한 사람이 아니라　未必先出家
선한 본업을 닦고　修其善本業
바른 행을 분별하는 사람이라네.　分別於正行

나이가 어려도　設有年齒幼
육근에 번뇌와 결함이 없다면　諸根無漏缺
이 사람이야말로 장로라네.　此謂名長老

○승조 법사가 말하였다. "안으로 지혜와 덕이 있어서 존경할 만하므로 장로라 부르는 것이다."

○은 법사恩法師가 말하였다. "장자로서 노년에 덕이 있는 사람을 장로라 부른다."

長老

『長阿含經』云 有三長老 謂耆年長老【年臘多者.】法長老【了達法性內有智德.】作長老【假號之者.】○『譬喩經』偈云 所謂長老者 未必剃鬚髮 雖復年齒長 不免於惡行 若有見諦法 無害於群萌 捨諸穢惡行 此名爲長老 我今謂長老 未必先出家 修其善本業 分別於正行 設有年齒幼 諸根無漏缺 此謂名長老.[38] ○肇法師云 內有智德可尊 故名長老. ○恩法師云 有長者老年之德名長老.

11) 종사

종사는 불심종佛心宗[39]을 전하는 스승이다. 또 "종宗이라고 하는 것은 높다는 뜻이니, 이들이 공법空法[40]의 길을 열어 대중들의 존경을 받기 때문이다." 하였다.

宗師

傳佛心宗之師. 又云 宗者尊也 謂此人開空法道 爲衆所尊故.

---

38 『법원주림』에는 '此謂名長老 分別正法行'으로 되어 있다.

39 불심종佛心宗: 선종을 말하는데, 줄여서 심종心宗이라고도 한다.

40 공법空法: 불법을 가리킨다. 불교는 일체개공一切皆空을 가리키므로 이와 같이 일컫는다.

12) 법주

『아함경』에서 말하였다. "부처를 설법의 주인이라고 하였으니, 예나 지금이나 모두 법을 설하고 법을 아는 승려들을 법주라고 한다." 예컨대 승예僧叡[41]가 승도僧導에게 말하기를 "너는 만인의 법주가 되어야 마땅하리라."고 하였다든가, 송나라 효무제가 도유道猷[42]에게 칙령을 내려 "신안사新安寺의 법도를 다스리는 불법의 주인(鎭寺法主)이 되어라."고 한 것 따위다.

---

41 승예僧叡(355~439): 기주冀州 위군魏郡 장락長樂(현 河南省 安陽市) 출신으로, 어려서 출가하여 18세에 승현僧賢 법사의 제자가 되었고, 22세 때 경론에 널리 통하게 되었다. 승랑僧朗이 『방광경放光經』을 강의할 때 종종 질문을 하자, 승랑이 승현에게 승예를 칭찬하였다고 한다. 24살이 되자 여러 나라를 다니며 강의하니 선비들이 곳곳에서 모였지만, 승예는 항상 "경법은 적게 배워도 인과를 알기에 충분하다. 선법禪法이 아직 전래되지 않았으니 마음 둘 곳이 없다."고 한탄하다가, 구마라집이 장안에 오자 맨 먼저 제자가 되어 경전 번역을 원했다. 27세에 유력遊歷 생활을 끝내고 장안의 석도안釋道安에게 사사師事하였고, 385년 도안이 시적示寂한 후에는 난亂을 피해 여산廬山(현 江西省 九江市)으로 가서 혜원慧遠(334~416) 문하에서 염불을 배웠으며, 뒤에 구마라집에게 『삼론三論』을 배우고 『성실론成實論』을 강의하여 칭찬받기도 했다. 구마라집 시적 후 점차 서방극락왕생에 관심을 가졌고, 416년 건강建康의 오의사烏衣寺에 머물렀으며, 임종에 이르러 제자를 불러놓고는 "평생 동안 서방에 태어나기를 서원하였다. 영원히 법려法侶를 위해 서방왕생을 원한다."는 말을 남기고 서방을 향하여 합장한 채 입적하였다.

42 도유道猷: 오군吳郡(현 江蘇省 蘇州市) 사람. 처음에는 도생道生의 제자가 되어 스승을 따라 여산廬山으로 갔다. 스승이 죽은 후에는 임천臨川의 군산郡山에 은거하였다.

法主

『阿含經』云 佛爲說法主 今古皆以說法 知法之僧爲法主. 如僧叡 謂僧導曰 若當爲萬人法主 宋孝武 敕道猷爲新安寺 鎭寺法主.

13) 대사

사師는 모범(範)이고, 대大는 소小에 견주어서 하는 말이다.

○부처를 삼계三界의 대사라고 칭한다.

○『유가론瑜伽論』에서 말하였다. "무량한 중생들을 교화시키고 인도하여 괴로움을 끊고 적멸에 들도록 한다." 또 말하였다. "간사하고 더러운 외도外道들을 꺾고 무너뜨려 세간에 드러나면 대사라고 부르는데, 저 범부와 비구들이 칙령으로 이름을 받는 것과 같다."

○『승사략僧史略』에서 말하였다. "시작은 당나라 의종懿宗 함통 11년(870) 11월 14일(음력) 연경절延慶節[43]에 도량에서 담론할 적에 좌가左街인 운호雲顥에게 삼혜대사三慧大師라는 칭호를 주고, 우가右街인 승철僧徹에게 정광대사淨光大師라는 호를 주었으며, 가부可孚에게는 법지대사法智大師라는 칭호를, 중겸重謙에게는 청련대사靑蓮大師라는 칭호를 주면서부터 이런 말이 시작되었다."

○『유가론瑜伽論』에서 말하였다. "대체로 대사에게는 5종류의 공덕이 있다. 첫째는 모든 계행에 끝까지 잘못이 없고, 둘째는 법을 잘 세우고, 셋째는 배운 것을 잘 제어하고, 넷째는 잘 세우고 잘 제어하는

---

43 연경절延慶節: 황제의 생일잔치. 당나라 의종 때부터 매년 시행되었다고 한다.

것 중에 생겨나는 의혹을 잘 끊어버리고, 다섯째는 번뇌에서 벗어나게 가르쳐 준다."

大師

師範也 大簡小之言也. ○佛稱三界大師者. ○『瑜伽論』云 能化導無量衆生 令苦寂滅. 又云 摧滅邪穢外道 出現世間 故號大師 若凡夫比丘 蒙敕賜號者. ○『僧史略』云 肇自唐懿宗 咸通十一年 十一月十四日 延慶節 內道場談論 左街雲顥賜三慧大師 右街僧徹賜淨光大師 可孚賜法智大師 重謙賜靑蓮大師 此爲始也. ○『瑜伽論』云 略有大師五種功德. 一於諸戒行 終無誤失 二善建立法 三善制所學 四於善立善制中 隨所疑惑等 皆能善斷 五敎授出離.

14) 법사

『잡아함경雜阿含經』에서 말하였다. "어떤 사람을 법사라고 합니까? 부처가 답하였다. '색色에 대해 말만 들어도 싫어하는 마음이 생기고, 탐욕에서 벗어나 불법 속에서 고요한 사람을 법사라 한다. 느낌(受)·생각(想)·행동(行)·지식(識)에 대해 이야기만 해도 싫어하는 마음이 생기고, 탐욕에서 벗어나 불법 속에서 고요한 사람을 법사라 부른다.'"

○『십주바사론十住婆沙論』에서 말하였다. "4가지 법(四法)[44]을 행해

---

44 사법四法: 불·법·승 삼보 중에서 법보를 나누어 교법敎法·이법理法·행법行法·과법果法으로 한 것. 교敎는 부처의 말로써 설한 교법. 이理는 교법 중에 포함된 주요한 도리. 행行은 닦아서 증득할 행법行法. 과果는 최후에 도달할 이상경理想境

야 한다. 첫째는 두루 알고 많이 배워서 모든 말과 장구章句를 능히 지키고, 둘째는 세간이나 출세간의 모든 법의 생멸상을 결단하여 잘 알아야 하고, 셋째는 선정의 지혜를 얻어서 모든 경전에서 설하는 법에 순순히 따라 의심이 없어야 하고, 넷째는 더함도 덜함도 없이 말한 것을 그대로 실천해야 한다."

○『변중변론辯中邊論』에는 열 부류의 법사法師에 대한 게송이 있다.

사경하고, 공양하고, 다른 사람에게 베풀고	謂書寫供養
독송을 잘 듣고, 자신도 펼쳐 읽고	施他聽披讀
잘 지키고, 불법의 문의를 바르게 하고	受持正開演
외우고, 생각하고, 익힌 것을 수행한다네.	說誦及思脩

法師

『雜阿含經』云 何名法師? 佛言 若於色言猶生厭 離欲滅盡 寂靜法者 名法師. 若於受想行識 說是生厭 離欲滅盡 寂靜法者 名法師. ○『十住婆沙論』云 應行四法. 一廣博多學 能持一切言辭章句 二決定善知世間出世間 諸法生滅相 三得禪定智 於諸經法 隨順無諍 四不增不損 如所說行. ○『辯中邊論』十種法師頌曰 謂書寫供養 施他聽披讀 受持正開演 說誦及思脩.[45]

인 열반이다.

45 『변중변론辯中邊論』을 참조하여 명판본에 '聞'으로 되어 있는 것을 '開'로 바로잡았다. "於此大乘有十法行 一書寫 二供養 三施他 四若他誦讀專心諦聽 五自披讀 六受持 七正爲他開演文義 八諷誦 九思惟 十修習行."

15) 율사

『율초해제律鈔解題』에서 말하였다. “부처가 말하길 한 글자라도 잘 이해하는 사람을 율사라 하는데, 그 한 글자는 ‘율律’이다.”

○『보운경寶雲經』에서 말하였다. “10가지 법이 갖추어져 있는 사람을 율사라 한다. 첫째는 계율(毘尼)[46]이 생긴 인연에 대해 잘 아는 사람, 둘째는 계율의 매우 깊은 곳까지 잘 아는 사람, 셋째는 계율의 아주 작은 일까지 잘 아는 사람, 넷째는 계율에서 이 일은 해도 되고 저 일은 하면 안 된다는 것을 잘 아는 사람, 다섯째는 계율 중에 인간의 성품과 관련된 중요한 계율(性重戒)을 잘 아는 사람, 여섯째는 계율 중에 제도와 관련된 중요한 계율(制重戒)을 잘 아는 사람, 일곱째는 계율을 제정한 인연에 대해 잘 아는 사람, 여덟째는 성문聲聞의 계율을 잘 아는 사람, 아홉째는 벽지불辟支佛의 계율을 잘 이해하는 사람, 열째는 보살의 계율을 잘 아는 사람이다.”

○『십송률十誦律』에서 말하였다. “계율을 지키는 사람에게는 7가지 공덕이 있다. 첫째는 부처의 경전(內藏)을 잘 지키고, 둘째는 말다툼을 잘 끊어내고, 셋째는 계율을 잘 지키고, 넷째는 계율로 외도를 잘 막아내며, 다섯째는 중생들에게 계율을 설파할 때 다른 사람에게 묻지 않아도 설법함에 두려움이 없으며, 여섯째는 의심되는 것이 있어도 잘 끊을 수 있으며, 일곱째는 정법을 세간에 오래 머물게 할 수 있다.”

---

46 계율(毘尼): 혹은 비나야毘奈耶라 한다. 제복制伏·조복調伏·선치善治·멸滅·율律이라 번역. 부처가 제자들을 위하여 마련한 계율의 총칭이다.

○『선견율』에서 말하였다. "부처의 설법에, 계율을 잘 지키는 사람은 공덕의 근본이 되고 이 근본으로 말미암아 모든 법을 잘 통솔할 수 있다."

律師

『律鈔解題』云 佛言善解一字名律師 一字者律字也. ○『寶雲經』云 具足十法名律師. 一善解毘尼所起 二善解毘尼甚深處 三善解毘尼微細事 四善解毘尼此事得 彼事不得 五善解毘尼性重戒 六善解毘尼制重戒 七善解毘尼制起因緣 八善解聲聞毘尼 九善解辟支毘尼 十善解菩薩毘尼. ○『十誦律』云 持律人有七功德. 一能持佛內藏 二能善斷諍 三持戒 四外道頂住以律故 五不咨問他 於衆說戒無畏故 六能斷有疑故 七能令正法久住故. ○『善見律』云 佛說持律人 卽是功德根本 因根故 攝領諸法.

16) 사리

『기귀전』에서 말하였다. "범어로 아차리야阿遮梨耶라 하고, 당나라 말로는 궤범軌範이라고 한다. 지금은 사리闍梨라 부르는데 범음이 와전되어 생략된 것이다."

○『보리자량론』에서 말하였다. "아차리야阿遮梨夜는 수나라 말로 바른 행실(正行)이라고 한다."

○『남산초』에서 말하였다. "제자의 행실을 능히 바로잡기 때문이다."

闍梨

『寄歸傳』云 梵語阿遮梨耶 唐言軌範. 今稱闍梨 蓋梵音訛略也. ○『菩提資糧論』云 阿遮梨夜 隋言正行. ○『南山鈔』云 能糾[47]正弟子行故.

17) 승사

『월등삼매경』에서 말하였다. "청정한 계율을 능히 지니는 사람을 승사勝士라 부른다."

勝士

『月燈三昧經』云 能淨持戒 名勝士.

18) 존자

범어로는 아리이阿梨夷이고, 중국어로는 존자尊者이다. 덕과 행동과 지혜가 갖추어져서 존경할 만한 사람을 말한다.

尊者

梵云 阿梨夷 華言尊者. 謂德行智具 可尊之者.

---

47 명판본과 일판본 및 대정장에는 '糾'로 되어 있으나 '糾'의 오자이다.

19) 개사

『경음소』에서 말하였다 "개開는 통달함이고, 밝음이며, 깨달음(解)이다. 사士는 사부士夫이고, 경전에서는 보살을 개사라고 부르는 경우가 많다. 전진前秦(351~394)의 부견符堅[48] 때에는 사문 가운데 덕德과 해解가 있는 자를 '개사'라고 불렀다."

開士

『經音疏』云 開 達也 明也 解也. 士則士夫也 經中多呼菩薩爲開士. 前秦符堅 賜沙門有德解者 號開士.

20) 대덕

『지도론』에서 말하였다. "범어로는 바단타婆檀陀라 하고, 진나라 말로

---

48 부견符堅(338~385): 5호 16국 시대 전진前秦의 제3대 황제. 자는 영고永固. 저족氐族 출신으로 다재다능하고 박학다식했으며, 한족 문화에 대한 교양이 풍부했다. 처음에는 동해왕에 봉해졌으나, 357년에 스스로 황제에 올라 대진천왕大秦天王이라 하고 연호를 영흥永興(357~385)으로 바꾸었다. 372년에 승려 순도順道를 시켜 고구려에 불경과 불상을 보내어, 우리나라에 처음으로 불교를 전했다. 383년 그는 전진의 모든 국력을 모아 90만 명의 병력으로 동진東晉을 공격해 중국을 통일하려고 했다. 그러나 비수淝水 전투에서 패배하자, 그 틈을 타 강족羌族 등 여러 민족이 전진에 반기를 들고 독립했다. 385년 모용수慕容垂가 장안長安을 공격하자 부견이 도망치려 했으나, 강족의 우두머리이자 후진後秦(姚秦, 384~417)의 초대 황제가 되는 요장姚萇(331~393)에게 포로가 되어 신평불사新平佛寺에서 교수형을 당했다.

는 대덕이며 계율에서는 부처를 대덕이라고 부르는 경우가 많다."

○『비나야율毘奈耶律』에서 말하였다. "부처가 '오늘부터 어린 비구(苾芻)[49]들은 장로들을 아무개 대덕이라고 불러라.'고 했다."

○이 나라에서 비구는 도와주는 자이다. 『승사략』에서 말하였다. "당나라 대종代宗 대력 6년(771년) 4월 5일에 칙서를 내려 '경성京城의 승려로서 단에 오르는 대덕은 각 10인을 두는 것을 상식常式으로 하라.' 하니, 여기서 단에 오르면서 대덕이라는 두 글자를 쓰는 것은 여기서부터 시작되었다."

○『증휘기』에서 말하였다. "행실이 원만하고 덕이 높은 이를 대덕이라 부른다."

大德

『智度論』云 梵語婆檀陀 秦言大德 律中多呼佛爲大德. ○『毘奈耶律』云 佛言 從今日後 小下苾蒭 於長宿處應喚大德. ○此方比丘 若宣補者. 『僧史略』云 卽唐代宗 大曆六年 四月五日 敕京城僧尼 臨壇大德 各置十人 以爲常式 此帶臨壇 而有大德二[50]字 此爲始也. ○『增輝記』云 行滿德高曰大德.

21) 상좌

『오분율』에서 말하였다. "'어느 정도가 되어야 상좌라 부릅니까?' 부처

49 필추苾芻: 비구.

50 명판본에는 '一'로 되어 있으나 '二'자의 오자이다.

가 말하길 '위에 더 높은 사람이 없는 이를 상좌라 부른다.' 하였다."

○『비니모』에서 말하였다. "무하無夏[51]부터 9하夏까지는 하좌下座이고, 10하夏부터 19하夏까지는 중좌中座이며, 20하夏부터 40하夏까지 상좌上座이다. 50하夏 이상은 모든 사문이 존경하여 기숙耆宿이라 부른다."【『백일갈마』를 살펴보면 하랍夏臘이 60년이라 하더라도 마땅히 계율을 알고, 계행戒行이 있는 자라야 기숙이라 부른다.】

○『비바사론』에서 말하였다. "상좌에는 3가지가 있다. 첫째는 생년상좌生年上座이다. 즉 존장으로서 나이가 많은 사람인데(耆舊)[52] 계를 갖추었기에 진실로 이름이 생겨난 것이다. 둘째는 세속상좌世俗上座이다. 즉 풍부하게 법을 잘 알면서 많은 재물(大財), 높은 지위(大位), 큰 무리(大族), 큰 힘(大力), 많은 권속(大眷屬)을 거느리면 비록 나이가 스물이라도 모두 마땅히 화합해야 하므로 추대하고 상좌라 부른다. 셋째는 법성상좌法性上座이다. 즉 아라한阿羅漢이다."

송頌으로 말하였다.

화려한 말(綺語)[53]에 흔들리는 경우가 많거나	心掉多綺語
어지러운 생각에 물들어 버린다면	染意亂思惟
아무리 사원에 오래 머물렀다 해도	雖久住林園

---

51 하夏: 비구의 자리 차례는 하안거를 지낸 횟수, 곧 법랍法臘에 따라 정해지는데 그 법랍을 하랍夏臘·좌랍坐臘이라 한다. 따라서 '하'는 출가한 햇수가 된다.
52 기구耆舊: 기로耆老와 고구故舊를 아울러 이르는 말. 곧 60세 이상의 노인.
53 기어綺語: 도리에 어긋나며 교묘하게 꾸미는 말.

진짜 상좌는 아니라네. 而非眞上座

계를 갖추고, 지혜롭고, 생각이 반듯하고 具戒智正念
고요하여 해탈하면 寂靜心解脫
그런 사람은 법을 잘 보기 때문에 彼於法能觀
참된 상좌라고 부른다네. 是名眞上座

○『십송률』에서 말하였다. "10가지 법을 갖추어야 상좌라 부르는데, 주처住處가 있는 자를 일컫는다.【'주처住處'라는 말은 『바사론』에서 "도道는 과보가 없어진 삼매(三摩地)[54]에 이르러서 저쪽 사람을 인도하는 힘이 매우 뛰어나며, 능히 몸과 마음이 편안하여 흔들림이 없기 때문에 상좌의 주처라고 한다.】 첫째는 두려움이 없고, 둘째는 번뇌가 없고, 셋째는 지식이 많고, 넷째는 들은 것이 많고, 다섯째는 말이 모두 갖추어지고, 여섯째는 의취가 명료하여서 듣는 자는 믿고 받아들여 능히 편안하게 상좌의 집에 들어올 수 있고, 일곱째는 속인(白衣)[55]을 위해 설법하여 다른 사람으로 하여금 악을 버리고 선을 따르도록 하며, 스스로 4가지 진리(四諦)[56]의 법락法樂을 갖추어 결핍되는 것이 없으므로 상좌라고

54 삼마지三摩地: 정定이라 번역. 마음을 한곳에 모아 산란치 않게 하는 정신 작용을 말한다.

55 백의白衣: 세속인. 인도에서는 스님 외에는 모두 흰옷을 입었으므로 속인을 가리켜 이렇게 부른다. 반대는 검은 옷을 가리키는 치의緇衣(출가자)이다.

56 사제四諦: 사성제四聖諦라고도 부른다. 『아함경』에 나오는 원시불교 가르침으로 불교의 기본 교의 가운데 하나이다. 제諦는 진리 또는 깨우침을 뜻한다. 사성제는 '4가지 높은 깨우침' 또는 '4가지 고귀한 진리'라는 뜻인데, 고제苦諦·집제集諦·멸

부른다."

○계율에는 승방상좌僧坊上座【곧 계율에서의 삼강상좌三綱上座[57]이다.】 승상좌僧上座【곧 단상상좌壇上上座이니 혹 당중의 상좌이다.】 별방상좌別房上座【곧 지금의 참선하며 거처하는 여러 건물의 상좌이다.】 주가상좌住家上座가 있다.【곧 회계하는 자리의 상좌이다.】

○『바사론』에서 말하였다. "상좌는 마음이 편안한 곳에 머물기 때문에 세상일이 마음에 어긋나거나 잘 맞거나 흔들리지 않으므로 상좌라고 부른다."

上座

『五分律』云 齊幾名上座 佛言 上更無人名上座. ○『毘尼母』云 從無夏至九夏 是下座 自十夏至十九夏 是中座 自二十夏至四十夏 是上座. 五十夏已上 一切沙門之所尊敬 名耆宿.【準『百一羯磨』云 雖夏臘六十 應須是知律 有戒行者 方名耆宿.】 ○『毘婆沙論』云 有三上座. 一生年上座 卽尊長耆舊 具戒名眞生故. 二世俗上座 卽知法 富貴大財大位大族大力大眷屬 雖年二十 皆應和合 推爲上座. 三法性上座 卽阿羅漢. 頌曰 心掉多綺語 染意亂思惟 雖久住林園 而非眞上座. 具戒智正念

제滅諦·도제道諦의 4가지 진리 또는 깨우침을 의미한다. 흔히 이 4가지를 간단히 '고집멸도'라고 부른다.

57 삼강상좌三綱上座: 절에서 대중을 통솔하고 규칙을 지키는 세 직책. 곧 상좌上座(비구 중에 덕이 있는 이)·사주寺主(당과 탑을 관리하는 일을 맡은 이)·도유나都維那(절의 규칙에 따라 일상생활의 모든 일을 지도하는 이). 주지·수승首僧·서기라 부르기도 한다.

寂靜心解脫 彼於法能觀 是名眞上座. ○『十誦律』云 具十法名上座謂有住處.[58]【言住處者『婆沙論』云 謂道及果空三摩地 能引彼力殊勝 能令身心安住不動 故名上座住處矣.】無畏無煩惱多知識多聞辯言具足義趣明了 聞者信受 善能安詳入他家 能爲白衣說法 令他捨惡從善自具四諦法樂無有所乏 名上座. ○律中 僧坊上座【卽律三綱上座.】僧上座【卽壇上上座 或堂中首座.】別房上座【卽今禪居諸寮首座.】住家上座【卽計齊席上座.】○『婆沙論』云 夫上座者 心安住故 不爲世違順傾動 是名上座.

22) 좌주

『척언摭言』[59]에서 말하였다. "유사有司를 일컬어 좌주라고 했으나, 지금 석씨들은 학덕과 지해(學解)가 특출한 자를 좌주라 하니, 한 자리의 주인을 일컫는다. 옛날 고승들은 강학講學하는 자리를 고좌高座[60]라고 불렀으니, 간혹 높은 자리의 주인으로도 사용된다."

---

58 명판본에는 '休處'로 되어 있으나 '住處'의 오자이다.

59 『당척언唐摭言』: 오대五代의 왕정보王定保(870~940)가 찬한 역사쇄문류歷史瑣聞類 필기집으로 '당나라 때의 주워 모은 이야기'라는 뜻이다. 15권 103편으로 되어 있다.

60 고좌高座: 강사講師·도사導師 또는 계사戒師 등을 위하여 한층 높게 마련한 좌석. 또는 그들의 존칭이다.

座主

摭言曰 有司謂之座主 今釋氏取學解優贍穎拔者名座主 謂一座之主. 古高僧呼講者爲高座 或是高座之主.

23) 상사

『유가론』에서 말하였다. "자리自利와 이타利他의 행동이 없는 사람을 하사下士라 부르고, 자리는 있고 이타가 없는 사람을 중사中士라 부르며, 자리와 이타가 있는 사람을 상사上士라 부른다."【상사는 자리행과 이타행을 갖추고 있고 대심大心과 대행大行이 있기 때문에 대사大士라고도 부른다.】

上士

『瑜伽論』云 無自利 利他行者 名下士 有自利 無利他者 名中士 有二利 名上士.【上士具二利 有大心大行 亦名大士.】

24) 상인

『마하반야경』에서 말하였다. "'어떤 사람을 상인이라 부릅니까?' 부처가 답하였다. '보살이 일심으로 아뇩보리阿耨菩提[61]를 행하여 마음이

61 아뇩보리阿耨菩提: 불과佛果의 지혜. 아뇩다라는 무상無上, 삼먁삼보리는 정변지正遍智, 또는 정등정각正等正覺이라 번역하니 앞의 것은 구역, 뒤의 것은 신역이다. 범부가 깨닫지 못한 데 대하여, 미혹된 세계를 벗어나 깨달음이 원만하고 모든

산란하지 않은 사람을 상인이라 부른다.'"

○『증일경增一經』에서 말하였다. "사람이 세상에 살면서 잘못을 스스로 고칠 줄 아는 사람을 상인이라 부른다."

○『십송률』에서 말하였다. "4종류의 사람이 있는데, 첫째는 거친 사람(麤人), 둘째는 탁한 사람(濁人), 셋째는 중간인 사람(中間人), 넷째는 뛰어난 사람(上人)이다."

○율律에서 말하였다. "병사왕甁沙王[62]이 부처의 제자를 부를 때 상인이라 하였다."

○고사古師가 말하였다. "안으로는 지혜와 덕이 있고, 밖으로는 뛰어난 행실이 있어서 사람들 위에 있으므로 상인이라 부른다."

上人

『摩訶般若經』云 何名上人? 佛言 若菩薩一心行阿耨菩提 心不散亂 是名上人. ○『增一經』云 夫人處世 有過能自改者 名上人. ○『十誦律』云 有四種 一麤人 二濁人 三中間人 四上人. ○律甁沙王呼佛弟子名上人. ○古師云 內有智德 外有勝行 在人之上 名上人.

25) 도인

『지도론』에서 말하였다. "득도한 사람을 도인이라고 부르는데, 출가는

진상을 다 아는 부처의 무상 승지.

62 병사왕甁沙王: 죽림정사竹林精舍를 지어 석존께 공양한 중인도 마갈타 국왕의 이름. 곧 빔비사라왕을 말한다. 병사甁沙는 빔비사라(Bimbisāra)의 음역이다.

했으나 득도하지 못한 사람도 도인이라 부른다." 【도자道者도 같은 말이다.】

道人

『智度論』云 得道者 名爲道人 餘出家者 未得道者 亦名道人.【道者亦同此說.】

26) 빈도

『지도론』에서 말하였다. "가난에는 2종류가 있으니 첫째는 재물이 없어 가난한 것(財貧), 둘째는 공과 덕과 법이 가난한 것(功德法貧)이다."

○『유가론』에서 말하였다. "「출가품出家品」에서는 지혜가 없어 가난한 것(智貧)과 재물이 없어 가난한 것(財貧)으로 나누어 말하였다."

○『지귀指歸』에서 말하였다. "도道는 사물에 통달했다는 말이니, 삼승三乘[63]에 속하는 성인들이 증명한 도이다. 자신에게 이 도가 적음을 일컫는 것이므로 빈도貧道라고 말한다." 【『승사략』에서 말하였다. "한漢·위魏·양진兩晉[64]의 사문들이 군왕을 대할 적에도 빈도貧道라고만 칭하였다. 남제南齊[65] 때 황제가 왕검王儉에게 물었다. '선배 사문들은 황제를 대면하였

---

63 삼승三乘: 성문승·연각승·보살승.

64 양진兩晉: 서진西晉(265~317)과 동진東晉(317~420).

65 남제南齊(479~502): 중국 남조南朝 때의 두 번째 왕조로 소도성蕭道成이 송나라의 순제順帝로부터 양위讓位를 받아 세운 나라이다. 국호는 제齊였으나 북제北齊와 구별하여 남제라고 부른다. 7대 23년 만에 양梁나라의 무제武帝에게 망했다.

을 때 무엇이라 자칭하였으며, 정전에 앉았습니까, 못 앉았습니까?' 왕검이 말하였다. '한나라와 위나라는 불법이 흥하지 않아서 기록이 없어 보지 못했으나, 앞 시대(僞國, 위진 남북조 시대로 보임)부터 조금씩 성해져서 모두 빈도라고 칭하였고, 또한 자리에 앉아 참여했다고 들었습니다.'"】

貧道

『智度論』云 貧有二種 一財貧 二功德法貧. ○『瑜伽論』云 出家品 智貧財貧. ○『指歸』云 道則通物之稱也 屬三乘聖人 所證之道也. 謂我寡少此道 故曰貧道. 【『僧史略』云 漢魏兩晉沙門對君王 亦只稱貧道. 如南齊時 帝問王儉曰 先輩沙門 對帝何稱 正殿還坐否? 儉對曰 漢魏佛法未興 不見紀傳 自僞國稍盛 皆稱貧道 亦聞預坐.】

27) 두타

범어로는 두다杜多이고 한어漢言로는 두수抖擻이니, 삼독三毒[66]이 티끌과 같아서 참된 마음을 더럽힐 수 있는데, 이런 사람은 떨쳐내고 제거할 수 있음을 말한다. 그러므로 지금은 와전되어 두타라 부른다.

○『선주의천자경善住意天子經』에서 말하였다. "'두다'란 탐·진·치를 떨쳐버림이니 삼계 안팎의 육입(內外六入)[67]을 취하지도 않고 버리지도

---

66 삼독三毒: 탐욕貪欲·진에瞋恚·우치愚癡.

67 육입六入: 눈·귀·코·혀·몸·뜻의 육근六根과 빛깔·소리·냄새·맛·접촉·법法의 육경六境이 있다. 이 육근·육경을 합하여 12입 또는 12처라 한다. 그중에서 육경을 외육입外六入, 육근을 내육입內六入이라 한다. 12인연 중의 육입은 내육입.

않으며, 닦지도 않고 집착하지도 않으면 나는 그런 사람을 두다라 부른다."

○두타에게는 12가지 공덕이 있다. 첫째, 아란야阿蘭若[68]에 머무는 것. 둘째, 항상 걸식(常乞食)하는 것. 셋째, (빈부를 가리지 않고) 순서대로 걸식하는 것(次第乞). 넷째, 하루에 한 번 먹는 것(一受食). 다섯째, 과식하지 않는 것(節量食). 여섯째, 정오 이후에는 미음도 먹지 않는 것(中後無飮漿). 일곱째, 낡은 옷(弊衣)을 입는 것. 여덟째, 삼의三衣만을 입는 것. 아홉째, 무덤 사이에(塚間) 앉는 것. 열째, 나무 아래에 앉는 것(樹下坐). 열한째, 노출된 곳에 앉는 것(露地坐). 열두째, 오래 앉아 있고 눕지 않는 것(長坐不臥). 【저 경전[69]에 자세한 설명이 있다.】

頭陀

梵語杜多 漢言抖擻 謂三毒如塵 能坌汚眞心 此人能振掉除去. 故今訛稱頭陀. ○『善住意天子經』云 杜多者 抖擻貪欲嗔癡 三界內外六入 若不取不捨 不修不著 我說彼人 名爲杜多. ○頭陀十二功德 一阿蘭若處 二常乞食 三次第乞 四一受食 五節量食 六中後無飮漿 七弊衣 八但

입入은 거두어들인다는 뜻. 육근·육경은 서로 거두어들여 육식六識을 내는 것이므로 육입이라 하고, 처處는 소의所依, 육근·육경은 육식을 내는 소의가 되므로 육처라 한다.

68 아란야阿蘭若: 시끄러움이 없는 한적한 곳으로 수행하기에 적당한 삼림森林·넓은 들·모래사장 등을 가리키는 말이다.

69 저 경전: 『불설십이두타경佛說十二頭陀經』을 말한다.

三衣 九塚間 十樹下坐 十一露地坐 十二長坐不臥【彼經廣有說文.】

28) 지랑

예나 지금이나 유학자들은 승려들을 '지랑支郎'이라고 부르는 경우가 많다. 『고승전』에서 말하였다. "위魏나라에 세 명의 고승이 있었는데, 지겸支謙·지섬支纖·지량支亮이다. 이들 중 지겸은 사람됨이 호리호리하고 키는 컸으며 검고 여의었으나, 눈은 흰색이 많고 눈동자는 노랗고 또 지혜가 많았다. 당시 현인들은 속된 말로 '지랑의 눈동자는 누렇고 몸은 비록 작으나 이는 지혜의 주머니이다.' 하였다."

支郎

古今儒雅 多呼僧爲支郎者. 『高僧傳』云 魏有三高僧曰 支謙支纖支亮. 於中謙者 爲人細長黑瘦 眼多白而睛黃 復多智. 時賢諺曰 支郎眼中黃 形軀雖小是智囊.

29) 치류

이것은 옷 색깔 때문에 지어진 이름이다. 『승사략』에서 말하였다. "치의緇衣라는 것은 어떤 색깔입니까?" 답하였다. "자색이면서 옅은 흑색이다."

○『고공기』에서 말하였다. "세 번 물들이면 분홍색이 되고, 다섯 번 물들이면 검붉은 색이 되며, 일곱 번 물들이면 검은색이 된다."

진실로 검은색은 본래 진홍색에서 나온 것이고, 작두색雀頭色(참새머리색)은 곧 자적색紫赤色임을 알겠다. 양나라의 승려 정수淨秀[70]가 성중聖衆[71]들의 옷을 보니 잘 익은 뽕나무 열매인 오디와 같은 색이었다. 이것은 적색이 옅고 흑색이 짙은 것이다.

緇流

此從衣色名之也. 『僧史略』云 問緇衣者 色何狀貌? 答紫而淺黑. ○『考功記』云 三入爲纁 五入爲緅 七入爲緇矣. 固知緇本出絳 雀頭色卽紫赤色也. 故梁尼淨秀 見聖衆衣 如桑熟椹. 此乃淺赤深黑色也.

30) 용상

『중아함경』에서 말하였다. "부처가 우바이(鄔波夷)에게 말하길 '만약

---

70 정수淨秀(418~506): 남조南朝 때의 승려. 안정安定 오씨烏氏(陝西 南鄭) 사람으로, 속성俗姓은 양梁이다. 오계五戒를 받고 재계齋戒를 받들며 어기지 않았다. 성격이 계율을 좋아해 모든 행동을 규범에 따랐다. 요 율사曜律師의 부탁으로 율律을 가르쳤고, 법영法穎에게 부탁해 『십송률十誦律』을 강의하게 했다. 당시 사찰의 수행자들이 대개 법대로 실천하지 않는 것을 개탄하여 스스로 참법懺法을 행했고, 또 남원사南園寺에서 법영을 따라 수계하니, 경사京師의 많은 사찰 스님들이 모두 뒤따라 계를 받았다. 유송劉宋의 남창공주南昌公主와 황수의黃修儀가 스님의 덕행을 깊이 흠모하여 땅을 내어 정사精舍를 세웠는데, 대명大明 8년(464년)에 선림사禪林寺를 세울 때 스님이 직접 창건 공사에 참여했다. 천감天監 5년, 제자들에게 도솔兜率에 올라 태어나겠다는 말을 남기고 89세에 입적했다.

71 성중聖衆: 성자聖者의 군중. 권속성중眷屬聖衆 또는 성중의 보살이라고도 하니, 본불本佛을 따라 다니는 여러 성자.

사문들이 인간에서 천상에 이르기까지 신·구·의로써 해치지 않는다면, 나는 저들을 용상龍象[72]이라고 부르겠다.'"

龍象

『中阿含經』云 佛告鄔波夷 若沙門等 從人至天 不以身口意害 我說彼是龍象.

31) 공문자

『지도론』에서 말하였다. "열반에는 3가지 문이 있으니, 공문空門·무상문無相門·무작문無作門이다. 무엇을 공문이라 하는가? 제법에는 내가 없고 내가 제법으로 삼는 것도 없어 제법은 인연 따라 생겨남을 말함이니, 제법을 짓는 자도 받는 자도 없는 것을 공空이라 부른다. 오늘날 출가인들은 이 문으로 들어가 열반의 집에 이르기 때문에 공문자라 부른다."

空門子

『智度論』云 涅槃有三門 一空門 二無相門 三無作門. 何者空門? 謂觀諸法無我 我所諸法 從因緣生 無作者受者 是名空. 今出家人 由此門入涅槃宅 故號空門子.

---

72 용상龍象: 용은 어족魚族의 왕, 상(코끼리)은 짐승의 왕으로 큰스님들을 비유한 말이다.

32) 종주

『승사략』에서 말하였다. "당나라 말기에 사찰들은 모두 입지立旨(관청에서 발급하는 공증 문서)를 받아 고승(闍梨)[73] 한 사람을 세웠다. 오늘날(송나라) 조정에서는 법률에 관련된 일을 담당하는 가장 높은 관원을 종주라 부른다. 대개 도속道俗 사이에 옳고 그른 것을 분간하지 못하는 간쟁이 있으면 모든 사실을 판단하여 사람들로 하여금 간쟁을 그치게 하기 때문이다."

宗主

『僧史略』云 唐末 寺皆立受[74]依止闍梨一員. 今朝取秉律員 位最高者號宗主. 蓋道俗之間有諍 不分曲直 告其剖斷 令人息諍故也.

33) 승록

『승사략』에서 말하였다. "당나라 문종文宗이 개성開成(836~840년) 연간에 좌가左街·우가右街의 일을 기록(僧錄)[75]한 것이 시작이었으니, 곧 단보 법사端甫法師가 시초였다. 덕종德宗이 단보 법사를 불러 궁

73 사리闍梨: 모범이 되어 제자의 행위를 바로잡는 고승을 말한다.

74 입수立受: 입지수교立旨受敎의 준말. 뜻을 세워 가르침을 받아들이는 것.

75 승록僧錄: 승려에 관한 모든 일을 기록하는 소임. 807년(당 헌종 원화 2)에 경사京師(長安)의 대안국사大安國寺 사문인 단보端甫(770~836)가 취임하여 좌가左街·우가右街의 일을 기록한 것이 시초이다.

안에 들어오게 하고 유자儒者들과 더불어 논의하게 하고는 자색의 방포方袍를 주었다. 태자전(東朝)에서 태자를 모시도록 하였고, 순종順宗은 그들을 형제와 같이 중히 여겼으며, 헌종憲宗은 그들을 빈객(賓友)과 같이 대우했다. 내전內殿의 법의식을 맡아 좌가左街 승려들의 일을 기록하도록 하였다."

僧錄

『僧史略』云 唐文宗 開成中 始立左右僧錄 卽端甫法師爲始也. 法師德宗召入禁中 與儒道論議 賜紫方袍. 令侍太子於東朝 順宗重之若兄弟 憲宗待之若賓友. 掌內殿法儀 錄左街僧事.

34) 부승록

당나라 소종昭宗 건녕乾寧(894~897) 연간에 수좌首座를 고쳐 부승록이라 하였으니, 각휘覺暉 승려로부터 시작되었다.

副僧錄

卽昭宗乾寧中 改首座爲副僧錄 卽覺暉爲始也.

35) 경론을 강론하는 수좌

사史[76]에서 말하였다. "수좌首座의 이름이 곧 상좌上座인데, 자리의 앞쪽에 있으면서 승려들의 윗자리에 거처하기 때문이다. 당나라 선종

宣宗이 승려 변장辯章을 삼교三敎의 수좌로 삼으면서 이것이 시초가 되었다. 지금은 경으로 배움을 논하는 자를 수좌라 한다."

講經論首座

史云 首座之名 卽上座也 居席之端 處僧之上故也. 卽唐宣宗 署僧辯章 爲三敎首座 此爲始也. 今則以經論學者 首座也.

36) 승정

사史에서 말하였다. "정正은 바로잡는다는 말이니, 자기를 바르게 하고 남도 바르게 하며, 법령을 능히 선포한다. 대체로 비구에게 법이 없다면 마치 말에게 고삐가 없는 것과 같이 점점 풍속에 물들어 바른 법을 어그러뜨린다. 그런 까닭에 덕망 있는 자를 택하여 법으로 그들을 통제하고 바른 곳으로 귀의하도록 하였으므로 승정僧正이라 불렀다. 위진僞秦(後秦을 가리킨다. 요장姚萇에 의해 건국된 나라이기 때문에 건국자의 이름을 따서 요진姚秦이라고도 부른다.)의 승략僧䂮[77]이 시초이다. 양梁나라 보통普通 6년(525)에 이르러 칙령으로 법운法雲을 대승정大僧正으로 삼았다."【여기에 '대大'자가 더해졌다.】

---

76 사史: 송대 초기 찬녕贊寧(919~1001)이 찬한『대송승사략大宋僧史略』을 말하는 것으로 보인다.

77 승략僧䂮(344~416): 요진姚秦(384~417) 때 승려. 구마라집 문하 십철(什門十哲) 중 한 사람으로 구마라집의 번역 사업에 참여하였다. 요진의 2대 황제 요흥姚興(366~416)이 승략을 승정으로 임명하였다.

僧正

史云 正者政也 自正正人 克敷政令故. 蓋以比丘[78]無法 若馬無轡勒 漸染俗風 將乖雅. 則故擇有德望者 以法而繩之 令歸乎正 故云僧正. 此以僞秦僧䂮爲始也. 至梁普通六年 敕法雲爲大僧正.【此加大字.】

37) 승주

남제南齊 영명永明(483~493년) 연간에 무제武帝가 칙령을 내려 법헌法獻을 승주로 삼은 것이 시초이다.【'주主'라고 말하는 것은 승관僧官과 같다.】

僧主

卽南齊 永明中 武帝敕法獻爲僧主始也.【所言主者 猶僧官也.】

38) 국사

『승사략』에서 말하였다. "옛날 서역에 니건자尼犍子[79]가 있었는데, 학문은 삼장三藏에 통하고 더불어 오명五明[80]에도 통달하니, 온 나라

---

78 명판본에는 '此比丘'로 되어 있는데 일판본이나 대정장에는 '此'가 없다. 이 글에서 '此'는 문장에 큰 영향을 끼치지 않으므로 잉자剩字로 보고 바로잡았다.

79 니건자尼犍子: 인도에 있는 외도의 일파. 늑사바勒沙婆를 개조開祖로 하고, 고행으로써 열반에 드는 것을 필수 조건으로 하므로 항상 몸에 털을 뽑고, 옷을 입지 않고, 나체로 걸식하면서도 부끄러운 줄을 모르므로 무참외도無慚外道라 한다. 후세에 자이나교도가 되었다.

사람들이 그에게 귀의하면서 이 칭호를 사용하였다. 중국에서는 북제北齊[81]의 고승 법상法常이 율장(毘尼)과 『열반경』에 대해 설할 정도로 선법禪法에 달통하였다. 북제의 왕이 숭상하여 국사로 삼으니 이로부터 시초가 되었다. 당唐의 신수神秀[82]는 측천무후의 부름을 받고 궁에 들어가서 4조朝에 걸쳐 국사 칭호를 받았다. 혜충慧忠[83]은 숙종·대종의 조정에 들어가 선禪에 대해 설법하여 국사라고 불리었으며, 원화元和(806~820년) 연간에 칙서를 내려 지현知玄 스님을 오달국사悟達國師라

---

80 오명五明: 고대 인도에서 학문을 5가지의 범주로 분류한 것의 총칭이다. ①성명聲明: '성'은 언어의 뜻으로 언어에 관한 학문. 곧 언어학, 특히 문법학. ②인명因明: '인'은 원인·이유의 뜻으로 주장과 그 이유와의 관계를 고찰하는 학문. 곧 논리학. ③내명內明: 각 학파에서 자기 학파 고유의 교리를 밝히는 학문. ④의방명醫方明: 넓은 의미의 의학. 여기에는 약학 외에 주술 등도 포함. ⑤공교명工巧明: 공예·건축 등 조형의 학문을 비롯해 각종의 기술·역법 등도 포함한다.

81 북제北齊(550~577): 중국 남북조 시대, 북조北朝의 하나.

82 신수神秀(?~706): 북종선北宗禪의 개조開祖. 50세에 기주쌍봉蘄州雙峰 동산사에 5조 홍인 선사弘忍禪師를 뵙고 제자가 되었다. 홍인이 죽은 뒤에 강릉 당양산에 있으면서 측천무후의 귀의를 받고, 궁중의 내도량內道場에 가서 우대를 받았으며, 또 중종 황제의 존경을 받았다. 동문同門의 혜능慧能이 5조의 법사法嗣가 되어 스승의 명으로 남방에 가서 도법을 널리 편 이래로 혜능이 전한 것을 남종南宗이라 하고, 신수가 전한 것을 북종北宗이라 한다.

83 혜충慧忠(?~775): 중국 당나라 스님. 월주越州 제계諸暨 사람. 육조혜능六祖慧能에게 인가를 받고, 오령산·나부산·사명산·천목산 등 여러 명산을 다니다가, 남양 백애산 당자곡에 들어가 40여 년 동안을 지냈다. 현종·숙종·대종의 3대 임금의 두터운 귀의를 받고, 뒤에 경사京師에 이르러 교화를 폈다. 항상 남악혜사南岳慧思의 종풍을 사모하고, 임금에게 주청하여 형악의 무당산에 태일 연창사를, 당자곡에 향엄 장수사를 창건하고, 대장경 1부를 모셨다.

고 하였다."【지현 스님은 5세에 시를 읊조렸고 출가하여 사미가 되었으며, 14세에 『열반경』을 강론하였다. 당시 이상은李商隱이 시를 지어 준 적이 있다. "14세 사미가 경전을 강론하니, 스님 나이 단지 손에 물병이나 잡고 있을 듯한데. 사미의 설법을 사문들이 들으니, 불법은 나이 많은 곳에 있는 것이 아니라 성령性靈에 있는 것이라네."】

한편에서 패권을 잡은 촉蜀의 후주後主(劉禪)는 승록僧錄 광업光業에게 하사하여 우성祐聖 국사로 삼았고, 오吳와 월越에서는 천태덕소天台德韶[84]를 국사로 삼았으며, 강남의 문수文遂를 임명하여 국대도사國大導師로 삼았다. 【더 자세히 알고 싶으면 『승사략』을 읽기 바란다.】

國師

『僧史略』云 西域昔有尼犍子 學通三藏 兼達五明 擧國歸依 乃彰斯號. 此土則北齊高僧法常 演毘尼涅槃 通禪法. 齊主崇爲國師 此爲始也. 唐神秀 自則天召入 歷四朝號國師. 慧忠肅代二朝 入內說禪 號國師 元和中 敕署知玄曰 悟達國師.【玄五歲便能吟詩 出家爲沙彌 年十四講『涅槃經』. 時李商隱 有詩贈云 十四沙弥解講經 似師年幾只携瓶 沙彌說法沙門聽 不在年高在性靈.】若偏霸之國 則蜀後主 賜僧錄光業 爲祐聖

---

84 천태덕소天台德韶(891~972): 속성은 진陳씨. 절강성 처주부處州府 진운현縉雲縣에서 출생하였으며, 열다섯에 출가하였다. 하루는 화상의 상당 설법에 어떤 스님이 묻기를 "어떤 것이 조계의 한 방울 물입니까?" 하니, 법안法眼 화상이 대답하기를 "이것이 곧 조계의 한 방울 물이니라." 하였는데, 한쪽 구석에 앉아 듣고 있던 덕소가 크게 깨치고 법안의 법을 이었다. 송나라 태조 개보開寶 5년에 82세로 입적하였다.

國師 吳越稱天台德韶爲國師 江南署文遂 爲國大導師.【好廣知 請讀『僧史略』.】

39) 니

『범음구梵音具』에서 말하였다. "비구니 또는 제근녀除饉女라고 부른다. 천축에서 부처의 이모인 마하파사파제摩訶波闍波提[85]가【이를 대애도大愛道라고 한다.】 시초가 되었다." 초鈔에서 말하였다. "지금은 니尼라 부르는데, 아이阿姨니 사이師姨니 하는 것은, 부처가 이모인 애도愛道를 부르는 것을 본뜬 것이다." 사고師姑[86]【미상】 비구니에게는 팔경법八敬法이 있으나 성인이 가신 지 이미 오래고 다시는 준행하지 않으니, 번거로워 기록하지 않는다.

---

85 마하파사파제摩訶波闍波提: 또는 마하비야화제摩訶卑耶和題. 구담족瞿曇族의 여성이란 뜻으로, 교담미憍曇彌라 한다. 석존의 어머니 마야부인의 친동생이다. 중인도 가비라 성주 정반왕의 왕비인 마야부인이 죽은 뒤, 정반왕의 부인이 되어 석존의 양육을 맡았다. 뒤에 난타難陀를 낳아 두 아들을 양육하였다. 석존이 성도한 뒤 2년째 되던 해에 고향에 돌아가 포교할 때에 교법을 들었다. 그 뒤 성도 후 제 5년에 정반왕이 죽자, 석존의 태자 때의 부인 야수다라와 함께 5백의 석가 종족의 여자들과 비야리의 대림정사大林精舍에서 출가하기를 청하였으나 거절당했다. 그 뒤 아난타의 도움으로 겨우 교단에 들어오게 되었다. 이것이 비구니의 처음이다. 석존이 입멸하기 3개월 전에 비야리성에서 죽었다.

86 사고師姑: 선종에서 비구니를 이르는 말이다.

尼

『梵音具』云 比丘尼 亦名除饉女. 天竺以佛姨母 摩訶波闍波提【此云大愛道.】爲始也. 鈔云 今呼尼爲阿姨師姨者 此效佛召愛道也. 師姑【未詳】尼有八敬法 去聖已遠 不復遵行繁不錄也.

40) 식차마나[87]

여기에서는 학법녀學法女라 하니, 오늘날 머리를 기른 비구니인 듯하다. 『사분율』에서 말하였다. "18세 동녀가 2년 동안 계를 배워야 한다고 하였는데, 2년 동안 몸을 수련하고 6법으로 마음을 단련하는 것을 말한다." 【글이 많아서 다 싣지 않는다.】

式叉摩那

此云學法女 似今尼之長髮也. 『四分律』云 十八歲童女 應二歲學戒[88] 謂二歲練身 以六法練心. 【文多不載.】

---

87 식차마나式叉摩那: 또는 식차마나니式叉摩那尼. 니승尼僧으로 구족계를 받으려는 이. 학법녀學法女·정학녀正學女·학계녀學戒女라 번역한다. 사미니로서 비구니에 이르는 2년 동안에 4근본根本·6법法 등의 행법行法을 수련시켜 구족계를 받을 만한가를 시험하며, 또 아기를 뱄는지 여부를 시험한다.

88 명판본과 일판본, 대정장에는 '戒'가 없으나 『四分律刪繁補闕行事鈔』(T40, p. 152a01)를 참조하여 보충하였다.

41) 우바새

진나라 말로는 선숙남善宿男이라 하니 속세의 생각에서 벗어나 계율을 지키기 때문이다. 또 범어로는 오바삭가鄔波索迦라 하고, 당나라 말로는 근사남近事男이라 하니, 모든 불법을 가까이 받들어 섬기는 것을 말한다. 천축에서는 오계나 팔계를 받은 속인들을 일컫는 것으로 청신사淸信士라고도 부른다.

○『유가론』에서 말하였다. "삼덕을 갖추었다. 첫째, 바라는 것(意樂)이 깨끗하여 삼보에 대해 의혹을 멀리 떨쳐내고 계법을 원만히 하며 세상에서 벗어나기를 구한다. 둘째, 삼보의 일을 잘 수행한다. 셋째, 같은 법을 능히 이끌어낸다."

○『아함경』에서 말하였다. "팔정도(八支聖道)를 원만히 하기 위해서는 첫째는 신信, 둘째는 계戒, 셋째는 시施, 넷째는 청법聽法, 다섯째는 수지受持, 여섯째는 해의解義(글의 의미를 밝힘), 일곱째는 말한 대로 행함, 여덟째는 부지런히 수행하는 것이다."[89]

優婆塞

秦言善宿男 謂離破戒宿故. 又梵云 鄔波索迦 唐言近事男 謂親近承事諸佛法故. 天竺受五戒八戒俗人稱之 亦云淸信士. ○『瑜伽論』云 具足三德 一意樂淨 謂於三寶 遠離疑惑 圓滿戒法 求出世故. 二能作

---

89 부세평富世平의 『석씨요람교주釋氏要覽校注』에는 팔지 가운데 한 가지가 빠진 것으로 보았는데, 『경률계상포살궤의經律戒相布薩軌儀』(X.60,p.805b23)에는 "優婆塞具八支 信·戒·施·聽法·受持·解義·如說·修行"이라 하여 명판본과 같다.

三寶事. 三能引發同法. ○『阿含經』云 圓滿八支 謂信戒施聽法受持解義如說修行.

42) 우바이

이夷는 곧 여인(女)을 나타내는 소리글자이다. 또 오바사가鄔波斯迦라고도 한다. 【이름의 뜻은 앞과 같다.】

優婆夷

夷 卽女聲字也. 又云 鄔波斯迦. 【名義同前.】

43) 칠중

칠중은 첫째는 비구, 둘째는 비구니, 셋째는 식차마나, 넷째는 사미, 다섯째는 사미니 【여기까지는 출가 5중】 여섯째는 우바새, 일곱째는 우바이이다. 【여기는 재가 2중이다.】

○『바사론』에서 말하였다. "대저 불법을 잘 유지하는 칠중들이 있는데, 대중들이 세간에 있으면서 삼승의 도과道果[90]를 서로 이으며 끊어지지 않게 하여 별해탈(波羅提木叉)[91]을 근본으로 한다."

---

90 도과道果: 불도의 과果. 깨닫는 것. 열반을 말한다.

91 바라제목차波羅提木叉: 바라제비목차波羅提毘木叉라고도 쓰고, 별해탈別解脫이라 번역한다. 또 처처해탈處處解脫·별처처해탈別處處解脫 등으로 의역한다. 이것은 몸과 입으로 범한 허물을 따로따로 해탈하는 것이므로 별해탈이라 한다.

○『대비바사론』에서 말하였다. "칠중이라고 하는 것은 첫째는 필추苾芻(구족계를 받은 비구), 둘째는 필추니苾芻尼(구족계를 받은 비구니), 셋째는 식차마나式叉摩那[92], 넷째는 실리마나락가室利摩拏洛迦[93]【당나라 말로는 근책남近策男 즉 사미이다.】 다섯째는 실리마나리가室利摩拏理迦[94]【당나라 말로는 근책녀近策女 즉 사미니이다.】 여섯째는 오바색가鄔波索迦(남자신도), 일곱째는 오바사가鄔波斯迦(여자신도)이다."

七衆

謂比丘 比丘尼 式叉摩那 沙彌 沙彌尼【此出家五衆】優婆塞 優婆夷【此在家二衆.】○『婆沙論』云 夫能維持佛法有七衆 在世間三乘道果相續不斷盡 以波羅提木叉爲根本. ○『大毘婆沙論』云 七衆者 一苾蒭 二苾蒭尼 三式叉摩那 四室利摩拏洛迦【唐言近策男 卽沙彌也.】五室利摩拏理迦【唐言近策女 卽沙彌尼也.】六鄔波索迦 七鄔波斯迦.

44) 도덕

팔정성도八正聖道[95], 칠지七支[96]의 계덕戒德이 안팎으로 충분히 갖추어

---

92 식차마나式叉摩那: 사미니로서 구족계를 받고자 하는 여승은 18세가 되면 20세까지 자동적으로 식차마나가 된다. 이 기간 동안 4근본계根本戒와 6법을 지켜서 허물이 없게 되면 구족계를 받아 비구니가 된다.

93 실리마나락가室利摩拏洛迦: 사미沙彌·근책남勤策男으로 번역되며, 출가하여 십계를 받은 남자로, 구족계를 받아 비구가 되기 전의 수행자이다.

94 실리마나리가室利摩拏理迦: 불도에 든 지 얼마 되지 아니한 어린 여자 승려.

95 팔정성도八正聖道: 즉 팔정도를 말한다. 정견正見·정사유正思惟·정어正語·정업正

진 것을 일컫는다. ○『논형』에서 말하였다. "이름을 떨치는 것을 '도'라 하고, 지위를 얻어 세상에 드러나는 것을 '덕'이라 한다."

道德

八正聖道 七支戒德 表裏具足之稱也. ○『論衡』云 成名之謂道 立身之謂德.

45) 명덕

이름은 실제이니 실제가 서면 명성은 그것을 따른다. 공자가 말하였다. "이름을 귀하게 여기는 것은 실제의 이름이기 때문이다." 덕德은 얻음이니 이른바 안으로는 자신에게서 얻고, 밖으로는 남에게 인정받아 항상 어긋나는 것이 없음이니 합하여 그렇게 부른다.

○『아함경』에서는 "사리불 이하를 부를 때 '명덕 비구'라고 한다." 하였다.

○「교법사고승전서皎法師高僧傳序」에서 말하였다. "덕이 없어도 때에 맞으면 명성은 얻으나 고귀하지 않고, 실제의 덕성이 있더라도 광채가 숨겨져 있으면 도덕이 높지만 명성이 나지 않는다."

名德

名者實也 實立而名從之. 仲尼云 所貴名實之名也. 德者得也 所謂內

業·정명正命·정정진正精進·정념正念·정정正定.

96 칠지七支: 몸으로 짓는 3가지 악업과 입으로 짓는 4가지 악업을 통틀어 이르는 말. 살생·투도·사음邪淫·망어妄語·기어綺語·악구惡口·양설兩舌.

得於己 外得於人 常無所失 合而稱之. ○『阿含經』呼[97]舍利弗已下爲名德比丘. ○「皎法師高僧傳序」云 寡[98]德適時 名而不高 實德潛光高而不名.

97 명판본에는 '云'으로 되어 있으나 '呼'의 오자이다.

98 명판본에는 '無'로 되어 있으나 『고승전』(T50, p.418b05)을 참조하여 '寡'로 교감하였다.

4. 주처편住處篇

1) 승가람마

'승가람마'는 범어이다. 혹은 '승가라마'라 하고 중국에서는 '중원衆園'이라고 한다. 『오분율』에서는 "병사왕이 가란타죽원[1]을 보시한 것이 시작이다."라고 하였다. 동산은 심고 기르는 곳이니, 불제자들이 거처하면서 '도의 근본과 성인의 과보(聖果)를 머물러 심는다'는 뜻을 취한 것이다. 혹은 '비가라'라고도 하고, 이 나라에서는 '돌아다니다 멈추는 곳(遊止處)'이라고 한다.

僧伽藍摩

梵題也. 或云 僧伽羅摩 此云衆園. 『五分律』云 甁沙王施迦蘭陀竹園

---

1 가란타죽원迦蘭陀竹園: 죽림정사를 말한다. 중인도 마갈타국 왕사성 북쪽에 있는 절이다. 가란타 장자가 부처를 위해 절을 지었는데, 부처는 이곳에서 자주 설법을 하였다.

爲始也. 園者生植之所 佛弟子居之 取住植道本聖果之義也. 或云毘呵羅 此云遊止處.

2) 사

'사寺'는 중국에서 사용하는 말이다. 『석명』에 말하길 " '사寺'는 '잇는다(嗣)'는 뜻이다. 일을 하는 사람들이 그 안에서 서로 계속하여 이어가는 것을 말한다."라고 하였다. 옛날 천자에게는 9개의 관청이 있었다. 후한 명제 영평 10년(A.D 67) 정묘년에 불법이 처음 이르렀는데, 인도의 두 승려 마승과 축법란이 백마에 경전과 불상을 싣고 낙양에 오자 칙령을 내려 홍려시鴻臚寺[2]에 안치하게 했다.【홍려는 곧 '사빈시司賓寺'이다. 『호광』의 주석에 '홍鴻'은 '소리'라 하였고, '려臚'는 '전함'이라 하였으니, 소리를 전하여 도를 돕는 구빈九賓[3]이다. 진나라에는 전객사典客司[4]가 있었고, 한나라에서는 그것을 그대로 따랐으며, 당에 이르러서는 고쳐서 '동문시同文寺'라고 하였다.】11년 무진년에 칙령을 내려 옹문雍門 밖에 따로 사찰을 짓게 하고 '백마사'라고 하였으니, 이것이 곧 한나라 땅에서 불교 사찰의 시작이다. 오나라에서는 손권[5]이 건초사建初寺를

2 홍려시鴻臚寺: 한대漢代부터 청말淸末까지 설치되었던 관청 이름. 조하朝賀와 경조慶弔에 대한 예禮를 찬도贊導하는 일을 관장하였다.

3 구빈九賓: 임금이 예의를 갖추어 맞이해야 할 귀한 아홉 명의 손님. 즉 공公·후侯·백伯·자子·남男·고孤·경卿·대부大夫·사士를 이른다.

4 전객사典客司: 귀빈의 영접 등에 관한 일을 담당하는 관청이다.

5 손권孫權(재위 222~252년): 삼국시대 오나라의 초대 황제. 손견의 둘째 아들로 시호는 태황제太皇帝. 200년에 형 손책이 죽자 그 뒤를 이어 주유 등의 보좌를

세운 것이 시작이다.

寺

華題也. 『釋名』曰寺嗣也. 謂治事者 相嗣續於其內也. 故天子有九寺焉. 後漢明帝 永平十年丁卯佛法初至 有印度二僧摩騰法蘭 以白馬馱經像 屆洛陽 敕於鴻臚寺安置. 【鴻臚卽司賓寺也. 『胡廣』釋云 鴻聲也 臚傳也 所以傳聲贊道九賓也. 秦有典客 漢乃因之 至唐改爲同文寺.】 至十一年戊辰 敕於雍門外別建寺 以白馬爲名 卽漢土佛寺始也. 吳孫權立建初寺爲始也.

3) 원

'원院'은 범어로 '라마'라 하고, 당나라 말로는 '원院'이라 한다. 【원법사苑法師의 『경음의經音義』에 나온다.】

○『서역기』에서는 '파연나'라고 하는데, 이것은 주위를 회랑으로 둘러싼 원을 말한다.

院

梵云羅摩 唐言院. 【出苑法師『經音義』.】 ○『西域記』云 波演那 此曰周圍廊舍院.

받아 강남의 경영에 힘썼다.

4) 도량

승조 대사가 '한가롭고 편안하게 수도하는 곳을 도량이라 한다.'고 하였다. 수양제가 칙령을 내려 승려들이 거처하는 곳을 '도량'이라 고쳐 부르도록 하였다.

道場

肇云 閑宴修道之處 謂之道場. 隋煬帝 勅遍改僧居名道場.

5) 정사

『석가보』에서 말하였다. "마음을 쉬면서 머무는 곳을 정사라고 한다." ○『예문유집』에서 말하였다. "건물이 정밀하게 잘 지어졌다고 해서 붙인 이름이 아니라 '진실로 수행하는 행자가 거처한다'는 의미에서 붙인 이름이다."

精舍

『釋迦譜』云 息心所栖曰 精舍. ○『藝文類集』云 非由其舍精妙 良由精練行者所居也.

6) 초제

『증휘기』에서는 범어로 "척두제사拓鬪提奢"라 하였고, 당나라 말로는

"사방승물"[6]이라 말하는데, 다만 집필자가 와전하여 '척'을 '초'라 하고, 두鬪와 사奢를 빼고 제提는 남겨두었기 때문에 '초제'라고 부르게 된 것이다. 즉 오늘날 사방에 있는 사원들이 이것이다.

招提

『增輝記』梵云 拓鬪提奢 唐言四方僧物 但筆者訛 拓爲招 去鬪奢留提 故稱招提. 卽今十方住持寺院是也.

7) 승방

『운림』에서는 "방坊은 구역"이라 하였고, 『원사』에서는 "방坊은 구획지은 사원"이라 하였다.

僧坊

『韻林』云 坊區也『苑師』云 坊區院也.

---

6 사방승물四方僧物: 출가자 집단이 수용하는 4종류의 물건을 말한다. ①사원의 전답이나 도구와 같이 그 절의 승려가 사용하는 물건. ②시주자가 거리에 나서서 왕래하는 승려에게 베푸는 죽, 밥 등의 시주물. ③시주자가 절에 가서 그곳의 승려에게만 주는 시주물. ④시주자가 절에 가서 시방의 승려를 초청하여 찾아온 승려에게 주는 시주물.

8) 녹원

또 '녹림'이라고도 부르며 바라나국에 있다. 부처가 도를 깨치고 처음으로 법륜을 펼쳐 교진여憍陳如 등 오비구[7]를 제도한 곳이다.

鹿苑

又名鹿林 在波羅奈國. 佛成道 初轉法輪 度憍陳如等 五比丘處.

9) 계원

마갈타국에 있던 사찰로 무우왕無憂王(아소카왕)[8]이 창건하였고, 이는 소승과 대중부[9]의 개조 대천 비구[10]가 출가한 사찰이다. 『중아함경』에

---

7 오비구: 석존과 함께 수행한 다섯 비구. 석존이 출가하던 때 부왕의 명으로 태자를 모시고 함께 고행하던 이를 부처가 성도한 후 녹야원에서 처음 교화하여 비구가 된 다섯 사람. 교진여·아사바사·마하나마·발제리가·바사파.

8 아소카(Asoka): 마우리아 왕조의 제3대 왕으로 인도사상 최초의 통일국가를 이룬 왕이다. 음역하여 아육왕阿育王이라 하고, 의역하여 무우왕無憂王으로 표기한다. 치세 동안 불교 장려책을 강력하게 추진하여 인도 전역에 불교가 전파되도록 했다.

9 대중부大衆部: 붓다의 본질에 대한 견해에서 대승불교의 선구적 견해를 지녔던 초기 학파. 석가모니가 열반한(B.C 483년) 지 약 1세기가 지난 뒤에 이 학파가 나타난 것은 불교 교단에 최초의 대분열이 있었음을 보여준다. 바이샬리에서 열렸던 제2차 결집에서 불제자들 사이에 대중부와 상좌부로 분열이 일어난 원인은 수행자들의 계율에 대한 의견 충돌 때문이었다고 하지만, 후기 문헌들에서는 불성과 아라한과에 대한 견해 차이를 더 강조한다. 대중부는 세속을 초월한

서 말하였다. "부처가 멸도한 뒤에 많은 상존과 명덕, 비구들이 모두 계원에 머물렀다."

雞園

在摩竭陀國 無憂王造 是小乘大衆部主 大天比丘出家寺也. ○『中阿含經』云 佛滅後 衆多上尊名德比丘 皆住雞園.

10) 안탑[11]

『서역기』에서 말하였다. "옛날 어떤 비구가 기러기 떼가 날아가는 것을 보고 장난으로 '때를 알겠구나.' 하니, 홀연히 기러기 한 마리가 떨어져 죽었다. 대중들은 '이 기러기가 가르침을 내려 주었으니(垂誡)[12], 그 후한 덕을 선창하여 주는 것이 마땅하리라.' 하고 이에 기러기

붓다가 여러 명이 될 수 있고, 이 땅에 존재했던 고타마 붓다라고 하는 인물은 단지 하나의 화신일 뿐이라고 주장했다.

10 대천大天 비구: B.C 4세기경 인도 말토라국末土羅國 사람으로 마하제바摩訶提婆라 음역한다. 대중부를 창설했다. 어머니와 통하여 아버지를 죽이고, 나한을 죽이고 또 어머니도 죽인다. 뒤에 잘못을 뉘우치고 불문에 들어와 삼장三藏의 뜻을 통달하였다. 5사事(아라한도 유혹이 있다〔餘所誘〕, 아라한도 모르는 것이 있다〔無知〕, 아라한도 의심이 있다〔猶豫〕, 아라한도 다른 이의 도움으로 깨달음을 얻는다〔他令入〕, 아라한도 소리를 지르며 깨달음에 이른다〔道因聲故起〕)를 제창하여 전통적 보수주의(상좌부) 불교를 반대하였다.

11 안탑雁塔: 기러기를 위하여 세운 탑. 중인도 마갈타국에 있다. 보살이 정육淨肉을 먹는 승려를 대승의 가르침으로 인도하기 위하여 기러기가 되어 공중에서 떨어져 죽은 유적지이다.

를 묻고 탑을 세웠다."

雁塔

『西域記』云 昔有比丘 見群雁飛翔 戱言知時 忽有一雁 投下自殞. 衆曰 此雁垂誡 宜旌厚德 於是瘗雁建塔.

11) 지제[13]

범어로는 "지제부도"라 하고, 혹은 "제저제다"라고도 하며 모두 '영묘靈廟'라 번역한다.

○『잡심론』에서 말하였다. "사리가 들어 있지 않은 것을 지제라 부르고, 또 악을 소멸하고 선을 생겨나게 하는 곳이라고도 한다."

支提

梵云 脂帝浮都 或云 制底制多 皆譯名靈廟. ○『雜心論』云 無舍利名支提 又名滅惡生善處.

---

12 수계垂誡: 가르침을 내리는 것. 수시垂示, 수회垂誨라고도 한다.

13 지제支提: 범어 차이티야(Caitya)의 음역. 지제支帝, 지제脂帝라고도 한다. 흙이나 돌, 벽돌을 쌓아 올려서 무더기를 이룬 것. 탑파塔婆와 같은 뜻으로 쓰인다. 본래 사리舍利가 들어 있는 것은 탑파, 사리가 없는 것은 지제라고 구분하였으나 후대에 이르러 그 구분이 없어졌다. 지제의 범위는 매우 넓으며, 전당殿堂, 묘우廟宇까지도 포함한다. 동의어로는 제저야制底耶·취상聚相·복취福聚·적취積聚·묘廟·탑塔·영묘靈廟 등이 있다.

12) 범찰[14]

'범梵'이란 '청정'의 뜻이다. 『경음』에서 말하였다. "범어로 '랄슬지剌瑟致'라 하는 것을 중국에서는 '깃대(竿)'라고 하는데 지금은 줄여서 '찰刹'이라고 부르니, 즉 번幡[15]을 다는 기둥이다."

○『장아함경』에서 말하였다. "사문이 이 절에서 부지런히 수행하여 한 법을 얻으면, 곧 깃발을 세워 사방에 널리 알렸다. 지금은 욕심이 적고 만족할 줄 아는 사람들이 여기에 산다."

梵刹

梵者 淸淨之義. ○『經音』云 梵云剌瑟致 此云竿 今略名刹 卽幡柱也. ○『長阿含經』云 若沙門於此寺[16]中勤苦 得一法者 便當竪幡告四遠. 今有少欲知足人居此.

---

14 범찰: '찰刹'은 국토라는 뜻. 성찰聖刹·보찰寶刹·정찰淨刹이라고도 한다. 맑고 깨끗한 국토라는 뜻으로 불교사원을 말한다. 일설에 의하면 '찰'은 깃대. 인도의 승원에는 깃대가 세워져 있어서 먼 곳에서도 눈에 띄기에 중국에서 승원僧院을 범찰이라고 했다.

15 번幡: 불경에 기록된 번의 종류는 관정번灌頂幡·정번庭幡·평번平幡·사번絲幡·옥번玉幡 등 다양하다. 관정번은 관정 의식에 사용되는 번이며, 정번은 비를 청하기 위하여 옥외에서 기우제와 같은 의식을 집행할 때 사용된 번으로 짐작된다. 평번·사번·옥번 등은 재료에 따르는 명칭으로, 평번은 넓은 비단으로 제작되고, 사번은 여러 가닥의 실을 묶어서 만들며, 옥번은 금속과 옥석을 서로 연결하여 만든다. 모두 불전 장엄을 위하여 사용되는 것들이다.

16 명판본에는 '若沙門於此寺法'으로 되어 있으나 '法'은 잉자剩字이다.

13) 선원[17]

『대당내전록』에서 말하였다. "계빈罽賓[18]의 법수法秀 선사가 처음 돈황에 이르러서 빈 땅에 선각禪閣을 세우고 능금나무 천 그루를 심자 대중들이 구름같이 몰려들어 가득하였다."

禪苑

『大唐內典錄』云 罽賓禪師法秀 初至燉煌 立禪閣於閑曠地 植柰千株 趍者如雲徒衆濟濟.

14) 금지

금전金田이라고도 하니, 곧 사위국舍衛國의 급고 장자給孤長者[19]가 동산을 덮을 만큼의 황금으로 기타 태자祇陀太子[20]의 동산을 사서 기원정사[21]

---

17 일판본과 대정장에는 '내원柰苑'으로 되어 있다. '柰'(복숭아와 같은 과일)를 천 그루 심었기 때문에 '내원', '암라수원菴羅樹園'이라고도 한다.

18 계빈罽賓: 북인도에 있던 큰 나라 이름. 현재 인도 북부의 카슈미르 지역.

19 급고 장자給孤長者: 급고독 장자라고도 한다. 중인도의 교살라국 사위성의 장자로 자비심이 많아 고독한 이에게 보시하기를 좋아하였으므로 이같이 불렀다.

20 기타 태자祇陀太子: 인도 사위성 바사익왕의 태자. 기타 태자는 급고 장자가 태자 소유의 땅을 사고 싶어 하자 팔지 않겠다는 뜻으로 "이 동산을 사려거든 금으로 전체를 덮어 보라."고 하였다. 상업으로 돈을 번 장자는 흔쾌히 집으로 가서 금을 가져와 동산을 덮기 시작했고, 부처에게 정사를 지어 공양하고자 하는 것을 안 기타 태자는 그 정성에 감복해 땅을 기증했다.

21 기원정사祇園精舍: 기타림祇陀林·서다림逝多林이라고도 한다. 석가모니가 생존하

를 세워 부처에게 그곳에서 살도록 청했다.

金地

或云 金田 卽舍衛國 給孤長者 側布黃金 買祇陀太子園 建精舍 請佛居之.

15) 연사

옛날 (동)진의 혜원 법사慧遠法師[22]는【당 선종宣宗 때 대각법사 시호를 받음.】안문(鴈門, 북쪽 변방) 사람인데, 여산廬山 호계虎溪의 동림사東林寺에 머물렀다.[23] 현사賢士인 유유민劉遺民[24]·종병宗炳[25]·뇌차종雷次

였을 때 자주 머물면서 설법한 곳으로 초기불교의 정사 가운데 가장 유명하며, 마가다국 왕사성王舍城의 죽림정사竹林精舍와 함께 불교 최초의 양대 가람伽藍이라 한다.

22 혜원 법사慧遠法師(334~416): 중국 동진東晉의 승려. 속성은 가씨賈氏. 지금의 산서성山西省 사람이다. 어린 시절 유교와 도교를 배워 널리 6경에 통달했으며 특히 노장에 뛰어났다. 21세 때 동생 혜지慧持와 함께 도안道安을 찾아 스승으로 모셨다. 『반야경』 강의를 들은 후 '유교와 도교 등의 여러 가르침은 모두 껍데기에 불과하다'라고 생각하고, '반야성공般若性空'의 학문을 연구하여 나이 24세에 『반야경』 강의를 열었는데, 듣는 사람들이 쉽게 이해하도록 반야학을 노장의 학설과 비교하여 가르쳤다. 381년 여산廬山에 올라가 동림사東林寺에서 죽을 때까지 줄곧 30여 년을 머물렀다. 동림사에서 백련사白蓮社라는 염불결사를 만들었으며, 정토종의 초조로 존중된다.

23 호계虎溪의 동림사東林寺에 머물렀다.: '호계삼소虎溪三笑' 고사가 이곳에서 나온 것이다. 진晉나라 때 여산 동림사의 혜원 법사가 30년 동안 호계를 건너지 않다가, 어느 날 시인 도연명과 도사 육수정이 찾아와 담소한 뒤 배웅하다가 이야기에 도취되어 무심코 호계를 건너버린 것을 깨닫고 셋이서 크게 웃었다는 고사이다.

宗[26]·장야張野·장전張詮[27]·주속지周續之[28] 등을 불러서 재회齋會를 열어 서방정토에 가기 위해 수행[29]하였고, 그 절에 흰색 연꽃을 많이 심었다. 또 아미타불국에는 연꽃으로 9등급의 차례를 나누어 사람을 앉혔기 때문에 '연사蓮社'라고 부르는데, 어떤 사람은 말한다. "이 모임의 사람들이 명리名利의 진흙탕에 더럽히지 않는 것을 가상하게 여겨서 연꽃에 비유하여 그들을 그렇게 불렀다."

또 "혜원에게는 법요法要라고 부르는 제자가 있었는데, 나무에 12잎의 연꽃을 새겨서 물속에 세우고 장치를 하여, 한 잎이 꺾일 때마다 한 시진時辰이 되도록 한 것이 물시계(刻漏)[30]와 조금의 차이도 없었고, 그것으로 인하여 정확하게 예불禮念[31]하는 시간을 지키게 되었으므로

---

24 유유민劉遺民(354~410): 본래 이름은 유정지劉程之이다. 도연명陶淵明·주속지와 더불어 심양潯陽의 삼은三隱으로 불렸다.

25 종병宗炳(375~443): 남송 때의 화가.

26 뇌차종雷次宗: 중국 남북조 시대 송宋나라의 유학자. 여산에 들어가 혜원慧遠 밑에서 배웠다. 『주례』·『의례』·『예기』·『시경』 등에 정통하였다. 계룡산에 학관學館을 개설하고 100여 명의 제자를 가르쳤다.

27 장전張詮: 진晉나라 사람. 농부로 성품이 고상하고 배우기를 좋아하여 농사짓는 틈틈이 경을 읽었다. 여산에 들어가서 내전內典을 연구하여 많은 깨달음이 있었다.

28 주속지周續之: 안문鴈門 사람으로, 12세에 오경五經, 오위五緯에 통달하여 사람들이 십경동자十經童子라고 불렀다.

29 서방정토에 가기 위해 수행: 이것이 최초의 염불결사로 백련결사라 부른다. 혜원 법사는 여산 동림사東林寺에서 18명의 명사를 포함한 그의 문도 123명과 함께 아미타불상 앞에서 서방정토 왕생을 기원하는 염불결사를 시작하였다.

30 각루刻漏: 물시계. 혹은 물시계의 누호漏壺 안에 세운 누전漏箭에 새긴 눈금.

31 예념禮念: 부처를 예배하고 단단히 기억하여 잊지 않는 것. 예배를 드리는 일이라도 예배에는 반드시 의업意業의 염念을 떠나지 않으므로 예념禮念이라 한다.

혹자들은 이것을 그렇게 불렀다."

또 '정사淨社'라고도 부르는데, 남제南齊의 경릉 문선왕이 승려와 속인이 사원에서 행하는 법(淨住法)[32]을 좋아했기 때문이다.

'사社'란 입춘과 입추 뒤에 오는 다섯 번째 무일戊日[33]에, 천하에 농사짓는 사람이 모임을 결성하여 풍년을 기원하는 제사를 지내는 것이다. 『형초기』[34]에는 "네 사람이 함께 모이는 것을 사社라 하였다." 하였고, 『백호통』에서는 "왕이 사社를 두는 까닭은 왜냐? 천하의 모든 사람을 위하여 복을 구하고 토지신에게 보답하기 위함이다. 사람은 땅이 아니면 먹지 못하나, 땅이 넓어서 두루 공경할 수 없기 때문에 흙을 쌓아 올려 사社를 세운다." 하였다.

오늘날 불교에서는 승려와 속인들(緇白)[35]을 모집하여 법을 만들고 복을 빌면서 정토에 태어나기를 구하는데, 정토는 넓고도 넓어서 두루 구하려면 마음이 어지럽다. 이에 편안하게 수양하는 정토를 확정하여 '정신이 깃드는 장소'로 삼았다. 그러므로 '연사蓮社'나 '정사淨社'라고 부르는 것이다.

---

32 정주법淨住法: 사원에서 행하는 법. 정주淨住는 사원을 가리킨다.

33 다섯 번째 무일(五戊日): 토지신(社神)에게 제사지내는 날. 입춘 뒤 제5 무일戊日이 춘사春社요, 입추 뒤 제5 무일이 추사秋社이다.

34 『형초기』: 『형초세시기荊楚歲時記』. 6세기경 중국 양梁나라의 종름宗懍이 쓴 연중 세시기. 이 책은 월별로 민간의 생활 풍습을 서술한 한국의 『동국세시기』와 유사하다.

35 치백緇白: 승려와 속인. 중국과 일본의 승려는 검은색 옷을 입었으므로 '치緇'는 승려를 가리킨다. 백白은 하얀색. 인도에서 속인은 하얀색 의복을 입었으므로 백白은 속인을 가리킨다.

蓮社

昔晉慧遠法師【**唐宣宗 諡大覺法師.**】鴈門人 住廬山虎溪東林寺. 招賢士劉遺民宗炳[36]雷次宗張野張詮周續之等爲會 修西方淨業 彼院多植白蓮. 又彌陀佛國 以蓮華分九品 次第接人 故稱蓮社. 有云 嘉此社人不爲名利淤泥所汙 喩如蓮華 故名之 有云 遠公有弟子名法要 刻木爲十二葉蓮華 植於水中 用機關 凡折一葉是一時 與刻漏無差 俾禮念不失正時 或因此名之. 又稱淨社 卽南齊竟陵文宣王 慕僧俗行淨住法故. 夫社者 卽立春秋日後 五戊日 天下農結會祭以祈穀. 『荊楚記』云 四人並結綜會社 『白虎通』云 王者 所以有社何? 爲天下求福報土. 人非土不食 土廣不可遍敬故 封土以立社. 今釋家結慕緇白 建法祈福 求生淨土 淨土廣多 遍求則心亂. 乃確指安養淨土 爲棲神之所. 故名蓮社淨社爾.

16) 난야

범어로 "아란야阿蘭若"라 하고 혹은 "아련야阿練若"라고도 하며, 당나라 말로는 다툼이 없음(無諍)이라고 한다.

○『사분율』에서는 텅 비어 고요한 곳(空靜處)이라 했다.

○『살바다론』에서는 한적하고 고요한 곳(閑靜處)이라 했다.

○『지도론』에서는 멀리 떨어진 곳(遠離處)이라 했다.

○『대비경』에서는 "'아란야'라고 하는 것은 모든 바쁜 일에서 떠났기

36 명판본에는 '昺'으로 되어 있으나 이는 '炳'의 오자이다.

때문이다."라고 하였다.

○『12두타경』에서 말하였다. "부처가 말하길 '아란야의 처소에는 시방의 제불이 모두 함께 찬탄하기에 무량한 공덕이 모두 여기에서 말미암아 생겨난다.' 하였다."

○승조 법사는 "화내면서 다투는 것은 무리가 모이는 곳에서 생겨나고, 다툼이 없는 것은 한적함에서 나오는 것이다. 그래서 부처는 난야에 머무는 것을 칭찬하셨다."라고 말하였다.

○『보운경』에서 말하였다. "아란야에서는 혼자 조용히 있을 수 있기에 번뇌가 안 생기며, 걸식하기 쉽고, (인가에서) 멀지도 않고 가깝지도 않으며, 숲속에는 열매가 많고, 깨끗한 물과 감실이 안온하기 때문이다."

○난야란 『지도론』에서는 '멀리 떨어진 곳(遠離處)'이라고 하는데, 가장 가까운 것은 2리이며 멀수록 더욱 좋다. 촌과의 거리가 1구로사拘盧舍[37] 【이것은 북소리이다.】만큼 떨어져 있다.

○율律에는 "마을과 500궁弓 떨어져 있는데, 궁은 곧 심尋[38]이다."라고 했다. 인도 법에는 무릇 4주肘(1주는 45㎝가량)가 1궁인데, 주는 길이가 8척이고, 합한 길이는 7척 2촌이다. 500궁은 1구로사가 되고, 3,600척을 모으면 600보를 이루게 되니, 곧 2리이다.

---

37 구로사拘盧舍: 산스크리트어 krośa의 음사. 고대 인도에서 사용했던 거리의 단위. 소의 울음소리나 북소리를 들을 수 있는 최대 거리로, 실제 거리는 명확하지 않지만 보통 약 1㎞로 간주한다.

38 심尋: 척도의 단위, 여덟 자의 길이.

蘭若

梵云 阿蘭若 或云阿練若 唐言無諍. ○『四分律』云 空靜處. ○『薩婆多論』云 閑靜處. ○『智度論』云 遠離處. ○『大悲經』云 阿蘭若者 離諸忽務故. ○『十二頭陀經』云 佛言阿蘭若處 十方諸佛 皆共讚歎 無量功德皆由此生. ○肇法師云 忿競生乎衆聚 無諍出乎空閑. 故佛讚住於蘭若. ○『寶雲經』云 阿蘭若處 獨靜無人 不爲惱亂 乞食易得 非遠非近 多諸林木華果 淸淨美水 龕室安穩故. 蘭若者『智度論』云 遠離處 最近二里 能遠益善. 去村一拘盧舍【此云鼓聲.】○律云 去村五百弓 弓卽[39]尋也. 西天法 凡四肘爲一弓 肘長尺八 共長七尺二寸也. 五百弓爲一拘盧舍 積三千六百尺 成六百步 卽二里也.

17) 암자

『석명』에서는 "풀로 지붕을 둥그렇게 만든 집을 암이라 한다. 또 암庵은 '덮어 가린다'는 의미이니, 스스로 덮어 가리는 것이다." 하였다. 인도에서는 승려나 속인들이 수행할 적에 초막에 거처하는 경우가 많다. 【이 나라의 군자도 암자에 사는 사람이 있다. 장영서臧榮緖의 『진서』에서 말하였다. "도염陶琰은 15세에 문득 곡식을 끊고 초암에 거처하였는데, 겨우 몸을 들여놓을 수 있을 정도였다." ○『일사전』에서는 "도잠은 봉암蓬庵에 거처했다." 하였다. ○『신선전』에서는 "초광焦光은 초암草庵에 거처했다." 하였다.】

---

39 명판본에는 '雨'으로 되어 있으나 '卽'의 오자이다.

庵

『釋名』曰 草爲圓屋曰庵. 庵奄也 以自覆奄也. 西天僧俗修行多居庵. 【此方君子 亦有居庵者. 臧榮緖『晉書』云 陶琰年十五 便[40]絕粒居草庵 才可容身. ○『逸士傳』云 陶潛居蓬庵. ○『神仙傳』 焦光居草庵.】

18) 초당

처음 구마라집鳩摩羅什[41] 법사로 인해 이름을 얻었다. 이에 앞서 장안은 한나라 때부터 피폐되어 전진이 일어날 때까지 300여 년 동안 조정과 저잣거리가 텅 비어 있었다. 비록 몇 개의 가람이 있었지만 귀의하는 자가 적었다. 후진後秦의 2대 왕인 요흥姚興 시절에 구마라집이 【여기서는 동수童壽라고 부른다.】 큰 관청 가운데 당 하나를 얽어서 풀로 지붕을 덮고 경전을 번역하였기에 그렇게 부르게 되었다.

---

40 명판본에는 '使'로 되어 있으나 이는 '便'의 오자이다.

41 구마라집鳩摩羅什(344~413): 현자로서 인도학 및 베다학에 관하여 백과전서적인 지식을 가졌다고 널리 알려져 있다. 산스크리트 불교 경전을 한문으로 번역한 4대 역경가들 가운데 가장 정평이 나 있는 사람이다. 구마라집의 부모는 불교를 믿어 모두 출가했으며, 그도 그의 어머니를 따라 7세에 출가했다. 전진前秦의 부견符堅이 그의 덕이 뛰어나다는 소식을 듣고 장수 여광呂光과 군사를 보내 맞아들이게 했다. 여광이 서쪽으로 가서 구자국을 정벌하여 구마라집을 체포했으나, 돌아오는 도중에 부견이 죽었다는 소식을 듣고 여광 자신이 하서河西에서 자립으로 왕이 되어 7년간 통치했다. 후진後秦의 요흥姚興이 다시 일어나 여광을 멸망시킨 뒤, 구마라집은 401년(동진 隆安 5년) 장안에 도착했다. 요흥이 예를 갖추어 그를 국사로 봉하고 소요원逍遙園에 머물게 하여 승조僧肇, 승엄僧嚴 등과 함께 역경에 전념하게 했다.

草堂

始因羅什法師得名. 先是長安 自漢癈到秦興三百餘年 朝市曠絶. 雖數伽藍 歸向者少. 姚興[42]世鳩摩羅什【此云童壽.】於大寺中搆一堂 以草苫蓋 於中譯經 因此名之也.

19) 방장

대개 사원의 정침이다. 처음 당나라 현경顯慶(656~661년) 연간에 위위시승衛尉寺丞인 이의표李義表와 전 융주融州 황수黃水 현령인 왕현책王玄策을 칙령으로 차출하여 서역에 가는 사절단에 넣었다.[43] 비야려성의 동북 4리쯤에 이르자 유마 거사가 임종한 집에 돌을 쌓아 만든 남겨진 터가 있었다. 왕현책이 몸소 수판으로 가로 세로의 길이를 재보니 10홀笏[44]이었다. 그래서 방장이라 부르게 되었다.

---

42 명판본에는 '秦'으로 되어 있으나 이는 '興'의 오자이다.

43 왕현책王玄策을~넣었다: 왕현책은 당 태종 정관 17년(643년) 조산대부 이의표를 정사로 하는 22명의 사절단 일행의 부사副使로 마가다국에 파견되었다. 당시 그는 융주 황수 현령이었는데, 마가다국 사신과 동행하여 티베트, 네팔을 거쳐 마가다에 도착하여 2년간 체류하다가 왕사성, 마하보리사 등을 돌아보고 비를 세운 후 정관 20년(646년) 당으로 돌아갔다. 이듬해에는 2차 사신단의 정사로서 『노자도덕경』 범어본을 가지고 인도의 마가다국에 갔으나 실라디타왕은 타계하고 나라는 대란 중이었다. 그는 토번과 네팔에서 원병을 얻어 격파하고 왕위를 찬탈한 이들을 압송하여 태종에게 복명하게 함으로써 조산대부에 봉해졌다. 10년 후 657년에 3차로 파견되었을 때 동천축의 마가다국 마하보리사에 기념비를 세우고, 660년 가피사에 가서 부처 정골 편을 얻어 661년 장안으로 돌아갔다.

44 10홀笏: 시대마다 홀의 길이가 달라 10홀이 어느 정도인지 정확하게 알 수

方丈

蓋寺院之正寢也. 始因唐 顯慶年中 敕差衛尉寺丞 李義表 前融州黃水令王玄策 往西域充使. 至毘耶黎城 東北四里許 維摩居士宅 示疾之室 遺址疊石爲之. 王策躬以手板 縱橫量之得十笏.[45] 故號方丈.

20) 방

『석명』에서 말하였다. "'방房'은 '방旁'이라 한다. 당堂의 양쪽 곁에 있기 때문이다."

○『오분율』에서 말하였다. "비구 알비頞鞞가 일어나서 비구들이 머물 방을 보시 받을 수 있도록 해달라고 청하자, 부처가 마침내 허락하였다."

○『십송률』에서 말하였다. "방은 때로 승려 여럿이 머물기도 하고【지금 선승들이 거처하는 요사채와 같다.】 혹은 한 사람만 머물기도 한다."【오늘날에는 사원에서 각자 머문다.】

○『살바다론』에서 말하였다. "방이 처음 만들어지면 새로 계(新戒, 사미계)를 받은 공덕(戒德)이 청정한 비구를 들여서 일정 기간 지내다가 사용을 마치게 한다. 시주자는 신심으로 보시(信施)[46]하였으니 모든

없지만, 당나라 때 홀이 1척이 넘었다 하고, 1척은 약 30㎝였으니, 10홀은 약 300㎝ 정도가 된다.

45 명판본에는 '縱橫量之十笏'로 되어 있으나 일판본과 대정장을 참조하여 동사 '得'을 넣어 '縱橫量之得十笏'로 바로잡았다.

46 신시信施: 재가 신자가 삼보에게 바치는 보시. 신자가 기증하는 시주물.

방을 장엄하고 높고 넓게 시설하여 청정한 계행을 한결같이 지키는 비구에게 잠시 사용하게 하고, 마치면 시주자의 은혜를 베푸는 것으로 경계를 삼으니, 세간법이 아니기 때문이다."

房

『釋名』曰房 旁也 在堂兩旁故. ○『五分律』云 比丘頞鞞起請 聽比丘受房舍施 佛遂開許. ○『十誦律』云 房者 或屬僧【若今禪居寮舍也.】或屬一人.【若今寺院內 各各住持者.】『薩婆多論』云 若房始成 有一新戒比丘 戒德淸淨 入此房中已畢. 施主信施之心 若起種種房舍 莊嚴高廣 設有一淨戒比丘 暫時受用 已畢 施恩以戒 非世間法故.

21) 안당

『선견율』에서 말하였다. "비사리국의 큰 숲에 부처를 위하여 당을 지었는데, 형상이 기러기와 같고 모든 것이 갖추어져 있었다."

雁堂

『善見律』云 毘舍離於大林 爲佛作堂 形如鴈子 一切具足.

22) 선실

『중아함경』에서는 "부처가 선실에 들어가 조용히 명상하였다(燕坐)." 하였고, 또 "선재禪齋라고 부르기도 한다." 하였다. 재齋란 '엄숙하고 고요하다'는 뜻이다. 유학자들 가운데 고요한 방을 '서재書齋'라고 일컫는 것과 같다. 혹은 관원과 판관들이 조용히 다스리는 곳을 '군재郡齋'라고도 한다.

禪室

『中阿含經』云 佛入禪室燕坐 又有呼爲禪齋. 齋者肅靜義也. 如儒中靜室謂之書齋. 或官員判吏靜治之處 謂之郡齋.

23) 소사

오늘날은 승려들이 거처하는 곳을 '소사'라고 많이 부른다. 이것은 필시 양 무제[47]가 사원을 축조하면서 자신의 성姓인 소蕭씨를 편액으로 삼았기 때문일 것이다. 당나라 이약李約이 회남의 관아에서 양 무제 때의 사찰 편액으로 소자운蕭子雲[48]이 비백체飛白體[49]로 '소蕭'자를 크게 쓴 것을 사들여 낙양의 집으로 돌아와 상자에 넣어 작은 정자에 보관하면서 정자를 소재蕭齋라고 불렀다. 박학한 군자들은 다시 바로잡아야

---

47 양 무제: 양 고조 무황제의 이름은 소연蕭衍(464~549)으로 중국 남북조 시대 양나라의 초대 황제이다

48 소자운蕭子雲(487~549): 양나라 때의 사학자로 왕희지체를 계승하여 서예에 능하였으며, 젊은 나이에 『진서晉書』 110권을 지었다. 후경侯景의 난(548년) 때 진릉晉陵으로 망명하였다가 굶어 죽었다.

49 비백飛白: 비백체는 특정한 서체의 종류라기보다는 흰 비단처럼 희끗희끗 묘연한 필획과 바람에 나부끼듯 생동하는 필세가 있는 독특한 필획의 현상을 말한다. 따라서 '飛帛'으로 쓰기도 한다.

할 것이다.

蕭寺

今多稱僧居 爲蕭寺者. 必因[50]梁武造寺 以姓爲題也. 唐李約自官淮南 買得梁武寺額 蕭子雲飛白 大書蕭字. 將歸洛下宅中 匣於小亭 號蕭齋也. 博知君子 更爲正之.

24) 향실

『비나야율毘奈耶律』 의정 삼장義淨三藏의 주석에서 말하였다. "서방에서는 불당을 '건타구지健陀俱胝'라고 하는데, 여기에서는 '향실'이라고 한다. 불당이나 불전이라고 부르지 않는 것은 대개 직접 존안을 접촉하지 않게 하고자 하는 것이다. 【'전殿'이란 곧 중국의 제도로서 지붕 위에 현어미鴟魚尾(솔개 꼬리)를 안치해 둔다. 꼬리를 오늘날에는 '치문鴟吻'이라고 부르니 와전된 것이다." 구곡수자灸轂水子가 말하였다. "한나라 백량전栢梁殿에 화재가 났는데, 화재는 저절로 난 불(天火)이었다. 월나라 무당이 방술을 올리기를 '위에다 현어의 꼬리를 취해 갖다 두고 피방避防하면 된다.' 고 한 것이 오늘날의 모습이 되었다. 옛 제도에는 꼬리 위에 쇠로 수초 모양을 만들어 올렸다. 시속에서는 '찬조攢鳥'라고 부른다." 『풍속통』에서 말하였다. "옛 전각에는 연꽃과 마름풀 잎 등을 많이 새겼는데, 수초는 불을 진압하기 때문이다."】

---

50 명판본에는 '用'으로 되어 있으나 이는 '因'의 오자이다.

香室

毘柰耶律 義淨三藏注云 西方名佛堂 爲健陀俱胝 此云香室. 不稱佛堂 佛殿者 蓋不欲親觸尊顔故.【殿者 卽此方之制 上安鴟魚尾者是也. 尾今呼爲鴟吻訛也. 灸轂水子云 漢栢梁殿災 災天火也. 越巫獻術 取鴟魚尾 置上以禳之 今則象也. 若古制尾上 更加鐵作水草之形. 俗呼爲攢鳥者. 『風俗通』曰 古設多刻蓮荷菱葉之屬 水草所以厭火也.】

25) 가람을 축조하는 법

제나라 영유 법사靈裕法師가 절을 짓는 데 경계해야 할 10편을 지었다. 또 사원을 짓는 방법을 밝혔는데, 바른 가르침에 준하도록 하였다. 비난을 피하기 위해 마땅히 비구니 사원을 멀리하고, 시장과 관가 곁을 피하여 훗날에 파괴되는 일이 없도록 하였다. 『남산초』에서 말하였다. "속인들은 법을 알지 못하니, 승려들이 분명하게 보여 이끄는 것이 마땅하다."

造伽藍法

齊靈裕法師造寺誥十篇. 且明造寺方法 准正教. 謂避譏涉 當離尼寺及市傍府側 俾後無所壞. 『南山』云 俗人旣不曉法 僧衆當明示導.

26) 가람을 보호하는 신

『칠불경』에서 말하였다. "18신神이 있어 가람을 보호하니 그 이름은 첫째가 미음美音이요, 둘째가 범음梵音이요, 셋째가 천고天鼓요, 넷째가 탄묘歎妙요, 다섯째가 탄미歎美요, 여섯째가 마묘摩妙요, 일곱째가 뇌음雷音이요, 여덟째가 사자師子요, 아홉째가 묘탄妙歎이요, 열째가 범향梵響이요, 열한째가 인음人音이요, 열두째가 불노佛奴요, 열셋째가 탄덕歎德이요, 열넷째가 광목廣目이요, 열다섯째가 묘안妙眼이요, 열여섯째가 철청徹聽이요, 열일곱째가 철시徹視요, 열여덟째가 변시遍視이다."

○도세 법사道世法師가 말하였다. "사원에는 이미 18신이 보호하고 있어서 거주하는 자들도 마땅히 스스로 힘써 게으름피우는 잘못을 저질러서는 안 되니, 현재의 업보를 불러들일까 두려워해서이다." 【사찰 벽에 큰 신을 그린 것이 있는데, 이것이 이 신들이다. 혹자가 "세상에는 가람이 무수히 많은데 어째서 단지 18신만이 두루 보호할 수 있습니까?" 하고 묻자, 답하였다. "모든 신은 모두 수많은 권속이 있기에, 이들은 나누어 머물면서 가람을 수호한다."】

護伽藍神

『七佛經』云 有十八神護伽藍 一美音 二梵音 三天鼓 四歎妙 五歎美 六摩妙 七雷音 八師子 九妙歎 十梵響 十一人音 十二佛奴 十三歎德 十四廣目 十五妙眼 十六徹聽 十七徹視 十八遍視. ○道世法師云 寺院旣有十八神護 居住之者 亦宜自勵 不得怠惰爲非 恐招現報耳. 【寺壁有畫大神者 卽是此神也. 或問世界之內 伽藍無數 何只十八神 而能遍護耶? 答一切神 皆有無數眷屬 卽是分住伽藍之守護也.】

27) 비구가 정사를 경영함

계율에는 "부처의 큰 제자들이 모두 스스로 정사를 경영하였다."라고 했으니, 대가섭이나 자탑니自蹋泥 등과 같은 이들이다. 『비바사론』에서 묻기를 "큰 제자들은 번뇌(漏結)[51]를 이미 다했다(已盡)고 하는데, 무엇 때문에 애써서 경영합니까?" 하자, 답하였다. "5가지로 이야기할 수 있는데 첫째는 부처의 은혜에 보답하기 위한 것이고, 둘째는 불법을 오래도록 기리기 위한 것이고, 셋째는 용렬한 대중들이 스스로 높다고 치켜세우는 것을 없애기 위한 것이고, 넷째는 장래의 제자들이 잘난 척하는 것을 꺾기 위한 것(折伏)[52]이고, 다섯째는 미래의 복된 업을 발전시키고 일으키기 위한 것이다."

比丘經營精舍

律中佛大弟子 皆自經營精舍 如大迦葉自[53]蹋泥等. ○『毘婆沙論』問曰 諸大弟子漏結已[54]盡 何故慆慆有所經營. 答曰有五事 一爲報佛恩故 二爲長養佛法故 三爲滅凡劣衆 自貢高故 四爲將來弟子 折伏憍豪故 五爲發起將來福業故.

---

51 누결漏結: 번민. 번뇌에 기초한 존재 상태를 누결인연법漏結因緣法이라 한다.
52 절복折伏: 불법을 설교하여 악법을 꺾어 정법을 따르게 함.
53 명판본에는 '日'로 되어 있으나 이는 '自'의 오자이다.
54 명판본에는 '日'로 되어 있으나 이는 '已'의 오자이다.

28) 사원의 삼문

"무릇 사원에 3개의 문을 열어둔다는 것이 있는데, 문이 한 개인데도 '삼문'이라고 부르는 것은 무엇 때문입니까?" 『불지론』에서 말하였다. "대궁전은 삼해탈문의 입구이다. 대궁전은 법공法空[55] 열반에 비유되고, 삼해탈문은 공문空門·무상문無相門·무작문無作門을 말한다. 오늘날 사원은 계를 지키고 수도하면서 열반에 이르기를 추구하는 사람들이 사는 곳이기 때문에, 삼문을 거쳐서 들어간다고 한다."

寺院三門

凡寺院有開三門者 只有[56]一門 亦呼爲三門者 何也? 『佛地論』云 大宮殿 三解脫門 爲所入處. 大宮殿喻法空涅槃也 三解脫門 謂空門 無相門 無作門. 今寺院 是持戒修道 求至涅槃人居之 故由三門入也.

---

55 법공法空: 법무아法無我와 같다. 개인 존재의 여러 가지 구성요소가 실체성을 가지고 있다는 견해를 부정하는 것.

56 명판본에는 '有只一門'으로 되어 있으나 '只有一門'으로 바로잡았다.

5. 출가편出家篇

1) 출가의 이유

『유가론』에서 말하였다. "재가在家하면 마치 먼지 쌓인 집에 있는 것과 같이 번거롭고 요란하고, 출가하면 마치 허공에 있는 것과 같이 한적하고 넓다. 그러므로 응당 부처의 말씀(善說)대로 모든 것을 버리고, 계율(毘奈耶)을 바르게 믿는 가운데서 집을 버리고 집이 아닌 곳으로 모이는 것이다."

　○『비바사론』에서 말하였다. "집은 번뇌가 생기는 원인이 되는 곳이므로 출가하는 사람은 번뇌를 소멸하기 위해 멀리 떠나는 것이 마땅하다."

出家由

『瑜伽論』云 在家煩撓若居塵宇 出家閑曠猶處虛空. 是故應捨一切於 善說 毘奈耶中正信捨家 趣於非家. ○『毘婆沙論』云 家者是煩惱因緣

夫出家者 爲滅垢累故 宜遠離也.

2) 출가의 어려움

『잡아함경』에서 말하였다. "외도外道[1] 가운데 '염부거閻浮車'라는 사람이 있었다. 그가 사리불에게 '성현의 법률에는 어떤 어려운 일이 있습니까?' 하자, 사리불이 대답했다. '오직 출가하기가 어렵다.' 물었다. '어떤 어려움입니까?' 답하였다. '항상 선을 닦는 것을 즐거워하기가 어려운 일이다.' 물었다. '어떤 것을 선법이라 부릅니까?' 답하기를 '팔정도를 말함이다. 만약 출가자들이 이 도를 닦고 익히면 오래지 않아 빠르게 모든 번뇌를 다 멸할 수 있다.' 하였다."【팔정도의 정어·정업·정명 이 3가지는 계에 속하는데 소승小乘은 계를 우선으로 삼기 때문이고, 정정·정근·정념 이 3가지는 정에 속하는데 정은 계로 말미암아 얻기 때문이고, 정견·정사유 이 2가지는 혜에 속하는데 혜는 정으로 말미암아 발휘되기 때문이다.】

○진나라본 『잡아함경』에서 말하였다. "출가한 사람을 난득難得이라고 하는데, 만약 나쁜 마음을 일으킨 사람이라면 '난득'이라고 하지 않는다."

出家難

『雜阿含經』云 有外道名閻浮車. 問舍利弗云 賢聖法律 有何難事?

---

1 외도外道: 인도에서 불교 이외의 다른 종교의 가르침.

舍利弗言 唯出家難. 問何難? 答樂常脩善難. 問何名善法? 答謂八正道. 若出家者 脩習此道 不久疾得盡諸有漏.【八正道者 正語·正業·正命 此三屬戒 小乘以戒爲先故 正定·正勤·正念 此三屬定 定因戒得故次也 正見·正思惟 此二屬慧 慧因定發故.】 ○秦本『雜阿含經』云 夫出家者 名爲難得 若起惡心 不名難得.

3) 출가는 믿음을 우선으로 삼음

『지도론』에서 말하였다. "부처가 말하였다. '만약 사람들에게 믿음이 있어서 바다같이 넓은 불법 속으로 들어올 수 있다면 사문과沙門果[2]를 얻을 수 있을 것이고, 머리를 깎고 승복을 입는 것이 헛되지 않을 것이다. 만약 믿음이 없다면 이런 사람들은 내 큰 법의 바다에 들어올 수 없을 것이므로, 마치 마른 나무에 꽃과 열매가 생기지 않는 것과 같이 사문과를 얻을 수 없을 것이다. 비록 머리 깎고 승복을 입고 갖가지 종류의 경전을 읽어 답변을 잘할 수 있다 하더라도 불법은 텅 비고 얻는 것이 없을 것이다. 이런 뜻 때문에 불법의 초선初善[3]을

---

2 사문과沙門果: 수다원과·사다함과·아나함과·아라한과.

3 초선初善: 초선은 긍정하거나 부정하는 하나의 입장을 지키는 것, 중선은 초선의 입장을 버리는 것, 후선은 초선의 입장을 버렸다는 생각조차도 버리는 것이다. 부연하면, 초선은 어떠한 법에도 애착하지 않게 되고서는 그 애착하지 않음을 옳다고 여겨 그곳에 머물러 있는 이승二乘의 경지이고, 중선은 이미 애착하지 않게 되고 나서 또 그 애착하지 않음에도 머물지 않는 보살승菩薩乘의 경지이며, 후선은 이미 애착하지 않음에 머물지 않게 되고 나서 또 애착하지 않음에 머물지 않는다는 지해知解도 가지지 않는 불지佛地의 경지이다.

믿음의 뿌리(信根)로 삼는다.'"

○『기신론』에서 말하였다. "신심에는 4종류가 있다. 첫째, 근본을 믿는 것이니 이른바 진여법眞如法 생각하기를 즐긴다. 둘째, 부처에게 무량한 공덕이 있음을 믿는 것이니 항상 친근하게 가까이할 것을 생각하며 공양하고 공경하고, 선근을 일으켜 모든 지혜를 구하기 원한다. 셋째, 법에 큰 이익이 있음을 믿는 것이니 모든 바라밀을 수행할 것을 항상 생각한다. 넷째, 승려들이 바르게 수행하여 나와 남을 이롭게 한다는 것(自利利他)[4]을 믿는 것이니 항상 여러 보살을 친근하며 진여행眞如行을 배우고 구하는 것을 즐긴다."

○『유식론』에서 말하였다. "믿음에는 3가지 종류가 있다. 첫째, 부처의 말씀을 실제 사실(實有)이라고 믿는 것이니 모든 법의 이치(事理) 가운데 깊이 진리를 확신(信認)[5]하는 것을 말한다. 둘째, 믿으면 효과가 있을 것이라고 믿는 것이니 삼보의 진실한 덕 가운데에 깊은 믿음과 즐거움이 있는 것을 말한다. 셋째, 믿으면 자신도 할 수 있다는 것을 믿는 것이니 모든 세간과 출세간의 이롭고 깊은 법에서 힘을 가지면 깊은 믿음으로 일으킨 희망을 능히 얻고 능히 이룰 수 있는 것을 말한다."

○『비바사론』에서 말하였다. "믿음이 있다는 것은 '힘 있음'(手)과 같은 의미이니 선법을 취할 수 있기 때문이다."

---

4 자리이타自利利他: 자신도 이익을 얻고, 타인도 이로운 것.

5 신인信認: 진리를 확신하는 것.

出家以信爲首

『智度論』云 佛言 若人有信 能入我大法海中 能得沙門果 不空剃頭染衣. 若無信是人不能入我大法海 如枯樹不生花實 不得沙門果. 雖剃頭染衣 讀種種經 能難能答 於佛法中空無所得. 以是義故 在佛法初善 以信根故. ○『起信論』云 信心有四種. 一信根本 所謂樂念眞如法故. 二信佛有無量功德 常念親近 供養恭敬 發起善根 願求一切智故. 三信法[6]有大利益 常念修行 諸波羅蜜故. 四信僧能正修行 自利利他 常樂親近諸菩薩衆 求學眞如行故. ○『唯識論』云 信有三別. 一信實有 謂於諸法實事理中深信忍故. 二信有德 謂於三寶眞實德中 深信樂故. 三信有能 謂於一切世出世[7]善深法中 深信有力[8] 能得能成起希望故. ○『毘婆沙論』云 有信如手 能取善法故.

4) 출가하여 오도를 초월함

『유마경』의 주석[9]에서 구마라집 법사가 말하였다. "범부는 4취趣[10]에서

---

6 명판본에는 '法'자가 없으나 내용상 결자缺字로 보여 보충하였다.

7 명판본에는 '一切世'로 되어 있으나 『성유식론』을 참조하여 '一切世出世'로 바로잡았다.

8 명판본에는 '深信有心'으로 되어 있으나 『성유식론』을 참조하여 '深信有力'으로 바로잡았다.

9 승조가 찬한 『주유마힐경注維摩詰經』을 말한다. 해당 원문은 T1775, p.358a20~21에 있다.

10 4취趣: 6취 중 인人·천天을 제외한 지옥·아귀·축생·수라의 4가지의 생존영역을 말한다.

벗어날 수는 있으나, 천취天趣[11]에서 벗어날 수는 없다. 출가하여 멸도를 구하면 오도五道[12]를 초월하게 된다."【6취를 멸하면 곧 열반이다.】

승조 법사는 "오도에서 벗어나는 것은 갈 수 없는 길이 아니다." 하였다.

出家越五道

『注維摩經』什法師云 凡夫能出四趣 不能出於天趣. 出家求滅 則五道斯越.【滅卽涅槃也.】肇云 五道非無爲之路也.

5) 출가의 즐거움

구마라집이 말했다. "즐거움에는 2종류가 있다. 첫째는 현세에 공덕이 있어서 자연히 기쁘고 즐거운 것이요, 둘째는 뒤에 열반을 얻을 수 있어서 마음이 항상 편안하고 기쁜 것이다."

○승조 법사가 말하였다. "번잡함은 많이 구하는 데에서 생겨나고, 걱정과 괴로움은 부족함에서 생겨난다. 출가하면 욕심이 적어지고 번잡함이 없어지고, 도법道法이 안에서 충실하므로 마음이 즐겁고 남는 것이 있게 된다."

---

11 천취天趣: 천도天道와 같다.

12 오도五道: 지옥·아귀·축생·인간·천상의 5도를 말하고, 여기에 수라도를 더한 것을 육도六道, 육취六趣라 한다.

出家喜

什云 喜有二種. 一有現世功德 自然欣預 二後得涅槃 心常安悅. ○肇云 夫擾亂出於多求 憂苦生[13]於不足. 出家寡欲 擾亂斯無 道法內充 故懷喜有餘.

6) 출가의 세 가지 법

구마라집이 말하였다. "출가에는 무릇 3가지 법이 있다. 첫째는 지계持戒, 둘째는 선정禪定, 셋째는 지혜智慧이다. 지계는 번뇌를 꺾어 눌러 그 기세를 미약하게 할 수 있고, 선정은 번뇌를 차단하여 돌산이 물길을 막는 것과 같이 할 수 있으며, 지혜는 번뇌를 소멸하여 끝내는 번뇌가 남아있는 것이 없게 할 수 있다."

○도안 법사는 대계大戒의 서문에서 말하였다. "세존은 3가지 교법을 세웠다. 첫째는 계율, 둘째는 선정, 셋째는 지혜이다. 이 3가지는 지극한 도에 들어가는 문이요, 열반으로 들어가는 관문이다. 계戒는 삼악三惡[14]을 끊는 명검이고, 선禪은 분산되는 것을 끊는 날카로운 도구이고, 혜慧는 병을 치료하는 신묘한 의원이다."

---

13 명판본에는 '主'로 되어 있으나 이는 '生'의 오자이다.

14 삼악三惡: ①심성이 피폐하여 좋은 말을 듣지 않음. ②쩨쩨하게 시기하는 마음을 품고, 남이 자기보다 훌륭함을 미워함. ③자기보다 훌륭한 줄 알면서도 묻지 않음.

出家三法

什云 出家凡有三法. 一持戒 二禪定 三智慧. 持戒能折伏煩惱 令其勢微 禪定能遮煩惱 如石山斷流 智慧能滅煩惱 畢竟無餘. ○道安法師 大戒序云 世尊立教法有三焉. 一者戒律 二者禪定 三者智慧. 斯三者 至道之由戶 泥洹之關[15]要也. 戒者斷三惡之干將也 禪者絶分散之利器也 慧者齊藥病之妙醫也.

7) 발심이 곧 출가

『정명경』에서 말하였다. "네가 아뇩보리심을 얻었다면 그것이 곧 출가이다."

○구마라집은 말하였다. "비록 세속인(白衣)이라도 위없는 마음을 발하는 자는 마음으로 삼계를 초월하여 형체는 비록 세속에 매여 있더라도 이는 진정한 출가이고, 계와 행을 함께 갖춘 것이다."【위없는 마음이란 한 물건도 남기지 않고 만물을 아우르는 것이다.】

發心卽是出家

『淨名經』云 汝得阿耨菩提心 卽是出家. ○什云 雖爲白衣 能發無上心者 以心超三界 形雖有繫乃眞出家 具足戒行矣.【無上心者 兼載萬有不遺一物也.】

---

15 명판본에는 '門要'로 되어 있으나 『출삼장기집서出三藏記集序』를 참조하여 '關要'로 바로잡았다.

8) 출가의 바른 이유

『보우경』에서 말하였다. "여래의 가르침 가운데에 진실한 믿음에 의한 출가는 왕의 힘으로 인하여 핍박받은 것도 아니고, 도적이 억압해서도 아니고, 빚으로 인한 것도 아니어야 한다. 두렵지 않으려고 하는 출가와 세속에서 살 수 없어서 하는 출가는 잘못된 방법의 출가이니, 정법을 얻고자 희구하여 믿음으로 출가해야 한다."

出家正因

『寶雨經』云 於如來教中 正信出家 非因王力所逼 不爲賊抑 不爲負債. 不怖不活 邪命出家 爲希求正法 以信出家.

9) 출가의 다섯 가지 법

『오덕복전경』에서 말하였다. "첫째, 발심하여 출가하는 것이니 도를 품은 채 다녀야 하기 때문이다. 둘째, 모습을 훼손하는 것이니 법복을 입어야 하기 때문이다. 셋째, 신명身命을 맡겨버리니 숭고한 도를 존중하고 높여야 하기 때문이다. 넷째, 영원히 친족과의 애착을 끊는 것이니 좋아함도 싫어함도 없어야 하기 때문이다. 다섯째, 대승을 구하려는 뜻을 가지는 것이니 사람을 제도해야 하기 때문이다."

出家五法

『五德福田經』云 一者發心出家 懷佩道故. 二毁其形好 應法服故. 三

委棄身命 遵崇道故. 四永割親愛 無適莫故. 五志求大乘 爲度人故.

10) 국왕과 부모가 허락하지 않으면 출가할 수 없음

『승기율』에서 말하였다. "정반왕이 부처에게 청하였다. '이후부터 부모가 허락하지 않으면 출가할 수 없도록 해주십시오. 【이것은 라후라가 알리지 않고 출가한 것에 기인한다.】 무엇 때문입니까? 부모는 자식의 힘에 의지하여 영광스럽게 되기 때문입니다.' 부처가 이때 계를 제정하여 부모가 허락하지 않으면 출가할 수 없게 하였다."

○『오백문경』에서 말하였다. "'출가한 사람은 국왕과 부모가 허락하지 않아도 계를 받을 수 있지 않습니까?' '받을 수 없다.'"

○『능엄경』에서 말하였다. "부모가 허락하지 않으면 출가할 수 없다."

國王父母不許不得出家

『僧祇律』云 淨飯王請佛 今後父母不聽 不得出家. 【此因羅睺羅 不告出家故.】 何以故? 父母恃子爲榮故. 佛於是制戒 父母不許 不得出家. ○『五百問經』云 出家者王法父母不聽 爲得戒否? 答不得. ○『楞伽經』云 父母不聽 不得出家.

11) 세 등급의 출가인

『삼천위의경』에서 말하였다. "출가행에는 처음부터 끝까지 상·중·하의 업이 있다. 하下 등급은 십계를 근본으로 삼고 목숨을 다해 받아 지닌다. 비록 집과의 인연은 버렸지만, 일상적인 업무는 세속인과 같다. 중中 등급은 절에서의 일상적인 업무는(作務) 그만두고[16] 8만 4천의 도를 향한 인연을 모두 받았으나, 신·구·의업은 청정하게 구족시킬 수가 없어서 번뇌가 여전히 존재하므로 속세를 벗어나지 못함이다. 위로 비교하면 부족하고 아래로 비교하면 여유가 있다. 상上 등급은 근본 마음이 용맹스러워 꽁꽁 묶인 집착(結使)[17]을 버리고, 선정과 지혜의 힘으로 해탈을 얻는다. 신·구·의를 깨끗하게 하여 인연과 업무(緣務)와 번뇌의 집에서 벗어나 한적하고 고요하고 청량한 집에서 영원히 거처하니, 이것을 일컬어 상 등급의 출가 제자라고 한다."

三等出家人

『三千威儀經』云 出家行有始終上中下業. 下者以十戒爲本 盡形壽受持. 雖捨家緣 執作與俗人等. 中者應捨作務 具受八萬四千向道因緣 身口意業 未能具足淸淨 心結猶存 未能出離. 比上不足 比下有餘也. 上者根心猛利 應捨結使纏縛 禪定慧力 心得解脫. 淨身口意 出於緣務 煩惱之家 永處閑靜淸涼之室 是名上等出家弟子.

12) 출가의 고락에 대해 물음

『중아함경』에서 말하였다. "생문 바라문(梵志)[18]이 듣고 부처의 말에

---

16 일상적인 업무는 그만두고: 일상생활에 필요한 잡무에 매이지 않고 도를 구하는 데 전념하기 위함이다.

17 결사結使: 속박과 집착.

대해 질문하였다. '재가자와 출가자들은 무엇을 괴로움으로 여깁니까?' 부처가 말하였다. '재가자는 자유롭지 못한 것을 괴롭게 여기니, 돈·보배·가축·곡식·노비들이 더 늘어나지 않고 이로 인해 자유롭지 못함을 근심하기 때문에 괴로움이라 말한다. 출가자는 자유롭기 때문에 괴로워하니, 탐욕·분노·어리석음을 순순히 따라서 금지된 계를 지키지 않고 이것으로 인하여 근심과 의혹이 생기므로 자유로운 것이 괴롭다고 한다.'"

또 재가자·출가자에 대해 물었다. "'무엇을 좋아합니까?' 부처가 말하였다. '재가자는 자유로움을 좋아하니, 돈·보배·가축·곡식·노비들이 더 늘어나고 이로 인해 기쁘기 때문에 자유로운 것을 좋아한다. 출가자는 자유롭지 않은 것을 좋아하니, 도를 배워 탐욕·분노·어리석음의 행을 따르지 않고 계율에서 제정한 것을 따라서 간쟁·원망·미움·근심·괴로움은 없고, 도리와 이익은 있기 때문에 자유롭지 않은 것을 즐겁다고 한다.'"【이는 마음의 작용을 따라서 삼독三毒의 업을 일으키지 않고 계율의 통제를 받기 때문에 자유롭지 못하다(不自在)고 하는 것이다. 현재로는 깨끗한 명예를 드러내고, 미래에는 천인들의 열반의 경지(樂果)[19]를 느끼므로 즐겁다고 한다.】

問出家苦樂

『中阿含經』云 生聞梵志問佛言. 在家出家 以何爲苦? 佛言在家者

---

18 범지梵志: 바라문의 한역. 외도를 말한다.

19 낙과樂果: 열반의 묘체妙體로 모든 생멸을 여읜 것을 낙樂이라 하고, 묘락妙樂의 경지를 증득하는 것을 과果라 한다.

以不自在爲苦 謂錢寶穀畜奴婢不增長 因此憂愁 不自在故苦也. 出家者以自在故苦 謂隨順貪欲瞋恚愚癡 不守禁戒 因此憂惑[20] 故自在爲苦也. 又問二人 以何爲樂? 佛言在家者 以自在爲樂 謂錢寶穀畜奴婢增長 因此歡喜 自在故樂也. 出家者 以不自在爲樂 謂學道 不隨貪欲瞋癡行 隨戒所制 無鬪諍怨憎憂苦 有義利故 以不自在爲樂也. 【此因不隨心行起三毒業 爲戒所制 故云不自在也. 以現招淸淨名譽 當來感天人樂果 故云樂也】

13) 부처가 답을 확정하지 않음

『숙가경』에서 말하였다. "숙가 바라문이 부처에게 아뢰었다. '재가의 속세인들이 복덕 선근을 잘 닦는다면 출가자들보다 낫지 않습니까?' 부처가 말하였다. '나는 이 자리에서 확답하지 않겠다. 출가자도 혹 선근을 닦지 않으면 재가자만 못할 것이고, 재가자도 선근을 잘 닦으면 출가자들보다 나을 것이다.'" 【대체로 출가하여 선근을 잘 닦지 않고 도를 더럽히는 자들보다는 나을 것이다.】

佛不定答

『叔迦經』叔迦婆羅門白佛言. 在家白衣 能修福德善根 勝出家否?

---

20 명판본에는 '憂感'으로 되어 있지만, 『사미율의요약술의沙彌律儀要略述義』(X.60, p.290c11)에 "『中阿含經』云 生聞梵志問佛 出家以何爲苦 佛言 出家以自在爲苦 謂隨順貪欲 嗔恚愚癡 不守禁戒 因此憂惑 故以自在爲苦也"를 참조하여 '憂惑'으로 바로잡았다.

佛言 我於此中則不定答. 若出家者 或有不修善根 則不如在家 若在家者 能脩善根 則勝出家. 【蓋勝出家不脩善根 汚道之者.】

14) 출가인의 행실

『열반경』에서 말하였다. "대저 출가자들은 나쁜 마음을 일으키지 말고 몸과 말이 서로 응하여야 한다. 나는 부모·처자와 지인들을 버리고 출가하였으니 이제 바로 모든 선한 감각을 닦을 때요, 선하지 못한 감각을 닦을 때가 아니다."

○『장엄법문경』에서 말하였다. "금색녀가 문수에게 아뢰었다. '제 출가를 허락하여 주십시오.' 문수가 말하였다. '보살의 출가는 자신의 머리를 깎는 것을 출가라고 하지 않는다. 크게 정진하여 모든 중생을 위하여 번뇌를 제거하겠다는 마음을 발하는 것을 보살의 출가라 하지, 스스로 승복을 입고 스스로 계행을 지키는 것을 출가라 하지 않는다. 능히 몸을 훼손한 자로 하여금 청정한 계율에 안주하게 하는 것을 출가라고 하지, 아란야처阿蘭若處[21]에 혼자 앉아 생각하는 것을 출가라 하지 않는다. 여색女色으로 생사에서 유전하는 사람을 지혜의 방편으로 교화하여 해탈시키는 것을 출가라고 하지, 자신만 계율과 위의威儀를 지키는 것을 출가라 하지 않는다. 그 4가지 무량한 마음(四無量心)을 확충하여 【자慈·비悲·희喜·사捨를 사무량심이라 한다. 『바사론』에서는 '다른 사람에게 넉넉히 주는 것은 자애의 모습(慈相)이고, 쇠약해진 것을

21 아란야처阿蘭若處: 수행승이 수도하는 한적한 장소. 사찰, 암자 등.

없애주는 것은 연민의 모습(悲相)이고, 축하와 위로로 평온함을 얻는 것은 기뻐하는 모습(喜相)이고, 평등하게 끝까지 품어주려는 생각은 평온한 모습(捨相)이다.'라고 하였다.】 중생을 편안히 하고 선근을 더 늘어나게 하는 것을 출가라고 하지, 자신만 열반에 들어가는 것을 출가라고 하지 않는다. 모든 중생을 편안하게 하고 대열반에 들어가게 하는 것, 이것을 출가라고 한다.'"【글이 많아 다 싣지 못한다.】

○『대법거다라니경』에서 말하였다. "출가하는 사람의 행실에는 3가지 선행이 있다. 첫째, 질투를 멀리하여【다른 사람이 잘 되는 것을 보고 나한테 손해가 없는데도 시기하는 마음이 생기는 것, 이것을 질투라 한다.】 가르치는 말씀 따라 함께 기뻐한다. 둘째, 다른 사람을 위해 일할 적에는 과보를 받지 않는다. 셋째, 다른 사람을 손상시키지 않고 자기의 선을 완성한다."

出家行

『涅槃經』云 夫出家者 不應起惡 身口相應. 我棄父母妻子 知識出家 正是修諸善覺時 非是修不善覺時. ○『莊嚴法門經』云 金色女白文殊言 聽我出家. 文殊語言 菩薩出家 非以自剃髮爲出家. 若能發大精進 爲除一切衆生煩惱 是名出家 非以自披染衣 自持戒行名出家. 能令毁禁者 安住淨戒 是名出家 非以阿蘭若處 獨坐思惟名出家. 能於女色生死流轉 以慧方便 化令解脫 是名出家 非以自身守護戒律名出家. 若能廣四無量心【慈悲喜捨 爲四無量心.『婆沙論』云 授與饒益 是慈相 除去衰損 是悲相 慶慰得捨 是喜相 忘懷平等 是捨相.[22]】 安置衆生 增益善根 是名出家 非以自身得入涅槃 名爲出家. 爲欲安置一切衆生入大涅

槃 是名出家.【文多不載.】○『大法炬陀羅尼經』云 出家行 有三善. 一遠離嫉妬【謂見他榮勝 於自無損 橫生妬忌 是名嫉妬.】隨喜敎示. 二爲他作時 不得果報. 三不壞損他 以成已善.

15) 출가인의 일

『승기율』에서 말하였다. "출가인들은 사적인 일을 적게 가지고 공적인 업무를 적게 하는 것이 마땅하고[23], 세상 사람들의 비난을 받아 다른 선복을 잃어서는 안 된다."

○『삼천위의경』에서 말하였다. "출가해서 하는 일에는 3가지가 있다. 첫째는 좌선坐禪, 둘째는 송경誦經, 셋째는 권화勸化하는 여러 가지 일이다. 이 3가지 일을 다 해야만 하는 것이 바로 출가인의 법이다. 만약 행하지 않으면 헛되이 살다가 헛되이 죽게 되니, 오직 죄를 받는 원인이 될 것이다."

○『관불삼매경』에서 말하였다. "비구는 항상 4가지 법을 행하니

---

22 명판본에는 '除去損' '慶慰得' '志懷平等'으로 되어 있으나 『아비달마대비바사론阿毘達磨大毘婆沙論』(T27, p.420b08)의 원문을 참조하여 바로잡았다. "授與饒益 是慈相 除去衰損 是悲相 慶慰得捨 是喜相 忘懷平等 是捨相."

23 『오법경』에는 '아나빠나사띠를 잘 닦으려면 5가지 법을 갖추어야 한다고 했다. 즉 ①청정계에 머물러 위의를 갖추고 어떻게 행동할지 행동의 영역을 구족할 것(住於淨戒 威儀行處具足). ②욕심이 적고 일이 적고 업무가 적을 것(少欲, 少事, 少務). ③음식의 양을 알아 알맞게 먹을 것(飮食知量). ④저녁이나 새벽에도 잠에 빠지지 않고 정진할 것(初夜後夜 不著睡眠 精勤思惟). ⑤텅 비고 한적한 곳에서 모든 시끄러움을 떠날 것(空閑林中 離諸憒鬧)'이라 했다.

첫째, 주야 육시六時[24]에 예불하고 참회한다(說罪).[25] 둘째, 항상 염불 수행하고 중생을 속이지 않는다. 셋째, 육화경六和敬[26]을 닦으며 속으로 성내고 게으름 피지 않는다. 넷째, 머리카락에 불붙은 것(頭然)[27]처럼 6념念을 닦아야 한다."【6념이라는 것은 염불念佛·염법念法·염승念僧·염계念戒·염시念施·염천念天이다. 『출심공덕경』에서 말하였다. "이 육념법은 바로 보리심이니 보리법에서 생겨난 것이다."】

○『초일명경』에서 말하였다. "비구에게는 4가지 법이 있으니, 첫째는 항상 여래를 생각하면서 부처의 형상을 세워야 하고, 둘째는 경의 깊은 뜻을 들으면 곧 믿고 봉행해야 하며, 셋째는 비록 부처를 보지 못했다 하더라도 본래부터 없었던 것임을 확연히 깨달아야 하며, 넷째는 시방의 부처는 하나의 법신임을 알아야 한다는 것이다."

---

24 6시時: 하루를 낮 3시·밤 3시로 구분. 아침(晨朝)·낮(日中)·해질녘(日沒)·초저녁(初夜)·밤중(中夜)·새벽(後夜). 아침은 오전 6~10시, 낮은 오전 10~오후 2시, 해질녘은 오후 2~6시, 초저녁은 오후 6~10시, 밤중은 오후 10~다음날 오전 2시, 새벽은 오전 2시~6시. 따라서 주야 육시는 하루 종일을 의미한다.

25 설죄說罪: 포살布薩하는 날에 죄를 고백해 용서받기를 청하는 것.

26 육화경六和敬: 수행자가 서로에게 행위·견해를 같게 하여 화합하고, 서로 경애하는 6가지 방법. ①신화경身和敬: 예배 등을 같이함. ②구화경口和敬: 찬영讚詠 등을 같이함. ③의화경意和敬: 신심信心 등을 같이함. ④계화경戒和敬: 맑고 정한 훈계를 같이함. ⑤견화경見和敬: 공空 등의 견해를 같이함. ⑥이화경利和敬(行和敬): 야식夜食 등의 이로움을 같이함. 이 6가지가 모두 남에게 선행을 일깨워주는 것이므로 화和라 하고, 안으로 겸손하여 남의 명예와 이익을 존중하는 것이기 때문에 경敬이라고 한다.

27 두연頭然: 연然은 연燃과 같다. 머리털에 불이 붙었다는 말. 일이 위급하여 빨리 구해야 함을 비유한 말이다.

出家人事務

『僧祇律』云 出家人 當少事少務 莫爲世人譏嫌失他善福. ○『三千威儀經』云 出家所作事務有三. 一坐禪 二誦經 三勸化衆事. 若具足三事是應出家人法. 若不行者 是徒生徒死 惟有受罪之因. ○『觀佛三昧經』云 比丘常行四法 一晝夜六時 說罪懺悔. 二常修念佛 不誑衆生. 三修六和敬 心不恚慢. 四具修六念 如救頭然.【六念者 念佛念法念僧念戒念施念天地.[28] 『出深功德經』云 此六念法 是菩提心 生菩提法故.】○『超日明經』云 比丘有四法 一常念如來 立佛形像 二聞經深義 則信奉行 三雖不見佛 曉了本無 四知十方佛 則一法身.

16) 부처가 미래세의 제자들이 덮을 복을 남겨줌

『불장경』에서 말하였다. "출가자는 일심으로 도를 부지런히 행하되 법대로 순순히 따르는 것이 마땅하고, 의식衣食을 근심하지 말아야 하니, 여래의 백호상광白毫相光[29]의 공덕은 백천만억 분의 일로도 모든 제자를 공양할 수 있고, 모든 말세의 제자들도 궁핍하지 않을 것이다."

○『보살본행경』에서 말하였다. "부처가 마갈국에서 비사리로 오자 두 나라 사람들과 제천 용신들이 부처에게 3천 보개寶蓋(위엄과 장엄의 상징이며, 햇빛 가리개의 역할도 함)를 바쳤는데, 부처는 2,999개를 받고

---

28 명판본에는 '念天地'로 되어 있으나 이는 '念天也'의 오자이다.

29 백호상광白毫相光: 32상의 하나. 부처의 두 눈썹 사이에 있는 희고 빛나는 터럭. 깨끗하고 부드러워 세향細香과 같으며, 오른쪽으로 말린 데서 끊임없이 광명이 나타난다.

하나는 받지 않았다. 부처가 말하였다. '후세에 나를 따르는 제자들을 가려 보호하는 데 쓸 수 있도록 하여라.'"

佛留福廕末世弟子

『佛藏經』云 出家者 當一心行道 隨順法行 勿念衣食 有所須者 如來白毫相光功德 百千萬億分中 留一分供 諸末世弟子 亦不能窮盡. ○『菩薩本行經』云 佛自摩竭國 往毘舍離 二國人 及諸天龍神 共獻佛三千寶蓋 佛受二千九百九十九 蓋唯一蓋不受. 佛言持用覆護 後世弟子 令得供養.

6. 사자편師資篇

1) 스승

스승은 모범이라는 뜻이니 『주례』 사씨의 주석에서 말하길 '도로써 가르치는 자를 일컫는다.'고 하였다.

○『지귀』에서 말하였다. "스스로 복행福行[1]을 갖추었고, 다른 사람을 교화하는 모습이 있는 자이다."

○『주례』에서 말하였다. "사람들의 수장이 되어 사물의 법도를 깨우치는 자를 스승이라 부른다."

○『보적론』에서 말하였다. "스승이란 능히 성장하고 성숙하고 완전하도록 도움을 주는 자이다."

○율律에서 말하였다. "화상은 제자를 마땅히 아이와 같이 생각하고, 제자는 화상을 마땅히 아버지와 같이 생각하여 사부師父라고 부른다."

---

1 복행福行: 삼행三行의 하나로서 인간·천상의 과복果福을 받을 행업行業. 곧 오계五戒·십계 등의 행을 말한다.

【『백호통』에서 말하였다. "아버지는 법도이니 법으로 자식을 가르쳐야 하기 때문이다."】

스승에는 2종류가 있다. 첫째는 친교사親教師이니, 그에게 의지하여 출가하고 경전을 주며 삭발해 주는 사람이다. 계율에서도 '친히 가르친다(親教)'라고 했다. 둘째는 의지사依止師이니, 그에게 의지하여 경·율·론 삼장三藏의 학문을 전수받는다.【다만 모든 일을 의지하여 배우거나 하루만 배우더라도 스승이라 부를 수 있다.】

○『오백문』에서 말하였다. "'법단에 오르는 승려들은 모두 스승이라고 부를 수 있지 않습니까?' 답하기를 '그런 이치는 없다. 법을 받고 따르지 않으면 다 스승이라 부를 수가 없다.' 하였다."

師

模範也『周禮』師氏注云 教以道之稱也. ○『指歸』曰 自具福行 有化他之相.『周禮』云 爲人之長 訓物之規 名師長. ○『寶積論』云 師長者 若能助益長秀聖者. ○律云 和尙於弟子 當生兒[2]想 弟子於和尙 當如父想 又稱師父.【『白虎通』云 父矩也 以法教子故.】師有二種. 一親教師 卽是依之出家 授經剃髮之者. 毘柰耶亦云 親教. 二依止師 卽是依之稟受三藏學者.【但是依學一切事業 乃至一日皆得稱師.】○『五百問』云 臨壇諸僧 皆得呼爲師否? 答無此理. 不從受法 盡不得稱師.

---

2 명판본에는 '鬼'로 되어 있으나 '兒'의 오자이다.

2) 화상

『지귀』에서는 “오파타야郁波弟耶”라 했고, 중국에서는 “항상 가까이하여 받아 지킨다(常近受持)”는 의미이다.

○『발정기發正記』에서는 “우바다가優婆陀訶”라고 하였고, 중국에서는 “의지하여 배움(依學)”이라고 하였다.

○『비나야』에서는 “오파타야鄔波陀耶”라 했고, 중국에서는 “친교사親教師”라고 하니, 세간의 업을 벗어나기를 가르치므로 “수업 화상”이라 부른다.

○구마라집 법사는 “범어로는 ‘화상’이라 하고, 중국에서는 ‘힘써 살리는 사람(力生)’이라고 부른다.” 하였다.

○『사리불문경』에서 말하였다. “출가자가 부모와 생사의 집을 버리고 법문으로 들어가서 미묘한 법을 받는 것은 대체로 스승의 힘이다. 법신을 키우고 공덕의 재능을 일으키며 지혜의 가르침을 기르니 공이 이보다 클 수 없다.”

○『살바다율섭』에서 말하였다. “2종류의 오파타야가 있다. 첫째는 처음에 출가하게 해주는 사람이고, 둘째는 구족계(近圓)를 주는 사람이다.”【이것은 곧 단에 올라가는 화상이다. 『사분율』의 글과 서로 같다.】

○『비바사론』에서 말하였다. “화상에는 4종류가 있다. 첫째는 법은 있는데 의식衣食이 없는 사람, 둘째는 의식은 있는데 법이 없는 사람, 셋째는 법도 있고 의식도 있는 사람, 넷째는 법도 없고 의식도 없는 사람이다.”

和尙

『指歸』云 郁波弟耶 此云 常近受持. ○『發正記』云 優婆陀訶 此云依學. ○『毘奈耶』云 鄔波陀耶 此云親教 由能教離出世業故 稱受業和尙. ○什法師云 梵語和尙 此名力生. ○『舍利弗問經』云 夫出家者 捨其父母生死之家 入法門中 受微妙法 蓋師之力. 生長法身 出功德財 養智慧命 功莫大焉. ○『薩婆多律攝』云 有二鄔波陀耶. 一初與出家 二爲受近圓. 【此卽壇上和尙也. 『四分律』文相同.】 ○『毘婆沙論』云 和尙有四種. 一有法無衣食 二有衣食無法 三有法有衣食 四無法無衣食.

3) 스승에게 출가를 물으러 오는 자

『승기율』에서 말하였다. "새로이 출가하고자 하는 사람에게 바로 즐거운 일에 대해 말해서는 안 되고, 같이 살고 같이 먹는다는 것, 적게 먹고 적게 마시며 깨어 있고 적게 잠자야 한다는 것에 대해 말해준다. 이 말대로 너는 할 수 있겠느냐고 묻고, 혹자가 할 수 있다고 답하면, 비로소 그를 받아 준다."

師問來出家者

『僧祇律』云 新欲出家者 不得便說樂事 應說一食一住 少食少飮 多覺少眠. 應問彼言汝能否? 或答能 方可受之.

4) 계율에서 출가를 허락하지 않는 자

『승기율』에서 말하였다. "나이 60~70을 태로太老라고 하는데, 70이면 눕고 일어날 때 사람의 도움이 필요하기 때문에 출가를 허락하지 않는다."

○『오분율』에서 말하였다. "장애가 있는 자와 병든 사람, 용모가 흉악한 사람으로 불법을 훼손시키는 자는 모두 허락할 수가 없다." 국가에 법령이 있으니 여기에 위배된 자가 승려가 되는 것은 신중해야 한다.

律不許度者

『僧祇律』云 有年六十七十太老 七十臥起須人 俱不聽度.[3] ○『五分律』云 一切殘疾惡狀貌 毁辱佛法者 皆不得度. 聖朝有編敕違礙者 爲師宜愼之.

5) 용모로 스승을 택함

율에서 말하였다. "이때 발난타跋難陀[4]가 대중 가운데 있었는데 모습이

---

3 『마하승기율』(T22, p.418a24), "佛言 從今日後太老不應與出家 太老者 過七十 若減七十 不堪造事 臥起須人 是人不聽出家 若過七十能有所作 是亦不聽 年滿七十康健能修習諸業 聽與出家 若太老不應與出家 若已出家者 不應驅出 若度出家受具足者 越比尼罪 是名太老."

4 발난타跋難陀: 난타 용왕의 동생. 형제가 마갈타국을 보호하며 흉년이 들지 않게 하였다. 여래가 탄생하실 때에 비를 내려 씻었고, 법문하는 자리에는 반드시

출중했고 사리불은 몸집이 작았다. 출가하고자 하는 외도가 속으로 생각하기를 '이 작은 비구의 지혜가 이 정도로 높은데 하물며 출중한 자임에랴?' 하였다. 이에 발난타를 스승으로 받아들여 출가하고 계를 받은 뒤에 경·율·론에 대해 스승에게 물었으나 모두 통하지 않았다. 외도는 비구의 불법이 깊지 않음을 혐오하며 본래의 도로 돌아갔다."

以貌擇師

律云 時跋難陀在衆 儀貌昂藏 舍利佛形容短小. 有外道欲出家 竊作是念 此小比丘智慧尚爾 況堂堂者乎? 乃投跋難陀出家 受戒後 問師經律論 悉不能通. 外道卻言 佛法淺近 嫌諸比丘 反歸本道.

6) 스승의 자질

『지귀』에서 말하였다. "스승의 자질이란 법도를 취하여 자신의 수행(行解)[5]에 도움을 유발시키는 것이다."

○백양伯陽(老子)이 말하였다. "선하지 않은 사람에게도 선한 사람의 자질이 있다."

資

『指歸』云 資者 取法 助發己身行解故. ○伯陽云 不善人善人之資.

참석, 석존이 입멸하신 뒤에는 영원히 불법을 수호한다고 한다.

5 행해行解: 수행과 깨달음.

7) 소사

『기귀전』에서는 ‘탁갈라鐸曷攞’라 하고, 당나라에서는 ‘소사小師’라고 한다.【계를 받았으나 10년(夏)[6] 이전인 사람이다. 인도에서는 모두 소사라고 두루 칭한다.】

○『비나야』에서 말하였다. “‘난타 비구가 17명의 비구를 불러 소사라 하였다.’【이것은 대개 그들을 가볍게 부를 때 사용하는 호칭이다.】 사문의 겸칭으로도 쓴다. 옛날 고승 중에 승도僧導라는 이가 있었다. 그가 사미였을 때 예 법사叡法師가 보고 이상하게 여겨 묻기를 ‘그대는 불법으로 무엇을 하고자 하는가?’ 하자, 승도가 답하였다. ‘법사가 되어 도강사(都講)가 되기를 원합니다.’ 예 법사가 ‘그대는 만인의 법주가 된다고 해야 마땅하지, 소사가 되겠다고 대답해서 되겠는가?’ 하였다.”

小師

『寄歸傳』云 鐸曷攞 唐言小師.【受戒十夏已前. 西天皆彌小師.】○『毘柰耶』云 難陀比丘 呼十七衆比丘爲小師.【此蓋輕呼之也.】亦通沙門之謙稱也. 昔高僧名僧導. 爲沙彌時 叡法師見而異之 問曰 君於佛法且欲何爲? 導對曰 願爲法師作都講. 叡語曰 君當爲萬人法主 豈可對楊小師乎?

---

6 10하: 1년(夏)을 입중入衆, 5년(夏) 이상을 사리闍梨, 10년(夏) 이상을 화상和尙이라 한다.

8) 제자

『구법전』에서 말하였다. “범어로 ‘방 청소하는 사람(室灑)’이라 하고, 중국에서는 ‘가르침을 받는 사람(所教)’이라고도 하며, 옛날에는 ‘제자’라고 했다.”

○『남산초』에서는 “배움이 내 뒤에 있기에 ‘제’라 하고, 이해됨이 나를 좇아 생겨나기에 ‘자’라 한다.” 하였다. 즉 배우는 자는 아버지나 형을 스승으로 섬기기 때문에 제자라는 이름을 얻는 것이다. 또 ‘도제徒弟’라고도 하고 ‘문도門徒’라고도 하는데, 이 말은 ‘제자’를 줄인 말이다. 【사마표는 ‘도제자’라고 하였다.】

弟子

『求法傳』云 梵云室灑 此云所教 舊云弟子. ○『南山鈔』云 學在我後 名之弟 解從我生 名之子. 卽因學者 以父兄事師 得稱弟子. 又云徒弟 謂門徒 弟子之略也. 【司馬彪曰 徒弟子也.】

9) 악한 제자를 깨우치게 함

『우바새계경』에서 말하였다. “차라리 악계惡戒를 받아 하루 동안 무량한 목숨을 끊을지언정, 나쁜 제자를 기르면서 끝까지 억제하고 복종시키지 못하는 일은 없어야 하나니, 무엇 때문인가? 이는 악한 계율(惡律儀)[7]이어서 재앙이 자신에게 미치기 때문이다. 악한 제자를 길러서 깨닫게 하지 못하면 이는 헤아릴 수 없이 많은 중생으로 하여금 악을 짓게 하는 것이며, 헤아릴 수 없이 많은 선하고 미묘한 법을 비방하는 것이다."

○『보살선계경』에서 말하였다. "나쁜 제자를 기르면 불법을 파괴하기 때문에 마제자魔弟子라고 한다. 이 나쁜 죄를 생각하면 삼가지 않을 수 있겠는가?"

度惡弟子

『優婆塞戒經』云 寧受惡戒 一日中斷無量命根 終不畜養弊惡弟子 不能調伏 何以故? 是惡律儀 殃齊自身. 畜惡弟子 不能敎誨 乃令無量人作惡 能謗無量善妙之法. ○『菩薩善戒經』云 度惡弟子 則破壞法故名魔弟子. 計此惡愆 得不愼之.

10) 스승과 제자가 서로 이롭게 됨

스승은 재물·법·선정·지혜(財法定慧)로 자신을 지키고 다른 사람도 이롭게 하면서 불법도 잘 지켜 바탕을 잃지 않으며, 제자는 공양하고 간쟁하면서 스승과 서로 이롭게 된다.

○『남산초』에서 말하였다. "불법이 증익되고 광대해짐은 실제로 스승과 제자가 서로 이끌어 주는 힘이 합치되는 데에서 비롯된다. 재능과 법 두 가지가 많아져서 업은 깊어지고 수행은 변치 않고 날로

7 악율의惡律儀: 악계惡戒 또는 불율의不律義. 도살을 직업으로 삼는 것. 양계養鷄·양돈養豚·도살자屠殺者·도살관리인屠殺管理人·겁탈劫奪·전옥典獄·사롱인蛇弄人·엽사獵師·마식馬喰·육상肉商 등.

늘어나니, 견고해진 덕에 모두 의지하게 된다.

근래에 참된 가르침은 흩어져 버리고 지혜의 바람은 불지 않으니 속인들은 업신여기는 마음을 품는다. 도道가 법이 아닌 데로 나가는 것은 스승은 이끌어 인도하려는 마음이 없고, 제자는 받들어 행하려는 뜻이 결핍된 때문이다. 둘 다 서로를 버려 망령스레 비루한 경계로 흐르니, 도가 빛을 발하고자 하나 어찌 그렇게 되겠는가?"【요점만 들어 한 말이다.】

師資相攝

師以財法定慧 自攝攝他 住[8]持不失資 以供養諫諍 亦是相攝. ○『南山鈔』云 佛法增益廣大 實由師資相攝 互相敎遇. 財法兩濟 日益業深行久 德固皆賴矣. 比眞教陵遲慧風掩扇 俗懷侮慢. 道出非法 並由師無率誘之心 資闕[9]奉行之志. 二彼相捨 妄流鄙境 欲令道光 焉可得乎?【擧要之言.】

11) 스승이 제자를 생각함

『승기율』에서 말하였다. "스승은 이렇게 생각해야 한다. '나로 인하여 제도되고 여러 선법을 닦아 도의 과보를 얻게 하여야 한다.'"

○『장아함경』에서 말하였다. "스승은 5가지 일로써 제자를 보살펴 준다. 첫째는 불법에 따라서 잘 다스린다. 둘째는 모르는 것을 가르친

---

8 명판본에는 '任'으로 되어 있으나 '住'의 오자이다.

9 명판본에는 '闟'으로 되어 있으나 '闕'의 오자이다.

다. 셋째는 들은 대로 잘 이해하도록 설명해 준다. 넷째는 좋은 벗을 보여준다. 다섯째는 아낌없이 아는 것을 다 가르쳐 준다."

○『장엄론』에서 말하였다. "첫째, 출가하여 깨닫게 한다. 둘째, 제자에게 계를 준다. 셋째, 모든 악을 끊도록 한다. 넷째, 재능을 기르고 유지하게 한다. 다섯째, 법으로써 가르침을 준다."

師念弟子

『僧祇律』云 師應作是念. 當使因我度故 修諸善法 得其道果. ○『長阿含經』云 師長以五事視弟子. 一順法調御 二誨其未聞 三隨其所聞 令善義解 四示其善友 五盡已所知 誨授不恡. ○『莊嚴論』云 一度令出家 二與其受戒 三禁斷諸惡 四攝持以財 五教授以法.

12) 제자가 스승을 섬김

『섭대승론』에서 말하였다. "처음부터 죽을 때까지 받들어 모시며 서로 헤어지지 않는 것을 섬긴다고 한다."

○『사분율』에서 말하였다. "제자는 화상을 보고 마땅히 4가지 마음을 갖추어야 한다. 첫째는 친애하고, 둘째는 공경히 따르며, 셋째는 두려워하고 어려워하며, 넷째는 마치 신하나 자식이 임금과 아비를 섬기는 것과 같이 존중히 모시고 계승한다. 이와 같이 차례대로(展轉) 서로 공경하고 소중히 여기며 우러러본다면, 정법을 오래 머물게 할 수 있고 증장시키면서 광대하게 펼칠 수 있다."

○『시가월경』에서 말하였다. "제자가 스승을 섬기는 데에 할 일이

5가지 있다. 첫째는 공경하되 어렵게 여겨야 한다. 둘째는 은혜를 알아야 한다. 셋째는 가르침을 그대로 따라야 한다. 넷째는 생각하기를 싫어하지 않아야 한다. 다섯째는 뒤에서 칭송해야 한다."

○『장아함경』에서 말하였다. "무릇 제자는 5가지로 스승을 공경하며 섬기는 것이 마땅하다. 첫째가 스승의 부름에 필요할 때 언제나 응할 수 있어야 한다. 둘째가 스승에게 예로써 공경하고 공양한다. 셋째가 스승을 존경하며 우러러 받든다. 넷째가 스승의 가르침이 있을 때에 순종하여 어기지 않아야 한다. 다섯째가 스승을 좇아 배운 것은 잘 기억해 잊지 않아야 한다."

○『비나야』 제35권에 부처가 높고 뛰어난 비구들을 위하여 스승을 섬기는 법에 대하여 말하였다. 요약하면 이러하다. "무릇 제자는 스승이 있는 곳에서 항상 공경하고 두려워하는 마음을 가지며, 세상에 명성이 알려지기를 구하지 않고 스승에게 이익을 바라지도 않는다. 모름지기 일찍 일어나서 직접 스승의 몸이 편안한지, 거처는 편리한지 여쭙고, 소변기를 치우며 보름마다 침상을 햇볕에 쬔다. 스승에게 의지하지 않으면 월법죄越法罪를 얻는다."【더 많이 알기를 원하는 자는 스스로 점검하여 읽어보라.】

○『비나야』에서 말하였다. "제자와 문인들은 스승을 뵙게 되면 즉시 일어서는데, 만약 친교사를 뵙게 되면 즉시 의지사를 내버려둔다."【'친교사를 뵙게 되면 의지사를 내버려둔다.'는 말은 제자가 어떤 장소에서 품학사稟學師를 모시고 서 있는데 홀연히 수업사受業師가 왔다면, 즉시 품학사를 놔두고 수업사의 좌우에서 모시는 것을 말한다.】

弟子事師

『攝大乘論』云 始終承奉 不相離異名事. ○『四分律』云 弟子看和尙當具四心. 一親愛 二敬順 三畏難 四尊重侍養承接 如臣子之事君父. 如是展轉相敬重瞻視 能令正法久住 增益廣大. ○『尸迦越經』云 弟子事師有五事. 一當敬難之 二當知其恩 三所敎隨之 四思念不厭 五當從後稱譽. ○『長阿含經』云 夫爲弟子 當以五事 敬事師長. 一給侍所須 二禮敬供養 三尊重戴仰 四師敎誨 敬順無違 五從師聞法 善持不忘. ○『毘奈耶』第三十五卷 佛爲高勝比丘 說事師法. 略云 凡爲弟子於師主處常懷恭敬 有畏懼心 不爲名聞 不求利養. 當須早起 親問師之四大安穩[10]起居輕利 除小便器 每於半月 觀曬牀席. 若不依師得越法罪.【好廣知者 自檢讀之.】○『毘奈耶』云 弟子門人 纔見師時 卽須起立 若見親敎 卽捨依止.【言見親敎 捨依止者 謂弟子在一處 侍立稟學師次忽受業師來[11] 卽捨稟受 來侍立受業師左右也.】

13) 제자를 꾸짖어 가르침

『보살선계경』에서 말하였다. "스승으로서 제자를 가르치고 꾸짖지 않는다면 불법을 파괴하는 것이니 지옥에 떨어질 것이다."

○『비나야』에서 말하였다. "제자를 5가지 일로 꾸짖어 가르칠 수 있다. 첫째는 믿지 아니할 때, 둘째는 게으를 때, 셋째는 나쁜 말을

---

10 명판본과 일판본, 대정장에 '隱'으로 되어 있으나 '穩'의 오자이다.

11 명판본에는 "忽受業師"라 하였으나 대정장을 참작하여 "忽受業師來"로 바로잡았다.

할 때, 넷째는 부끄러움을 모를 때, 다섯째는 나쁜 친구를 가까이할 때이다. 부처는 '단지 위의 5가지 가운데 1개만 있어도 모두 꾸짖어 가르쳐야 한다.'고 했다. 비구가 부처에게 물었다. '어떻게 꾸짖어 가르쳐야 합니까?' '5가지 법이 있다. 첫째, 이야기하지 않는다. 둘째, 가르침을 주지 않는다. 셋째, 함께 받아들여 주지 않는다. 넷째, 좋은 일을 차단하여 인정하지 않는다. 다섯째, 함께 방을 쓰지 않는다.'"

教訶弟子

『菩薩善戒經』云 爲師不能教呵弟子 則破佛法 當墮地獄. ○『毘奈耶』云 弟子有五事 方可教呵. 一不信 二懈怠 三惡口 四情無羞恥 五近惡知識. 佛言但五法有一 皆須教訶. 比丘問佛 如何教呵? 有五法. 一不共語 二不教授 三不同受用 四遮其善事 不與依止 五不與同房.

14) 동자

『지도론』에서 말하였다. "범어로는 '구마라가鳩摩羅伽'이고, 진秦나라 말로는 '동자'라고 한다."

○『기귀전』에서 말하였다. "세속 사람 가운데 수행승들이 있는 곳에 와서 오로지 불전佛典을 암송하며 삭발하기를 원하는 이들을 '동자'라 불렀다." 인도에서는 출가할 때 국가가 제지하는 것이 없다. 다만 스승의 허락을 받아야 곧 화승和僧은 머리를 깎을 수 있고 동자나 행자의 호칭이 없어진다. 경전에서는 '문수·선재·보적·월광 등 여러 대보살을 동자라고 부르는데, 이들은 어린아이가 아니다.' 하였다.

『지도론』에서 “예컨대 문수사리와 같은 경우 십력十力, 사무소외四無所畏[12] 등 불사를 완전히 갖춘 까닭에 보살(鳩摩羅伽, 동자)[13]의 경지에 머물고 있다.”라고 한 것과 같다. 또 말하였다. “보살이 초발심에서부터 음욕을 끊고 보리심에 이르면 동자라고 부르는데, 지금 이 나라에서는 이 해석을 따르고 있다. 『석명』에서는 ‘아이’라고 하고, 15세는 ‘동童’이라 하는데, 동은 ‘혼자(獨)’의 뜻이다. 7세부터 15세까지를 동자라고 부르니, 원기가 흩어지지 않았기 때문에 부르는 말이다.”

童子

『智度論』云 梵語鳩摩羅伽 秦言童子. ○『寄歸傳』云 白衣詣苾芻所 專誦佛典 求落髮號童子. 西天出家國無止制. 但投師允可 卽和僧剃髮 卽無童子行者之屬. 今經中呼文殊 善財寶積月光等 諸大菩薩爲童子者 卽非稚齒. 如『智論』云 如文殊師利 十力四無所畏等 悉具佛事

---

12 사무소외四無所畏: 불보살이 설법할 적에 두려운 생각이 없는 지력智力 4가지. 부처와 보살이 지니는 정신적인 덕성의 하나. 부처의 4무소외는 ①일체지무소외一切智無所畏: ‘나는 모든 법을 깨달았다’는 자신감. ②누진무소외漏盡無所畏: ‘나는 모든 번뇌를 끊었다’는 자신감. ③설장도무소외說障道無所畏: ‘나는 깨달음에 장애가 되는 것을 모두 말했다’는 자신감. ④설출도무소외說出道無所畏: ‘나는 괴로움의 세계에서 벗어나 해탈에 이르는 길을 모두 말했다’는 자신감. 보살의 4무소외에는 ①능지무소외能持無所畏: 교법을 잊지 않고 잘 기억하여 설법한다는 자신감. ②지근무소외知根無所畏: 모든 중생의 근기를 잘 알아 그에 대한 적절한 설법을 한다는 자신감. ③결의무소외決疑無所畏: 중생의 의문을 해결해준다는 자신감. ④답보무소외答報無所畏: 모든 물음에 대해 자유자재로 대답할 수 있다는 자신감.

13 구마라가鳩摩羅伽: 보살지의 총칭. 초지 혹은 8지 이상의 보살을 말한다.

故住鳩摩羅伽地.[14] 又云 若菩薩從初發心斷婬欲 乃至菩提 是名童子 今就此方釋之. 『釋名』曰兒 年十五曰童 童獨也. 自七歲止十五 皆稱童子 謂太和未散故.

15) 아이를 출가시킨 인연

『승기율』에서 말하였다. "부처가 사위국에 머물 적에 아난이라는 선지식이 있었다. 온 가족이 역병으로 죽고 오직 한 아이만이 살아남은 집이 있었는데, 아난이 지나가자 아이가 뒤를 따르며 불렀으나 듣지 못하였다. 세상 사람들이 비난하면서 말하기를 '사문은 다른 가까운 친족이 있는지 이제 고아를 보고도 돌아보지 않는구나.' 하였다. 어린 아이가 뒤따라와 기원정사로 들어갔다. 아난이 부처에게 아뢰었다. '이 아이는 출가할 수 있습니까?' 부처가 '너는 어떤 마음으로 제도하려느냐?' 하자, 아난이 '불쌍히 여기는 마음입니다.' 하였다. 부처가 '출가하여도 좋다.' 하였다."【이 아이는 출가하여도 동자라 하지 않고, 곧 머리 깎고 구조사미驅烏沙彌[15]라고 불렀다.】

---

14 명판본에는 '池'로 되어 있으나 '地'의 오자이다.

15 구조사미驅烏沙彌: 7세~12세까지, 절에서 음식을 보고 날아드는 까마귀를 쫓고 파리나 날린다는 뜻에서 붙여진 이름이다. 응법사미應法沙彌: 14세~19세까지, 바르게 사미로서 수행할 수 있는 나이. 명자사미名字沙彌: 20세 이상, 구족계를 받지 못하여 사미이기는 하지만 훌륭한 비구가 될 나이이므로 이렇게 부른다.

度小兒緣起

『僧祇律』云 佛住舍衛國 阿難有一知識. 合門疫死 唯有一小兒在 阿難行過 小兒隨後喚 阿難不聞. 爲世人譏云 沙門他有强親 今見孤遺不顧. 小兒隨入祇園. 阿難白佛. 此小兒得度否? 佛言汝作何心度? 答慈愍心. 佛言得度. 【度此小兒 亦不作童子 便剃髮 號驅烏沙彌.】

16) 행자

『선견율』에서 말하였다. "선남자 중에 출가하고자 하는 사람이 있었으나 의발衣鉢을 받지 못하자 사찰에 의지하며 머물고자 하였다. 이런 사람을 반두바라사畔頭波羅沙라고 부른다."【번역한 말을 보지 못했다.】 지금 상세히 보니 이 나라의 '행자'라는 말과 같다. 경전에서는 수행인을 '행자'라고 부르는 경우가 많으니, '행行'은 곧 닦는 것이고 2종류의 수행이 있다. '자者, 주체'는 곧 오온五蘊[16]의 화합으로 이루어진 일시적인 자기 몸(假我)이니 이것은 수행할 수 있는 사람이다. 무릇 16세 이상이면 응당 행자라고 부르니, 남자가 태어나 8세가 되면 치아를 갈고, 16세에는 양기가 온전해져 믿고 인내하는 뜻이 생기면서 청정한 범행梵行[17]을 닦을 수 있기 때문이다. 진晉나라 때부터 이미 이런 사람들이 있었는데, 마치 동림사東林寺의 혜원 대사慧遠大師 문하에 사행蛇行[18]

---

16 오온五蘊: 색色·수受·상想·행行·식識.

17 범행梵行: '범'은 청정의 뜻으로 욕망을 끊는 수행을 일컫는다.

18 사행蛇行: 살생을 하여 손에 항상 피비린내가 나는 것과 십불선十不善 등을 행하는 것.

을 피하는 자들이 있는 것과 같다.

行者

『善見律』云 有善男子 欲求出家 未得衣鉢 欲依寺中住者. 名畔頭波羅沙. 【未見譯語.】 今詳若此方行者也. 經中多呼修行人爲行者 行是所修二種行也. 者卽五蘊假者 是能修行之人也. 凡十六歲已上 應呼行者 謂男生八歲毁齒 十六陽氣全 以其有意樂信忍 修淨梵行故. 自晉時已有此人 如東林遠大師下 有辟蛇行者.

7. 체발편剃髮篇

1) 사부첩[1]

이 첩은 상서성 사부사尙書省祠部司로부터 나오므로 "사부祠部"라고 부르는 것이다. 『승사략』을 살펴보면 "『당회요』에서는 측천무후 연재延載 원년(694) 5월 15일에 천하의 승려들에게 칙령을 내려 사부에 소속되도록 하였는데, 이것이 시초이다. 선으로 악을 물리쳐 복이 재앙을 잘 풀어준다는 의미를 취한 것이다." 하였다.

○『속회요』에서 말하였다. "천보 6년(747) 5월에 승려들의 법규를 제정하고, 사부에 영을 내려 첩을 주도록 했는데, 여기서 시작되었다."

祠部牒

此牒自尙書省祠部司出 故稱祠部. 按『僧史略』云 『唐會要』曰 則天

1 사부첩祠部牒: 사부에서 내리는 것으로 출가를 허락하는 허가증이다.

延載元年 五月十五日 敕天下僧尼隷祠部 此爲始也. 義取其善禳惡福解災也. ○『續會要』云 天寶六年五月制 所度僧尼 仍令祠部給牒此爲始也.

2) 머리를 깎음

율법에서 말하였다. “머리와 수염을 깎아 모습을 바꾸고 그로 하여금 즉시 과거의 업業에서 벗어나게 하였으니, 출가한 나머지 사람들과 다르게 되었다.”[2]

○『인과경』에서 말하였다. “과거의 여러 부처는 무상 보리심을 성취하기 위하여 꾸미지 않고 수염과 머리를 깎으면서 발원하기를 ‘지금 머리를 깎았사오니 모든 중생과 더불어 번뇌와 습장習障[3]을 제거해 주시길 바라나이다.’ 하였다.”【이것은 모두 싯달타 태자가 머리를 깎았을 때 한 말이다.】

剃髮

律云 毁其形好 剃除鬚髮 俾卽發先業 使異餘出家者. ○『因果經』云 過去諸佛 爲成就無上菩提故 捨飾好剃鬚髮 卽發願言 今落髮故 願與一切衆生 斷除煩惱及以習障.【此悉達太子 剃髮時言也.】

2 『지도론』에 “도를 얻은 자를 도인이라 부르고, 나머지 출가자 중 도를 얻지 못한 자도 도인이라고 부른다(得道者名爲道人 餘出家者未得道者 亦名道人).” 하였다. 그러므로 餘出家者는 머리 깎지 않은 나머지 출가자를 가리킨다.

3 습장習障: 업을 지은 결과로써 습관이 된 버릇이나 어떤 성벽性癖 등을 말한다.

3) 주라발

오늘날 친교화상이 정수리에 남은 마지막 머리카락 깎는 것을 범어로는 '주라周羅'라 하고 중국에서는 '소결小結'이라 한다. 또 3계界 9지地[4]에서 수행하면서 끊어야 할 번뇌가 81품[5]이 있는데, 즉 제9지의 마지막 단계의 번뇌로 '작은 번뇌'(小結)라고 부르며 미세하여 제거하기 어렵다. 지금 이 정수리의 머리카락은 그 번뇌를 비유하는 것으로 96종의 외도들은 모조리 제거하지 못하고, 오직 부처의 제자들만이 제거할 수 있다. 친교사가 가장 나중에 머리를 깎아주는 것은 나머지 번뇌를 제거한다는 표시이고, 3계를 벗어나라는 가르침이다.

周羅髮

卽今親敎和尙 最後爲剃頂上髮也 梵語周羅 此云小結. 且三界九地煩惱見修 所斷有八十一品 卽第九地末品煩惱名小結 微細難除.[6] 今此頂髮 喩彼煩惱 九十六種外道 皆不能盡除 唯佛弟子能斷故. 親敎師最後剃者 表爲除殘結 令出三界故.

---

4 3계界 9지地: 욕계·색계·무색계의 3계를 다시 9지로 나눈 것. 오취잡거지五趣雜居地·이생희락지離生喜樂地·정생희락지定生喜樂地·이희묘락지離喜妙樂地·사념청정지捨念淸淨地·공무변처지空無邊處地·식무변처지識無邊處地·무소유처지無所有處地·비상비비상처지非想非非想處地.

5 81품品: 3계 9지의 사혹思惑에 각각 상상·상중·상하·중상·중중·중하·하상·하중·하하의 9품의 차별이 있으므로 합하여 81품이다.

6 명판본에는 '微細'로 되어 있으나 일판본과 대정장을 참조하여 '微細難除'로 바로잡았다.

4) 부모가 절함

『남산초』 12권과 『법원주림』 22권에서 모두 말하였다. "머리를 다 깎으면 삼보를 돌면서 예를 올리고, 대중 및 두 스승에게 절하여 감사를 표한다. 그런 뒤에 끝자리에 앉아 부모와 여러 친족에게 모두 절을 받고, 그의 보리심(道意)을 향한 뜻을 기뻐한다." 이것은 유가례의 「관의冠義」에서 말한 것과 같으니, "관冠이라는 것은 예의 시작이다. 무릇 관례하는 날에는 어머니를 뵈면 어머니가 절하고, 형을 보면 형이 그에게 절한다." 주注에서는 '성인成人이 되었다고 예를 표하는 것이다.'라 하였다.

오늘날 민가의 자식들이 출가하여 부처를 섬기는 데에는 머리 깎는 것이 예의 시작이다. 부모가 자식에게 절을 하는 것은 세속을 떠났다는 것을 예로 표현하는 것이고, 또 법복과 계율을 받은 몸에 절을 하는 것이니, 이것 역시 오래전부터 세습되어온 우리 불가의 가풍이다.

삼가 『근본비나야율』을 살펴보니 다음과 같이 말하였다. "부처의 아버지 정반왕은 태자가 이미 성불하여 실라벌성室羅伐城의 죽림정사에 있다는 말을 들었다. 왕이 이에 글을 써서 사신을 보내어 귀국을 청하였고 부처가 허락하였다. 여러 신하에게 칙서를 내리기를 '모든 뜻이 이루어져서 장차 귀향할 것이니, 성황城隍을 꾸미고 도로를 웅장하고 엄숙하게 장식하며 굴로타屈路陀 숲에 정사를 짓도록 하라.' 하였다. 이때 세존은 이런 생각을 하였다. '만약 내가 도보로 성에 들어간다면 제석들이 반드시 오만한 마음이 생길 것이니 응당 몸을 변화시켜(神變)[7] 성에 들어가야겠다.' 곧 여러 성문승과 함께 허공에 둥실 떠올라 여러 가지 신통한 변화를 나타내었다. 성 근처까지 왔을 때 여러 가지 신통을 부려 부처만 한 자 정도 땅에서 떠올라 가니 백성들이 쫓아오면서 보았다. 각자 서로 말하기를 '아버지가 자식에게 예를 갖추었는가? 자식이 아버지에게 예를 갖추었는가?' 하였다. 이때 정반왕이 태자의 거동하는 모습이 세속과 다른 것을 보고 머리를 숙여 발에 예를 표하였다. 이때 여러 신하와 백성들은 차마 인정하지 못하면서 말하기를 '어찌하여 존귀한 아버지께서 아들의 발에 예를 올리십니까?' 하자, 왕이 말하길 '너희들은 마땅히 그런 생각을 하지 말아야 한다. 태자가 태어났을 때 부축해 주는 사람이 없었는데도 사방을 7보씩 걸어갔고, 이때 나는 곧 그 발에 예를 올렸다. 그 뒤에 염부수剡部樹 아래에 앉았는데, 날이 이미 정오를 지나 나무 그림자가 동쪽으로 옮겨갔는데도 오직 염부수 그림자만 움직이지 않고 태자의 몸을 가리고 있어서 나는 또 그의 발에 예를 올렸다. 이제 마땅히 세 번째의 예를 올린 것이다.' 하였다. 이때 세존이 자리에 나아가 앉자 아버지가 다시 부처의 발에 예를 올리고 얼굴을 마주하여 앉으며, 대중에게 고하기를 '이것이 네 번째 자식의 발에 예를 올린 것이다.' 하였다. 이후로는 날마다 와서 즉시 예를 올렸다."

○『본기경』에서 말하였다. "부왕이 머리를 숙이고 부처의 발에 예를 올린 것은 첫째, 도를 공경하는 것이고, 둘째, 자식을 사랑하기 때문이다."【지금 머리 깎은 뒤에 부모가 절하고 축하하는 것은 이 2가지 인연 때문이다.】

---

7 신변神變: 부처와 보살이 중생 교화를 위해 초인간적인 힘에 의해 갖가지 모습과 작용을 나타내는 것.

○『마야경』에서 말하였다. “이때 마야부인은【곧 부처의 어머니이다.】 부처 앞에 오체투지하며 오래 꿇어앉았다가 게로써 말하였다.

머리를 숙이고 발에 입맞춤이여! 稽首頭面禮
위없는 대법왕이로다.” 無上大法王

【이것이 부모가 절하는 인연이니 간략히 인용하여 증거로 삼는다. 지금 국가에는 법령이 있으니 삼가하여 어기지 말라. 『오분율』에서 말하였다. “부처는 ‘내가 만든 법이 아니다.’고 말하였지만, 다른 나라에서도 청정한 사람을 위해서는 행하지 않을 수가 없다. 여기서 왕법이라 했으니 의지하지 않을 수 없다.” ○『살바다론』에서 말하였다. “비구가 왕의 제도를 어기는 것은 돌길라죄를 범하는 것이다.”】

父母拜

『南山鈔』十二卷『法苑』二十二卷 皆云 剃髮了 禮遶三寶 拜謝大衆及二師已. 然後在末座坐 父母諸親 皆爲作禮拜 賀悅其道意. 此亦如儒禮「冠義」曰 冠者 禮之始也. 凡冠日 見母母拜 見兄兄拜之. 注曰 以其成人而爲禮. 今人子出家事佛 剃髮爲禮之始也. 父母設拜 以其出世而爲禮抑 又拜其法服戒體故也 亦是遠襲我佛之家風也. 謹按『根本毘柰耶律』云 佛父以飯王[8] 聞太子已成佛 在室羅伐城 竹林精舍. 王乃裁書遣使 往請歸國許之. 王敕群臣曰 一切義成將歸鄉 可修

8 명판본에는 ‘以飯王’으로 되어 있으나 이는 ‘淨飯王’의 오자이다.

飾城隍 莊嚴道路 於屈路陀林 造一精舍. 爾時世尊作是念. 若我徒行入城 諸釋必起慢心 應以神變入城. 卽共諸聲聞涌在虛空 現諸神變. 將近城攝諸神通 唯佛去地一人許 凌虛而行 民庶馳觀. 各相謂言 爲父禮子耶 爲子禮父耶? 時淨飯王 見太子儀相非世 乃頭面禮足. 時諸臣民 情俱不忍共言 云何尊父禮子之足耶? 王曰 汝等不應作是念. 當初太子生時 無人扶持 四方各行七步 於爾時我便禮其足. 後於剡部樹下坐 日已過午 諸樹影東 唯剡部樹影不移 蔭太子身 我又禮其足. 今當第三禮[9]也. 爾時世尊就座坐 父王復禮佛足 對面而坐 告大衆曰 此是第四禮子足也. 自後日來卽禮. ○『本起經』云 父王頭面禮佛足者 一者敬道 二者愛子故. 【今剃髮後 父母拜賀 亦此二緣[10]也.】 ○『摩耶經』云 爾時摩耶夫人【卽佛母也.】長跪佛前 五體投地 說偈云 稽首頭面禮 無上大法王. 【此父母拜緣 略引爲證. 今國家有制 愼勿違之. 『五分律』佛言非我所制 餘方爲淸淨者 不得不行. 此謂王法 不得不依也. ○『薩婆多論』云 比丘違王制者 犯突吉羅罪.】

5) 사미

"처음 삭발한 뒤 부르는 호칭인데 범음이 와전된 것이다. 중국에서는 '식자息慈'라고 번역하는데, 자비의 땅에서 편안하게 휴식함을 말하기 때문이다. 또 이 사람들은 세속의 정을 끊고 자비로써 중생들을 제도하기 때문이다." 또 말하였다. "처음 불법에 들어가도 세속의 정이 많이

9 명판본에는 '王禮'로 되어 있으나 이는 '三禮'의 오자이다.

10 명판본에는 '一緣'으로 되어 있으나 이는 '二緣'의 오자이다.

있기 때문에 악을 그치고 자비를 행해야 한다.”

○『대비바사론』에서는 “실리마나락가室利摩拏洛迦”라 하고, 당나라 말로는 “근책남勤策男(비구 될 희망을 가지고 부지런히 책려하는 남자)”이라 부르니, 이 사람들은 사성죄四性罪[11]와 육차죄六遮罪[12]를 멀리하고 부지런히 스스로 책려하면서 죄를 범하지 않고 청정하기 때문이다.

○『기귀전』에서는 “실라말니라室羅末尼羅”라 하였고, 당나라 말로는 “구적求寂”이라고 하니, “적寂”이라고 부르는 것은 곧 열반을 말한다. 이 사람들이 번뇌의 집에서 나와 열반을 구하기 때문에 부르는 말이다.

沙彌

此始落髮後之稱謂也 梵音訛也. 此譯爲息慈 謂安息在慈悲之地故. 又此人息世染之情 以慈濟群生故. 又云 初入佛法 多存俗情故須息惡行慈也. ○『大毘婆沙論』云 室利摩拏洛迦 唐言勤策男 謂此人離四性罪六遮罪 勤自策勵不犯 令淸淨故. ○『寄歸傳』云 室羅末尼羅 唐言求寂 夫稱寂者 卽涅槃也. 言此人出煩惱家 求趣涅槃故.

---

11 사성죄四性罪: 그 자체가 죄악인 것. 살생殺生·투도偸盜·사음邪淫·망어妄語를 말한다.

12 육차죄六遮罪: 행위 그 자체는 죄가 아니지만, 그 결과로서 죄를 범할 우려가 있기 때문에 금지된 것. 음주, 가무, 화장, 때 아닌 때에 먹는 일, 농사를 짓다가 벌레를 죽이거나 초목을 꺾거나 하는 등의 죄이다.

6) 머리를 깎자마자 십계를 줌

『기귀전』에서 말하였다. "인도에서는 출가할 적에 갖추어야 할 성스러운 제도가 있는데, 발심하여 출가하는 자들에게 스승이 여러 어려운 일에 대해 묻는다. 따져 물을 일이 이미 없으면 그를 허락하여 받아들인다. 간혹 열흘이나 한 달쯤 지나 그로 하여금 쉬도록 하고 스승은 오계五戒[13]를 주니, 바야흐로 '오파색가鄔波索迦'라고 부른다. 이것이 처음으로 불법의 기초에 들어가는 것이니 칠중七衆[14]에 포함되는 것이다. 스승은 다음으로 한 폭 가사(縵條)[15], 승각기僧脚崎(내의), 하군下裙(치마), 물 거름망(濾羅), 발우(鉢) 등을 갖추어준다.

그리고 아사리(阿遮梨)를 청하여 머리를 깎아주고 스승이 친히 하군下裙을 입혀주고, 다음 윗옷을 주고, 정수리에 얹도록 한 뒤 받은 것을 입도록 하며, 발우(鉢器)[16]를 주고 십계十戒[17]를 준다. 이것을

---

13 오계五戒: 불교에 귀의하는 재가 남녀가 받는 5종의 계율. ①중생을 죽이지 말라. ②훔치지 말라. ③음행하지 말라. ④거짓말하지 말라. ⑤술 마시지 말라.

14 칠중七衆: 일곱 부류의 불제자. 비구·비구니·식차마나·사미·사미니·우바새·우바이. 앞의 5중衆은 출가중出家衆, 뒤의 2중은 재가중在家衆이다.

15 만조縵條: 가사의 일종으로 만의縵衣라고도 한다. 5조나 7조로 끊지 않고, 한 폭 그대로 꿰매어 조條의 모양이 없는 가사를 말한다. 본디 사미·사미니가 입던 것인데, 비구도 조가 있는 정의正依를 얻지 못할 때에는 삼의三衣 대신에 입는 것을 허락하였다.

16 발우(鉢器): '발우鉢盂'라고도 한다. 응량기應量器라 번역. '발'은 범어 발다라鉢多羅의 약칭. '우盂'는 중국말로 밥그릇이란 뜻이다. 이것은 범어와 중국말을 아울러 일컫는 말.

17 십계十戒: 사미·사미니가 지켜야 할 10가지 계율. 위의 5계에 5가지를 더한

‘실라말니라室羅末尼羅(열반·구적)’라고 하는데, 이때 비로소 교법에 맞아 어긋나지 않게 되니(應法) 오중五衆[18]에 포함되어서 보시를 받을 수가 있다. 만약 십계를 깨뜨린다면 열반(大戒)[19]은 이룰 수 없을 것이니, 이것은 곧 ‘열반을 구한다(求寂)’는 이름을 헛되이 저버린 것이다. 그러므로 이미 상주할 수 없게 되었으니 받은 보시를 어떻게 갚을 것인가? 마땅히 가르침에 의지하여 중생을 구제하고 열반에 이르도록(濟度) 해야 할 것이다.”

纔剃髮便授十戒

『寄歸傳』云 西國出家具有聖制 諸有發心出家者 師乃問諸難事. 難事旣無 許之攝受. 或經旬月 令其解息 師乃爲授五戒 方名鄔波索迦. 此是創入 佛法之基 七衆所攝也. 師次爲辦縵條 僧脚崎下裙濾羅鉢等. 方請阿遮梨爲剃髮 師親爲著下裙 次與上衣 令頂戴受[20]著已 授與

것. 즉 ⑥장신구나 향을 바르지 말라. ⑦노래하고 춤추고 풍류를 즐기지 말며, 일부러 가서 구경하지도 말라. ⑧높고 넓은 큰 평상에 앉지 말라. ⑨때 아닌 때에 먹지 말라. ⑩금이나 은 같은 보물을 갖지 말라.

18 오중五衆: 불제자 중에 출가한 이를 5종으로 나눈 것. 비구·비구니·식차마나·사미·사미니.

19 대계大戒: 근원近圓이라 번역한다. 열반에 가깝다는 뜻. 구족계具足戒·비구계比丘戒·비구니계比丘尼戒라고도 한다. 이는 비구·비구니가 받아 지킬 계법으로 비구는 250계, 비구니는 348계. 이 계를 받으려는 이는 젊은이로서 일을 감당할 만하고, 몸이 튼튼하여 병이 없고 모든 죄과가 없고, 이미 사미계沙彌戒를 받은 이에 한정한다.

20 명판본에는 “頂戴受”로 되어 있으나 다음의 원문을 참조하여 ‘令’자를 보충하였다. 『남해기귀내법전』(T54, p.219a17), “師乃爲著下裙 方便撿察非黃門等 次與上衣

鉢器授十戒. 此名室羅末尼羅 方成應法 爲五衆攝堪消施利. 若恐其十戒毁破 大戒不成 此則妄負求寂之名. 旣不合消常住 受施負債何報?[21] 應依教而爲濟度.

7) 삼품사미[22]

『승기율』에서 말하였다. "부처가 제정한 법에는 나이가 15세가 되지 않으면 사미가 되지 못하였다. 뒷날 가유위국迦維衛國에 있을 적에 아난이 사는 마을에 두 명의 어린 고아가 있어서 아난이 그들을 데려다 길렀다. 부처가 '왜 출가시키지 않느냐?'고 묻자, 아난이 부처에게 아뢰기를 '부처가 제정한 법으로는 허락되지 않는 나이입니다.'라고 하였다. 부처가 묻기를 '두 아이는 밥상으로 몰려드는 까마귀를 쫓느냐, 쫓지 못하느냐?' 하자, 답하기를 '잘합니다.' 하였다. 부처가 말하였다. '구오사미驅烏沙彌[23]라 하여라.'"

최하 7세에서 13세에 이르는 아이들을 모두 '구오사미'라 하고, 만약 14세에서 19세에 이르렀다면 '응법사미應法沙彌'[24]라 한다. 【지금

令頂戴受 著法衣已授與鉢器 是名出家."

21 명판본과 일판본, 대정장에는 '何疑'로 되어 있으나 이는 '何報'의 오자이다.

22 삼품사미三品沙彌: ① 하품사미-구오사미驅烏沙彌라고도 한다. ② 중품사미-응법사미應法沙彌라고도 한다. ③ 상품사미-명자사미名字沙彌라고도 한다.

23 구오사미驅烏沙彌: 승려의 음식물을 뺏으러 오는 까마귀를 쫓아버리는 사미라는 뜻이다.

24 응법사미應法沙彌: 출가하여 아직 수행이 완숙되어 있지 않은 사미로서 수행할 수 있는 연령에 있는 아이라는 뜻이다.

은 사미를 법공法公(사미의 별칭)이라 부른다.】 만약 20세 이상이면 모두 '명자사미名字沙彌'[25]라고 부르면 된다.

三品沙彌

『僧祇律』云 佛制年不滿十五 不應作沙彌. 後在迦維衛國 阿難有親里二小兒孤露 阿難養育之. 佛問何不出家? 阿難白佛言 佛制不許度. 佛問是二小兒 能驅食上烏未? 答能. 佛言聽作驅烏沙彌. 最下七歲至年十三者 皆名驅烏沙彌 若年十四 至十九 名應法沙彌. **【今呼沙彌爲法公.】** 若年二十已上 皆號名字沙彌.

8) 사미도 비구라 함

『선견율』에서 말하였다. "만약 시주자가 와서 비구와 사미를 청한다면 비록 구족계具足戒를 갖추지는 못하였더라도 비구의 숫자에 들어가므로 이것이 '명자비구'이다."

○『열반경』에서 말하였다. "비유컨대 어렸을 때 출가를 했다면 비록 구족계를 받지 못하였더라도 즉시 승려의 숫자에 들어간다."

○『사분율』에서 말하였다. "대비구 아래로 순서에 따라 사미까지 방과 침구와 편리한 도구를 준다."

---

25 명자사미名字沙彌: 20세에서 70세까지의 사미로 구족계를 받지 못하여 사미이기는 하나, 대승大僧이 될 만한 연령이므로 이름만 사미란 뜻이다. 자를 앞에 붙이고 사미라 부른다.

沙彌亦名比丘

『善見律』云 如有檀越來 請比丘沙彌 雖未具戒 亦入比丘數 是爲名字比丘. ○『涅槃經』云 譬如幼年 初得出家 雖未受具 卽墮僧數. ○『四分律』云 從大比丘下 次第與沙彌房舍臥具若利養 隨次與之.

9) 사미행

『비니모론』에서 말하였다. "사미는 법대로 스승을 섬기며 편안히 사는 것을 응당 부끄러워할 줄 알아야 한다. 게으르고 방자해서는 안 되고, 스스로 몸과 입을 삼가야 하며, 자기를 낮추고 타인을 공경하며, 항상 계율을 지니는 것을 즐거이 여기고, 장난치는 것을 즐기지 말며, 자신의 재주와 힘을 뽐내지 말며, 다시 경솔하고 시끄럽게 떠들지 말며, 부끄러워할 줄 알아서 확정되지 않은 쓸데없는 말을 하지 말아야 한다. 오직 배우는 곳에서 이치에 맞게 하고, 깨끗함과 깨끗하지 않음을 알아야 하며, 항상 두 스승을 좇으며 경전을 외워야 한다. 일체 대중 안에서 할 일이 있으면 모두 어겨서는 안 된다."

○『오백문경』에서 말하였다. "사미가 거짓으로 대도인大道人이라 칭하면서 비구에게 절 한 번을 받았다면 이것을 적주賊住[26]라고 한다."

○『사미칠십위의경』 1권이 전해지고 있으니, 선善을 좋아하는 자는 그것을 읽고 잘 살펴보기 바란다.

---

26 적주賊住: 아직 수계를 하지 않았는데 비구 행세를 하는 사람.

沙彌行

『毘尼母論』云 沙彌應知慚愧 善住事師法中. 不應懈怠放恣 當自愼身口 卑己敬人 常樂持戒 莫樂調戱 不應自恃才力 復莫輕躁 應知羞恥 不說無定亂言. 惟庠序合理 知淨不淨 常逐二師 讀誦經法. 一切衆中若有所作 皆不得違. ○『五百問經』云 沙彌詐稱大道人 受比丘一拜 是名賊住. ○有『沙彌七十二威儀經』一卷 好善者 有請撿讀之.

8. 법의편法衣篇

1) 옷

『석명』에서는 윗옷을 '의衣'라 하였다. '의'는 '의지하는 것(依)'이니, 추위와 더위를 가리기 위해 의지하는 것이다. 『좌전』에서는 '의依는 몸의 표징이다.'라고 했고, 『백호통』에서는 '의依는 숨기는 것이다.'라고 하였으니 몸을 숨기는 물건이다. 『문자文子』에서는 '의依는 몸을 가리기에 충분하여야 바람과 추위를 막을 수 있다.' 하였다. 【인도에서 출가자들의 옷은 계율에 제정된 법도가 있어서 법에 따라 만들므로 법의라 말한다. 인도에서는 재단하지 않은 모든 피륙을 다 '의'라고 한다.】

衣

『釋名』曰 服上曰衣. 衣依也 所依以芘寒暑也. 『左傳』曰 衣身之章也 『白虎通』曰 衣者隱也 所以隱形也. 『文子』曰 衣足以蓋形 以禦風寒也. 西天出家者衣 律有制度 應法而作 故曰法衣. 【西天一切帛未剪者

皆呼爲衣.】

2) 두 가지 옷[1]

두 가지 옷은 청의聽衣와 제의制衣를 말한다.

○『유가론』에서 물었다. "무엇을 '허락함(開聽)'이라 하는 것입니까?" 부처가 "계율(毘奈耶) 안에서 온갖 것에 오염됨 없이 현재 수용한 삶의 인연을 허락하는 것을 말한다." 하였다. "무엇을 '제지함(制止)'이라 하는 것입니까?" "부처가 계율 안에서 일체 자성죄自性罪(본질적인 죄악)의 법과 무죄법無罪法[2]에 위반하는 법을 제지함을 말한다."【아래 청제편聽制篇에서의 뜻과 같은 것이니, 계율에 부처에게 청의와 제의가 있다고 한 것을 말한다. 그러므로 '두 가지 옷'이라고 말한 것이다.】

二衣

謂聽制二衣也. ○『瑜伽論』問 云何開聽? 謂佛於毘奈耶中 開許一切能無染汚 現所受用資生因緣. 云何制止? 謂佛於毘奈耶中 制止一切自性罪法 違無罪法故.【向下聽制篇義同此也 謂律中佛有聽衣制衣. 故云[3]二衣也.】

---

1 이의二衣: 제의制衣와 청의聽衣. 제의는 승중僧衆의 삼의三衣, 니승의 오의五衣와 같이 부처가 억제하여 반드시 수지受持토록 시키는 것. 청의는 장의長衣, 백일자구百一資具처럼 부처가 계기에 응하여 이를 인정하는 것. 제의는 입지 않으면 죄가 되지만, 청의는 이를 갖지 않아도 죄가 되지 않는다.

2 무죄법無罪法: 3묘행妙行과 3선근善根과 10선업도善業道를 죄가 없는 법이라 한다.

3) 세 가지 옷

대개 법의에는 3가지가 있다. 첫째는 승가리僧伽梨【대의大衣이다.】 둘째는 울다라승鬱多羅僧【일곱 가닥으로 된 것이다.】 셋째는 안타회安陁會【다섯 가닥으로 된 것이니 이것을 '3가지 옷(三衣)'이라고 한다. 만약 칠조七條와 편삼偏衫과 군裙을 '3가지 옷'이라고 한다면 그것은 잘못된 것이다.】

○『혜상보살경』에서 말하였다. "5조條를 중착의中著衣라 하고, 7조를 상의上衣라 부르며, 대의大衣를 대중들이 모일 때 입는 옷(衆集時衣)이라 한다."

○『사분율』에서 말하였다. "몸에 닿는 옷인 안타회(아래 속옷)와 울다라승, 마을에 들어갈 때 입는 승가리를 만들어 입는다."

○『증휘기』에서 말하였다. "삼의라는 이름은 바르게 번역한 것이 없고 사람마다 억지로 이름 붙인 것이니, 안타회가 다섯 가닥으로 된 것을 보고 다섯 폭이라고 편리하게 바꾸어 불렀고, 울다라승에 일곱 폭이 있는 것을 보고 7조라 불렀고, 대의에 가닥 수가 많은 것을 보고 '잡쇄의雜碎衣'라고 불렀다. 무릇 대의는 '3가지 옷' 중에 으뜸으로서 가장 뛰어나기 때문에 쓰임에 따라 이름 지어서 왕궁에 들어갈 때 옷, 마을에 들어갈 때 옷이라고 한다. 7조를 '중가의中價衣'라고도 하는데, 대의보다는 귀하지 않고 5조보다는 천하지 않기 때문에 부르는 말이다. 쓰임에 따라 이름은 '입중의入衆衣'라고 부른다. '5조'를 하품의 옷(下衣)이라고 하는데, 7조 아래에 있기 때문이다. 쓰임에

---

3 명판본에는 '云'으로 되어 있으나 '故云'의 오자이다.

따라 이름 붙이니 사원에서 도를 닦을 때 입으므로 '잡작의雜作衣'라고 한다."

○『잡아함경』에서 말하였다. "사무량을 닦는다는 것은 머리와 수염을 깎고 아울러 삼의를 입는다는 것이다."

○『승기율』에서 말하였다. "삼의는 현명하고 성스러운 승려의 표시이다."

○『사분율』에서 말하였다. "삼세 여래가 모두 이와 같은 옷을 입었다."

○『지도론』에서 말하였다. "불제자들은 중도中道에 머물기 때문에 삼의를 입는다."

○『살바다론』에서 말하였다. "일찍이 없었던 법을 드러내고자 하는 것이므로 96종의 외도外道[4]에게는 이 3가지 이름의 옷이 없으며, 외도와 다름을 나타내기 위해 삼의를 입는다."

○『화엄경』에서 말하였다. "삼독을 버리고 떠나기 위해서 입는다."

○『계단경』에서 말하였다. "5조는 탐욕의 신업身業을 끊는 것이요, 7조는 노여움의 구업口業을 끊는 것이요, 대의는 어리석음의 심업心業을 끊는 것이다."

○『증휘기』에서 물었다. "어째서 늘려서 4의衣로 하거나 줄여서 2의衣로 하지 않고, 오직 삼의三衣입니까?" 답하였다. "3은 기수이니 양陽에 속한다. 양은 능히 만물을 생성시킬 수 있다. 지금 삼의를

---

4 96종 외도外道: 96종 이도異道. 석존 당시에 바라문교 중에서 가장 세력이 성한, 부란나가섭·말가리구사리자·산사야비라지자·아기다시사흠바라·가라구타가전연·니건타야제자 등 6인과 15인씩의 제자들을 합하여 96인이 된다. 육사六師들에게는 각기 15종의 교教가 있어 15제자에게 한 교씩 가르쳤다고 전해진다.

제정한 것은 만 가지 선을 생겨나게 하는 표시이니, 만물을 이익되게 하려는 뜻을 취한 것이다.”

三衣

蓋法衣有三也. 一僧伽梨【卽大衣也.】二鬱多羅僧【卽七條也.】三安陁會【卽五條也 此是三衣也.[5] 若呼七條[6] 偏衫裙 爲三衣者 悞也.】○『慧上菩薩經』云 五條名中著衣 七條名上衣 大衣名衆集時衣. ○『四分律』云 應作安陁會 儭體衣鬱多羅僧 僧伽梨入聚落著. ○『增輝記』云 三衣之名 無正翻譯 皆從人强名之也 謂見安陁會 有五幅 便喚作五條 見鬱多羅僧有七幅 便喚爲七條 見大衣條數多 故名雜碎衣也. 夫大衣者 三衣中主 最爲殊勝故 若從用名 入王宮時 入聚落時衣也. 七條名中價衣 謂不貴大衣 不賤五條故. 若從用名入衆衣也. 五條名下衣 謂在七條下故. 若從用名 園中行道 雜作衣也. ○『雜阿含經』云 修四無量者 並剃除鬚髮服三衣. ○『僧祇律』云 三衣者 賢聖沙門之標幟也. ○『四分律』云 三世如來 並著如是衣. ○『智度論』云 佛弟子住於中道 故著三衣. ○『薩婆多論』云 欲現未曾有法故 九十六種外道 無此三名 爲異外道故 著三衣. ○『華嚴經』云 爲捨離三毒故. ○『戒壇經』云 五條斷貪身業也 七條斷嗔口業也 大衣斷癡心業也. ○『增輝記』問云 何不增四減二 惟三也? 答三奇數屬陽. 陽能生萬物. 今制三衣 表生萬善 取益物之義也.

---

5 명판본에는 ‘已’로 되어 있으나 이는 ‘也’의 오자이다.

6 명판본에는 ‘二條’로 되어 있으나 이는 ‘七條’의 오자이다.

4) 통칭하는 이름

가사란 대개 색상에 따라 부르는 말이다. 『범음구』에서는 '가라사예迦羅沙曳'라고 했는데, 중국에서는 '정색이 아닌 색상(不正色)'이라고 한다.

○『사분율』에서 말하였다. "모든 상색上色(적·청·황·흑·백색)의 옷을 가져서는 안 되므로 본디 색을 없애버리고 가사의 색상을 만드는 것이 마땅하다." 지금은 범어를 생략해서 또 괴색壞色(원색을 파괴한 흐린 색)이라 부른다.

○『업소』에서 말하였다. "본래 가사迦沙라고 했는데 양나라 갈홍葛洪[7]이 『자원字苑』을 지으면서 '가사迦沙'라는 글자 아래에 '의衣'를 붙이고[8] '도복道服'이라고 설명하였다."

統名

袈裟者 蓋從色彰稱也. 『梵音具』云 迦羅沙曳 此云不正色. ○『四分律』云 一切上色衣不得畜 當壞作迦沙色 今略梵語也 又名壞色. ○『業疏』云 本作迦沙 至梁葛洪撰 『字苑』 下方添衣 言道服也.

---

7 갈홍葛洪(283~343): 동진東晋 때 사람. 중국에서 가장 이름난 도사이다. 유교 윤리와 도교의 비술秘術을 결합시키려고 애썼다. 대표적인 저술에 『포박자抱朴子』가 있다.

8 '가사迦沙'라는 글자 아래에 '의衣'를 붙이고: '迦沙'를 '袈裟'로 썼다는 뜻이다.

5) 다른 이름

『대집경』에서는 가사를 '번뇌에서 벗어나는 복장'이라고 하였다. ○『현우경』에서는 '속세에서 벗어나는 복장'이라고 하였다. ○『여환삼매경』에서는 '무구의無垢衣' 또는 '인욕개忍辱鎧', '연화의蓮華衣'라고 부르니, 번뇌에 물들지 않고자 함을 말한 것이다. 또 '당상幢相'이라고 부르는데, 삿된 것에 의해 기울어지지 않겠다는 말이다. 또 '전상의田相衣'라고 하는데, 보는 사람이 악심이 생겨나지 않게 하기 때문이다. 또 '소수의消瘦衣'라고 하는데, 이 옷을 입으면 번뇌가 소멸하기 때문이다. 또 '이진복離塵服'이라 하고 '거예의去穢衣'라 하고, 또 '진월의振越衣'라고도 한다.

別名

『大集經』云 袈裟名離染服. ○『賢愚經』云 出世服. ○『如幻三昧經』云 無垢衣 又名忍辱鎧 又名蓮華衣 謂不爲欲泥染故. 又名幢相 謂不爲邪所傾故. 又名田相衣 謂不爲見者生惡故. 又名消瘦衣 謂著此衣 煩惱消瘦故. 又名離塵服 去穢衣 又名振越衣.

6) 대의에는 3품 9종이 있음

『살바다론』에서 말하였다. "승가리는 3품이 있는데, 9조로부터 11조, 13조를 '하품의下品衣'라고 부르며 모두 양쪽은 길고 한쪽은 짧게 만든다. 15조, 17조, 19조를 '중품의中品衣'라고 부르며 모두 세 쪽은 길고 한쪽은 짧게 만든다. 21조, 23조, 25조를 '상품의上品衣'라고 부르며 모두 네 쪽은 길고 한쪽은 짧게 만든다."

○『증휘기』에서 물었다. "7조 가사는 어떤 품品에 포함됩니까?" 답하였다. "하품下品에 포함되니 양쪽은 길고 한쪽은 짧게 만들기 때문이다."【율법에 삼의는 각기 정해진 넓이와 길이 주척과 양量이 있다. 이미 부처는 "몸의 치수에 맞게 옷을 만들어 입는다." 했으므로 다시는 기록하지 않는다.】

大衣有三品九種

『薩婆多論』云 僧伽梨有三品 自九條十一條十三條 名下品衣 皆兩長一短作. 十五條十七條十九條 名中品衣 皆三長一短作.[9] 二十一條二十三條二十五條 名上品衣 皆四長一短作. ○『增輝記』問 七條何品攝? 答下品攝 以兩長一短作故.【律中三衣 各有廣長肘量. 旣佛言 度身而衣 更不錄也.】

7) 오부의 색상

『사리불문경』에서 말하였다. "마하승기부摩訶僧祇部[10]는 여러 경전을

---

9 명판본에는 '二長'으로 되어 있으나 '三長'의 오자이므로 『의발명의장衣鉢名義章』을 참조하여 바로잡았다. 『의발명의장』(X.59,p.600a17), "此衣凡有九品 謂下下卽九條 下中卽十一條 下上卽十三條 此三準婆論 兩長一短作 次中下卽十五條 中中卽十七條 中上卽十九條 此三用三長一短作 又次上下卽二十一條 上中卽二十三條 上上卽二十五條 此三用四長一短作."

부지런히 배워 참뜻을 펼쳐 익히게 하고, 본디 처소에 거처할 때에는 응당 누런 옷을 입는다. 담무덕부曇無德部[11]는 진리의 맛에 통달하여 이익으로 이끌어 깨우쳐 주면서 뛰어남을 표출하기 때문에 붉은 옷을 입는다. 살바다부薩婆多部[12]는 이치에 널리 통하고 민첩하게 도달하여 법으로 인도하기 때문에 검은색 옷을 입는다. 가섭미부迦葉彌部는 용맹정진하여 중생을 이끌어 보호하기 때문에 목란의木蘭衣 옷을 입는다. 미사색부彌沙塞部[13]는 선정으로 신묘함에 들어가 깊은 뜻을 궁구하여 펼치기 때문에 푸른 옷을 입는다."【삼가 『사분율』을 살펴보니 "상색上色(적·청·황·흑·백)의 옷은 입어서 안 되므로 다 없애고 가사 색으로 하는 것이 합당하다."고 했다. 이제 담무덕부는 『사분율』을 종지로 하는데

---

10 마하승기부摩訶僧祇部: 붓다의 본질에 대한 견해에서 대승불교의 선구적 견해를 지녔던 초기 학파이다. 대중부大衆部라 번역한다. 석가모니가 열반한(B.C 483년) 지 약 1세기가 지난 뒤에 이 학파가 나타난 것은 불교 교단에 최초의 대분열이 있었음을 보여준다.

11 담무덕부曇無德部: 소승 20부파 중의 하나. 불멸 후 300년경에 화지부化地部에서 분파된 학파이다. 일설에는 분별부分別部에서 분파되었다고도 한다. 경經·율律·논論·주呪·보살菩薩 등의 오장五藏을 주장하였으며, 『사분율四分律』은 법장부의 율부 문헌이다.

12 살바다부薩婆多部: 초기불교 철학에서 중요한 학파로, 설일체유부說一切有部를 말한다. 불교 형이상학은 근본적으로 법法이라는 존재를 가정하는데, 이 법이란 우주 요소와 사건들로서 각자의 과거 행위의 영향을 받아 순간순간 결합하여 그 사람 삶의 흐름을 형성하며, 그 사람은 이 흐름을 자신의 인격 또는 경력으로 생각한다. 이러한 법의 존재론적 실재에 대해 초기불교의 여러 학파 사이에 다양한 견해가 존재했다.

13 미사색부彌沙塞部: 소승 12부의 하나.

스스로 붉은 옷을 입었다면 이것은 남방의 정색이다. 그렇다면 여러 부部들도 부처가 정한 제도를 어기는 것인가? 지금 시험 삼아 그것을 논하여 보면, 천축에서 온 승려들의 입은 옷 색상을 여러 번 보고서야 분명히 알았으니 모두 비슷한 색상이다. 번역하는 사람이 괴색을 이름 짓기 어려워서 청·황·적·흑 등으로 기록한 것이다.】

五部衣色

『舍利弗問經』云 摩訶僧祇部 勤學衆經 宣講眞義 以處本居中 應著黃色衣. 曇無德部 通達理味 開導利益 表發殊勝 應著赤色衣. 薩婆多部 博通敏達 以導法化 應著皀色衣. 迦葉彌部 精勤勇猛 攝護衆生 應著木蘭衣. 彌沙塞部 禪思入微 究暢幽密 應著靑色衣.【謹按『四分律』云 上色衣不得畜 當壞作迦沙色. 今曇無德部 卽四分所宗 自著赤衣 是南方正色. 與諸部 皆競違佛制耶? 今試論之 以累見天竺來僧衣色證知 皆似色也. 應是譯人 以壞色難名 故記指靑黃赤皀等.】

8) 오부의 옷은 순서대로 입으면 안 됩니까?

답하기를 『사리불문경』에서 말하였다. "비구 나순羅旬(오백나한 중 나순 존자)은 복이 없어서 걸식해도 음식을 얻지 못하다가, 뒤에 오부五部의 옷을 번갈아가면서 입었더니 음식을 많이 얻을 수 있었다. 그러자 부처가 말하였다. '우리 법에 출가한 사람은 순전히 해진 옷을 입어야 하는데 나순으로 인해서 각종의 옷을 받아 입는 것을 허락한다.'"

問五部衣得取次著否

答『舍利弗問經』云 有比丘羅旬 以薄福故 乞食不得 後以五部衣 更互著之 便得大飮食. 故佛言 我法出家 純服弊帛 因羅旬故 聽受種種衣.

9) 자색 옷

이것은 오부의五部衣 옷 색상이 아니라 이 나라에서 승려에게 준 것이므로 지금은 숭상한다. 『승사략』에서 말하였다. "당서唐書를 살펴보면 우리나라에 승 법랑法朗 등 9인이 있었는데, 『대운경』 중역重譯[14]을 마치자 자색 가사와 은구대銀龜袋를 하사하였으니, 이것이 옷을 하사하는 시초가 되었다. 이 뒤로부터 여러 대에 걸쳐 모두 옷을 하사하게 되었다. 송나라 태평흥국太平興國(976~984년) 초에 온 나라의 승려들에게 궁전의 뜰(殿庭)에 들어가서 삼학三學[15]을 시험 볼 수 있도록 하고 개봉부에 명을 내려 뽑힌 승려들 가운데 경·율·론의 10조목을 전부 통과한 승려들을 뽑아 자색 옷[16]을 하사하면서 수표승手表僧이라 부르게 하였으니, 면전에서 손으로 직접 표문을 지어 올렸기 때문이다. 이윽고 공덕사功德使가 '지금 천하가 한 집이 되었으니 표문을 직접 지어 올리는 것으로써 선발할 필요가 없습니다.'라고 상주上奏하였다. 칙령에 의거해 이로부터 매번 황제의 탄생절이 되면 친왕과 재보宰輔[17]

---

14 중역重譯: 한 번 번역한 말이나 글을 다른 말이나 글로 다시 번역하는 것.

15 삼학三學: 계·정·혜

16 자색 옷: 홍색과 자색은 중국에서 예로부터 고관에게만 허용되던 조복朝服의 색깔이었다.

와 절도사節度使로부터 정자사正剌史에 이르기까지 표문을 올려 아는 승도들을 천거하되, 자색 옷은 오직 좌가승록左街僧錄·우가승록右街僧錄에서 천거한 사람만 입고 궐 안으로 들어갈 수 있었다. 이날 문하시중의 공문으로 자색 옷 네 벌을 주니 그것을 일컬어 염전자簾前紫라 하였고, 이것을 가장 영광스러운 일로 여겼다. 그러나 이 옷은 나라의 은혜로 얻은 것이기 때문에 지극히 받아 입기 어려운 것이어서 모두 옷의 형상이 달랐다."

『동관주기東觀奏記』를 살펴보니 "대중大中 연간에 대안국사大安國寺의 승려 수회修會가 시를 잘 지었는데, 천자의 명령을 받아 시문을 지을 적에 재능과 시상이 매우 맑고 뛰어났다. 어느 날 이 일이 황제에게 알려져서 자색 옷을 요구하였더니, 황제가 말하길 '너를 이상하게 여겼던 것이 아니라 다만 너의 관상을 보니 결함이 있어서 주지 않았던 것이다.' 하고는 옷을 주기에 옷을 입고 절에 돌아왔으나 갑자기 병이 들어 죽어버렸다. 근래에도 이런 사람이 여럿 있다." 하였다.

紫衣

此非五部衣色 乃是國朝賜沙門 故今尙之. 『僧史略』云 按唐書 則天朝有僧法朗等九人 重譯『大雲經』畢 並賜紫袈裟銀龜袋 此賜衣之始也. 自後諸代皆行此賜. 至大宋太平興國初 許四海僧入殿庭 乞比試三學下開封府 差僧證經律論義十條 全通乃賜紫衣 號爲手表僧 以其面手進表也. 尋因功德使奏 今天下一家 不須手表求選. 敕依自此 每遇皇

17 재보宰輔: 임금을 도와 모든 관원을 지휘하고 감독하는 2품 이상의 벼슬이나 그런 자리에 있는 사람을 통틀어 이르던 말이다.

帝誕節 親王宰輔節度 下至正刺史 得上表薦所知僧道 紫衣惟兩街僧錄所薦得入內. 是日授門下牒給紫衣四事 謂之簾前紫 此最榮觀也. 然此衣以國恩故 得著極不容易 皆形相分. 按『東觀奏記』云 大中年大安國寺僧修會 能詩應制 才思淸拔. 一日聞帝乞紫衣 帝曰 不於汝怪 但觀汝相有缺未賜也 及賜著歸寺 暴病而卒. 近代亦屢有此人焉.

10) 염색

율법에서는 3종의 괴색이 있는데 청색·흑색·목란木蘭색을 일컫는다. 『초鈔』에 말하였다. "청색은 동청銅靑색을 말하고, 흑색은 잡니雜泥색을 말하며【즉 도랑에 있는 진흙 색깔이다.】 목란은 나무껍질 색깔이다." 【이는 새 옷의 색깔을 변색시키는 것을 설명한 말이다.[18] 오늘날 염색이라는 말도 이 3가지 색깔에서 벗어나지 않는다. 오늘날 선승들은 흑참의墨黲衣를 입는 경우가 많은데 짙은색(深色)과 같다. 그러나 율법에 조흑의皂黑衣는 초록이 섞인 검푸른색(墨靛)을 사용하니, 흑색(雜泥)과 가까운 색이기 때문이다. 담박한 청백색은 도리어 율법의 청색 옷에 동청銅靑[19]의 판록을 섞고 잡흑색으로 염색한 것이기 때문이다.】

---

18 새 옷의~말이다: 염색은 적·백·청·황·흑의 오정색五正色을 제거하여 청(銅靑)·흑(雜泥)·적흑赤黑의 3종류의 괴색壞色을 만드는 것으로, 이는 옷감이 지닌 본래의 색깔을 없앰으로써 그 가치를 무너뜨리기 위함이다.

19 동청銅靑: 구리 그릇에 생긴 녹을 긁어모은 것.

染色

律有三種壞色 謂靑黑木蘭. 鈔云 靑謂銅靑 黑謂雜泥【卽溝瀆中泥.】木蘭卽樹皮.【此說壞新衣之色也. 今云染色 亦無出此三也. 今詳禪僧多著墨黲衣 若深色者. 可是律中皂黑衣 攝綠用墨靛 與雜泥不遠故. 若淡而靑白者 可是律中靑衣攝 用銅靑板綠雜墨染故.】

11) 직물의 바탕

율법에 10가지 종류의 옷감이 있는데 베(布), 생사로 짠 명주(絹), 굵은 명주(紬) 3가지를 넘지 않으며, 이것은 아주 두꺼우면서 마전하고 촘촘하게 짠 것이어야 한다.

○『오백문경』에서 말하였다. "'삼의三衣[20]는 생사로 짠 명주를 사용하여 만드는 것이 아닙니까?' 답하였다. '옷감은 모두 가공하지 않은 상태로 사용하는데 다만 몸에 걸치지 않은 것이라야 한다.'"【율법에서는 막고 있는데, 이 경전(『오백문경』)에서는 허용하고 있다.】

---

20 삼의三衣: 비구가 입는 승가리僧伽梨, 울다라승鬱多羅僧, 안타회安陀會 3가지. ①승가리: 중의重衣·대의大衣·잡쇄의雜碎衣라 번역. 마을이나 궁중에 들어갈 때 입는다. ②울다라승: 상의上衣·중가의中價衣·입중의入衆衣라 번역. 예불·독경·청강·포살 등을 할 때 입는다. ③안타회: 내의內衣·중숙의中宿衣라 번역. 절 안에서 작업할 때 또는 상床에 누울 때 입는데, 보통 때에는 양 끝을 왼쪽 어깨 위에서 오른쪽 겨드랑이 아래로 끌어서 끈으로 묶는다.

物體

准律有十種 不越布絹紬三也 須是厚熟緻密者. ○『五百問經』云 三衣得用生絹作否? 答一切生物 但不現身者得 【律中遮此經開.】

12) 전상[21]의 연기

『승기율』에서 말하였다. "부처가 왕사성에 머물 적에 제석 석굴 앞을 걸으면서 참선(經行)하다가 벼논의 논두렁이 명확하게 구획 지어져 있는 것을 보고 아난에게 말하였다. '과거 여러 부처의 옷 모양이 이와 같았으니, 지금부터 옷을 만들 때 이 법대로 하여야 하느니라.'"

○『증휘기』에서 말하였다. "세간의 밭이랑은 물을 저장해 두고 씨앗을 생장시켜 생명 있는 것을 기르나, 법의의 밭은 4가지 이로움(四利)의 물을 적심으로써 삼선三善[22]의 싹을 키워서 법신의 생명(慧命)[23]을 기른다."

田相緣起

『僧祇律』云 佛住王舍城 帝釋石窟前經行 見稻田畦畔分明 語阿難

---

21 전상田相: 5조, 7조 등 가사의 별칭. 옷감을 이어 붙인 상태가 전반田畔과 닮았으므로 이렇게 부른다.

22 삼선三善: 부처의 설법은 처음도 선하고, 중간도 선하며, 끝도 선한 것을 말한다.

23 혜명慧命: 지혜를 생명에 비유한 말이다. 중생이 태어나면서 가지고 있는 법성을 지속시키는 것이기 때문이다. 색신은 음식으로 생명을 부지하고, 법신은 지혜로 생명을 부지한다.

言. 過去諸佛 衣相如是 從今依此作衣相. ○『增輝記』云 田[24]畦貯水生長嘉苗 以養形命 法衣之田 潤以四利之水 增其三善之苗 以養法身慧命也.

13) 만드는 법[25]

『비나야』에서 말하였다. "승가리는 두 겹으로 만든다."【의정 스님은 '승가지僧伽胝'라 하였고, 당나라 말로는 '중복의重復衣'라고 한다.】 만약 세 겹으로 만든 것을 입었다면 악작죄惡作罪(돌길라죄)를 짓게 된다.【9조부터 25조까지는 끼워서 만들어도 된다.】

○『사분율』에서 말하였다. "대의大衣를 짓는데 7조條의 폭이면 반듯하게 잘라(割截) 만들고, 5조條인 경우는 섶을 붙여(襵葉) 만들 수 있다."

○율법을 기준으로 하면 대의는 닷새에 한정하여 만들고, 7조는 나흘을 한정하여 만들며, 5조는 이틀에 한정하여 만드니, 정한 날에 다 만들지 못하면 비구니는 죄를 범하게 된다. 비구가 돌길라죄를 범하게 되는 것은 본디 장인이 아니기 때문이다.

○『승기율』에서 말하였다. "만약 가사를 만드는데 나머지 사람들이 도와주는데도 정한 날짜에 완성하지 못할까 두렵다면, 거칠게라도 바느질을 하고 급히 완성하여 받아 지닌 뒤에 다시 촘촘히 바느질하는

24 명판본에는 '曰'로 되어 있으나 '田'의 오자이다.

25 명판본에는 위의 내용과 연결되어 있으나 내용상 다른 것이므로 제목으로 구분지어 분리하였다.

것이 마땅하다."

○남산 대사南山大師[26]의 『장복의(釋門章服儀)』에서 말하였다. "여러 율법에 가사 만드는 방법을 보면 뚱뚱하고 마른 체형에 따라 먼저 그 본디 제도를 승가리와 같이 만들되, 재단하는 자는 25조에서 옷감이 적으면 차례대로 감하여 9조나 7조에 이르도록 하고, 옷감이 너무 부족할 경우에는 꿰매어 만든다(縵作)." 또 말하였다. "오늘날 기호嗜好에 매여 스스로 바느질하지 못하고 다른 사람의 힘을 빌리면서, 다만 옷을 짓는 것이 곱고 섬세한 것만 따지고 공임의 고하를 생각하지 아니하니, 간혹 바느질 삯이 옷의 가격보다 두 배가 되기도 하고 솜씨가 거친 과부를 거치면서 온갖 꾸지람을 듣게 되는 경우도 있다. 【순서 없이 베껴 쓴다.】

作法

『毘奈耶』云 僧伽梨 得兩重作.【義淨云 僧伽胝 唐言重復衣.】若三重作者 得惡作罪.【自九條 至二十五條 得用物夾作.】○『四分律』云 大衣七條 要割截作 若五條 得攝葉作. ○準律 大衣限五日成 七條四日成 五條二日成 限日不成 尼犯墮. 比丘犯突吉羅罪 非本工故. ○『僧祇

26 남산 대사南山大師: 도선道宣(596~667), 성은 전錢. 16세에 출가. 지수 율사智首律師에게 비구계를 받고, 율전律典을 배웠다. 624년(무덕 7) 종남산終南山 방장곡倣掌谷에 들어가 백천사白泉寺를 짓고 계율을 엄하게 지키며 선禪을 닦았으므로, 세상에서 남산 율사南山律師라 불렀다. 645년(정관 19) 현장玄奘이 귀국하여 홍복사弘福寺에서 역경 사업을 진행할 때에, 감문가勘文家가 되어 수백 권의 율부와 전기를 썼다. 특히 사분율종四分律宗을 이루어 남산율종을 세웠다.

律』云 若作衣餘人助作 恐限日不成 應麤行針 急成竟受持 後更細剌. ○南山大師『章服儀』云 諸律成衣 隨其豐儉 先其本制 如僧伽梨 欲創裁者 二十五條 財少以次減之 乃至九條七條 又不足乃縵作. 又云 今有情纒嗜好 自迷針縷 動必資人 但論剌作之纖媚 不計工價之高下 或有雇縫之直 倍於衣價 履歷荒孀 識過斯負.【抄略不次.】

14) 명공

삼의의 끝자락을 합쳤을 때 꿰매지 않는 부분을 명공明孔이라고 한다. 어떤 이는 "마치 밭고랑으로 물을 끌어들이는 구멍과 같다."고 하였다. 『근본백일갈마』를 보면, 정 삼장(義淨三藏)은 "인도의 삼의는 모두 합쳐서 꿰매는데, 오직 중국(東夏)[27]만이 열어놓고 꿰매지 않는다. 율법을 자세히 살펴보면 실제로 꿰매지 않고 열어놓는다는 법이 없다." 하였다.

明孔

三衣葉上不剌合處 謂之明孔. 有云 若田畦入水之竇. 按『根本百一羯磨』淨三藏云 西國三衣 並皆剌合 唯東夏開而不縫. 詳觀律檢 實無開法.

---

27 동하東夏: 중국인이 자국을 부르는 존칭이다. 인도보다는 동쪽에 있는 대문명국이라는 의미이다.

15) 만의

범음으로는 발타鉢吒이고, 당나라 말로는 만조縵條라고 하니 한 폭으로 된 고운 모포이다. 길이는 삼의三衣와 동등한데, 다만 전상田相이 없다.【인도 모포의 폭은 치수가 넓기 때문이다.】불법이 한漢나라에 들어온 뒤부터 187년이 지났는데도 출가자들이 할절법割截法을 모르고 이 옷만을 입는다.

縵衣

梵音鉢吒 唐言縵條 卽是一幅氎. 量以三衣等 但無田相者是.【西國氎幅尺闊故.】自佛法至漢 涉一百八十七年 凡出家者 未識割截法 只著此衣.

16) 첩상[28]

이 법은 만조縵條로부터 시작되었다.『십송률』에서 말하였다. “비구가 산이나 들에 거처할 때에는 만조의 입는 것을 허락하고, 마을에 들어갈 때는 허락하지 않았으니, 옷 위에 전상田相을 만들어 붙여야 한다.” 또 말하였다. “비구는 가난하여 옷의 숫자가 적으니 조각낼 수가 없으면, 입고 있는 옷 위에 붙여 놓는다. 또는 다섯 조각 일곱 조각 아홉 조각을 붙이기도 하고 열다섯 조각 등을 넘기기도 한다.”

---

28 첩상貼相: 무늬 없는 옷에 전상田相을 첨부하는 것. 비구는 마을에 있을 때는 전상의를 입어야 한다고 하였는데, 이것이 없을 때 대용하기 위한 것이다.

貼相

此法自縵條起也.『十誦律』云 比丘居山野 許著縵條衣 不許著入聚落 應於衣上 貼作田相. 又云 比丘貧少衣 不能割截 應於衣上安貼. 若五七九條 若過十五條等.

17) 납의

오납의五納衣라고도 부르는데, 옷에 5종류가 있기 때문이다.『십송률』에서 말하였다. "첫째는 유시주의有施主衣[29], 둘째는 무시주의無施主衣[30], 셋째는 왕환의往還衣[31]【인도에서는 사람이 죽으면 가족들이 망자에게 옷을 선물로 주어 보내는데, 숲에 이르면 그것을 승려들에게 보시한다.】 넷째는 사인의死人衣[32], 다섯째는 분소의糞掃衣[33]이다. 여기에는 5종류가 있으니 첫째는 길에 버려진 옷【횡액을 당한 사람에게서 벗긴 옷】[34], 둘째는 누더기 옷, 셋째는 강가에 버려진 옷, 넷째는 벌레가 뚫어

---

29 유시주의有施主衣: 다른 사람으로부터 시주받은 납의.

30 무시주의無施主衣: 비구 자신이 주워 모은 천으로 지은 가사.

31 왕환의往還衣: 죽은 사람에게 씌워 장지에 갔던 것을 가지고 돌아와 만든 옷.

32 사인의死人衣: 죽은 사람이 입었던 옷.

33 분소의糞掃衣: 넝마 조각을 이어서 만든 옷. 초기의 수행승은 이것을 몸에 걸쳤다.

34 명판본에는 '脫死人衣'로 되어 있고 일판본과 대정장에는 '脫厄衣也'로 되어 있다. 횡액을 당한 사람한테서 벗긴 옷이라는 것은 곧 죽은 사람을 의미이기는 하지만, 납의 5종류에는 有施主衣, 無施主衣, 往還衣, 死人衣, 糞掃衣가 있다고 했으니, 여기에 다시 '死人衣'가 들어가서는 안 될 것으로 보인다. 따라서 일판본과 대정장을 참고하여 '脫厄人衣'로 번역하였다.

헤진 옷, 다섯째는 아주 많이 낡은 옷이다. 또 5종류가 있으니 첫째는 화소의火燒衣(타서 눌은 옷), 둘째는 수지의水漬衣(물에 변색된 옷), 셋째는 서교의鼠咬衣(쥐가 뚫은 옷), 넷째는 우작의牛嚼衣(소가 씹은 옷), 다섯째는 내모기의嬭母棄衣(유모가 버린 옷)이다." 이런 옷들은 인도 사람들이 꺼리기 때문에 버려 사용하지 않는다. 누더기나 마찬가지이기 때문에 함께 기워서 옷을 만들어 분소의라 부른다.

율법에서 말하였다. "모든 상색上色은 그대로 사용할 수 없기 때문에 염색하여 가사색으로 만들어 쓰는 것이 마땅하다. 오늘날 취毳라고 하는 것은 가는 털로 만든 옷을 말한다.[35]

○『지도론』에서 말하였다. "부처는 제자들로 하여금 도를 닦는 행동을 순수히 따르면서 세상의 즐거움을 버리게 하려고 하였기 때문에 12두타행頭陀行[36]을 찬탄하였는데, 당초의 다섯 비구(初度五比丘)[37]가 부처에게 가서 아뢰길 '어떤 종류의 옷을 입어야 합니까?' 하니, 부처는 '당연히 납의를 입어야 한다.'고 하였다."

---

35 오늘날~말한다: 이 문장은 『十誦』云 아래에서 "此衣有十利 一在麤衣數 今言毳者 卽是細毛爲衣也"가 되어야 한다. '취毳'의 음이 '추麤'와 비슷해서 승려의 옷을 '추의'라고 불렀다.

36 12두타행頭陀行: ①인가와 떨어진 조용한 숲속에 머문다. ②항상 걸식한다. ③걸식할 때는 빈부를 가리지 않는다. ④하루에 한 번만 먹는다. ⑤과식하지 않는다. ⑥점심 이후에는 과실즙이나 꿀 등도 먹지 않는다. ⑦헌 옷감으로 만든 옷을 입는다. ⑧삼의三衣 이외에는 소유하지 않는다. ⑨무상관에 도움이 되도록 무덤 곁에 머문다. ⑩나무 밑에 거주한다. ⑪지붕이 없는 곳에 앉는다. ⑫단정하게 앉고 눕지 않는다.

37 초도오비구初度五比丘: 석존이 성도 후 최초로 교화한 다섯 사람의 비구를 말한다.

○『십송률』에서 말하였다. “납의에 전상田相을 붙이지 않으면 그것을 걸쳐 입고 마을에 들어가는 것을 허락하지 않는다.”

○납의에는 10가지 이익이 있다. 첫째는 추한 옷에 들어간다. 둘째는 요구하는 사람이 적다. 셋째는 마음대로 앉을 수 있다. 넷째는 마음대로 누울 수 있다. 다섯째는 세탁하기가 쉽다. 여섯째는 좀먹는 일이 적다. 일곱째는 염색하기가 쉽다. 여덟째는 잘 떨어지지 않는다. 아홉째는 다시 다른 옷으로 만들지 못한다. 열째는 도를 구하는 신분에 맞다. 또 말하였다. “이 천한 물건을 체득하면 사물을 탐내는 마음에서 벗어나기 때문에 도적이 탐내지 않고 항상 자신의 몸에 사용할 수 있다. 욕심이 적은 자는 모름지기 형상의 고통에서 벗어나야 하므로 상사上士[38]들이 이것을 입는다.

納衣[39]

又名五納衣 謂衣有五種故.『十誦律』云 一有施主衣 二無施主衣 三往還衣【西天人亡 眷屬以衣贈送 至林却取施僧.】四死人衣 五糞掃衣. 此自有五種 一道路棄衣【脫厄人衣.】二糞掃處衣 三河邊棄衣 四蟻穿破衣 五破碎衣. 又有五種 一火燒衣 二水漬衣 三鼠咬衣 四牛嚼衣

---

38 상사上士: 『도덕경道德經』 41장에 “上士聞道 勤而行之 中士聞道 若存若亡 下士聞道 大笑之(근기가 뛰어난 자는 도를 들으면 힘써 실천하고, 자질이 중간인 사람은 도가 있는 듯 없는 듯 반신반의한다. 근기가 저열한 자는 도를 듣자마자 한바탕 웃어 제친다).”라는 내용이 나온다.

39 납의納衣: 본디 ‘납의衲衣’라야 한다. 그러나 버린 옷을 주워서 납의를 만드는 것이기 때문에 ‘받아들인다’의 의미로 사용한 것이라면 ‘納衣’를 사용할 수도 있다. 고유명사로 쓰일 때는 ‘衲衣’로 바로잡아 번역한다.

五嬭母棄衣. 已上衣 天竺忌諱故棄之 以不任用. 義同糞掃故 共納成衣 名糞掃衣也. 律云 一切上色 不得直用 並須染作迦沙色. 今言毳者 卽是細毛爲衣也. ○『智度論』云 佛意欲令弟子 隨順道行 捨世樂故 讚十二頭陀. 如初度五比丘白佛 當著何等衣? 佛言應著納衣. ○『十誦』云 若納衣不貼田相 不許披入聚落. ○此衣有十利 一在麤衣數 二少所求索 三隨意可坐 四隨意可臥 五浣濯易 六少虫壞 七染易 八難壞 九更不餘衣 十不失求道. 又云 體是賤[40]物離自貪故 不爲盜所貪 常得資身故. 少欲者 須濟形苦故上士著之.

18) 옷을 입는 공과 허물

부처가 아난에게 말하였다. "옷에는 2종류가 있으니 가까이할 수 있는 것과 가까이할 수 없는 것이다. 좋은 옷을 입고, 도의 마음(道心)을 더 증익시킬 수 있으면 이것은 가까이해도 되는 것이고, 도심을 손상시키면 이것은 가까이해서는 안 되는 것이다. 이 때문에 혹자는 좋은 옷을 따라 도를 얻기도 하고, 혹자는 해진 옷을 따라 도를 얻기도 하니, 깨달음은 마음에 있는 것이지 옷에 구애되는 것이 아니다."

○『지도론』에서 말하였다. "부처가 말하였다. '오늘부터 일심으로 열반을 구하여 세간을 버리는 비구가 있다면 나는 십만 냥의 가치가 있는 옷을 입고 있고, 온갖 맛있는 음식을 먹는 것으로 알겠다.'"

---

40 명판본에는 '則'으로 되어 있으나 다음의 원문을 참조하여 '賤'으로 바로잡았다. 『사분율산번보궐행사초四分律刪繁補闕行事鈔』(T40, p.104c21), "論云 一體是賤物 離自貪著 二不爲王賊所貪 常得資身長道."

著衣功過

佛告阿難 衣有二種 謂可親不可親. 若著好衣 益[41]其道心此可親 若損道心此不可親. 是故或從好衣得道 或從弊衣得道 所悟在心 不拘形服. ○『智度論』云 佛言從今日 若有比丘 一心求涅槃 背捨世間者 我聽著價直十萬兩金衣 食百味食.

19) 가사의 다섯 가지 공덕

『비화경』에서 말하였다. "부처는 보장불寶藏佛 앞에서 발원하기를, 성불할 때에 내 가사가 5종 공덕을 성취케 하리니 첫째, 불제자로서 무거운 사견邪見[42] 등을 범하였다 하더라도 일념으로 가사를 공경하고 존중한다면 반드시 성문·연각·보살 등 삼승三乘의 지위에 도달하리라는 수기受記[43]를 받게 될 것이다. 둘째, 천룡과 인귀들이 가사의 작은 부분이라도 공경한다면 삼승三乘의 해탈도 가운데 불퇴전의 법을 얻을 것이다. 셋째, 만약 귀신과 여러 사람이 가사 네 치 정도만이라도 얻어 가지면 음식이 충족될 것이다. 넷째, 만약 중생들이 서로 충돌하여 배반할 때라도 가사의 신력으로 문득 자비의 마음이 생기게 할 것이다. 다섯째, 만약 가사의 일부분이라도 지니면 존경과 공경심이 생겨 항상 다른 것을 이기게 될 것이다."

---

41 명판본에는 '盖'로 되어 있으나 이는 '益'의 오자이다.

42 사견邪見: 주로 인과의 도리를 무시하는 옳지 못한 견해. 온갖 망견妄見은 다 정리正理에 어긋나는 것이므로 사견이라 한다.

43 수기受記: 내생來生에 부처가 되리라는 것을 미리 예시 받는 것.

袈裟五種功德

『悲華經』云 佛於寶藏佛前發願 成佛時袈裟有五種功德 一入我法中 犯重邪見等 於一念中 敬心尊重 必於三乘受記. 二天龍人鬼 若能敬 此袈裟少分 卽得三乘不退. 三[44]若有鬼神諸人 得袈裟四寸 飮食充足. 四若衆生 共相違背 念袈裟力 尋生悲心. 五若持此少分 恭敬尊重 常得勝他.

20) 팔법을 믿고 존중함

경전에서 말하였다. "가사는 성인의 표식이니, 적멸행과 자비심과 욕심에서 벗어난 자들이 입는 옷이다. 이 때문에 출가자들은 몸에 가사를 걸치는데, 만약 사문과沙門果를 얻지 못한 자라면 팔법을 존중해야 한다. 무엇이 팔법인가? 탑상塔想·적멸상寂滅想·자비상慈悲想·여불상如佛想·참괴상慚愧想을 일으키는 것과 미래에 내가 탐냄·성냄·어리석음을 여읜 사문상沙門想을 갖추는 것이다."

八法信重

經云 袈裟聖人表式 隨順寂滅行 慈悲心離欲者之所應服. 是故出家者 身披袈裟 若未得沙門果者 應以八法敬重. 何等八法? 應起塔想 寂滅想 慈悲想 如佛想 慚愧想 令我來世 離貪恚癡 具沙門想.

---

44 명판본에는 '三'이란 숫자가 결자缺字이므로 넣어 바로잡았다.

21) 옷을 받아 지니는 법

『비나야』에서 말하였다. "승가리【대의이다.】이것은 옷 가운데 으뜸이다. 이 때문에 아무 곳에서나 착용할 수 없는데, 마을에 들어가고, 걸식하고, 음식 먹고, 승려가 되고, 작법을 하고, 설법을 듣고, 두 스승에게 예배하고, 같이 범행梵行을 하는 승려에게 예배할 때도 모두 대의를 입을 수 있다. 울다라승嗢多羅僧[45]【7조 가사】은 응당 깨끗한 곳이나 일을 할 때 입고【일(業)이란 경전을 익히고 외우는 등의 일이다.】안저파사安咀婆娑(安陀會)【5조 가사】는 어느 곳에 머물든지 마음대로 착용해도 죄가 안 된다."

○『오백문』에서 말하였다. "만약 중의中衣【7조 가사】가 없다면 강론하러 올라갈 때, 예배할 때 대의大衣를 입는다. 5조 가사도 대중들과 어울려 음식 먹을 때, 예불 등을 할 때 입을 수 있다."

○『십송률』에서 말하였다. "대의를 입었을 때는 돌·흙·초목을 운반하거나 청소할 수 없다. 펼쳐서 앉고 눕거나 모두 다 발로 밟아서는 안 되고, 땅에 끌고 다녀서도 안 된다. 만약 마을에서 멀어지면 어깨 위에 포개었다가 마을 가까이에 물이 있으면 물이 있는 곳으로 가서 손발을 씻고, 물이 없다면 초목의 잎으로 먼지를 떨어낸 뒤에 옷을 입는다."

---

45 올다라승嗢多羅僧: 한 겹이 7조각으로 만들어진 상의. 예송禮誦이나 포살布薩 등에 사용한다.

受持衣法

『毘奈耶』云 僧伽梨【大衣】是衣中主.[46] 是故不得隨處著用 若入聚落時乞食時 隨噉食時入衆時 禮制底時聽法時 禮拜二師 及[47]禮同梵行者時 皆可披大衣. 若嗢多羅僧【七條】應於淨處著 及諸作業【業[48]謂習誦等事】若安呾婆娑【五條】住於何處 隨意著用無犯. ○『五百問』云 若無中衣【七條】得著大衣 上講禮拜. 五條亦得著入衆食禮拜等. ○『十誦律』云 著大衣不得揵石土木草 及掃地. 敷坐臥具不得脚踏 不得曳地. 若去村遠 卽疊於肩上 近村有池 汪[49]卽洗手足 無水以草木[50]葉拭塵土 然後著衣.

22) 등에 가사를 걸침

겉을 안쪽으로 가게 하고 앞의 것을 뒤로 돌아가게 한다. 북쪽 승려들은 이처럼 많이 한다.

○『오분율』에서 말하였다. "부처가 말하였다. '마을에 들어가기 전이나 나와서 옷이 풀과 나무에 걸려 찢어지고, 먼지가 옷자락(葉) 안으로 들어가서 더러워지고【엽葉은 옷자락이다.】햇볕에 쬐어 가사의 색깔이

---

46 부세평의 『석씨요람교주』(중화서국, 2014)에는 『근본설일체유부비내야잡사根本說一切有部毘奈耶雜事』를 인용하여 '王'으로 교감하였으나, 대정장의 『근본설일체유부비내야잡사』에서 '王=主'라고 주석을 달고 있으므로 명판본을 따른다.

47 명판본에는 '乃'로 되어 있으나 이는 '及'의 오자이다.

48 명판본에는 '業'이 생략되어 있으나 대정장을 참조하여 보충하였다.

49 명판본에는 '注'로 되어 있으나 이는 '汪'의 오자이다.

50 명판본과 일판본 및 대정장에는 '水'로 되어 있으나 이는 '木'의 오자이다.

변하므로, 옷을 보호하기 위해 (뒤집어 입기를) 청하였다. 때문에 마을 밖에서는 가사를 뒤집어 입고 만약 옷이 쉽게 손상될 것 같으면 옷을 뒤집어서 입되, 아래위로 매듭(鉤紐)[51]을 매도록 허락하였다.'"

背著袈裟

卽是以表爲裏 易前歸後也. 北僧多如此. ○『五分律』云 佛言 若出村入村 若草木勾衣破 風土塗汙入葉中【葉卽衣相.】日[52]曝壞衣色聽爲護衣. 故聚落外翻著袈裟 若衣易壞 聽顚倒著衣 上下安鉤紐.

23) 고리와 매듭단추

『승기율』에서 말하였다. "『세설집요』에 '앞면을 고리(鉤)라 하고 등쪽을 매듭단추(紐)라 한다.' 하였다. 처음에는 이런 물건이 없었는데 부처가 니사단尼師壇을 만들 때 왼팔 옷 아래가 편하려면 어깨 위를 고정시키지 않고는 옷을 가지런하게 할 수가 없었고, 걸식할 때에 겉옷이 바람에 불려 떨어지자 부처가 마침내 고리와 매듭단추로 고정시키도록 허락하였다. 부처는 고리와 매듭단추에 금은보화를 사용하지

51 구뉴鉤紐: 가사를 입을 때 양끝에 붙인 고리와 끈을 연결하여 떨어지지 않도록 하는 용구이다.

52 명판본에는 '廻日'로 되어 있으나 『사분율산번보궐행사초四分律刪繁補闕行事鈔』(T40, p.104c21)를 참조하여 교감하였다. "若出村入村 爲草木鉤衣破裂 風雨塵土汚坌入葉中 日暴壞色 鳥汚者 聽爲護衣故聚落外反著之 若衣下易壞 聽顚倒著衣 上下安鉤紐及帶."

못하게 하고, 오직 상아나 뼈(牙骨), 향나무와 같은 것은 허락하였다."

鉤紐

『僧祇』云『細粿集要』云 前面爲鉤 背上名紐. 先無此物 因佛制[53]尼師壇 安左臂衣下 則肩上無鎭 衣不整齊 乞食時被風吹落 佛遂許安鉤紐. 佛制一切金銀寶物 不得安鉤紐上 惟許牙骨香木之屬.

24) 피단

【단袒은 육단肉袒이다.】『사리불문경』에서 말하였다. "'어떤 때에 피披와 단袒을 합니까?'【피披는 양 어깨를 덮는 것이고, 단袒은 오른쪽 팔만을 드러내는 것이다.】 부처가 말하였다. '추종하여 공양할 때에는 편단偏袒[54]을 해야 하니 일하기에 편해야 하기 때문이고, 복전을 지을 때는 양쪽 어깨를 덮어야 하니 복전의福田衣의 모습을 나타내기 때문이다.'" 【기記에서 이렇게 설명했다. "추종하여 공양한다는 것은 예컨대 부처를 뵙거나, 부처에게 예배하거나, 두 스승[55]에게 묻거나, 득도한 뒤에 처음으로 총림에 들어갈 때와 같은 경우이다. 복전을 짓는다는 것은 재齋를 지내고

---

53 명판본에는 '制'자가 없으나 『마하승기율』(T22, p.392c04)의 인용문을 참조하여 보충하였다. "長老 世尊制尼師壇大小 若敷坐處 兩膝則無 若敷兩膝 坐處復無."

54 편단偏袒: 편삼과 같다. 승기지僧祇支와 복견의覆肩衣를 기워 이은 옷이다. 처음에는 깃이 없는 긴 저고리와 같은 옷이었는데 뒤에 깃을 달게 되었다. 상반신을 덮는다.

55 두 스승: 친교사와 수업사를 가리킨다.

좌선하며, 경전을 외고, 마을에 들어가거나 나무 밑에 앉았을 때를 일컬음이니, 사람들로 하여금 법의(田相)를 보여서 단정하고 엄숙하게 함이다. 그러므로 만약 부처를 대하여 양어깨를 다 덮은(通披)[56] 자는 오백생 동안 철갑지옥에 떨어지게 된다."】

披袒

【袒卽肉袒.】『舍利弗問經』云 於何時披袒?【披卽通覆兩肩 袒卽偏露右臂.】佛言 隨供養時 應偏袒 以便作事故 作福田時 應覆兩肩 現福田相故.【記云 隨供養者 如見佛 禮佛 問訊二師 入衆等時也. 作福田者 謂請齋坐禪誦經 入聚落樹下坐時 使人見田相端嚴. 故若對佛通披者 五百生墮鐵甲地獄.】

25) 이롭게 함

『승기율』에서 말하였다. "승려 가운데 계율을 지켜 공덕이 있는 사람은 속인들이 그의 찢어진 가사 조각이라도 구하여 재앙을 면하고자 하는데, 그런 사람에게는 작은 조각이라도 주는 것을 허락한다."

---

56 통피通披: 가사를 착용하는데 양어깨를 다 덮는 것. 편단우견 → 인도의 예법. 승려가 존경할 만한 사람에게 공경의 뜻을 나타내는 모습으로 가사를 걸치는데, 오른쪽 어깨(右肩)를 벗고(袒) 왼쪽 어깨만을 덮는 것. 우리나라에도 승려가 가사를 걸칠 때는 반드시 왼쪽 어깨에 걸친다. 불상에서도 오른쪽 어깨를 드러낸 것이 많다.

作益
『僧祇』云 僧尼有戒德者 若俗人求破袈裟段 欲禳災者 聽與小片.

26) 편삼

고승들에게 율법의 제도에 의거한 옷으로 승기지僧祇支[57]가 있다.【이것을 복박의覆膊衣 또는 엄액의掩腋衣라고 한다.】이 옷은 왼쪽 팔뚝을 덮고 길게 내려와 오른쪽 겨드랑이를 감싼다. 대체로 삼의三衣의 속옷으로 인도의 의식이다. 『축도단위록竺道袒魏錄』에서 말하였다. "위나라 궁인이 승려가 팔 한쪽만 벗고 있는 것을 보고 좋지 않다고 생각하여 편삼을 만들어 승기지僧祇支 위에 재봉질하여 주고 편삼偏衫이라고 불렀다."【오늘날 등쪽을 열어 옷깃에 붙이는 것은 위나라 제도의 유풍이다.】

偏衫
古僧依律制 只有僧祇支【此名覆膊 亦名掩腋衣.】此長覆左膊 及掩右掖. 蓋儭三衣故 卽西天之儀也. 『竺道袒魏錄』云 魏宮人 見僧袒一肘 不以爲善 乃作偏衫 縫於僧祇支上 相從因名偏衫.【今開脊接領者 蓋遺[58]魏制也.】

---

57 승기지僧祇支: 엄액의掩腋衣, 복박의覆膊衣라고도 한다. 가사 아래에 걸쳐 가슴·겨드랑이를 덮는 작은 옷. 인도 불교의 승단에서 규정된 3종의 옷 아래에 착용하는 겨드랑이와 왼쪽 어깨를 덮는 장방형의 하의이다.

58 명판본에는 '違'로 되어 있으나 이는 '遺'의 오자이다.

27) 치마

중국에서의 이름은 주나라 문왕이 제정한 것이다.

○『서역기』에서는 “니바사나泥縛些那”라 하고, 당나라에서는 “군裙”이라 한다.【‘사些’자는 상桑과 개个의 반절이다.】

○『근본백일갈마』에서 말하였다. 범어로는 “니벌산나泥伐散那”라 하고, 당나라 말로는 ‘군裙’이라 한다.

○여러 율법의 구역舊譯에는 열반승, 혹은 니원승泥洹僧, 혹은 내의內衣라고 번역하고, 혹은 천의圖衣[59]라고도 한다.【‘천圖’은 음이 ‘선船’이니, 곧 쌀을 담는 둥근 모양의 대그릇과 비슷한 것으로 덮개가 없다.】

○대개 둥글다는 뜻을 취한 것이다.

裙

此方之名 周文王制也. ○『西域記』云 泥縛些那 唐言裙.【些字桑个切.】 ○『根本百一羯磨』云 梵語泥伐散那 唐言裙. ○諸律舊譯 或云涅槃僧 或云泥洹僧 或譯爲內衣 或云圖衣.【圖音船[60] 卽貯米圓器似圖而無蓋.】 ○蓋取圓義.

28) 좌구

범어로는 니사단尼師壇이라 하고, 중국에서는 수좌의隨坐衣라고 한다.

---

59 천의圖衣: 비구니가 입는 통치마.

60 명판본에는 ‘般’으로 되어 있으나 ‘船’의 오자이다.

○『근본비나야』에서는 '니사단나尼師但那'라 하였고, 당나라 말로는 '좌구坐具'이다. 정 법사淨法師의 주석에는 "글에 '좌구'라고 말하였다." 하였고, 여기서는 '부구敷具'[61]라고 하는데 앉거나 누울 때 모두 적합하다. 부처가 제정할 때는 본디 와구로 대신 사용하려고 한 것이었는데 손상이 있을까 염려하여 다른 데 사용하지 못하게 했다.

○『오분율』에서 말하였다. "몸을 보호하고 옷을 보호하고 승려의 이부자리를 보호하기 위하여 만들었기 때문에 좌구를 쌓아둔다."

○『승기율』에서 말하였다. "만약에 길을 가고 있을 때라면 길게 겹치거나 가운데를 겹치게 하여 옷 주머니 속에 넣어두었다가 본래 거처하는 곳에 이르면 쭉 펴서 앉는 것이 마땅하고, 율법에도 분량에 따라 만들되, 길이는 부처의 두 뼘(磔手)[62]이고, 넓이는 한 뼘 반이다." 【부처의 한 뼘은 길이 2자 4치이며, 이것을 합하면 길이 4자 8치이고, 넓이는 3자 6치이다.】

○율법에서 말하였다. "더 늘린다는 것은 곧 네 가장자리 쪽으로 각각 더 늘리는 것이어서 오늘날의 좌구와 같다. 네 가장자리에 첩貼을 붙이니 곧 상象이며, 한쪽만 만드는 것은 허용하지 않는다. 만약 새 좌구를 만들려면 옛 좌구를 활용하여 가운데 덧붙이는 것이 마땅하니,

---

61 부구敷具: 지질地質이 세밀하고 두터운 모포.

62 책수磔手: 책은 엄지와 중지를 펼친 길이, 즉 한 뼘. 고대 인도의 길이를 재는 단위이다. 일장수一張手·일탁수一拆手·일탑수一搭手라고도 한다. 척도에 관해서는 여러 가지 설이 있으나 당나라의 소척小斥, 즉 희주척姬周尺에서 보통 사람의 일책수는 1척이나 부처는 보통 사람의 배라고 하기 때문에 부처의 1책수는 당척唐尺으로 2척尺이라 할 수 있다.

대체로 좋은 모습을 훼손시키기 위해서이다. 만약 본인의 옛 좌구도 없고 또 구할 곳도 없다면, 덧대지 않더라도 허물이 아니다." 기記에는 "부처가 처음에는 왼쪽 어깨 위의 옷을 고정시키는 것을 허락하였다." 했다. 그러자 어떤 외도가 한 비구에게 물었다. "너희들 어깨 위에 있는 옷 조각의 이름은 무엇이며 용도는 무엇이냐?" 비구는 "이름은 니사단이고, 좌구입니다."라고 답하였다. 또 묻기를 "너희들의 옷을 무엇이라 하며, 어떤 공덕이 있느냐?" 하자, 답하기를 "인욕의忍辱衣라 하며, 삼보三寶(불보·법보·승보)의 상이 있어서 위로는 마귀를 제압하고, 아래로는 외도를 누릅니다." 하였다. 또 묻기를 "이 옷에 이미 그런 공덕이 있다면 귀한 것인데, 어째서 그 인욕의 위에 좌구를 올려놓는가? 너희들이 스스로 한 것이라면 스승이 어째서 가르치지 않았으며, 만약 이것이 스승의 가르침이라면 이 법은 존경받기에 부족하다." 하였다. 비구가 부처에게 아뢰자, 부처는 왼쪽 팔뚝의 옷 아래로 옮기도록 제정하였다. 【이때 의衣는 곧 삼의三衣이다. 이것으로써 니사단은 더러운 데에 접촉되는 것이어서 깨끗한 용도로 사용할 수 없다는 것이 증명되었다.】

○『계단도경』에서 말하였다. "니사단은 탑에 기단基壇이 있는 것과 같다. 너희들은 지금 계를 받았으니, 너희 몸은 곧 오분법신五分法身[63]의 탑이고, 진실로 오분법신은 계를 받음으로 인해 생겨나기 때문이다."

---

63 오분법신五分法身: 부처와 아라한이 갖추어 가진 5종의 공덕. 계신戒身·정신定身·혜신慧身·해탈신解脫身·해탈지견신解脫知見身.

坐具

梵云 尼師壇 此云隨坐衣. ○『根本毘奈耶』云 尼師但那 唐言坐具. 淨法師註云 文言坐具. 此乃敷具 坐臥皆得. 佛制者 本爲儭替臥具 恐有所損 不擬餘用也. ○『五分律』云 爲護身護衣 護僧牀褥 故蓄坐具. ○『僧祇』云 若在道行 得長疊中疊 安衣囊中 至本處 當敷而坐 律應量作 長佛二磔手 廣一磔手半.【佛一磔手 長二尺四寸 此合長四尺八寸 廣三尺六寸.】○律云 更增者 卽向四邊各益 如今坐具. 四緣有貼 卽象也 不許單作. 若新物作 當用故物貼中 蓋壞其好也. 若自無故物 又無求處 不貼無過. 記云 佛先許安左肩上鎭衣. 因有外道 問一比丘曰 汝肩上片布 何名何用? 比丘答云 名尼師壇 是坐具. 又問 汝所披衣何名 有何功德? 答忍辱衣 三寶之相 上制天魔 下降外道. 又問 此衣旣有是功德可貴 豈得以所坐之布居其上? 若汝自爲 師何不敎? 若師敎者 此法不足可尊. 比丘白佛 佛因制 移安左臂衣下.【衣卽三衣也. 以此證是觸不得淨用.】○『戒壇圖經』云 尼師壇 如塔之有基. 汝今受戒 卽身是五分法身之塔 良由五分法身 因戒生故.

29) 낙자[64]

또는 괘자掛子라고 부른다. 중국의 선배 스님들이 처음 만들었고 뒤에

64 낙자絡子: 낙絡은 괘락掛絡의 약칭, 자子는 어조사이다. 선승들이 일하기 편리하게 목에 거는 약식 가사이다. 일명 5조 가사라 하고 안타회安陀會와 같다. 두 어깨를 둘러 가슴에 늘어뜨리는 작고 네모반듯한 5폭의 천으로 된 가사이다. 5조 가사를 당나라 측천무후가 줄여서 선승에게 준 뒤부터 장삼 위에 걸게 되었다.

스님들이 따라 했다. 또 옷의 이름은 없었는데 몸에 걸쳐져 있는 것을 보고 이렇게 부르게 되었다. 오늘날 남방의 선승들은 모두 일을 할 때 이 옷을 입는데, 만드는 제도가 같지 않지만 모양이 비슷하다. 율법에 명칭이 없으니 연구하는 사람들에게 비난받을 수밖에 없다. 내가 『근본백일갈마』 제10권을 읽었는데 "5조에는 3가지 품이 있으니, 상품은 세로가 3주肘에 넓이는 5주, 하품은 거기에서 반을 줄이고, 상품, 하품 사이의 것을 중품이라고 부른다." 하였다. 부처가 말했다. "안타회에는 2종류가 있으니, 첫째는 세로가 3주이고 넓이는 5주, 둘째는 세로가 2주이고 넓이는 4주이다." 이 수지의守持衣는 삼륜을 덮는 것을 최후의 한계로 삼는다. 【위로는 배꼽을 덮고 아래로는 무릎을 가린다.】 이 말을 상세히 살펴보면 이것은 지금 낙자絡子의 치수와 거의 같다. 그것을 만들 때는 다섯 폭만 사용하는데 하나는 길고 하나는 짧으며, 혹 주름을 잡기도 하고 덧붙이기도 하니 이것을 안타회라고 부른다. 이것을 하면 비방을 면하기 때문이니 모든 곳에서 입을 수 있어 율법에 합당하며 허물이 없고, 실제로 맨몸으로 있는 것보다 낫다. 【지금 법령을 상세히 살펴보면 '주肘'(약 40cm)는 자신의 팔 관절을 사용하는 것으로 대개 자신의 몸을 척도로 옷을 만드는 것이다. 만약 1자 8치를 1주로 사용하였다면 아래의 글은 팔이 짧아 미치지 못한다는 말이 없을 것이다.】

絡子

或呼掛子. 蓋此先輩僧創之 後僧效之. 又亡衣名 見掛絡在身故 因之稱也. 今南方禪僧 一切作務皆服 以相不如法. 諸律無名 幾爲講流非

之. 予因讀『根本百一羯磨』第十卷云 五條有三品 上者竪三肘廣五肘 下者減半 二內名中. 又佛言 安陀會有二種 一者竪三肘廣五肘 二者竪二肘横四肘. 此謂守持衣 最後之量限蓋三輪.【上蓋臍下掩膝.】因詳頗是今絡子之量也. 若作之 但五幅 一長一短 或攝或貼 呼安陁會. 卽免謗一切處着 合律無過 實勝空身矣.【今詳律言 肘但用自肘 蓋度身而衣也. 若用尺八之肘者 下文卽無臂短不及之言也.】

30) 버선

초鈔에서는 '말襪'이라 하였고, '시의是衣'라고도 하였다.

○『사분율』에서 말하였다. "추워지면 버선을 신도록 허락하였다."【『고금주古今注』에서는, "삼대三代로부터 진秦에 이르기까지 모두 각말角襪을 신었는데, 띠로 묶어 복사뼈에 이르게 하였다. 위魏나라 문제(조비)로부터 그 모양을 고쳤다."라고 하였다. 『석명』에서 말하였다. "말襪은 끝(末)의 뜻으로 발에 신는 것이다." 최사崔駰(후한 때 사람)의 명銘에서는 "동짓달(建子之月)에 온화한 기운이 돌도록 도와준다."라고 하였다.】

○『오분율』에서 말하였다. "외도가 옷에 대해 물었으나 비구는 알지 못했다. 이에 비난하면서 말하길 '사문들에게 무슨 특별난 것이 있겠습니까? 옷 모양조차 알지 못하거늘 어떻게 마음을 안다고 말하겠습니까?'" 앞글에 상세히 주석하였다.

襪

鈔云襪 亦是衣. ○『四分律』云 寒聽著襪.【『古今注』云 自三代及秦

皆著角襪 以帶結至踝 洎魏文 乃更其樣. 『釋名』曰 襪末也 在脚末也.[65] 崔駰銘曰 建子之月 助養和氣.】 ○『五分律』云 外道問衣 比丘不知. 乃被譏曰 沙門有何奇特? 尙不知衣相 云何知心故? 於前文 委細註釋爾.

---

65 명판본에는 '襪在脚末也'로 되어 있으나 『석명釋名』을 참조하여 '襪末也 在脚末也'로 바로잡았다.

9. 계법편戒法篇

1) 계

『지도론』에서 말하였다. "범어로는 '시라尸羅'이고, 진나라 말로는 '성선性善'이다."

○옛 승려들은 '시라尸羅'라 하고, 중국에서는 '계戒'라고 하니, 허물을 그치게 하고 과오를 방지하는 것을 뜻으로 삼았다.

○『증휘기』에서 말하였다. "계라는 것은 경계함이다. 삼업三業을 짓지 않도록 경계하여 채찍질하고 인연이 아닌 것을 멀리 떠나게 한다."

○『우바새계경』에서 말하였다. "계는 통제한다(制)는 말이니, 온갖 불선법不善法을 제어할 수 있다."

○『보살자량론』에서 말하였다. "'시라'는 '청량하다'는 뜻이니 마음이 번뇌에서 떠났기 때문이다. '안온하다'는 뜻이니, 다른 세상의 즐거움이 될 수 있는 원인이기 때문이다. '안정되다'는 뜻이니, 마음을

고요히 하여 진리의 실상을(止觀) 세울 수 있기 때문이다. '적멸'이라는 뜻이니, 열반락을 얻을 수 있는 원인이기 때문이다."

戒

『智度論』云 梵語尸羅 秦言性善. ○古師云尸羅 此云戒 以止過防非爲義. ○『增輝記』云 戒者警也. 警策三業 遠離緣非也. ○『優婆塞戒經』云 戒者名制 能制一切不善法故. ○『菩薩資糧論』云 尸羅者淸涼義 離心熱惱故. 安穩義 能爲他世樂因故. 安靜義 能建立止觀故. 寂滅義 得涅槃樂因故.

2) 두 가지 계율

『비니모경』에서 말하였다. "계에는 2종류가 있다. 첫째는 출세간의 계율이고, 둘째는 세간의 계율이다. 세간의 계율은 출세간의 계율을 만드는 데 근본이 될 수 있으므로 '가장 뛰어나다'고 말한다. 또 첫째는 몸과 입에 의지하는(依身口) 계율이고, 둘째는 마음에 의지하는(依心) 계율이다. 몸과 입에 의지하는 계율을 근본으로 하여 마음에 의지하는 계율을 얻을 수 있다."

二戒

『毘尼母』云 戒有二種. 一出世間戒 二世間戒. 此世間戒 能爲出世戒作因 故云最勝. 又云 一依身口戒 二依心戒. 因依身口戒 得依心戒故.

3) 세 가지 계율

첫째는 재가자의 계율이다.【곧 팔계이다.】둘째는 출가자의 계율이다.【곧 별해탈계別解脫戒[1]이다.】셋째는 도道와 속俗이 함께 지키는 계이다.【오계五戒[2]와 삼취계三聚戒[3]이다.】

三戒
一在家戒【卽八戒.】二出家戒【卽別解脫戒.】三道俗共戒【五戒三聚戒.】

4) 이귀계

『오분율』에서 말하였다. "처음 부처가 성도했을 때 부처는 두 명의 장사꾼과 여인 수사타須闍陁, 다섯 비구[4]와 함께 있었다. 모두 불佛과

---

1 별해탈계別解脫戒: 별해탈율의別解脫律儀라고도 한다. 수계하는 작법에 의지하여 5계·10계·구족계 등을 받아 지녀 몸이나 입으로 짓는 악업을 따로따로 해탈하는 계법.

2 오계五戒: 불교에 귀의하는 재가 남녀가 받을 5종의 계율. ①중생을 죽이지 말라. ②훔치지 말라. ③음행하지 말라. ④거짓말하지 말라. ⑤술 마시지 말라.

3 삼취계三聚戒: 삼취정계三聚淨戒라 한다. 대승 보살의 계법戒法으로 섭률의계攝律儀戒·섭선법계攝善法戒·섭중생계攝衆生戒를 말한다. 대승·소승의 온갖 계법이 다 이 가운데 소속되지 않은 것이 없으므로 섭攝이라 하고, 그 계법이 본래 청정하므로 정淨이라 한다.

4 다섯 비구: 5군비구群比丘라고도 한다. 석존이 출가하던 때 부왕의 명으로 태자를 모시고 함께 고행하였고, 부처가 성도한 후 녹야원에서 처음 교화하여 비구가

법法에 귀의하는(二歸) 인연을 받아들였고 이때까지는 승려가 없었기 때문이다."【이것은 소승의 별체別體(별개의 것으로 간주된 삼보)로 나아가 삼보三寶를 유지維持한다는 이야기이다.】

二歸戒

『五分律』云 初佛成道 爲二賈客 及女人須闍陁幷五比丘. 皆受二歸緣未有僧故.【此就小乘別體 住持三寶說也】

5) 삼귀계

『오분율』에서 말하였다. "부처가 녹야원에서 다섯 구린(五俱鄰)[5]을 제도하자 세간에 6명의 아라한(羅漢)이 있게 되었다. 다음으로 야사耶舍[6]와 부모가 가장 먼저 삼귀의계[7]를 받아들였다." 주석註釋에는 "귀歸는 향하여 나아감이고, 의依는 자신을 내던짐이다."라고 하였다.

된 다섯 사람이다. 아야교진여·아습비·마하마남·바제·바부를 말한다.

5 오구린五俱鄰: 구린俱鄰은 거륜居倫·구륜拘輪·구린拘隣·거린居隣이라고도 한다. 아야교진여의 별명으로, 아야는 잘 알았다는 뜻이고 교진여는 성이다. 오구린은 구린(교진여)를 포함한 다섯 비구를 말한다.

6 야사耶舍: 중인도 바라내국 장자이고 선각의 아들이다. 인생의 무상함을 통감하고, 염세하는 마음을 내어 집을 떠나 세존에게 와서 교화를 받고 불제자가 되었다. 그의 부모와 아내는 야사의 출가를 슬피 여겨 세존이 있는 데까지 따라왔다가 부처의 교화를 받고 불문에 귀의하였고, 첫 우바새·우바이가 되었다.

7 삼귀의계: 불·법·승 삼보에 귀의하는 것. 또한 불교의 계율을 지키기로 맹세함으로써 불교도가 되는 경우를 삼귀계라 한다.

○『살바다』에서 말하였다. "삼보에게 귀의하는 것을 한계로 삼으니, 구하고 보호하여 침범하거나 능멸해서는 안 되기 때문이다."

○『현종론』에서 말하였다. "구제의 뜻이니, 삼보에 귀의함으로써 생사의 고통스런 윤회의 큰 두려움에서 쉴 수 있기 때문이다."

○『비니모경』에서 말하였다. "5종의 삼귀가 있으니, 첫째는 번사翻邪, 둘째는 오계五戒, 셋째는 팔계八戒, 넷째는 십계十戒, 다섯째는 구족계具足戒이다."

○『살바다론문』에서 말하였다. "'삼귀의계를 받지 않은 사람이라도 오계를 받을 수 있지 않습니까?' 답하길 '받을 수 없다. 먼저 삼귀의계를 받아야 비로소 오계를 받을 수 있다.' 하였다."

○『아함경』에서 말하였다. "귀의계를 받기 전에 먼저 참회하고, 그 뒤에 삼귀의계를 받을 수 있다. 바로 이것이 계의 본체(戒體)이다. 삼귀의계를 뒤에 받는 것은 돌아갈 곳을 경계하여 보여주는 것이다."

○『우바새계경』에서 말하였다. "선생 장자善生長者가 부처에게 아뢰길 '앞서 말씀하시기를 누가 와서 계를 요구하는 자가 있으면, 먼저 삼귀의를 가르친 다음에 계를 베풀라고 하셨는데 어째서 그렇습니까?' 하자, 부처가 말하기를 '여러 괴로움을 깨뜨리고 번뇌를 끊고서 위없는 적멸의 즐거움을 받으니 이러한 인연으로 먼저 귀의계를 받는다.' 하였다. 삼귀란 어떤 것인가? 대저 부처는 능히 설법을 잘해서 번뇌를 없애니 이로 인하여 바른 견해를 얻고, 법法은 번뇌를 부수고 이로 인하여 진실한 견해를 얻고, 승僧은 불법을 받아서 번뇌를 깨뜨리고 이로 인하여 바른 견해를 얻는다.'"

○『희유교량공덕경』에서 말하였다. "만약 삼천대천세계에 벼·삼·

대나무·갈대와 같이 가득 차 있는 여래에게 사람들이 의복·음식·탕약·와구(四事) 등을 가득 채워 2만 년 동안 공양하고, 제불이 멸도한 뒤에 각기 보탑을 쌓고 다시 여러 가지 향화로 공양한다면, 비록 그 복이 많더라도 어떤 사람이 순박하고 깨끗한 마음으로 불·법·승 삼보에게 귀의하여 얻는 공덕보다는 못할 것이다."

三歸戒

『五分』云 佛於鹿苑 度五俱鄰 人間已有六羅漢故. 次爲耶舍父母 最先授三歸依也. 釋云 歸者 趣也 依者 投也. ○『薩婆多』云 以三寶爲所歸境 欲令救護 不得侵凌故. ○『顯宗論』云 救濟義 以歸依彼 能息無邊生死苦輪 大怖畏故. ○『毘尼母』云 有五種三歸 一翻邪 二五戒 三八戒 四十戒[8] 五具足戒. ○『薩婆多論』問云 若不受三歸依者 得受五戒否? 答不得 要先受三歸 方得五戒. ○『阿含經』云 於受歸戒前 先須懺悔 然後受三歸. 正是戒體 後三[9]結示戒所歸. ○『優婆塞戒經』云 長者善生 白佛言 先說有來乞戒者 先教三歸 後施與戒云何? 佛言 爲破諸苦斷煩惱 受於無上寂滅之樂 以是因緣 先受歸依也. 云何[10]三歸? 夫佛爲能說壞煩惱因 得正解也 法是壞煩惱因 眞實解也 僧者稟受破煩惱因 得正解也. ○『希有校量功德經』云 若三千大千世界 滿中如來 如稻麻竹葦 若人四事供養 滿二萬歲 諸佛滅後 各起寶塔 復

---

8 명판본에는 '一'로 되어 있으나 이는 '十'의 오자이다.

9 명판본에는 '後結示戒所歸'로 되어 있으나 이는 '後三結示戒所歸'에서 '三'이 결자缺字된 것이어서 보충하였다.

10 명판본에는 '云三歸'로 되어 있으나 '何'자가 결자된 것이다.

以香華 種種供養 其福雖多 不如有人 以淳淨心 歸依佛法僧三寶 所得功德.

6) 다섯 가지 계율

계율에는 5가지가 있다. 첫째는 살생하지 않는다. 둘째는 도둑질하지 않는다. 셋째는 삿된 음행을 하지 않는다.【재가인들이 받을 경우에는 사음邪婬이라 말하고, 출가인들이 받을 경우에는 범행의 인연이 아닌 것에서 벗어나서 일체를 모두 끊었기 때문이라고 말한다.】넷째는 망언하지 않는다. 다섯째는 술 마시지 않는다.【앞의 4개는 성계性戒[11]이고 뒤의 1개는 차계遮戒[12]이다.】

○『법원주림』 88편에서 말하였다. "세속에서 숭상하는 것은 인仁·의義·예禮·지智·신信이요, 모든 중생이 바탕으로 삼아야 할 것은 죽이지 않고(不殺), 훔치지 않고(不盜), 음행하지 않고(不邪婬), 거짓말하지 않고(不妄語), 술 먹지 않는 것(不飮酒)이다. 수행자와 속인이 서로 구별되지만 점차 수행하면 통하게 된다. 그러므로 인에 근본하는 이는 살생하지 않고, 의로움을 받드는 이는 도둑질하지 않고, 예를 받드는 이는 음란하지 않고, 믿음을 지키는 이는 거짓말하지 않고, 지혜로운 자를 본받는 이는 술을 마시지 않으니, 이것은 대개 순간

11 성계性戒: 재가·출가를 불문하고 행위 그 자체가 죄가 되기 때문에 훈계한 계를 말한다.

12 차계遮戒: ↔ 성계性戒. 불도를 수행하는 사람에게만 금지하고, 일반 사람은 범해도 죄가 되지 않는 계율을 말한다.

접하여 교화되는 것이다.

정법正法과 내훈內訓으로 반드시 다스려지도다. 원인은 즉 앞의 5가지 허물(살생·도둑질·음행·거짓말·음주)이다. 이것은 실체적 존재의 문제여서 사물을 가리키며 직언하는 것이지 거짓으로 말을 꾸며 뜻을 드러내는 것이 아니다. 이와 같이 닦으면 과보를 바라지 않아도 결과가 증득(果證)되고, 쾌락을 부러워하지 않아도 쾌락이 나타난다. 만약 가까운 것을 대충하면서 멀리 있는 것을 바라거나, 작은 것을 버리고서 큰 것을 보존한다면 돌아갈 곳이 없을 것이다.

이제 살피건대 계율을 받들어 지키면서 살생하지 않는 자는 인을 구하지 않는데도 인이 드러나고, 도둑질하지 않는 자는 의義를 기뻐하지 않는데도 의리가 펼쳐지며, 음란하지 않는 자는 예禮를 바라지 않는데도 예의가 확립되고, 거짓말하지 않는 자는 믿음을 사모하지 않는데도 믿음이 고양되고, 술을 마시지 않는 자는 지혜를 행하지 않는데도 지혜가 밝아지니, 이는 기강을 떨쳐서 기강을 잡는다 할 것이니 다시 이보다 더한 공이 어디 있겠는가?

○비장방이 『수개황삼보록隋開皇三寶錄』을 편찬하면서 송전宋典을 인용하여 말하였다. "문제文帝의 원가元嘉[13](424~453) 연간에 시중 하상지何尙之[14]에게 물었다. '범태范泰와 사영운謝靈運은 항상 말하기를, 육경六經의 글은 본래 세상을 구제하는 것이고, 성령性靈의 진정한 요체는 불경을 지침으로 삼는다고 하였다. 만일 온 나라 백성들이

13 원가元嘉: 송 문제의 연호.

14 하상지何尙之: 자는 언덕彦德이며, 중국 남북조 시대 송宋나라 문제文帝 때의 문신. 학식과 덕망이 높아 문제에게 총애를 받았으며, 상서령尙書令 등을 지냈다.

모두 순수하게 모두 이 교화를 입는다면 짐朕은 앉아서 태평시대를 이룰 수 있을 것이다.' 하상지가 대답하였다. '신이 듣건대, 양자강을 건넌 이후에 왕도王導와 주의周顗[15]는 재상 중에 으뜸이고, 왕몽王濛과 사상謝尙은 인륜의 모범이며, 극초郄超·왕밀王謐·왕탄王坦[16]·왕공王恭[17]은 혹자는 인재 가운데 따를 자가 없다 하고, 혹자는 독보적이라 일컬으며, 사부謝敷[18]·대규戴逵[19]·범왕范汪[20]·손작孫綽[21]은 하늘과 인간의 사이에 마음을 두었으니 모두 당대의 준걸이요 청정한 사람들인데, 모두 석씨의 가르침은 안 될 것이 없다고 말합니다. 왜냐하면 백가百家의 고을에 열 사람이 5계를 지닌다면 열 사람은 순박하고 삼갈 것이며, 백 사람이 10가지 선을 닦는다면 백 사람이 화목할 것입니다. 이 풍교風敎(잘 가르쳐 세상의 풍습을 교화시킴)를 전하여 온 나라에 두루 퍼진다면 어진 사람은 백만 명이 될 것입니다. 1가지 선을 행하면 1가지 악이 제거되고, 1가지 악을 제거하면 1가지 형벌이 없어집니다. 한 집에 1가지 형벌이 없어지면 한 나라에는 100가지 형벌이 없어질 것이니, 폐하께서 앉아서 태평을 이룬다는 말씀은 바로 이것입니다.'"

---

15 주의周顗: 진晉나라 때 사람. 주백인周伯仁. 백인은 자이다.

16 왕탄王坦: 동진東晉 때 사람. 자는 문도文度. 치초郗超와 함께 환온의 막하幕下가 되었다가 중서령中書令에 이르렀고, 사안謝安과 함께 조정朝廷을 도왔다.

17 왕공王恭: 진晉나라 때 사람으로 자字는 효백孝伯.

18 사부謝敷: 진晉나라 때 사람. 회계會稽의 은사.

19 대규戴逵: 자는 안도安道. 진나라 때 징사徵士.

20 범왕范汪: 진晉나라 때 사람으로 불을 지펴 놓고 서책을 써서 독송했다.

21 손작孫綽: 진晉나라 때 사람으로 어려서부터 고상한 뜻을 지녔으며 박학하고 시문에 능하였다. 그가 지은 「수초부遂初賦」와 「천태산부天台山賦」는 유명하다.

○『대비바사론』에서 말하였다. "이 5계는 '학처學處(배워야 할 것)'라고도 부르니, 삼보를 받들어 섬기는(近事) 사람은 응당 배워야만 하기 때문이다. 또 '학적學迹'이라고도 하니, 여기에서 노닐면 곧 무한한 지혜의 전당에 오르기 때문이다. 또 '학로學路'라고도 하니, 이는 지름길로써 모든 계율에 따른 행위와 묘한 행실의 선법善法을 모두 실행할 수 있기 때문이다. 또 '학본學本'이라고도 하니, 배워야 하는 모든 것들은 이것을 근본으로 삼기 때문이다."

○『대장엄경』에서는 "5가지 큰 보시(五大施)"[22]라고 부른다.

○『미륵문경론』에서 말하였다. "5계戒를 큰 보시(大施)라고 부르는 것은 무량 중생을 거두어들이기 때문이고, 무량 중생의 즐거움을 성취하기 때문이고, 각종 공덕을 증대시키기 때문이다."

五戒

謂戒有五也. 一不殺 二不盜 三不邪婬【在家人受 則云邪婬 若出家人受則云離非梵行緣一切都斷故.】四不妄語 五不飮酒.【前四是性戒 後一是遮戒.】○『法苑珠林』八十八云 夫世俗所尙 仁義禮智信也 含識所資不殺盜婬妄酒也.[23] 道俗相乖 漸敎通也. 故本於仁者則不殺 奉於義者則不盜 執於禮者則不婬 守於信者則不妄 師於智者則不飮酒 斯蓋接

---

22 오대시五大施: 오계를 지키는 것.

23 명판본에는 '殺盜婬妄酒也'로 되어 있으나 『법원주림』(T53, p.926c23)을 참조하여 '不殺盜婬妄酒也'로 바로잡았다. "夫世俗所尙 仁義禮智信也 含識所資 不殺盜婬妄酒也 雖道俗相乖 漸敎通也 故發於仁者則不殺 奉於義者則不盜 敬於禮者則不婬 說於信者則不妄 師於智者則不酒 斯蓋接化於一時."

化於一時也. 正法內訓 必治乎因. 因者卽前五過也. 此則在乎實法 指事直言 不假飾辭 託名現意. 如斯而修 不期果而果證 不羡樂而樂彰. 若略近而望遠 棄小而保大 則無所歸趣矣. 今見奉持不殺者 不求仁而仁著 不盜者 不忻義而義敷 不婬者 不祈禮而禮立 不妄者 不慕信而信揚 不飮酒者 不行智而智明 可謂振綱提綱 復何功以加之? ○費長房撰[24]『隋開皇三寶錄』引宋典云 文帝元嘉年中 問侍中何尙之曰 范泰[25]謝靈運等 皆云 六經本是濟俗 若性靈眞要 則以佛經爲指南. 如其率土之濱[26] 皆純此化[27] 朕以坐致太平矣. 何尙之 答曰 臣聞渡江已來 王導周顗 宰輔之冠蓋 王濛謝尙 人倫之羽儀 郄超王謐王坦[28] 王恭 或號絶倫 或稱獨步 謝敷戴逵范汪孫綽 皆致心於天人之際 靡非時俊 淸淨之士 皆謂釋氏之敎 無所不可. 何者百家之鄕 十人持五戒 則十人淳謹 百人修十善 則百人和睦. 傳此風敎 遍於守內[29] 則仁人百萬矣. 夫能行一善 則去一惡 去一惡則息一刑. 一刑息於家 則百刑息於國 則陛下言坐致太平是也. ○『大毘婆沙論』云 此五戒 名學處 是近事者 所應學故. 又名學迹 若有遊此 便升無上智慧殿故. 又名學路 此爲徑路 一切律儀 妙行善法 皆得轉故. 又名學本 諸所應學 此爲本故. ○『大莊嚴經』名五大施. ○『彌勒問經論』云 五戒名大施者 謂以

---

24 명판본에는 '僎'으로 되어 있으나 이는 '撰'의 오자이다.

25 명판본에는 '苑泰'로 되어 있으나 '范泰'의 오자이다.

26 명판본에는 '賓'으로 되어 있으나 이는 '濱'의 오자이다.

27 명판본에는 '代'로 되어 있으나 이는 '化'의 오자이다.

28 명판본에는 '王怛'으로 되어 있으나 '王坦'의 오자이다.

29 명판본에는 '寓內'로 되어 있으나 '守內'의 오자이다.

攝取無量衆生故 成就無量衆生樂故 以能增長種種功德故.

7) 여덟 가지 계율[30]

앞의 5계 외에, 여섯째는 높고 넓은 큰 상에 앉지 않는다. 일곱째는 보석으로 장식한 가발과 보석을 걸치지 않고, 향유를 몸에 바르거나 옷에 뿌리지 않는다. 여덟째는 자신이 가무를 하지 않아야 하고, 가서 보거나 들어서도 안 된다. 아홉째는 정오가 지나거든 먹지 않는다. 【이 계율들은 속인이 받는 것이니 오늘 아침부터 내일 아침까지 범하지 않기를 기약해야 한다.】 이 팔계는 팔관재계라고도 한다. '관關'이라는 말은 '닫음'이며 금지함이니, 8가지 죄를 금지하고 폐하여 범하지 않음을 말하기 때문이다.

○『비바사론』에서 말하였다. "재齋라는 것은 정오가 지나면 먹지 않는 것을 체體로 삼으니, 8가지 계율은 재의 체가 이루어지도록 도우며 함께 서로 지지하기에 팔지재법八支齋法이라 부른다. 이 때문에 '팔계'라 말하고 '구계'라고 말하지 않는다."

○『문수문경』에서는 "세간의 보살계는 팔계이다." 하였다.

○『보살처태경』에서는 "팔관재계라는 것은 제불諸佛의 부모이다." 하였다.

○『비바사론』에서 말하였다. "팔계는 근주近住(삼보 가까이에 머묾)라고도 부르니 나한羅漢과 가까이 있음을 말한다. 그러므로 장양長養(마

---

30 팔계八戒: 팔재계八齋戒·팔계재八戒齋·팔지재법八支齋法·팔소응리八所應離·팔관재계八關齋戒라고도 한다. '관關'은 금지한다는 뜻이다.

음을 단련하여 기름)이라고도 하니, 얄팍하고 적은 선근을 오래도록 잘 길러서 중생이 그 선근을 증대시키게 하기 때문이다." 여섯째의 계戒에서 말하는 '높고 넓은 큰 상에 앉지 않는다는 말'의 의미와 같다.

○『아함경』에서 말하였다. "상다리의 높이가 1자 6치이니 높은 것이 아니고, 넓이는 4자이니 넓은 것도 아니며, 길이는 8자니 큰 것이 아니다. 다만 이 양을 넘는 것은 높고 넓은 큰 상이라고 부른다."

○『승기율』에서 말하였다. "2종류가 있는데 첫째는 높고 큰 것을 '고高'라 하고, 둘째는 기묘하고 좋은 것(妙好)을 '고高'라고 한다. 또 8종류가 있는데, 금金·은銀·아牙·각角·벽지불辟支佛·나한羅漢·승려의 상 등이다."【앞에 것은 받아들이는 실체가 귀하다는 것을 말한 것이고, 뒤에 것은 받아들인 사람의 훌륭한 정도를 말한 것이다.】

○속인들이 이 계를 받을 적에 "어떤 옷을 입습니까?" 하고 묻자, 『바사론』에서 답하였다. "평상시 받아 사용하던 옷을 착용해도 모두 가능하다."

○묻기를 "팔계를 받은 사람들은 어떤 무리에 소속시켜야 됩니까?" 하자, 『보은경』에서 답하였다. "평생토록 지킨 계율이 없어서 우바새라 부르지 않고, 다만 중간인中間人이라 부른다."【칠중七衆의 밑에 있으면서 계를 받지 않은 채 속인들 위에 있기 때문에 '중간인'이라 부르는 것이다.】 또 근주近住라고도 부른다.

○『순정리론』에서 말하였다. "팔계 가운데 앞에 4가지(不殺生·不偸盜·不邪婬·不妄語)는 바로 '시라지尸羅支'이니, 이것으로 말미암아 성죄性罪[31]를 벗어나기 때문이다. 다음의 하나(不飮酒)는 '불방일지不放逸支'이니, 만약 술을 마시게 되면 마음이 방일해져 반드시 다른 조목을

지킬 수 없기 때문이다. 뒤에 것들(不坐高廣大床·不著花鬘瓔珞不用香油塗身熏衣·不自歌舞不得輒往觀聽)은 금지와 단속의 갈래(禁約支)이니, 즉 교만과 방일(憍逸)을 방지하고, 싫어하는 마음을 순종시켜서 계율의 의식을 능히 증명하기 때문에 팔지계八支戒라 한다."

八戒

卽前五戒 第六不坐高廣大床. 七不著花鬘瓔珞 不用香油塗身熏衣. 八不自歌舞 不得輒往觀聽.[32] 九不過中食. **【此戒俗人受 從今旦至明旦不犯爲要期也.】** 此八戒 名八關齋戒. 言關者 閉也禁也 謂禁閉八罪不犯故. ○『毘婆沙論』云 夫齋者 以過中不食爲體 以八事助成齋體 共相支持 名八支齋法. 是故言八 不言九也. ○『文殊問經』云 世間菩薩戒八戒是. ○『菩薩處胎經』云 八關齋戒者 是諸佛父母也. ○『毘婆沙論』云 八戒名近住 謂近羅漢住故. 又名長養 謂長養薄少善根 有情令其善根增多故. 如第六戒云 不坐高廣大床者. ○『阿含經』云 床梐下足 高尺六非高也 闊四尺非廣也 長八尺非大也. 但過此量者 名高廣大床也. ○『僧祇律』云 有二種 一高大名高 二妙好名高. 又八種 謂金銀牙角辟支羅漢 及僧床等. **【前納體貴 後納人勝.】** ○問俗人受此戒者著何服飾? 答『婆沙』云 著常所受用衣服皆得. ○問此人何衆攝? 答『報恩經』云 以無終身戒 不名優婆塞 但名中間人. **【謂在七衆下 不受戒俗人上故名中間人.】** 又名近住. ○『順正理論』云 前四是尸羅支 由此

---

31 성죄性罪: 그 자체가 죄악인 것. 살생·투도·사음·망어.

32 명판본에는 '不得輒往聽'으로 되어 있으나 대정장을 참조하여 '觀'자를 보충하였다.

離性罪故. 次一是不放逸支 謂若飮酒 心則放逸 必無能護諸支故. 後後是禁約支 謂防憍逸 隨順猒心 能證律儀故 名八支戒.

8) 열 가지 계율

2종류가 있는데, 첫 번째는 사미 10계이다. 『승기율』에서 말하였다. "첫째는 살생하지 말라. 둘째는 훔치지 말라. 셋째는 범행梵行이 아닌 것은 하지 말라. 넷째는 망령된 말을 하지 말라. 다섯째는 술을 마시지 말라. 여섯째는 높고 넓은 큰 상에 앉지 말라. 일곱째는 머리 장식과 보석을 착용하거나 몸에 향유를 바르거나 뿌리지 말라. 여덟째는 가무를 하거나 가서 보고 듣거나 악기를 연주하지도 말라. 아홉째는 금은보화를 축적하지 말라. 열째는 때가 아니면 먹지 말라."

○두 번째는 보살 10계인데, 앞의 5계(不殺生·不與取·不非梵行·不妄語·不飮酒)에 5계를 더한다. 여섯째는 스스로 찬양하거나 타인을 헐뜯지 않는다. 일곱째는 재가자나 출가자, 보살의 허물을 말하지 않는다. 여덟째는 탐하지 않는다. 아홉째는 성내지 않는다. 열째는 삼보를 비방하지 않는다.【이 10가지를 무진계無盡戒라 말한다. 『바사론』에서 말하였다. "보살의 계율(尸羅)에는 내가 없고(無我) 내가 버려야 할 일체의 얻은 것도 없어서(我所離) 모든 희롱하는 논의를 소멸시키기 때문에 '무진無盡'이라 부른다."】

十戒

有二種 一沙彌十戒. 『僧祇律』云 一離殺生 二離不與取 三離非梵行

四離妄語 五離飮酒 六離處高廣大床 七離著華鬘瓔珞 塗身熏衣 八離作歌舞 及往觀聽 蓄種種樂器 九離蓄金銀錢寶 十離非時食. ○二菩薩十戒者 加前五戒. 六不自讚毁他 七不說在家出家菩薩過失 八不貪九不嗔 十不謗三寶.【此十名無盡戒者.『婆沙』云 菩薩尸羅 無我我所離一切所得 滅諸戲論 故名無盡.】

9) 삼취계

즉 대승 보살의 계율이다. 첫째는 섭률의계攝律儀戒[33]이니, 악을 떠나도의 행실을 일으켜 증명하는 것이다. 이것은 단덕斷德[34]의 인연으로 법신을 닦아서 이루는 것이다.【이 계율은 그치는 것(止)이 지키는 것이요(持), 하는 것(作)이 바로 범하는 것(犯)[35]이다.】

둘째는 섭선법계攝善法戒[36]이니, 선을 쌓는 것을 말한다. 즉 신구의身口意로 짓는 선업과 들어서 얻는 지혜(聞慧), 생각해서 얻는 지혜(思慧), 실천 수행하여 얻는 지혜(修慧)의 삼혜三慧, 십바라밀十波羅蜜, 팔만사

---

33 섭률의계攝律儀戒: 부처가 제정한 계율을 지켜 악을 방지하는 것.

34『대지도론』에 나오는 부처의 3가지 덕(佛果三德)은 단덕斷德·지덕智德·은덕恩德이다. 지덕은 중생을 교화하는 지혜를 갖추고 있는 덕이고, 단덕은 모든 무명과 번뇌 고통을 끊는 덕이며, 은덕은 모든 중생들에게 대원의 은혜를 베푸는 덕이다.

35 지지작범止持作犯: 살생·도둑질 따위 나쁜 짓을 하지 않는 것(止)은 계戒를 가지는 것이고, 하는 것(作)은 계를 범하는 것이다. 이와 반대로 자비·보시와 같이 착한 일을 하지 않는 것(止)은 계를 범하는 것이고, 하는 것(作)은 계를 가짐이 된다.

36 섭선법계攝善法戒: 삼취정계의 하나. 모든 선善을 적극적으로 실행하는 것.

천의 도를 돕는 행실 등이다. 이것은 지덕智德의 인연으로 보신報身의 과보를 닦아서 이루는 것이다. 【이 계율은 하는 것(作)이 지키는 것이요(持), 그치는 것(止)이 계를 범하는 것(犯)이다.】

셋째는 섭중생계攝衆生戒[37]이니, 중생들을 유익하게 하는 계라고도 부른다. 중생을 제도하면서 신심을 일으켜 멈추지 않음이다. 이것은 은덕의 인연으로 응신의 과보를 이루는 것이다. 【이 계율은 하는 것(作)이 지키는 것이요(持), 그치는 것(止)이 범하는 것(犯)이다.】

○『장엄론』에서 말하였다. "처음 계율 한 가지(섭율의계)는 금지하고 방어하는 것을 본질(體)로 삼고, 뒤의 계율 두 가지(섭선법계·섭중생계)는 끊임없는 노력을 본질로 삼는다."

三聚戒

卽大乘菩薩戒也. 一攝律儀戒 謂惡無不離 起證道行. 是斷德因 修成法身. 【此戒 止是持作是犯.】 二攝善法戒 謂善無不積. 卽身口意善 及聞思修三慧 十波羅蜜 八萬四千助道行等. 是智德因 修成報身果. 【此戒作是持 止是犯.】 三攝衆生戒 又名饒益有情戒. 謂生無不度 起不住道. 是恩德因 修成化身果. 【此戒 作是持止是犯.】 ○『莊嚴論』云 初一戒 以禁防爲體 後二戒 以勤勇爲體.

---

37 섭중생계攝衆生戒: 삼취정계의 하나. 보살이 모든 중생을 포용하여 두루 이익을 베푸는 것. 자비심으로 중생을 위해 진력하는 모든 이타행.

10) 보살계를 받으면 다섯 가지 이익이 있음

『범망경』에서 게偈로 말하였다.

공덕 밝은 사람이 인내와 지혜가 강하여	明人忍慧强
이 같은 법을 지킬 수 있다면	能持如是法
불도를 이루기 전이라도	未成佛道間
편안히 5가지 이익을 얻는다.	安獲五種利

첫째는 시방세계의 부처께서	一者十方佛
가련히 여기시어 항상 보호하시며	愍念常守護
둘째는 목숨을 마칠 때에	二者命終時
바른 견해로 마음이 기쁠 것이며	正見心觀喜
셋째는 태어나는 곳마다	三者生生處
보살과 도반이 될 것이고	爲諸菩薩友
넷째는 공덕이 모여	四者功德聚
계율과 제도를 모두 성취할 것이며	戒度悉成就
다섯째는 금생에서나 후생에서나	五者今後世
성계性戒[38]와 복덕 지혜가 가득할 것이다.	性戒福慧滿

---

38 성계性戒: 후천적으로 받는 제정된 계율과 반대로 본성적으로 이미 갖추어진 계율.

受菩薩戒有五利

『梵網經』偈云 明人忍慧强 能持如是法 未成佛道間 安獲五種利. 一者十方佛 愍念常守護 二者命終時 正見心觀喜 三者生生處 爲諸菩薩友 四者功德聚 戒度悉成就 五者今後世 性戒福慧滿.

11) 구족계

출가한 비구와 비구니가 받는 계이다. 어째서 그것을 '구족具足'이라 하는가?

○『결정장론決定藏論』에서 말하였다. "비구계는 사분四分(견분·상분·자증분·증자증분)[39]의 의미를 포함하는 것으로, 첫째는 구족함을 받는 것이니 백사갈마白四羯磨[40]를 일컫는다. 둘째는 구족함을 따르는 것이니, 이로부터 향후에는 일일이 계를 따르고 항상 지니며 보호함을 일컫는다. 셋째는 다른 사람의 마음이 구족하도록 보호하는 것이니 비구가 한 푼의 위의만 갖추어도 다른 사람을 보호하는 마음(護他心)이라고 일컫는다. 넷째는 수계守戒를 구족함이니 작은 죄라도 드러날까 봐 두려워하며 범하지 않은 것도 범한 것처럼 모두 드러내는 것을

---

39 사분四分: 유식학唯識學에서 심心과 심소心所의 인식 작용을 상분相分·견분見分·자증분自證分·증자증분證自證分 등으로 나누어 설명한 것.

40 백사갈마白四羯磨: 갈마는 승가 내의 행사나 사건들을 처리하는 공식 회의를 가리키는데, 여기에는 단백갈마單白羯磨, 백이갈마白二羯磨, 백사갈마白四羯磨가 있다. 단백갈마는 사안에 대해 알리는 것이며, 백이갈마는 알린 일에 대해 1회 찬성과 반대를 통해 이의가 없으면 결정하는 것이고, 백사갈마는 알린 일에 대해 세 번 거듭 찬성과 반대를 물어 결정하는 것이다.

말한다. 이 구족계에 육취六聚[41]가 있으니, 비구는 250조목이고 비구니는 350조목이다. 차례대로 해석하면 아래와 같다.

具足戒

卽出家二衆所受戒也. 何名具足?[42] ○『決定藏論』云 比丘戒 四分義攝 一者受具足 謂白四羯磨. 二隨具足 謂從此向後 隨一一戒 常持覆護故. 三護他心具足 謂比丘一分威儀具足 名護他心. 四具足守戒 謂於小罪見畏 不犯若有犯者 悉皆發露故. 此具足戒有六聚 比丘二百五十條 尼三百五十條. 次釋如左.

12) 다섯 편[43]의 이름

첫째는 바라이波羅夷[44] 【비구는 4가지 계율, 비구니는 8가지 계율】 둘째는

---

41 육취六聚: 비구계 250조목과 비구니계 350조목을 6종으로 나눈 것. 즉 ①바라이波羅夷 ②승가파시사僧伽波尸沙 ③바일제波逸提 ④제사니提舍尼 ⑤돌길라突吉羅 ⑥투란차偸蘭遮.

42 명판본에는 '之'로 되어 있으나 이는 '足'의 오자이다.

43 다섯 편: 비구·비구니가 지켜야 할 250·350계율을 다섯 편篇으로 나눈 것.

44 바라이波羅夷: 가장 엄하게 금지된 것. 비구의 4가지 → ①살생 ②음행 ③절도 ④망언. 비구니의 8가지 → 앞의 4가지에 ⑤마촉摩觸: 비구니가 정욕을 품은 남자에게 자신의 몸을 만지게 해서 쾌락을 얻는 것. ⑥팔사성중八事成重: 정욕을 품은 남자 곁에 앉아 이야기를 나누거나 손이나 옷을 만지게 하고, 함께 길을 가는 등 금지사항을 범하는 것. ⑦부비구니중죄覆比丘尼重罪: 다른 비구니가 바라이죄를 저지른 것을 알면서도 알리지 않고 숨기는 것. ⑧수순피거비구隨順被擧比丘: 죄에 따라 비구를 정당하게 처벌하였음에도 쫓겨난 그 비구를 옹호하여

승가파시사僧伽婆尸沙[45] 【비구는 13가지 계율, 비구니는 17가지 계율】 셋째는 바일제波逸提[46] 【비구는 120가지 계율, 비구니는 208가지 계율】 넷째는 제사니提舍尼[47] 【비구는 4가지 계율, 비구니는 8가지 계율】 다섯째

시비를 3번 이상 따지는 것.

45 승가파시사僧伽婆尸沙: 승잔죄僧殘罪라 번역한다. 바라이를 저지른 비구·비구니는 승단에서 추방되지만, 승가파시사를 저지른 비구·비구니는 일시적으로 그 자격이 상실되더라도 정해진 벌칙을 받고 참회하면 자격이 회복된다. 비구는 13가지 → ①고의로 사정射精함. ②여자를 만짐. ③여자와 더불어 추잡한 말을 함. ④여자의 몸을 찬탄하면서 공양하라고 말함. ⑤중매함. ⑥시주施主 없이 지나치게 큰 방을 지음. ⑦시주가 있지만 지나치게 큰 방을 지음. ⑧근거 없이 남이 파계했다고 비방함. ⑨확실하지 않은 근거로 남을 비방함. ⑩승단의 화합을 깨뜨린다는 충고를 거역함. ⑪승단의 화합을 깨뜨린다는 충고를 거역하는 것을 도움. ⑫남의 가정을 어지럽힌다는 충고를 거역함. ⑬나쁜 성격으로 승단을 문란케 한다는 충고를 거역함. 비구니는 앞의 13가지에 다음의 4가지를 더함. ⑭대중의 화합을 파하려고 충고함을 물리치지 말라. ⑮화합승을 파괴하려는 무리를 방조하면서 충고하는 말을 거역하지 말라. ⑯마을에 있는 집을 더럽혔다고 그 마을을 떠나라고 충고함을 잘 따르라. ⑰대중을 어기고 충고하는 말을 거역하지 말라.

46 바일제波逸提: 계율 가운데 가벼운 것으로, 이를 범한 이는 범계犯戒에 관련된 재물을 내놓거나, 혹 다른 이에게 참회함으로써 죄가 없어진다. 그러나 만일 규정에 따라 참회하지 않으면 지옥에 떨어질 죄업을 구성하는 것이므로 타墮라 한다. 이에 니살기바일제尼薩耆波逸提와 발일제의 2종이 있다. 앞에 것은 사타捨墮라 번역한다. 뒤에 것은 단제單提 또는 단타單墮라 번역한다. 사타에는 30계戒가 있으므로 30사타, 단타에는 90계가 있으므로 90단타라 한다. 2가지의 통通과 별別을 말하면, 사타는 재물을 버리고 참회하는 것이며, 단타는 버릴 재물이 없는 것이므로 다만 다른 이에게 향하여 참회만 하는 것이 서로 다르다. 이 두 가지는 계상戒相을 8단段으로 나눌 적에는 따로따로 취급하지만, 5편篇 내지 7취聚로 할 적에는 일괄하여 바일제라 총칭한다.

는 돌길라突吉羅[48]이다. 【비구와 비구니 각 100가지 계율, 확정하지 않는 2가지 계율, 말다툼하지 않는 7가지 계율.】

五篇名

一波羅夷【比丘四 尼八】二僧伽婆尸沙【比丘十三 尼十七】三波逸提【比丘一百二十 尼二百八】四提舍尼【比丘四 尼八】五突吉羅.【比丘幷尼 各一百 二不定 七滅諍.】

13) 칠취

위 다섯 편에 여섯째는 투란차偸蘭遮(바라이 죄나 승잔 죄에 이를 수 있는 큰 죄), 일곱째는 나쁜 말(惡說)을 더한다.

---

47 제사니提舍尼: 주로 탁발 음식의 수용에서 부적합한 경우 발생하는 죄. 이 죄를 범하면 다른 비구에게 반드시 고백하고 참회해야 한다. 비구의 4가지.→ ①마을에 있으면서 친척 아닌 비구니로부터 밥을 받지 말라. ②마을에 있으면서 비구니가 치우친 생각으로 신도에게 권한 밥을 받지 말라. ③대중이 그 집에 가서 공양을 받지 말자고 결의한 집에 가서 병 없이 지나치게 공양 받지 말라. ④위험한 아란야에서 병 없이 절에 앉아 밥을 받지 말라.

48 돌길라突吉羅: 『비니모경』에서는 "돌길라는 악작惡作이라 한다. 신身·구口의 율의律儀를 범하는 것을 악작이라고 한다."라고 설명하고 있다. 악작·악설惡說은 돌길라를 둘로 나누어 언어상의 죄를 악설이라 하고, 신체의 죄를 악작이라고 한다.

七聚

加上五篇 第六[49]偸蘭遮 第七惡說.

14) 육취

『증휘기』에서 말하였다. "죄의 이름을 바르게 결정하여 능히 당장의 효과를 불러오자면, 5편으로는 너무 조목이 적어서 투란죄(偸蘭罪, 큰 죄)를 말하지 않았고, 칠취는 너무 조목이 많아서 쓸데없는 말(惡說)이 남아돈다. 악설은 입으로 짓는 나쁜 업(突吉羅)과 같은 것이고 죄를 참회하는 것과 감응의 효과가 동일하기 때문에 오늘날에는 오취 가운데에서 투란차偸蘭遮를 더하기도 하고, 칠취 가운데 악설을 빼서 육취로 하는 경우가 있다."

六聚

『增輝記』云 若正結罪名 能招當果 卽五篇太少不說偸蘭 七聚太多剩於惡說. 以惡說同吉羅 懺罪感果同故 今於五中[50]添偸蘭遮 七中除惡說 止有六矣.

15) 바라제목차

중국에서는 '별별해탈別別解脫'[51]이라 말하기도 하고 해탈이라 말하기

---

49 명판본에는 '三'으로 되어 있으나 오자이므로 '六'으로 바로잡았다.

50 명판본에는 '今於中'으로 되어 있으나 이는 '今於五中'의 오자이다.

도 하니, 계를 지켜서 얻은 과보의 결과이다. 『기記』에서 말하였다. "도계道戒(출세간의 선법)에서 해탈이라고 말하는 것은 7가지(七支)[52]가 생각나지 않는 것이니, 미혹을 끊음으로 말미암아 얻은 이름이기 때문이다. 사계事戒에서 해탈이라고 말하는 것은 살생 등의 일을 짓지 않음으로 인하여 따로따로 원인도 없고 따로따로 과보도 없기 때문에 '별별해탈'이라고 부르는 것이다."

○『비니모경』에서 말하였다. "바라제목차波羅提木叉라고 하는 것은 '가장 좋다'는 뜻이니, 모든 선의 근본은 계율을 근본으로 삼아서 모든 선이 생겨날 수 있기 때문이다."

波羅提木叉

華言別別解脫 言解脫者 卽戒所感果也. 記云 道戒名解脫者 卽七支無來思也 由斷惑得名故. 若事戒名解脫者 卽僧尼受戒 隨對殺等事不作 別別無因 別別無果 故名別別解脫. ○『毘尼母』云 波羅提木叉[53]者最勝義 諸善之本 以戒爲根 諸善得生故.

---

51 별별해탈別別解脫: 몸과 입으로 범한 허물을 따로따로 해탈하는 것이므로 별별해탈이라 한다.

52 칠지七支: 몸으로 짓는 3가지 악업인 살생·투도偸盜·사음邪淫과 입으로 짓는 4가지 악업인 망어妄語·기어綺語·악구惡口·양설兩舌.

53 명판본에는 '波羅提衣叉'로 되어 있으나 이는 '波羅提木叉'의 오자이다.

16) 계율을 제정하는 열 가지 이익과 두 가지 뜻

『승기율』에서 말하였다. "사리불이 부처에게 아뢰었다. '제자들을 위해서 계율을 제정하였는데, 몇 가지 이익이 있습니까?' 하자, 부처가 말하였다. '10가지 이익이 있다. 첫째는 승려들을 포용하게 한다. 둘째는 포용된 승려들은 더욱 지극해진다. 셋째는 승려들을 안락하게 한다. 넷째는 부끄러움이 없는 사람을 굴복시킨다. 다섯째는 부끄러워할 줄 아는 자는 편안하게 살 수 있게 한다. 여섯째는 믿지 못하는 자는 믿음을 얻게 된다. 일곱째는 바르게 믿는 자는 더욱 늘어나게 된다. 여덟째는 현세의 온갖 번뇌를 사라지게 한다. 아홉째는 미래세상에서는 온갖 번뇌가 생겨나지 않게 된다. 열째는 정법이 오래도록 머물 수 있게 되어 여러 천인이 감로문甘露門(열반에 이르는 문)을 열게 된다.'"

○『섭대승론』에서 말하였다. "여래가 계율을 제정한 데에는 2가지 뜻이 있다. 첫째, 성문聲聞이 스스로 자신을 제도하도록 하기 위해서이다. 둘째, 보살이 자기 자신을 제도하고 다른 사람까지 제도(自度度他)하도록 하기 위해서이다."

制戒十益二意

『僧祇律』云 舍利弗白佛言. 有幾利益 爲弟子制戒? 佛言有十利益. 一攝僧故 二極攝僧故 三令僧安樂故 四折伏無羞人故 五有慚愧者得安隱住持故 六不信者 令得信故 七正信者 增益故 八於現法中 得漏盡故 九未生諸漏令不生故 十正法得久住 爲諸天人開甘露門故.

○『攝大乘論』云 如來制戒 有二意. 一爲聲聞自度故. 二爲菩薩自度度他故.

17) 계를 받는 순서

『보은경』에서 우바리優波離가 부처에게 물었다. "오계와 십계를 받지 않고 바로 구족계를 받을 수 없습니까?" 부처가 말했다. "일시에 삼종계三種戒[54]를 받을 수 있다." 또 물었다. "그렇다면 어째서 반드시 순서대로 기다렸다가 먼저 오계를 받고, 다음 십계를 받은 뒤 구족계를 받아야 합니까?" 부처가 말했다. "불법에 물들어 익숙해지는 데에는 반드시 순서를 지켜야 하니, 먼저 오계를 받아 스스로 조복調伏[55]시켜 믿음과 즐거움이 점차 증가된 다음 십계를 받으며, 선근이 점차 심오해진 뒤에 구족계를 받으면 견고해서 물러나기 어렵게 된다. 그러면 큰 바다에서 노니는 것같이 점점 불법의 바다로 깊이 들어가게 될 것이니, 이와 같이 거듭되는 것이다."

---

54 삼종계三種戒: 또는 삼종율의三種律儀. 나쁜 짓을 막는 계율을 그 성질상으로 보아 셋으로 분류한 것. 별해탈계別解脫戒·정공계定共戒·도공계道共戒. 별해탈계는 산란한 마음에 있는 계. 정공계·도공계는 입정심入定心에 있는 계. 별해탈계는 악惡·무기심無記心일 때에도 계체戒體는 상속하여 마음을 따라 움직이지 아니하므로 불수심전계不隨心轉戒라 하고, 정공계·도공계는 정定에서 나오면 없으므로 수심전계隨心轉戒라 한다.

55 조복調伏: 신身·구口·의意 3업으로 짓는 악행을 제어하는 것.

受戒次第

『報恩經』優波離問佛云 若不受五戒十戒 直受具足戒得否? 佛言 一時得三種戒. 又問若爾 何須次第 先受五戒 次受十戒 後受具足耶?[56] 佛言 染習佛法 必須次第 謂先受五戒 以自調伏 信樂漸益 次受十戒 善根轉深 後受具戒堅固難退. 如遊大海 漸漸深入 入佛法海 亦復如是.

18) 계를 받음

『바사론』에서 말하였다. "'별해탈계別解脫戒는 어떤 마음으로 받아야 합니까?' 하고 묻자, 답하였다. '두루 모든 유정有情한 것에 대하여 선의의 즐거움을 일으키고 손해의 마음이 없어야 한다.'"

得戒

『婆沙論』云 問別解脫戒 由何心得? 答曰[57]普於一切有情 起善意樂 無損害心得.

---

56 『보은경』 인용문을 살펴보면 '具足'은 '具戒'로 되어 있다. 명판본의 '具足'은 '具足戒'를 줄여 말한 것이다. 『대방편불보은경』(T3, p.159a03~05), "一時得二種戒 得優婆塞戒 得沙彌戒 若不受五戒 十戒 直受具戒 一時得三種戒. 憂波離復白佛言 若受具戒 一時得三種戒者 何須次第先受五戒 次受十戒 後受具戒耶?" 일판본과 대정장에도 '具戒'로 되어 있다.

57 명판본에는 '由'로 되어 있으나 '曰'의 오자이다.

19) 계율에 훈습된 종자

대승종大乘宗과 소승종小乘宗에서는 각기 1가지 뜻을 가지고 있다. 소승종의 경부經部[58]에서 말하였다. "수계할 때에 4가지 종류의 생각(思)이 있다. 첫째는 뭔가 하려고 살피는 생각(審慮思)이다. 둘째는 일을 하려고 결정하는 생각(決定思)이다. 이 2가지 생각은 생각으로 짓는 업(意業)이다. 안으로는 스스로 생각하여 살피고 결단하여 발원하는 마음을 일으키고 증대시키기 때문이다. 셋째는 결정된 일에 대해 몸을 움직여 실천하려는 생각(動身思=動發勝思)이다. 이것은 몸으로 짓는 업(身業)으로서, 단정하게 꿇어앉는(虔跪) 등의 동작을 말한다. 넷째는 말로 나타내려는 생각(發語思)이니, 말을 하는 것이다. 이 2가지 생각은 능히 형체(色)로 나타나 갈마羯磨의 경계에 이른다. 【갈마는 중국어로는 판사辦事(일을 처리함)라 한다. 『백론百論』에서 "일을 판단하여 도법道法을 이룰 가능성이 있기 때문이다." 하였다.】 '뭔가 하려는 생각'과 '일을 하려고 결정하는 생각'에서 마음속에 있는 종자(心種子)가 훈습하여야 성취되고(熏成), '결정된 일에 대해 몸을 움직여 실천하려는 생각'과 '말로 나타내려는 생각'에서 색의 종자가 훈습하여 성취되면 통틀어 뭔가 하려는 생각·일을 하려고 결정하는 생각·결정된 일에 대해 몸을 움직여 실천하려는 생각·말로 나타내려는 생각 속에서 색의 종자와 마음속에 있는 종자가 훈습하여 성취된다. 【생각(思)은 업業이니, 다음 세상의 과보를 불러올 수 있다." 『정법념처경正法念處經』에서

---

58 경부經部: 중국의 고전을 크게 경서經書·사서史書·제자諸子·시문집詩文集의 4가지 부문으로 나눌 때 경서에 속하는 부류.

는 "생각(思)은 뛰어난 계율(勝戒)이니, 원인이 되는 종자는 곧 원인의 의리가 된다."라 하였다. 또 말하였다. "생각이 뛰어나기 때문에 과보는 크다."】 다음 대승종에는 3가지 생각이 있으니, 첫째는 뭔가 하려는 생각이요(審慮思), 둘째는 일을 하려고 결정하는 생각이요(決定思), 셋째는 앞장서서 일을 하려는 생각이다(發起勝思). 이 3가지 생각은 모두 심업心業에 속하니, 앞에 2가지가 바로 부가적 수행(加行)[59]이고 뒤의 1가지는 바로 근본根本이다. 이 발기승사는 특별히 뛰어난 것을 증대시키는 것이므로 이 생각에서 종자를 훈습하여 성취시키고, 악을 방비하여 선을 드러내는 작용(功能)을 본체로 한다.

○훈熏의 뜻에 대하여 『현식론顯識論』에서 말하였다. "비유하자면 향을 살라 옷에 쐬면 향 자체가 없어지더라도 향기는 옷에 남아 있는 것과 같다. 그러므로 이 향은 없어졌다고 말할 수가 없으니, 향기가 옷에 있기 때문이다."

○『종자의론種子義論』에서 말하였다. "이는 서로 연속하여 번갈아 바뀌어서 능히 미래의 과보를 감응하는 것, 이것이 종자의 의미이다. 만약 서로 연속으로 변하여 달라지지 않거나, 변하여 달라지더라도 서로 연속되지 않는다면 모두 종자가 아니다. 다만 서로 연속됨과 변하여 달라짐이 서로 분리되지 않기 때문에 종자가 이루어지는 것이다."

熏戒種子

大小乘宗 計各一義. 且小乘宗經部云 受戒時 有四種思. 一審慮思 二

59 가행加行: 어떤 것을 성취하기 위해서 본래의 수행에 힘을 더하여 행하는 수단적 수행. 또는 본격적인 수행에 앞서 행하는 예비적 수행.

決定思. 此二思是意業. 內自思惟審決 起增上願心故. 三動身思. 是身業 謂虔跪等. 四發語思 則陳辭等. 此二思 能發於色 至羯磨竟. **【羯磨華言辦事.**[60] **『百論』云 謂辦事道法 有成濟故.】** 於審決二思上 熏成心種子 於動發二思上 熏成色種子 通於四思上 熏成色心種子. **【思者業也 有能招感當來果之功用故. 『正法念處經』云 思爲勝戒 因種子卽因義也. 又云 思勝故其果則大.】** 次大乘宗者 有三思 一審慮思 二決定思 三發起勝思. 此三思 皆屬心業 前二是加行 後一是根本. 此發起勝思具增上殊勝故 卽於此思上熏成種子. 以防惡發善 功能爲體. ○熏義者『顯識論』云 譬如燒香熏衣 香體滅而 香氣在衣. 此香不可言有 體滅故 不可言無 香氣在衣故. ○『種子義論』云 此相續交變異 能感未來果報 是種子義. 若相續無變異 若變異無相續[61] 俱非種子. 但相續變異不相離故 成種子.

20) 계율의 형체[62]

또는 필추성苾芻性(비구의 체성)이라 부르고 범어로는 '삼발라三跋羅'라

---

60 명판본에는 '羯磨華言事'로 되어 있으나 『석씨요람교주』와 일판본, 대정장을 참조하여 '羯磨華言辦事'로 바로잡았다.

61 명판본에는 '無相續'으로 되어 있으나 인용문을 참조하여 교감하였다. 『현식론』(T31, p.881b08), "言種子者 此相續變異 能感未來果報 是名種子 相續無變異 亦非種子 若但變異無相續亦非種子 相續變異不相離故 成種子."

62 계체戒體: 잘못된 일을 막고, 나쁜 짓을 그치게 하는 능력을 가진 계의 본체. 그 본질에 대해서 3종의 이설異說이 있다. 색법계체色法戒體·심법계체心法戒體·비색비심법계체非色非心法戒體.

하는데, 『구사론俱舍論』[63]과 『명료론』에서는 모두 '호護'라고 번역하니 곧 드러나지 않는 생각(無表思)이다. 【생각은 곧 제6식의 서로 응하는 좋은 생각이고, 무표색無表色[64]이라고도 부르니 악을 그치게 하고 잘못을 예방하는 효능이 있다. 그래서 '지킨다(護)'라고 하는 것이다.】

○『금강경초』에서 말하였다. "계율의 형체가 나타나는 데에는 3가지가 있으니, 첫째는 본성을 이기고 형체를 드러내는 것이다. 곧 생각을 드러내지 않는 것(無表思)이 일법一法이니, 종자를 통하여 실현된다. 둘째는 상응相應하여 형체를 드러내는 것이 동시의 22법이니, 모두 악을 방어하고 선을 드러내는 효능이 있다. 【22법이라는 것은 5가지 보편적 행동(五遍行)을 말한다. 첫째는 촉觸, 둘째는 작의作意, 셋째는 수受, 넷째는 상想, 다섯째는 사思이다. 5가지 특별한 경우(五別境)[65]는 첫째는 욕欲, 둘째는 승해勝解[66], 셋째는 념念, 넷째는 정定, 다섯째는 혜惠이다. 선행에는 11가지가 있으니, 첫째는 신信, 둘째는 정진精進, 셋째는 참慚(선을 숭상하고 악을 수치로 여겨 죄를 짓지 않음), 넷째는 괴愧(죄악에 대한 수치심으로 죄를 짓지 않음), 다섯째는 탐심이 없음(無貪), 여섯째는 성냄이 없음(無嗔), 일곱째는 어리석지 않음(無癡), 여덟째는 경안輕安(심신이

---

63 『구사론俱舍論』: 5세기경 인도의 바수반두(Vasubandhu)가 지은 불전.

64 무표색無表色: 색법色法으로 나타낼 수 없는 무견無見·무대無對의 것. 수계受戒로 인해 생겨나 몸 안에 내재하며, 끊임없이 상속相續되면서 그릇된 것과 악한 것을 방지하는 힘을 발휘하는 색色을 말한다. 무작색無作色·무교색無教色이라고도 한다.

65 오별경五別境: 각기 대상에 따라 따로따로 일어나는 5종의 심리 작용.

66 승해勝解: 오변행五遍行의 하나. 대경에 향하여 수승한 해解로써 시是·비非, 사邪·정正을 살펴 결정하는 정신 작용.

가볍고 안락한 상태), 아홉째는 방일하지 않음(不放逸), 열째는 행하고 버림(行捨), 열한째는 해롭게 하지 않음(不害)이다. 아울러 동시에 의식 작용의 본체(心王)이니 곧 의식意識이다.】 뒤에 권속들에 의해 본체가 드러나는 것은 신업身業·구업口業·의업意業의 삼선업三善業에 의해 드러난다."

○『섭론』에서 말하였다. "보살계菩薩戒에서는 신業·구口·심업心業의 3가지 선업을 형체라 하고, 성문계聲聞戒[67]에서는 신·구업의 2가지 선업을 형체라 한다."

戒體

又名苾芻性 梵語三跋羅『俱舍』『明了』等論 皆譯爲護 卽是無表思.【思卽是第六識相應善思也 又名無表色 有止惡防非功能. 故云護.】○『金剛鈔』云 出戒體有三 初克性出體 卽無表思一法也 通種子現行. 次相應出體者 卽同時二十二法 皆有防惡發善功能故.【二十二法者 謂遍行五. 一觸 二作意 三受 四想 五思. 別境有五 一欲 二勝解 三念 四定 五惠. 善有十一 謂一信 二精進 三慚 四愧 五無貪 六無嗔 七無癡 八輕安 九不放逸 十行捨 十一不害. 幷同時心王 卽意識也.】後眷屬出體者 卽身口意三善業也.
○『攝論』云 菩薩戒 以身口心三業爲體 聲聞戒 以身口二善業爲體.

---

67 성문계聲聞戒: 성문율聲聞律이라고도 한다. 자기의 해탈만을 목표로 수행하는 수행자가 지키는 계율을 말한다.

21) 비구를 좋은 복전이라고 부름

『보은경』에서 말하였다. "승려들이 삼계三界를 벗어나는 복 밭인 것은 비구에게는 계율의 형체(戒體)를 갖추고 있고, 계율은 만 가지 선의 근본이기 때문이다. 그러므로 세상 사람들이 귀의하여 믿고서 공양하여 복을 심는 것이 기름진 땅에 훌륭한 싹을 길러내는 것과 같기 때문에 좋은 복전이라 부르는 것이다."

比丘稱良福田

『報恩經』云 衆僧者 出三界之福田 謂比丘具有戒體 戒爲萬善之根. 是故世人歸信 供養種福 如沃壤之田 能生嘉苗故 號良福田.

22) 칠지를 제정하는 이유에 대해 물음

『우바새계경』에서 말하였다. "모든 선법과 불선법은 마음을 근본으로 한다. 근본으로 삼기 때문에 비구들이 범하는 데에는 2가지가 있다고 말한다. 첫째는 몸으로 범하고, 둘째는 입으로 범한다. 그렇기 때문에 7지支를 제정하는 것이다."【7지란 3가지 신업身業과 4가지 구업口業을 말한다.】

○『미륵문경론』에서 말하였다. "없는 것을 만들어 내는 것(造作)을 업業이라 한다."

○『대법론』에서 말하였다. "신·구업의 7가지 업은 곧 그 자체로 업이라 부르는 것이고, 의업의 3가지는 다만 상응하는 마음(相應心)으

로 이름 짓는 것이다."

問但制七支

『優婆塞戒經』云 一切善不善法 心爲根本 因根本故. 說諸比丘犯有二種. 一身犯 二口犯 故但制七支也.【七支者 謂三身業 四口業也.】○『彌勒問經論』云 造作名業. ○『對法論』云 身口七支業 卽自體名業 意三業 但名相應心.

23) 계율의 과보

『우바새계경』에서 말하였다. "계율의 과보에는 2가지가 있으니, 첫째는 천상의 즐거움이요, 둘째는 보리의 즐거움이다. 지혜로운 자는 응당 보리를 구해야지 천상의 즐거움을 구하지 않는다."

○『정법념처경』에서 말하였다. "계율을 지키는 마음으로 천상의 즐거움을 생각하는 사람은 깨끗한 계율을 더럽히는 것이 독이 든 물을 섞는 것과 같으니, 천상의 즐거움은 일정하지 않아서 때가 되면 반드시 없어지고 당연히 큰 고통을 받게 된다. 그러므로 열반을 구하는 것이 마땅하다."

戒果

『優婆塞戒經』云 戒果有二 一天樂 二菩提樂. 智者應求菩提 不求天樂. ○『正法念處經』云 若持戒心 念天樂者 斯人汚淨戒 如雜毒水 以天樂無常 壽盡必退 當受大苦. 是故當求涅槃.

24) 수계의 시초

큰 계법은 본래 조위曹魏 황초黃初(조조의 위나라 연호) 3년 임인년(222)부터 이미 허창許昌[68](위나라 수도)에 도착해 있었다. 국가에 일이 많아서 시행되지 못하다가, 33년을 지나 폐위되었던 황제[69](廢帝)가【즉 고귀향공高貴鄕公이다.】자리에 올라 연호를 고쳐 정원正元이라 한 원년 갑술년에 이르러 인도의 율사 담마가라曇摩迦羅[70]가 글을 올려, 비로소 수계하는 일을 시작하였다.【거꾸로 계산해 보면, 불법이 처음 도착한 후한 영평永平[71] 10년(67) 정묘년부터 178년이 지날 때까지 출가자들은 오직 삼귀계三歸戒만을 받았다.】

---

68 허창許昌: 삼국시대 위魏나라 수도의 하나. 하남성 중부 도시.

69 폐위되었던 황제: 위나라 황제 조모曹髦(241~260)를 말한다. 자는 언사彦士이며, 초譙(안휘성 박주) 사람이다. 조비의 손자이고 동해정왕東海定王 조림曹霖의 아들이다. 고귀향공高貴鄕公으로 봉해졌다. 위 가평嘉平 6년(254년)에 사마사는 위주 조방을 폐위하여 제왕齊王으로 삼고 그를 황제로 옹립하였는데, 당시 14살이었다. 감로甘露 5년(260년) 사마소의 권력 전횡에 불만을 품고, 궁궐을 지키는 숙위군宿衛軍과 머리에 푸른 수건을 동여맨 노복들, 관동官僮이라 부르는 관가의 하인들을 거느리고 직접 사마소를 토벌하러 나섰다. 그러나 사마소의 심복 가충賈充이 성제成濟에게 명해 그를 죽였다.

70 담마가라曇摩迦羅: 또는 담마가曇摩迦·담마가류曇摩迦留. 번역하여 법시法時라 한다. 인도 사람으로, 처음엔 4베다(吠陀)를 배우다가 뒤에 불교에 귀의했다. 위魏의 가평嘉平 때(249~254) 중국 낙양洛陽에 와서 『승기계본僧祇戒本』 1권을 번역하고, 갈마수계羯磨授戒하는 법을 행했다. 이것이 중국에 계법을 전한 시초이다.

71 영평永平: 명제明帝의 연호. 58년에서 75년까지 18년 동안 사용하였다.

受戒始

大戒法 本自曹魏黃初三年壬寅 已到許昌. 以國家多事寢 經三十三年 至廢帝【卽高貴鄕公也.】登位改正元元年甲戌 天竺律師 曇摩迦羅上書 方興受戒之事.【逆推至佛法初到 後漢永平十年丁卯 經一百七十八年 凡出家者 惟受三歸戒故.】

25) 단을 세운 시초

인도의 기원정사祇園精舍에 비구들이 모여들자 부처에게 단을 세우고 비구들에게 계를 줄 것을 청하였다. 여래가 기원정사 바깥 동산 동남쪽에 단 하나를 세웠는데 이것이 시작이다. 중국에는 송宋 원가元嘉 7년(430) 경오년에 인도의 승려 구나발마求那跋摩[72]가【양梁나라에서는 공덕개功德鎧라 한다.】양주 도읍(揚都, 현 남경)의 남림사南林寺 앞쪽 대나무 정원에 이르러 단을 세우고 비구들이 계를 받도록 한 것이

---

72 구나발마求那跋摩: 인도 계빈국 사람. 본래 찰제리 종족으로 대대로 왕이었는데, 20세에 출가, 삼장三藏에 통달하였다. 30세에 국왕이 죽자 즉위해야 했으나 듣지 않고 산중에 숨었다. 뒤에 사자국獅子國(실론. 현 스리랑카)으로 건너가 교를 펴고, 사바국闍婆國에 가서 어머니에게 5계戒를 일러주고 왕에게 권하여 계를 받게 하였다. 424년(송 元嘉 1) 혜관慧觀 등이 문제文帝의 허락을 얻어 그를 중국으로 맞아오려 하였으나 그는 장사꾼 축난제竺難提의 배를 타고 광주廣州에 이르렀다. 431년 건강建康에 와서 기원사祇洹寺에 있으면서 『법화경』·『십지경』을 강설, 『보살선계정』·『사분비구니갈마법』 등 10부 18권을 번역하였다. 그해 여름 정림하사定林下寺에서 안거를 마치고 기원사에 돌아가 9월 18일에 65세로 입적하였다.

시초가 되었다. 오늘날에는 방등단方等壇이라고 부른다.

『승사략』에서 말하였다. "대개 계단戒壇에 대한 법은 본래 소승교小乘敎에서 나왔는데, 소승의 가르침 가운데 응하는 사람과 승단의 법이 하나하나 계율과 같아야 하고, 만약 조금이라도 어긴다면 수계자는 계를 받을 수 없고, 계단에 임한 사람들은 죄를 범하게 된다. 이제 방등법方等法은 바로 대승大乘의 가르침이 되었다. 육근에 결점이 있고 근기도 모자라고 인연에 어긋남이 있더라도(根缺緣差) 다만 발원하는 마음이 크다면 다 받아들여서 계율을 받으니, 광대하고 평등하고 두루 적용되기 때문에 방등方等이라 부르는 것이다.

간혹 감로단甘露壇이라고 부르는 것은 감로는 곧 열반을 비유하는 것이고, 계는 열반으로 들어가는 첫 관문이기 때문에 과보(果)에 따라 이름을 드러낸 것이다. 지금 단壇이나 장場이라고 말하는 것은 한두 가지가 아니다. 단壇은 바닥에서 솟아나도록 기초를 세우는 것이고, 장場은 땅을 평평하게 고르는 것이다. 지금 혼용하여 쓰고 있는 것은 대개 잘못이다."【단을 만드는 방식을 알고 싶으면 『도경圖經』을 보기 바란다.】

立壇始

西天祇園 比丘摟至 請佛立壇 爲比丘受戒. 如來於園外院東南置一壇 此爲始也. 此土當宋元嘉七年庚午 天竺僧求那跋摩【梁云功德鎧.】至揚都南林寺 前竹園立壇 爲比丘受戒 爲始也. 今稱方等壇者. 『僧史略』云 蓋以戒壇本出小乘教 小乘教中 應人僧界法一一如律 若片乖違 則受者不得戒 臨壇人犯罪. 今方等法 是大乘教. 即不拘根缺緣差 但

發大心 領納卽得戒 可謂廣大平等周遍矣 故稱方等. 或名甘露壇者 甘露卽喩涅槃也 戒爲入涅槃初門故 從果彰名也. 今言壇場非一也. 壇則出地立基 場則除地令平. 今有混稱 蓋誤.【要知壇式 請看『圖經』.】

26) 계를 받는 의식

『계단도경』에서 말하였다. "계를 받고자 하는 자는 먼저 지혜가 있는 사람의 책려와 동기가 있어야 하니, 부처의 가르침은 온갖 경우에 자비와 수호하는 마음(慈護心)을 일으키기 때문이다."

『파사론』에서 말하였다. "모든 중생에게 두루 미쳐야 선의善意의 즐거움을 일으키게 되고 손해나는 마음이 없어야 계를 받게 된다. 만약 모인 승려들과 대면하여 법의 일을 행할 경우에, '상품上品의 마음을 일으켜야만 상품의 계를 얻을 수 있다'란 말은 사미가 평소 일찍이 들어보지 못하였고, 무엇이 상품의 마음인지도 알지 못한다. 이것은 마치 허공의 천둥이 기이한 봉우리가 있는 곳에만 울리고, 감로수는 가뭄이 든 땅에 오지 않는다고 한 것과 같을 뿐이다."【상품의 마음은 곧 온갖 경계에서 자비와 수호하는 마음을 일으킨다.】

受戒軌儀

『戒壇圖經』云 夫欲受戒者 先於有智人所策發 教於萬境之上 起慈護心故. 『婆沙』云 由普於一切有情上 起善意樂 無損害心得戒. 若臨集僧 當行法事 但云 發上品心 得上品戒者 沙彌素未曾聞 不知何者是上品心. 此猶空雷發奇峰之天 甘雨絶流金之地爾.【上品心 卽是於萬境

上 起慈護也.】

27) 계를 지키는 세 가지 즐거움

『사분율본』에서 게偈로 말하였다.

총명한 사람이 능히 계율을 보호하면 明人能護戒
세 가지의 즐거움을 얻을 수 있다네. 能得三種樂
명예와 이양[73]과 名譽及利養
죽어서 천상에 태어날 수 있다네. 死得生天上

持戒三樂
『四分律本』偈云 明人能護戒 能得三種樂 名譽及利養 死得生天上.

28) 계를 지니는 세 가지 마음

『유가론』에서 말하였다. "첫째는 인위적인 것을 싫어하는 마음이 있음이요, 둘째는 보리를 구하려고 하는 마음이요, 셋째는 중생을 가엾게 여기는 마음이 있음이다."

---

73 이양利養: 생명 있는 것을 살도록 이로움을 주는 것.

持戒三心

『瑜伽論』云 一厭有爲心 二求趣菩提心 三悲愍有情心.

29) 파계하면 다섯 가지가 쇠퇴해짐

『중아함경』에서 말하였다. "첫째는 재물을 구해도 얻을 수가 없다. 둘째는 시설해 놓은 것도 점차 소모되어 버린다. 셋째는 많은 사람이 사랑하고 공경하지 않는다. 넷째는 나쁜 이름이 유포된다. 다섯째는 죽어서 지옥에 들어간다."

破戒五衰

『中阿含經』云 一求財不得 二設得耗散 三衆不愛敬 四惡名流布 五死入地獄.

30) 계를 보호하는 일

『방등경』에서 말하였다. "귀신에게 제사지내면 안 되고, 귀신을 업신여겨서도 안 되며, 귀신의 사당을 부수어서도 안 된다. 다른 사람이 귀신에게 제사지내는 것에 대해 업신여겨서도 안 되고, 그 사람과 왕래해서도 안 된다."【글이 많아 다 싣지 못한다.】

護戒事業

『方等經』云 不得祭祀鬼神 不得輕於鬼神 不得毁壞神廟. 假使有人祭

祀 亦不得輕於彼人 亦不得與彼往來.【文多不載.】

31) 속인이 삼귀계를 받은 뒤 이를 어겼을 경우에 대해 물음

물었다. "만약 속인이 삼귀계를 받은 뒤에 도리어 귀신에게 제사했다면 귀의계를 어긴 것이 아닙니까?" 답하였다. "『우바새계경』에서는 '만약 사람이 삼귀계를 받은 뒤에 집과 신명身命을 보호하기 위해서 귀신에게 제사한 것은 잘못이 아니고, 지극한 마음으로 외도의 귀신에게 예를 올린 것을 잘못이라 한다.' 했다. 제사했다고 해서 생명을 죽일 수는 없다."

問俗人受三歸後違失

問. 若俗人受三歸後 却祀鬼神 爲失歸戒否? 答『優婆塞戒經』云 若人受三歸戒後 爲護宅舍及身命 祀鬼神者不失 若志心禮外道鬼神名失. 若祠祀 不得殺生命.

32) 계를 버리는 네 가지 인연

『바사론』에서 말하였다. "죽을 때까지 계율의 의식은(盡形壽律儀) 4가지 인연(四緣)에 의해 버리게 된다. 첫째는 배운 것(所學)을 버림.【즉 계를 버림.】 둘째는 성 정체성이 2가지로 생겨남.【즉 남자가 여자로 바뀌거나 여자가 남자로 바뀔 때.】 셋째는 선근을 끊어버림.【나쁜 계율과 사견邪見을 받는 것을 말함.】 넷째는 중동분衆同分(중생의 공통 성질)을 버림.【즉 몸이 죽음.】혹 여섯 번째 인연도 이와 같다.【『업소業疏』에서 물었다. "이 식識의 종자는 응당 미래의 후세를 위하여 익혀야 하는데, 어째서 죽을 때에는 계율을 버린다고 말합니까?" 답하였다. "이 식의 종자는 생각으로 인해 생겨나기 때문에 발원하기를 기약해야 하는데, 형체의 수명이 다할 때까지 지키기를 원하나 이제 목숨이 끝나면 계율도 사라진다." ○『증휘기』에서 말하였다. "생각하는 마음 위에서 계율의 종자가 만들어지는데, 가령 목숨이 끊어지려고 하더라도 마음의 법으로 삼던 것은 중유中有[74]에까지 전해진다. 그러므로 생각하는 종자의 공덕은 선한 과보를 감응하여 불러와서 끝까지 없어지지 않는다. 이제 죽을 때 버린다는 말은, 다만 계를 받을 때 기약한 '내 목숨이 다할 때까지 범하지 않겠습니다.' 등의 말을 버리는 것이다."『순정리론順正理論』에서 말하였다. "수명이 끝난 뒤에 비록 기약한 것이 있다 하더라도 별해탈계別解脫戒[75]를 생성할 수 없어서 더 행동할 것도 없고, 더 생각해야 할 것도 없기 때문에 이것으로 인하여 버리는 것이다."】

捨戒四緣

『婆沙論』云 盡形壽律儀 由四緣捨. 一捨所學【卽捨戒.】二二形生【卽男變女 女變男時.】三斷善根【謂受惡戒邪見.】四捨衆同分【卽身死.】或六緣同此【『業疏』問云 此識種子 卽應能爲未來後習 何得言形終戒捨? 答種由思生 要期是願 願盡形壽持 今壽終則戒捨. ○『增輝記』云 思心之上熏成種子 設至命終 心心所法 傳至中有. 思種功德 招感善果 此終不失.

74 중유中有: 4유의 하나. 또는 중음中陰. 윤회 전생할 때에 이생을 끝내고 다음 생을 받을 때까지의 중간 존재.

75 별해탈계別解脫戒: 구족계 등을 받아서 몸이나 입으로 짓는 악업을 방지하는 것.

今言形終捨者 但捨受戒時要期語者 謂受戒言 盡形壽能持不犯等語故. 『順正理論』云 於命終後 雖有要期 而不能生別解脫戒 無加行故 無憶念故 乃因此捨矣.】

33) 계를 버렸다가 다시 출가할 수 있는지에 대해 물음

『구사론』에서 말하였다. "이미 계를 버렸다면 다시 출가를 허락하지 않는다. 여기에서 공부한 노력을 훼손하여 정법이 다 사라짐으로 인해 계율(毘那羯磨)이 없기 때문에 다시 새롭게 보호할 수 없다."

問捨戒已更出得家否

『俱舍論』云 若已捨戒 亦不許更出家. 爲於此毁損功用 由正法滅盡 毘那羯磨無故 更不得新護故.

10. 예수편禮數篇

1) 인도의 아홉 가지 의식

『서역기』에서 말하였다. "천축에 공경을 드리는 의식이 있는데, 그 의식은 9가지이다. 첫째는 말을 하여 안부를 묻는 것이요, 둘째는 머리를 숙여 공경하는 뜻을 보임이요, 셋째는 머리를 들어 높이 읍을 하는 것이요, 넷째는 합장하여 가슴 높이와 나란하게 손을 맞잡는 것(平拱)이요, 다섯째는 무릎을 굽히는 것이요, 여섯째는 장궤長跪[1]하는 것이요, 일곱째는 팔꿈치를 땅에 대는 것이요, 여덟째는 오륜五輪[2]을 땅에 붙이는 것이요, 아홉째는 오체를 땅에 던지는 것이다. 대개 이

---

1 장궤長跪: 두 무릎을 땅에 대고, 두 발끝으로 땅을 디디고, 몸을 우뚝 세우는 자세. 부처께서 비구는 호궤胡跪하고, 비구니는 비구에 비해 힘이 약한 까닭에 장궤하게 하였다. 호궤는 서로 존중하는 예법으로 오른쪽 무릎을 땅에 대고 왼쪽 무릎을 세워서 단정하게 앉는 것을 말한다.

2 오륜五輪: 양쪽 팔꿈치와 양쪽 무릎, 이마를 가리키는 것이다.

아홉 등급이 있는데 그 궁극이 1배拜이다."

天竺九儀

『西域記』云 天竺致敬之式 其儀有九. 一發言問訊 二俯首示敬 三擧首[3]高揖 四合掌平拱 五屈膝 六長跪 七手肘據地 八五輪著地 九五體投地 凡斯九等 極爲一拜.

2) 합장

중국에서의 차수叉手[4]와 같다. ○『법원주림』에서 말하였다. "만약 손가락은 합하면서 손바닥은 합하지 않는 자라면 마음이 게을러져 마음이 흩어졌기 때문이니, 반드시 손가락과 손바닥을 서로 붙여서 공간이 생기지 않게 해야 한다."

合掌

若此方之叉手也. ○『法苑』云 若指合其掌不合者 良由心慢 而情散也 必須指掌相著 不令虛也.

---

3 명판본과 일판본, 대정장에는 '柔首'로 되어 있으나 『서역기』를 참조하여 '擧首'로 바로잡았다. 『대당서역기』(T51, p.877c12), "其儀九等 一發言慰問 二俯首示敬 三擧手高揖 四合掌平拱 五屈膝 六長踞 七手膝踞地 八五輪俱屈 九五體投地."

4 차수叉手: 두 손을 교차하여 잡는 법이다. 유가례에서는 길례의 경우 남자는 왼손이 오른손 위에 올라가도록 잡고 여자는 오른손이 왼손 위에 올려 잡도록 하고, 흉례인 경우는 이와 반대로 하는 것을 법도로 삼고 있다. 하지만 불가례에서는 손에 힘을 주지 말고 맞잡되, 어느 손이 위로 올라가도 상관하지 않는다.

3) 안부를 물음

『이아』에서는 "신訊은 언言이다." 하였다.

○『선견론』에서 말하였다. "비구가 부처가 있는 곳에 이르러 묻기를 '질병이 적고 번뇌가 적은 것은 안락행安樂行이 아닙니까?' 하였다."

○『승기율』에서 말하였다. "예배할 때는 벙어리(瘂羊)[5]와 같아서는 안 되므로 서로 인사하는 것이 사리에 맞다."

○『지지론』에서 말하였다. "얼굴을 펴서 편안하게 하고, 먼저 말하며 눈을 맞추어 바라보고, 온화한 기색으로 바르게 생각하면서 앞에서 인사하는 것이 사리에 맞다."

○『승사략』에서 말하였다. "비구들이 서로 만나서 '(편안한지) 살피지 못했습니다.'라고 안부를 묻는 것과 같다. 율문律文에는 비천한 자는 존귀한 자에게 '살피지 못했습니다. 질병은 적고 번뇌는 적으며 기거하는 데 불편하지는 않으신지요?' 하고 안부를 묻고, 윗사람이 아래 사람을 위로할 적에 '살피지 못했구나. 병이 없고 걱정이 없으며 걸식은 쉽게 하는지, 머무르는 곳에 나쁜 벗은 없는지?' 하고 안부를 묻는다. 뒷날 사람들이 그 말을 생략해버리고 '살피지 못했습니다(不審)'라고만 하는 것은 너무 느슨한 말인 것 같다. 결국 이 '살피지 못했습니다.'라는 글의 내용을 분명하게 해야만 비로소 예를 완성하는 것이다."

---

5 아양瘂羊: 벙어리 염소. 지극히 어리석은 스님이 선악의 계율을 분별치 못하여 범하고도 참회할 줄 모르는 것을 벙어리 염소는 죽어도 소리를 못 내는 것에 비유하여 아양승이라 한다.

問訊

『爾雅』云 訊言也. ○『善見論』云 比丘到佛所問訊云 少病少惱 安樂行否? ○『僧祇律』云 禮拜不得如瘂羊 當相問訊. ○『地持論』云 當安慰舒顏 先語平視 和色正念 在前問訊. ○『僧史略』云 如比丘相見云 不審謂之問訊. 律文其卑者問尊 則云不審 少病少惱 起居輕利否? 若上慰下 則云不審 無病無惱 乞食易得 住處無惡伴否? 後人省其辭 乃只云不審 大似歇後語也. 直須分明道箇不審字 始可成禮爾.

4) 좌구를 끌어당겨 앉음[6]

남방에서는 '좌구를 끌어당겨 앉아 예를 행한다.'고 했는데 계율에는 그런 글귀가 없다. 『승사략』을 살펴보니 "근래에는 좌구를 펴서 곧장 예를 행한다."고 하였으니 이것을 근거로 말을 논한 것이다. 옛날 인도 승려(梵僧)들은 중국에 와서 모두 니사단尼師壇을 펼쳐놓고 그 위에 앉아 예를 올렸는데, 후세에는 존자가 니사단을 열려고 하는 것을 보고 피하면서 그만두게 하고, 곧바로 문안 인사를 주고받았다. 또 니사단을 펼쳐서 재배再拜하려는 것 같으면 존자들이 또 그것을 그만두게 하였다. 이로 말미암아 니사단을 펼치려는 시늉을 예의 형식으로 여겼으니, 이른바 좌배蓌拜이다. 【좌蓌는 음이 좌挫이고, 절하는 자세를 잃은 것이다. 또는 사詐라고도 한다.】

○이와 같이 하면 설령 공경을 표하더라도 너무 간결한 것이 아니겠는

---

6 명판본에는 이 부분이 위의 '問訊'을 풀이한 내용과 연결되어 있으나, 내용을 살펴볼 때 '抽坐具'부터 다른 내용이므로 분리하여 해석하였다.

가? 그러나 방편에 따라서 청정한 행실을 하는 사람은 하지 않을 수 없다.

抽坐具

南方以抽坐具爲禮 律檢無文. 按『僧史略』云 近以開坐具 便爲禮者 得以論之. 昔梵僧到此 皆展尼師壇 就上作禮 後世避煩尊者 方見開尼師壇卽止之 便通敍暄涼. 又展之猶再拜也 尊者又止之. 由此只將尼師壇 擬展爲禮之數 所謂蔆拜也.【蔆音挫 拜失容. 又云詐也.】 ○如此設恭 無乃太簡乎? 然隨方爲淸淨者 不得不行也.

5) 예배의 방법

『성론』에서는 "반나매盤那寐", 혹은 "반담盤談"이라 하고, 중국에서는 "예禮"라고 말한다.

○『지지론』에서는 "오륜을 땅에 붙이는 것이다(五輪著地)." 하였다.

○『장아함경』에서 말하였다. "두 팔과 두 무릎과 머리를 오륜이라고 하니, 윤輪이란 둥글게 빙빙 돈다는 뜻이고, 또한 오체五體라고도 한다. 무릇 예배는 반드시 먼저 발을 나란히 하고 몸을 바르게 하여 합장하고 머리를 숙여서 손으로 옷자락을 걷어 올리면서【옷은 가사를 말한다. 『오백문』에서는 '삼의三衣를 갖추지 않고 예배하는 것은 많은 죄를 짓는 것이다.' 하였다.】 먼저 오른쪽 무릎을 땅에 대고, 다음 왼쪽 무릎을 댄다. 두 팔꿈치를 땅에 대고 합장한 손을 펴서 이마를 지나 허공을 떠받들고 부처의 발에 손을 붙여 공경함을 보인다. 머리를 바닥에

한참 동안 대고 있는 것으로 1배가 되는 것이다. 만약 중지와 무지를 서로 얽어서 혹 손바닥으로 얼굴을 받들거나 바닥을 짚는 것은 제대로 된 의식이 아니다."

○『지도론』에서 말하였다. "예에는 삼품三品이 있는데, 첫째는 입으로 나무南無만을 부르는 것으로, 이것은 하품下品의 예이다. 둘째는 무릎을 굽혀서 바닥에 닿게 하고 머리는 바닥에 닿지 않는 것으로 이것은 중품中品의 예이다. 셋째는 오체(五輪)를 땅에 닿게 하는 것으로 이것은 상품上品의 예이다." 또 말하였다. "하품의 예는 읍揖하고, 중품의 예는 꿇어앉으며, 상품의 예는 이마를 바닥에 닿게 하는 것이다."

禮拜式

『聲論』云 盤那寐 或云盤談 華言禮. ○『地持論』云 五輪著地. ○『長阿含經』云 二肘二膝頭頂 謂之五輪 輪者圓轉之義也 亦云五體. 凡禮拜必先並足[7]正身 合掌俯首 以手褰衣【衣卽袈裟也. 『五百問』云 不褰三衣禮拜 得衆多罪.】先以右膝著地 次下左膝. 以二肘著地 舒二掌過額承空 示有接足之敬也. 以頭在地良久 方成一拜. 若以中拇指相扭 或以掌承面 或捺地 並非儀也. ○『智度論』云 禮有三品[8] 一口但稱南無是下品禮. 二屈膝著地 頭頂不著地 是中品禮. 三五輪著地 是上品禮. 又云 下者揖 中者跪 上者頭面著地.

---

7 명판본에는 '起'로 되어 있으나 이는 '足'의 오자이다.

8 명판본에는 '有三品'으로 되어 있으나 『대지도론』(T25, p.751a24)을 참조하여 '禮有三品'으로 바로잡았다. "禮有三種 一者口禮 二者屈膝 頭不至地 三者頭至地 是爲上禮."

6) 세 번 절함

『백호통』에서 말하였다. "사람들은 왜 서로 절을 하는가? 감정을 표현하고, 뜻을 보여주고, 몸을 굽히고 낮추기 위해서이니, 사람 모시기를 중요하게 여기는 것이다. 절이라는 것은 '엎드리다'의 뜻이다. 속세에서 두 번 절하는 것은 대체로 음양을 본받기 때문이다." 지금 석씨들이 머리를 숙여 삼배하는 것은 대체로 삼업三業에 귀의하고 공경함을 표시하는 것이다.

『지론』에서 말하였다. "내식內式의 예배[9]는 대략 몸과 입으로 한다. 불법은 마음을 근본이라고 하고 몸과 입은 말단이라고 하므로 세 번 절하는 것을 예의 형식으로 한다."

三拜

『白虎通』云 人之相拜者何? 所以表情見意[10] 屈節卑體 尊事者也. 拜之言服也. 俗中兩拜者 蓋法陰陽也. 今釋氏以三拜者 蓋表三業歸敬也. 『智論』云 內式禮拜 大約身口業也. 佛法以心爲本 以身口爲末 故三拜爲禮數也.

---

9 내식內式의 예배: 유가의 예배 혹은 궁 안에서의 예식을 가리키는 것으로 보인다.

10 명판본에는 '人之所以相拜者何 所以表情見意'로 되어 있으나 『백호통』을 인용하고 있는 다음 문장을 참조하여 바로잡았다. 『사미율의요약술의沙彌律儀要略述義』(X.60, p.302a23), "白虎通曰 人之相拜者何 所以表情見意 屈節卑禮 尊事者也."

7) 계수

계수는 몸을 굽혀 머리가 바닥에 닿게 하는 것을 말하는 것이다. 또 계稽【음은 계雞이다.】는 머리가 바닥에 잠시 닿아서 잠시 머무르는 것이다. 이것은 곧 『주례』의 구배九拜[11] 중에 첫 번째 절이다.

稽首

稽首謂屈頭至地故. 又稽 【音雞.】 謂首至地 稽留少時也. 此卽『周禮』九拜之初拜也.

8) 계상

상顙은 이마이니, 몸을 굽혀 이마가 바닥에 닿게 하는 것을 말한다. 즉 『주례』의 다섯 번째 절[12]이다.

稽顙

顙 額也 謂屈額至地. 卽『周禮』第五拜也.

---

11 구배九拜: 『주례周禮』「춘관春官」〈대축편大祝篇〉에서는 구배九拜를 계수稽首·돈수頓首·공수空首·진동振動·길배吉拜·흉배凶拜·기배奇拜·포배褒拜·숙배肅拜라 하였다.

12 『주례』의 다섯 번째 절: 『주례』의 다섯 번째 절은 '길배吉拜'이고 이마를 땅에 닿게 숙여 절하는 것이다. 따라서 여기서 말한 '계상'은 길배를 말하는 것이다.

9) 돈수

돈수는 머리를 아래로 향하면서 허투로 끄덕이며 바닥에 닿지 않는 것으로, 즉 『주례』의 두 번째 절이다. 【석씨들이 속인들에게 서신을 보낼 때 계수와 돈수는 말할 수가 없으므로 섭배渉拜라고 한다.】

頓首

謂頭向下 虛搖而不至地 卽『周禮』第二拜也. 【凡釋氏致書俗人 卽不得言稽首頓首 謂渉拜也.】

10) 배수

배수는 머리를 손에 닿게 하는 것으로, 즉 『주례』의 세 번째 절인 공수배空首拜이다.

拜首

謂以頭至手 卽第三空首拜也.

11) 읍

읍은 『주례』의 아홉 번째 절로 숙배肅拜이다. 또 이것은 안에서 하는 방식으로, 하품下品의 예이다. 『서경』에서 말하였다. "읍은 경쇠와 같다. 만약 머리를 치켜들고 몸을 꼿꼿하게 세우거나 차수하여 삼가지 않는 것은 매우 거만한 것이다." 그러므로 공자는 "예를 차리되 공경함이 없다면 우리가 거기에서 무엇을 보겠는가?" 하였다.

揖

卽『周禮』第九肅拜也. 又是內法下品禮也. 『書』云 揖如磬折. 若仰首直身 叉手不謹 卽慢甚也. 故孔子曰 爲禮不敬 吾何以觀之?[13]

12) 공경

『사분율』에서 말하였다. "너희 비구들은 내 법에 출가하였으니, 서로 공경하여야 불법을 유포시킬 수 있다."

○『비니모』에서 말하였다. "부처가 말하길 '내가 죽은 뒤에는 바라제목차(別解脫) 행법에 의거하여 각자 겸손하게 자신을 낮추어 교만함을 없애는 것이 마땅하다.' 하였다."

○『계본』에서 말하였다. "만약 비구들이 공경하지 않으면 바일제波逸提를 범하는 것과 같다."

○『지지론』에서 말하였다. "만약 연장자로서 복덕이 뛰어난 자를 만난다면 마땅히 일어나 맞이하여 예배하고 인사해야 한다. 만약 덕이 자기와 동등한 자를 만난다면 먼저 인사하고 겸손하게 자기를 낮춰 부드러운 말을 하며 교만하지 않아야 한다. 만약 나보다 나이와 덕이 적은 자를 만난다면, 응당 먼저 부드러운 말을 하고 마음은

---

13 『논어』「팔일」에 "子曰 居上不寬 爲禮不敬 吾何以觀之"라 하였다.

교만하지 않아야 하며, 설령 죄가 있더라도 끝내 나무라지 않아야 한다."

恭敬

『四分律』云 汝等比丘 於我法中出家 更相恭敬 佛法可得流布. ○『毗尼母』云 佛言吾去世後 當依波羅提木叉行法 當各各謙卑 除去憍慢. ○『戒本』云 若比丘不恭敬 犯波逸提罪. ○『地持論』云 若見年長福德勝者 應起奉迎 禮拜問訊. 若見德與己等者 先意問訊 謙下軟語 不生慢憍. 若見年德於己少者 應先意軟語 心不輕慢 設其有罪 終不譏刺.

13) 겸손하면 받는 네 가지 공덕

『문수불찰경』에서 말하였다. "첫째는 악취惡趣[14]에서 멀리 떠나 낙타·당나귀·소·말 등 여러 방생傍生[15]의 몸을 받지 않는다. 둘째는 경멸당하지 않는다. 셋째는 나쁜 벗과 원수들이 업신여기지 않는다. 넷째는 항상 사람과 하늘이 공경한다."

謙下獲四種功德

『文殊佛刹經』云 一遠離惡趣 不受駝驢牛馬等諸傍生身 二不被輕毀

---

14 악취惡趣: 아파가야저阿波伽耶底라 음역. 악한 짓이 원인이 되어 태어나는 고통의 세계. 3악취(지옥·아귀·축생), 4악취(지옥·아귀·축생·수라), 5악취(지옥·아귀·축생·인간·천상), 6악취(지옥·아귀·축생·수라·인간·천상)로 구분한다.

15 방생傍生: 축생을 말한다.

三[16]惡友怨敵 不能凌突 四常爲人天恭敬.

14) 장유의 차례

석씨들은 장유長幼의 서열을, 노소老少와 귀천貴賤은 말하지 않고 다만 출가한 햇수(夏臘)의 많고 적음만을 따진다.

○『비바사론』에서 말하였다. "비구가 큰 계율(大戒, 구족계)을 받으면 부처의 가문에 태어난 것으로 이름 지으니, 그래서 먼저 수계의 예를 행하는 것이다."

○『십송률』에서 말하였다. "부처가 말하길 '지금부터 구족계를 먼저 받은 경우는 아주 잠깐이라도 응당 먼저 앉게 하고 먼저 음식 등을 받게 한다.' 하였다."

○『월등삼매경』에서 게偈로 말하였다.

마땅히 출가한 햇수를 물어서	當問其夏臘
만약 기숙자[17]라면	若是耆宿者
공경하고 공양해야만 하고	應供養恭敬
머리 숙여 접족례[18]를 해야 하리.	頭面接足禮

---

16 명판본과 일판본, 대정장에는 '三者'로 되어 있으나 '者'자는 연자衍字이므로 바로잡았다.

17 기숙자耆宿者: 나이가 많아 덕망이 높고 경험이 풍부한 사람.

18 접족례接足禮: 또는 두면예족頭面禮足·계수예족稽首禮足. 줄여서 두면례·계수례라 한다. 인도의 절하는 법인데 두 손으로 절 받을 이의 발을 받들어 자기의 머리에 댄다.

○『범망경』에서 말하였다. "불자佛子라면 응당 법대로 차례로 앉아야만 한다. 먼저 계를 받은 사람이 앞에 앉아 있으면 노소, 귀천은 묻지 않는다. 병사나 노예(兵奴), 외도의 법과 같게 하지 말며, 낱낱이 법대로 하지 않는 자는 허물이 비교적 가벼운 죄(輕垢罪)를 범하는 것이다."

○『대장엄경』에서 말하였다. "부처의 제자 난타難陀[19]에게 우바리優婆離라는 종이 있었다. 부처에게 출가하여 계를 받았는데, 뒤에 출가한 순서대로 앉았다. 왕자 난타難陀[20]가 뒷날 출가하여 차례로 예를 행하는데, 우바리 앞에 이르러 생각하기를 '이는 나의 종이었으니 예를 행하는 것은 당치 않다.' 하였다. 이때 부처가 난타에게 말하길 '불법은 바다가 모든 강물을 받아들여 모두 한 가지 맛으로 만드는 것과 같다. 계를 받은 선과 후를 근거로 할 뿐이지 귀천에 두지 않는다. 사대四大[21]를 임시로 빌려서 이름 지은 것이 몸이니 그 가운데는 텅 비어서 본래 '나'는 없다. 그러니 마땅히 성스러운 법을 생각하여 교만한 마음이 생겨나게 하지 말아야 한다. 이때 난타는 자신의 자만하는 마음(貢高)

---

19 난타難陀: 부처의 제자. 본래 소를 먹이던 사람이었으므로 목우난타牧牛難陀라 한다.

20 왕자 난타難陀: 가비라성의 왕자. 석존의 배다른 동생. 목우난타와 구별하기 위해서 손타라孫陀羅난타라 한다. 그는 아내 손타라의 아름다움에 반하여 출가를 좋아하지 않고 자꾸 사랑하는 아내 곁으로 가려는 것을 부처가 방편으로 천상의 즐거움과 지옥의 괴로운 모습을 보여주고 그를 인도하여 불도에 귀의케 하였다.

21 사대四大: 흙(地)·물(水)·불(火)·바람(風)의 4가지 원소. 이 넷은 만물에 두루 퍼져 있으므로 사대라 하고, 만물을 낳는 원소이므로 대종이라고도 한다. 사대는 부처 당시 거의 모든 종교와 사상에 영향을 주었다.

을 버리고 곧 예를 행하였다."【이것은 계를 먼저 받음과 나중에 받은 순서로 하는 것이지 신분이 높고 낮음으로 하지 않는다는 것이니, 불가에서 아우나 조카의 항렬일 경우에는 반드시 승복僧服의 차례에 의거한다.】

長幼序

釋氏序長幼 卽不以老少貴賤 但取夏臘多少也. ○『毘婆沙論』云 比丘受大戒 名生在佛家. 是故應禮先受戒者. ○『十誦律』云 佛言從今先受大戒 乃至大須臾時 是人應先坐 先受食等. ○『月燈三昧經』偈云 當問其夏臘 若是耆宿者 應供養恭敬 頭面接足禮. ○『梵網經』云 若佛子 應如法次第坐. 先受戒者在前坐 不問老少貴賤. 莫如兵奴外道之法 而菩薩一一不如法者 犯輕垢罪. ○『大莊嚴經』云 佛弟難陀 有僕名優波離. 投佛出家受戒 後依僧次坐. 王子難陀 後至出家 次第作禮 至優波離前 念是我僕 不當設禮. 爾時佛告難陀言 佛法如海容納百川 皆同一味. 但據受戒前後不在貴賤. 四大假名爲身 於中空寂 本無吾我. 當思聖法 勿生憍慢. 爾時難陀 去自貢高便禮.【此以受戒先後 不以尊卑 若法門弟姪之行 必須依服序.】

15) 두루 예를 올려야 함

『오분율』에서 말하였다. "사찰에 상주하는 비구가 있었는데 다른 데서 온 비구에게 예를 차리지 않자, 다른 데서 온 비구도 상주하는 비구에게 예를 올리지 않았다. 어떤 비구가 절에 도착하여 오랫동안 머문 비구에게 예를 올리지 않자, 오랫동안 머문 비구가 '어디서 오셨습니까? 당신을 알아야 되겠습니다.' 하였다. 그곳의 비구들이 모두 이와 같이 교만하니 이로써 부처에게 아뢰자, 부처가 말하길 '두루 예를 차리는 것이 마땅하니 예를 차리지 않는 자는 돌길라죄를 얻을 것이다.' 하였다."

應遍禮

『五分律』云 有常住比丘 不禮來去比丘 來去比丘 不禮常住比丘. 有比丘到一寺 不禮久住比丘 久住比丘 問汝從何來? 當知汝. 彼處比丘 皆如是憍慢 以此白佛 佛言應遍禮 不禮者 得突吉羅罪.

16) 재회에서의 예배

『기귀전』에서 말하였다. "대중들이 모여서 재회齋會[22]하는 곳에서는 합장하는 것이 곧 경의를 표하는 것이다. 또한 온전한 예를 하려고 애쓰지 않고, 편의대로 예를 행하는 것은 가르침에 위배된다."

齋會禮拜

『奇歸傳』云 大衆聚會齋之次 合掌卽是致敬. 亦不勞全禮 禮便違敎.

---

22 재회齋會: 죽은 사람의 영혼을 극락으로 보내기 위하여 스님들이 모여 경을 읽고 공양하는 의식이다.

17) 호궤

호궤互跪[23]는 인도의 의식으로 좌우 양쪽 무릎을 번갈아 구부려 땅에 붙이는 방법이다. 그러므로 승려들은 모두 오른쪽 무릎을 구부려 앉는다. 호궤胡跪라는 말은 음이 와전된 것이다.

互跪

天竺之儀也 謂左右兩膝 互跪著地. 故釋子皆右膝. 若言胡跪 音訛也.

18) 장궤

장궤長跪는 양쪽 무릎을 땅에 가지런히 붙이는 것인데, 먼저 오른쪽 무릎을 내리는 것이 예법이다.

○『신족무극경』에서 말하였다. "월천자月天子[24]가 자리에서 일어나서 다시 의복을 정돈하고 오른쪽 무릎을 먼저 내리고, 차수하고 장궤하였다."

○『비나야』에서 말하였다. "비구니들은 체력이 약해서 호궤互跪하

---

23 호궤互跪: 좌우 양쪽 무릎을 번갈아 땅에 대고 꿇어앉는 것. 서역 지방과 인도에서 일반적으로 행하는 예법의 하나이다. 불법에서는 보통 왼쪽 무릎을 세우고, 오른쪽 무릎을 땅에 대는 좌궤左跪를 하는 것이 본법이나, 행사가 오래 걸려서 피로할 경우에는 이것을 막기 위하여 호궤互跪를 허락한다.

24 월천자月天子: 명월천자明月天子·월신月神·월천月天·보길상천자寶吉祥天子라고도 한다. 인도 신화에서 들어온 불교의 신으로, 달을 차지하여 사천하를 비추며 많은 천녀를 데리고 오욕락을 즐긴다.

면 허리가 꺾였기 때문에 부처가 장궤長跪하는 것을 허락하였다."

長跪

卽兩膝齊著地 亦先下右膝爲禮. ○『神足無極經』云 月天子卽從座起更整衣服 前下右膝 叉手長跪. ○『毘奈耶』云 尼女體弱 互跪要倒 佛聽長跪.

19) 편단

인도의 풍속이다. 이 예법은 조씨의 위魏나라로부터 대대로 이어져 점차 지금에 이른 것이다. 계율에서 말하였다. "편偏은 오른쪽 어깨를 드러내는 것이니, 즉 육단肉袒이다." 계율에서 말하였다. "공양할 때에는 모두 편단을 하니, 일을 할 때에 편리하기 때문이다." 또한 중니仲尼(공자의 자)도 마찬가지로 '오른쪽 소매를 짧게 했다.'고 말하는데, 일할 때 편리하기 때문이다. 【일체 공양이라고 말하는 것은 즉 부처를 뵙고 예불하거나 두 스승에게 예를 올리는 것 등을 말한다.】 마을과 속인의 집에 들어갈 때에는 모두 가사로 온통 몸을 감싸야(通披)[25] 한다.

偏袒

天竺之儀. 此禮自曹魏世寖[26]至今也. 律云 偏露右肩 卽肉袒也. 律云

25 통피通披: 불상이나 승려의 옷 모양새 가운데 양어깨를 모두 덮은 경우를 말한다. 통양견通兩肩 이라고도 한다. 비구가 거리에 나가 걸식할 때는 통견을 하는 것이 원칙이다.

一切供養 皆偏袒 示有便於執作也. 亦如仲尼云 短右袂 便作事也.【言一切供養 卽見佛禮佛 及禮二師等.】若入聚落俗舍 皆以袈裟通披之.

20) 결가부좌

『비바사론』에서 말하였다. "이는 '원만하고 편안히 앉는다'는 의미를 나타낸 것이다." 『성론聲論』에서 말하였다. "양쪽 발의 발등을 양쪽 넓적다리에 올려놓아서 용이 똬리를 틀고 있는 것과 같은 것이다."

○협존자脅尊者가 말하였다. "이것은 길상좌이다."

○『염송경』에서 말하였다. "전가부좌全跏趺坐는 여래좌如來坐이고, 반가부좌半跏趺坐는 보살좌菩薩坐이다."

○거좌踞坐는 다리를 늘어뜨려 걸터앉는 것을 말한다.

○반과좌跘跨坐【위〔跘〕는 평平과 환患의 반절이고, 아래〔跨〕는 구口와 조爪의 반절이다. 회남에서는 무릎을 벌려 앉으므로 반과라 하고, 산동에서는 그것을 갑부좌甲趺坐라 한다.】

結跏趺坐

『毘婆沙論』云 是相圓滿安坐義. 『聲論』云 以兩足趺致兩髀 如龍盤結. ○脅尊者云 是吉祥坐. ○『念誦經』云 全跏趺是如來坐 半跏趺是菩薩坐. ○踞坐 謂垂足實坐也. ○跘跨坐【上平患切 下口爪切. 淮南謂開膝坐爲跘跨 山東謂之甲趺坐也.】

---

26 명판본에는 '寢'으로 되어 있으나 이는 '寑'의 오자이다.

21) 예를 대신함

중국 시속의 전배傳拜(사람을 시켜 배례를 전하는 것)와 같다. 『십송률』에서 말하였다. "부처의 제자들이 여기저기 돌아다닐(遊方)[27] 적에 화상이 그곳에 신령스러운 자취와 성상聖像(성인의 화상이나 초상), 명성과 덕망이 있는 사람들이 있는 것을 알고 그곳에 가서 예를 전하도록 하였는데, 그곳에서 제자들은 몸을 옆으로 돌려 화상의 예를 받았다."

代禮

若此方俗之傳拜也.『十誦律』云 弟子遊方 和尙知彼有靈蹤聖像名德人 和尙令傳禮於彼 其弟子得側身 受和尙禮.

22) 진중

석씨들은 서로 만났다가 헤어질 때 "진중珍重"이라고 말하는데, 이것은 이 지방에서 "편안히 계십시오(安置)."라고 하는 말과 같다. 진중이라는 말은 몸을 아끼고 잘 보존하라는 부탁의 말이다. 만약 지체가 낮은 사람이 높은 사람의 처소에 이르렀을 때 존장이 앉으라고 하거나 경전의 가르침을 받은 뒤 갈 때는 '진중'이라고 말하지 않는다. 다만 합장하고 머리를 숙여 경의를 표하면 된다.

---

27 유방遊方: 승려가 수행하기 위하여 여러 지방을 돌아다니는 것을 말한다.

珍重

釋氏相見將退 卽口云 珍重 如此方俗云 安置也. 言珍重 卽是囑云 善加保重也. 若卑至於尊所 尊長命坐 及受經後去 卽不云珍重. 但合掌俯首示敬也.

23) 부끄러움

『대운경』에서 말하였다. "부끄러움(慚愧)이란 모든 선행의 의복이다."

○『유식론』에서 말하였다. "참慚이란 자신의 법력에 의지하여 어질고 착한 이를 높이는 것이고, 잘못을 수치스러워하는 것을 본질로 삼는다. 괴愧란 세간의 힘에 의지하여 포악한 것을 가볍게 물리치고, 잘못을 수치스러워하는 것을 본질로 삼는다."

○『아비달마론』에서 말하였다. "참이란 모든 과오를 스스로 부끄럽게 여기는 것을 본질로 삼아 악행을 그치게 하고 의지하는 것을 업業으로 한다. 괴란 모든 과오를 다른 사람에게 부끄럽게 여기는 것을 본질로 삼아 악행을 그치게 하고 의지하는 것을 업으로 한다."

○『증일아함경』에서 말하였다. "부처가 여러 비구에게 세상에는 2가지 오묘한 법이 있으니 세간을 잘 옹호하여라. 이른바 자신의 허물에 대해 스스로 부끄러워하는 마음(慚)이 있고, 죄를 지었을 때 남에게 부끄러운 마음(愧)이 있다. 비구들아! 만약 이 2가지 법이 없다면 세간에는 부모·형제·처자·지식·존장·대소의 분별이 없어 축생들과 같은 부류가 될 것이다. 이 때문에 비구들은 자신의 허물에 대해 스스로 부끄러워하는 마음이 있어야 하고, 죄를 지었을 때 남에게

부끄러운 마음이 들도록 익혀야 한다."

慚愧

『大雲經』云 慚愧者[28]衆善之衣服. ○『唯識論』云 慚者 依自法力 崇重賢善 羞恥過惡爲性. 愧者依世間力 輕拒暴惡 羞恥過惡爲性. ○『阿毘達磨論』云 慚者謂於諸過惡 自羞爲體 惡行止息 所依爲業. 愧者謂於諸過惡 羞他爲體 惡行止息爲業. ○『增一阿含經』云 佛告諸比丘 世有二妙法 擁護世間. 所謂有慚有愧也. 諸比丘 若無此二法 世間則不別父母兄弟妻子知識尊長大小 卽與畜類同等也. 是故比丘 當習有慚有愧.

---

28 명판본에는 '慚愧名'으로 되어 있으나 이는 '慚愧者'의 오자이다.

11. 도구편道具篇

1) 도구

『중아함경』에서 말하였다. "가진 물건은 몸이 도道로 나가는 데 도움이 되는 것이라야 하니 이것이 선법을 증대시키는 도구이다."

○『보살계경』에서 말하였다. "도구는 생활의 밑천이 되고 도를 구하는 데 도움 되는 도구이다."

道具

『中阿含經』云 所蓄物 可資身進道者 卽是增長善法之具. ○『菩薩戒經』云 資生順道之具.

2) 열 가지 물건

『경음소』에서 말하였다. "'십什'이란 잡다한 것이고 모인 것인데, 이것은 모두 받아쓰는 기물이다."

什物

『經音疏』云 什者 雜也聚也 乃是一切受用器物也.

3) 백한 가지 물건[1]

백일물百一物은 대충 어림잡아서 하는 말이다. 『살바다론』에서는 "온갖 물건을 각 하나씩만 가질 수 있다." 하였다.

百一物

大概之辭也. 『薩婆多論』云 百物各可蓄一也.

4) 여섯 가지 물건[2]

육물六物은 삼의三衣·니사단尼師壇·발우·여수낭濾水囊[3]을 말한다.

---

1 백일물百一物: 백일공물百一供物·백일중구百一衆具라고도 한다. 비구의 도구를 총칭하는 말이다. 백百은 많은 수를 대강 든 것으로 비구들은 가지가지의 도구를 1가지씩만 가질 수 있으므로 총칭하여 백일물이라 한다.

2 육물六物: 비구의 몸에 항상 지니는 6종의 용구用具로 승가리僧伽梨·울다라승鬱多羅僧·안타회安陀會·발달라鉢呾羅·니사단나尼師但那·발리살리벌나鉢哩薩哩伐拏를 육물이라고도 한다.

3 여수낭濾水囊: 비구 6물物의 하나. 녹수대漉水袋·녹낭漉囊·녹대漉袋·누수낭漏水囊·수라水羅라고도 한다. 물을 먹을 적에 물속에 있는 작은 벌레를 죽이지 않기

○『증휘기』에서는 "별도로 6가지 물건이 있는 것은 아니다." 하였고, 『경음의經音義』에서는 "여섯 번째는 침통針筒이다." 하였다.

六物

謂三衣 尼師壇鉢濾水囊. ○『增輝記』云 非謂別有六物也『經音義』第六是針筒.

5) 발우

범어로는 '발다라鉢多羅'라 하고 중국에서는 '응기應器'라 하며, 지금은 줄여서 '발'이라 한다. 또 '발우'라고도 하니, 중국어와 범어를 겸칭하는 이름이다. '발'이란 삼근三根[4]을 가진 사람이 몸을 지키는 데 필요한 물건이다. 부처는 2종류를 사용하도록 허락하였다. 다음과 같이 주를 단다.[5]

鉢

梵云鉢多羅 此云應器 今略云鉢也. 又呼鉢盂 卽華梵兼稱也. 鉢者乃是三根人 資身要急之物. 佛聽用二種. 注之如左.

위해서, 또는 티끌 같은 것을 없애기 위하여 물을 거르는 주머니이다.

4 삼근三根: 중생의 삼종근성三種根性. 상근·중근·하근이 있는데, 하근은 둔근鈍根이라 하고, 중근은 중근中根, 상근은 이근利根이라 하여 근성이 제일 우수하다. 상근기의 중생은 지해智解를 빠르게 일으키고 난행難行을 잘 견디어 낸다.

5 원문에는 '주를 단다'고 하였지만, 내용이 없다.

6) 와발

부처가 손파孫婆 백토촌白土村에 머무를 때였다. 이때 손파 천신이 부처에게 아뢰기를 "과거불은 이곳의 와발瓦鉢[6]을 모두 받아 사용하였습니다." 하였다. 이에 부처는 비구들에게 와발을 받을 수 있도록 허락하였다.

瓦鉢

佛住孫婆白土村. 爾時孫婆天神白佛 過去佛皆受用此處瓦鉢. 佛乃聽比丘受瓦鉢.

7) 철발

부처가 왕사성에 머물면서 여러 방을 다녔는데, 비구 한 사람이 팔을 베고 누워 있는 것을 보았다. 아는 체하면서 묻기를 "어디가 편치 않으냐?" 하자, 답하기를 "제가 팔을 베고 있는 것은 팔이 실수로 발우를 땅에 떨어뜨려 깨버려서 즐겁지 않아서입니다." 하였다. 부처가 "쇠 발우 가지는 것을 허락하노라." 하였다.

○발우에 대한 계율에는 삼품三品의 양에 대해 제정하고 허락한 것이 있으나, 글이 번다하여 기록하지 않는다.

---

6 와발瓦鉢: 비구가 걸식할 때에 쓰는 발우의 일종인데, 진흙으로 만든다.

鐵鉢

佛住王舍城 行諸房 見一比丘枕手臥. 知而問曰 汝安樂否? 答我所枕手 失鉢墮地乃破 故不樂. 佛言 聽蓄鐵鉢. ○鉢律有制聽三品量 文多不錄.

8) 다섯 조각으로 깨진 발우를 꿰맴[7]

【철綴은 바로잡아 연이어 붙이는 것을 말한다.】

○『사분율계본』에서 말하였다. "비구가 발우를 가지고 있다가 다섯 번이 안 되게 붙여(減五綴) 새지 않는데도 다시 새 발우를 구하여 좋게 한다면, 니살기바일제尼薩耆波逸提[8]가 된다."

○『법원주림』에서 말하였다. "세존이 성도한 뒤 38년 만에 국왕의 청을 받고 왕사성으로 가서 식사를 마치고, 라후라에게 발우를 씻으라고 시켰는데 씻다가 실수하여 다섯 조각으로 깨뜨렸다. 이날 많은 비구가 있었는데, 부처에게 아뢰고 모두 발우를 다섯 조각으로 깨버렸다. 부처가 '내가 열반한 뒤 처음 오백 년은 나쁜 비구들이 비니장毘尼藏[9]

---

7 오철발五綴鉢: 다섯 군데 깨진 것을 꿰맨 발우를 말한다. 계율에서 비구는 다섯 번 이상 붙인(五綴) 발우를 쓰는 것을 허락하지 아니하고, 또 다섯 번 이하로 붙였을 때는 새 발우 사용하는 것을 허락하지 않았다.

8 니살기바일제尼薩耆波逸提: 사타捨墮라 번역. 비구·비구니가 받는 구족계의 일부로서, 승계 중의 30계이므로 30사타捨墮라 한다. 재물을 내놓고 대중에 들어가서 타죄墮罪를 참회해야 하는 계. 만일 재물을 쌓아 두면 탐심을 일으켜 죄를 범하고, 지옥에 떨어지게 되는 것을 경계한 것이다.

9 비니장毘尼藏: 삼장三藏의 하나. 비내야장毘奈耶藏이라고도 한다. 부처가 말한

을 나누어 오부로 만들 것이다.' 하였다. 부처는 이에 직접 납과 주석을 가지고 깨진 발우를 바로잡고 꿰매었다. 그래서 오철五綴이라고 한다."

五綴鉢

【綴謂釘校連綴也.】 ○『四分律』戒本云 比丘蓄鉢減五綴不漏 更求新者爲好故 尼薩耆波逸提. ○『法苑』云 世尊成道三十八年 赴王舍城國王請食訖 令羅云 滌鉢失手撲爲五片. 是日有多比丘白佛 皆撲鉢破爲五片. 佛言未我滅後 初五百年 諸惡比丘 分毘尼藏爲五部也. 佛乃親將鉛錫 釘綴破鉢. 故云五綴.

9) 용에게 항복받은 발우

항용발은 옛날에 부처가 가섭迦葉[10]이 섬긴 화룡을 발우에 넣어 항복시킨 이야기를 따와 이름 붙인 것이고, 근래에는 진晉나라의 고승 섭공涉公[11]이 부견符堅의 건원建元 11년(375) 장안長安에 큰 가뭄이 들었을 때의 이야기를 따온 것이다. 부견이 섭공에게 주문을 외워 용을 불러내도록 청하자, 갑자기 용이 섭공의 발우 속으로 들어왔고 비가 충분히

율장의 총칭이다.

10 가섭迦葉: 부처의 제자인 우루빈라가섭·나제가섭·가야가섭을 가리킨다. 가섭은 성, 이름은 살고 있는 땅의 이름을 따서 붙인 것이다. 처음은 불을 섬기는 외도의 무리였으나, 부처의 교화를 받고 불법에 귀의하였다.

11 섭공涉公: 인도 사람. 마음이 고요해 기운을 마시고 오곡을 먹지 않았으며, 하루 5백 리를 갔고, 미래의 일을 말할 때는 그 영험이 손바닥을 맞대는 것과 같았다고 한다.

내렸다. 16년에 섭공이 열반(遷化)[12]하자 17년 정월부터 6월까지 비가 오지 않았고, 정성으로 기원해도 내리지 않았다. 부견이 중서中書 주융朱肜에게 말하길 "섭공이 만약 있었다면 짐이 어찌 하늘에 이와 같이 애태웠겠는가?" 하였다.

降龍鉢

遠取佛降迦葉火龍於鉢中名之 近取晉高僧涉公 以符堅建元十一年長安大旱. 堅請涉呪龍 俄爾龍在涉鉢中 雨遂告足. 至十六年涉遷化十七年自正月至六月不雨 多求不應. 堅謂中書朱肜曰 涉公若在 朕豈焦心於雲漢若是哉.

10) 발우의 크기

『십송률』에서 말하였다. "발우·반발半鉢·대건자大鍵鎡【건鍵의 음은 건虔, 자鎡의 음은 자咨이다. 『경음소』에서는 "발우 중에는 작은 발우가 있으니 발우의 사용을 돕는다." 하였다.】·소건자小鍵鎡【『승기율』에도 같다.】"

○『사분율』에서 말하였다. "건자를 작은 발우에 넣고, 작은 발우를 다음 발우에 넣고, 다음 발우를 큰 발우에 넣는다."【이 계율에서 말한 작은 발우(次鉢)에 즉 『십송률』에서의 대건자이다. 차발은 반발半鉢이니, 여러 율법에 준하여 사사四事[13]를 볼 수 있다. 지금은 분자鐼子[14]라고 부르는

12 천화遷化: 천이화멸遷移化滅. 큰스님의 죽음을 일컫는 말이다.

13 사사四事: 공양하는 4가지를 말하는 것으로 각기 달리 말한다. ①의복·음식·와구

데, 분鐼의 음은 훈訓이다. 절운切韻에서 말하였다. "분은 도끼의 종류이지 그릇이 아니다."】

鉢器大小數

『十誦律』云鉢 半鉢 大鍵鎔【鍵音虔 鎔音咨. 『經音疏』云 鉢中之小鉢助鉢用故.】小鍵鎔【僧祇同也.】○『四分律』云 鍵鎔入小鉢 小鉢入次鉢 次鉢入大鉢.【此律言 小鉢 卽『十誦』大鍵鎔也. 次鉢卽半鉢也 准諸律四事可見也. 今呼爲鐼子 鐼音訓. 切韻云 鐼鈇類 非器故.】

11) 발우 받침

계율에서 말하였다. "발우가 바르게 서지 않자 발우 지탱하는 것(鉢支)을 만들도록 허락하였다."

鉢支

律云 鉢不正 聽作鉢支.

臥具·탕약. ②의복·음식·산화散華·소향燒香. ③방사房舍·음식·의복·산화소향.

14 분자鐼子: 발우 안에 포개 넣는 건자鍵鎔·소발小鉢·차발次鉢의 3가지. 발우와는 모양이 다르고, 보통 공기그릇과 같아서 밑굽이 없다. 우리나라 발우 형식과는 달라서 큰 발우는 하나뿐, 그 속에 작은 발우 세 개가 있다.

12) 발우 주머니

계율에서는 "발우 넣을 주머니 만드는 것을 허락하였는데 청색이다." 하였다. 【지금은 바랑(鉢囊)이라고 부른다.】

鉢袋

律云 聽作鉢袋 青色. 【今呼鉢囊也.】

13) 발우 뚜껑

계율에서는 "발우에 먼지가 들어가므로 뚜껑 만드는 것을 허락하였다." 하였다.

鉢盖

律云 有塵坌鉢 聽作盖.

14) 석장

범어로는 "극기라隙棄羅"라 하고, 중국에서는 "석장錫杖"[15]이라 하는데,

---

15 석장錫杖: 극기라隙棄羅라 음역하고 성장聲杖·지장智杖이라 번역한다. 지팡이의 상부上部는 주석(錫), 중부는 나무, 하부는 뿔이나 아뚜를 사용한다. 지팡이 머리는 탑 모양으로 만들어 큰 고리를 끼웠고, 그 고리에 작은 고리 여러 개를 달아 길을 갈 때에 땅에 굴려 소리를 내서 짐승·벌레 따위를 일깨운다. 또 남의

지팡이를 짚을 때 '석錫' 소리를 냈기 때문이다.

○『십송률』에서는 "성장聲杖"이라 한다.

○『석장경』에서 말하였다. "부처가 비구에게 말하였다. '너희들은 응당 석장을 받아 지녀야 하는데, 무엇 때문이겠느냐? 과거·미래·현재의 제불이 모두 짚었기 때문이다. 또 석장은 '지혜의 지팡이(智杖)'라 하고 '덕의 지팡이(德杖)'라고도 하니, 지행과 공덕의 근본을 밝게 나타내기 때문이다. 성인의 표지이며 현명한 자를 밝힌 표시이며, 도법道法에 나아가는 깃발(幢)이다. 가섭이 부처에게 '왜 석장이라 부릅니까?' 하자, 부처가 말하였다. '석錫은 가볍다는 뜻이니 지팡이에 의지하여 번뇌를 제거하고 삼계를 벗어날 수 있기 때문이다. 석은 밝음이니 석장을 짚는 사람은 지혜를 얻어 지혜가 밝아지기 때문이다. 석은 깨어남(醒)이니 괴롭고 허무한 삼계의 번뇌(結使)[16]를 깨닫기 때문이다. 석은 멀리함(疏)이니 석장을 짚는 사람은 오욕五欲을 끊어 멀리하기 때문이다.'"

2개의 고股에 6개의 고리인 것은 가섭불이 만들었고, 4개의 고에 12개의 고리인 것은 석가불이 만들었다. 【이 경전(『석장경』)에는 석장에 대해 훈석한 명칭과 글자가 많이 있고, 그 가운데는 임시로 머무는 장소를 만들 때 나누어 표시하는 법(分表法)과 지니는 법(持法)의 공덕을 설명하였는데, 글이 많아서 다 기록하지 않는다.】

집에 가서 밥을 빌 때 자기가 온 것을 그 집 사람에게 알리기 위하여 흔드는 데 사용하기도 한다. 우리나라에서는 육환장六環杖이라 부른다.

16 결사結使: 번뇌. 번뇌는 몸과 마음을 속박하고 괴로움을 결과 짓는 것이므로 결結이라 하고, 중생을 따라다니며 마구 몰아대어 부림으로 사使라 한다.

○『삼천위의경』에서 말하였다. "지팡이를 짚고 대중 속으로 들어가지 못하고, 정오正午가 지나면 짚지 못하며, 【일중은 곧 오시午時(12시)이다.】 어깨에 메지도 못한다."

○『오백문』에서 말하였다. "지팡이를 지니는 이유는 많은데 벌레나 짐승을 경계할 수 있기 때문이다."

錫杖

梵云 隙棄羅 此云錫杖 由振時作錫聲故. ○『十誦』云 聲杖. ○『錫杖經』云 佛告比丘 汝等應受持錫杖 所以者何? 過去未來現在 諸佛皆執故. 又名智杖 又名德杖 彰顯智行功德本故. 聖人之表識 賢士之明記 道法之幢 迦葉白佛 何名錫杖? 佛言 錫者輕也 倚依是杖 除煩惱 出三界故. 錫明也 得智智明故. 錫醒也 醒悟苦空三界結使故. 錫疏也 謂持者 與五欲疏斷故. 若二股六環 是迦葉佛製 若四股十二環 是釋迦佛製. 【彼經大有訓釋之字說作亭 分表法持法功德 文多不錄.】 ○『三千威儀經』云 持錫不得入衆 日中後不得復持 【日中卽午時也.】 不得擔於肩上. ○『五百問』云 持錫有多事 能警惡虫毒獸故.

15) 싸우는 범을 말린 석장

제齊나라 고승 조稠 선사[17]로부터 시작되었다. 선사가 회주懷州 왕옥산

17 조稠 선사: 북위北魏와 북제北齊 때의 저명한 승려인 승조僧稠(480~560)를 말한다. 『속고승전』의 저자 도선 율사는 승조의 선법을 달마의 선법과 나란히 평가했을 정도로 그의 선법은 뛰어났다.

王屋山에 있을 때에 선禪을 익히고 있는데, 범이 싸우는 소리가 들렸다. 선사가 그곳에 가서 석장으로 두 마리를 갈라놓자 범은 마침내 각자 가버렸다. 이로 말미암아 이름을 붙인 것이다.

解虎錫

始因齊高僧稠禪師. 在懷州王屋山 習禪 聞有虎鬪. 稠往以錫杖中解之 虎遂各去. 因是名焉.

16) 불자

계율에서는 "비구들이 벌레 달려드는 것을 근심하자, 부처가 불자 만드는 것을 허락하였다." 하였다.

　○『승기율』에서 말하였다. "부처는 선불線拂·열첩불列氎拂·망불芒拂·수피불樹皮拂을 만드는 것을 허락하였는데, 묘우描牛(야크yak)의 꼬리털과 말의 꼬리털로 만들었다. 손잡이가 금은으로 장식한 것은 모두 잡아서는 안 된다."

拂子

律云 比丘患草虫 佛聽作拂子. ○『僧祇』云 佛聽線拂 列氎拂芒拂樹皮拂 製若描牛尾馬尾拂. 并金銀裝柄者 皆不得執.

17) 주미[18]

[18] 주미塵尾: 불자拂子의 다른 이름. 가늘고 긴 나무 끝에 큰 사슴(鹿)의 꼬리털을

『음의지귀』에서 말하였다. "『명원名苑』에 말하길 '사슴 중에 큰 것을 주麈라 하는데, 많은 사슴들이 그를 따른다. 모두 큰 사슴이 가는 곳을 보면서 큰 사슴의 꼬리를 따라가니, 전하여 법도가 되었다. 지금은 강학하는 사람들이 사슴들의 모습을 따라서 주미를 잡으니 대개 따르라는 의미가 있다."

○『오백문』에서 말하였다. "비구들이 주미麈尾를 잡는 것은 죄에 떨어지는 것이다."

麈尾

『音義指歸』云『名苑』曰 鹿之大者曰麈 群鹿隨之. 皆看麈所往 隨麈尾所轉爲準. 今講者執之象彼 盖有所指麾故. ○『五百問』云 比丘捉麈尾犯墮.

18) 여의[19]

범어로는 아나율阿那律이라 하고 진秦나라 말로는 여의如意라고 한다. 『지귀指歸』에서는 "옛날의 조장爪杖(등을 긁을 수 있는 물건)이다."라고

달아 부채 비슷하게 만든 것. 처음에는 먼지떨이 파리채로 썼으나, 뒤에는 위의를 정돈하는 도구가 되었다.

19 여의如意: 아나율타阿那律陀의 번역. 설법說法·법요法要·논의論議 등을 할 적에 지니는 것이다. 원래는 뿔이나 대나무 같은 것으로 사람의 손가락 같이 만들어서 등의 가려운 데를 긁는 기구로 사용하였다. 또 강론하는 스님이 혼자서 글을 기록하여 두고 참고하는 데 쓰기도 하였다. 모두 뜻과 같이 된다는 의미에서 '여의'라 한다.

했다. 뼈·뿔·대나무로 만드는데 사람의 손가락 모양을 새겨서 만들며, 손잡이 길이는 석 자 가량 된다. 손이 닿지 않는 가려운 곳에는 이것을 사용하니 사람 뜻대로 긁을 수 있기 때문에 여의라 한다.

○내가(釋道誠) 일찍이 역경에 종사하는 통범대사 청소淸沼와 자학字學(글자의 유래나 소리·뜻을 연구하는 분야)에 종사하는 통혜대사 운승雲勝에게 물었더니 모두 말하길 "여의를 만드는 제도는 대개 마음의 표현이다." 하였다. 그러므로 보살들은 모두 그것을 잡고 있다. 모양은 구름 조각(雲葉)과 같고, 또 이 나라 전서篆書의 심心자와 같기 때문이다. 만약 긁기 위한 도구로 국한된다면, 문수보살도 여의를 가지고 있는데 어찌 가려운 곳을 긁으려고 한 것이겠는가?

지금은 강론하는 승려들이 여의를 잡고, 손잡이에 메모·요약문·축사 등의 글귀를 적는 경우가 많다. 갑자기 잊어버리는 것을 대비하여 필요할 때 손에 잡고 눈으로 보는 것이 사람의 뜻과 같기 때문에 여의라고 한다. 세속 관리들이 잊어버릴 때를 대비하여 가지고 있는 수판手版을 '홀笏'이라고 하는 것과 같다. 제나라 고조高祖가 은사隱士 명승소明僧紹에게 대나무 뿌리로 만든 여의를 주었고, 양나라 무제는 소명태자에게 물푸레나무로 만든 여의를 주었으며, 석계륜石季倫·왕돈王敦은 모두 쇠로 만든 여의를 잡았으니, 이것이 필시 조장爪杖(위에 작은 손잡이 모양의 것이 붙어 있음)일 것이다. 이로 말미암아 논하길, "여의에는 2가지가 있으니 대개 이름은 같으나 용도는 다르다." 하였다.

如意

梵云 阿那律 秦言如意.『指歸』云 古之爪杖也. 或骨角竹木 刻作手指爪 柄可長三尺許. 或脊有痒 手所不到 用以搔抓[20] 如人之意 故曰如意. ○誠嘗問譯經 三藏通梵大師清沼 字學通慧大師雲勝 皆云 如意之制[21] 蓋心之表也. 故菩薩皆執之. 狀如雲葉 又如此方篆書心字故. 若局爪杖者 只如文殊亦執之 豈欲搔痒也? 又云 今講僧尙執之 多私記節文祝辭於柄. 備於忽忘 要時手執目對 如人之意 故名如意. 若俗官之手版 備於忽忘 名笏也. 若齊高祖 賜隱士明僧紹 竹根如意 梁武帝 賜昭明太子 木犀如意 石季倫 王敦 皆執鐵如意 此必爪杖也. 因斯而論 則有二如意 蓋名同而用異焉.

19) 향로

『법원주림』에서 말하였다. "천인天人인 황경黃瓊이 가섭불의 향로에 대해 설명하였다. 요약하자면, 앞에는 사자와 흰 코끼리 16마리가 있고, 2종류의 짐승 머리 위에 별도의 연화대를 만들고 이 연화대를 향로로 만들었다. 뒤에는 웅크리고 앉은 사자가 있는데, 정수리 위에 9마리 용이 금연화를 떠받치고 있으며, 연화 속에는 금대보자金臺寶子가 있고 거기에 향을 채운다." 부처가 설법할 때 항상 이 향로를 잡고 있었는데, 오늘날 손에 드는 향로의 제도를 살펴보면 그 법도를 조금 모방한 점이 있다.

---

20 명판본에는 '爪'로 되어 있으나 이는 '抓'의 오자이다.

21 명판본에는 '製'로 되어 있으나 이는 '制'의 오자이다.

手爐

『法苑』云 天人黃瓊 說迦葉佛香爐. 略云 前有十六獅子白象 於二獸頭上 別起蓮華臺以爲爐. 後有師子蹲踞 頂上有九龍繞承金花 花內有金臺寶子盛香. 佛說法時 常執此爐 比觀今世 手爐之製 小有倣法焉.

20) 염주

『모리만다라주경』에서 말하였다. "범어로는 '발새막鉢塞莫'이라 하고, 양나라에서는 '수주'라고 한다. 이것은 하근기의 중생들이 업을 닦는 것이 일상이 되도록 인도하는 도구이다."

○『목환자경』에서 말하였다. "옛날 파유리波流梨라는 국왕이 있었는데, 부처에게 아뢰었다. '우리나라는 변방의 작은 나라여서 해마다 자주 침략을 받고, 역병이 돌아 곡물이 귀해지면 백성들이 곤궁하여 나는 항상 불안합니다. 여래의 법장은 깊고 넓으나 두루 수행할 수가 없으니, 원컨대 중요한 법을 내려주시기 바랍니다.' 부처가 말하였다. '대왕이시여, 만약 번뇌를 멸하고 싶으면 목환자 108개를 꿰어 항상 몸에 지니고 다니면서 지극한 마음으로 나무불타, 나무달마, 나무승가의 이름을 부르며 한 알을 돌리십시오. 이와 같이 점차로 천만 번에 이르고 20만 번을 채우면 몸과 마음이 어지럽지 않고, 지조를 굽혀 아첨하는 일이 없게 될 것이며, 죽어서 염마천炎摩天[22]에 태어날 수

---

22 염마천炎摩天: 육욕천六欲天의 제3천인 야마천夜摩天을 말한다. 신구의身口意 3업이 착하거나 혹은 등불·촛불·명주明珠 등을 보시하거나 계율을 지님과 선정 등의 업으로 염마천에 태어난다고 한다.

있을 것입니다. 만약 백만 번을 채우게 되면 108개의 업장이 제거될 것이고 항상 즐거운 과보를 얻게 될 것입니다.' 왕은 '마땅히 받들어 행하겠습니다.' 하였다."【○백팔결百八結(백팔번뇌)이란 소승이 닦아야 할 것(見修)[23]을 합쳐서 논하면 번뇌가 모두 108가지 수가 있음이니 미혹되는 바를 밝혀놓은 것이다. 삼계三界의 사제四諦[24] 아래 생겨나는 번뇌를 모두 합하면 88가지가 있다. 고제 아래 일체의 번뇌를 갖추었으니 곧 10가지 번뇌로 탐貪·진嗔·치癡·만慢·의疑·신身·변견邊見·사견邪見·견취見取·계금취戒禁取이다. 집제와 멸제는 삼견三見(신견·변견·계금취견)에서 벗어나니 집제와 멸제 두 제 아래 각기 신견·변견·사견의 세 견을 제거한다. 도제는 이견에서 제거되니, 도제는 신견·변견의 두 견에서 제거됨을 말한다. 색계·무색계(上界)에서는 화를 내는 일이 시행되지 않으니 상계의 사제(고·집·멸·도) 아래에서 각기 성냄(嗔) 하나를 제거하는 것이다. 이상 삼계의 4제를 모두 합하면 88개가 된다. 도를 닦아서 미혹을 끊어버려야 할 것이 욕계에는 4가지가 있으니 탐·진·치·만을 말하고,

---

23 견수見修: 견혹見惑과 사혹思惑(수혹修惑)을 말한다. 견혹은 낱낱 사물의 진상을 알지 못하므로 일어나는 번뇌로 소견이 잘못된 것인 줄만 깨달으면 곧바로 사라지는 번뇌이다. 사혹은 정서적·의지적·충동적인 번뇌로서 수행을 통해 점차 조복하는 번뇌이다. 견사혹이라고도 한다.

24 사제四諦: 사성제四聖諦라고도 한다. 고苦·집集·멸滅·도道. 불교의 강격綱格을 나타낸 전형典型으로서 힘이 있는 것. 제諦는 변하지 않는 진실된 모습이란 뜻이다. ①고제苦諦: 현실의 상相을 나타낸 것이니, 현실의 인생은 고苦라고 관하는 것. ②집제集諦: 고苦의 이유근거理由根據 혹은 원인이라고도 하니, 고의 원인은 번뇌인데, 특히 애욕과 업을 말한다. 위의 2제는 유전流轉하는 인과. ③멸제滅諦: 깨달을 목표. 곧 이상理想의 열반. ④도제道諦: 열반에 이르는 방법. 곧 실천하는 수단. 위의 2제는 깨달음의 인과.

그 위의 색계·무색계(二界)에서는 각기 성냄(嗔)을 제외하고 모두 6개가 있으니, 이상 10개와 합하면 모두 98개이다. 다시 십전十纏[25]인 무참無慚·무괴無愧·혼침昏沈·악작惡作·뇌惱·질疾·도거掉擧·수면睡眠·분忿·부覆를 앞의 것과 모두 합하면 108개가 된다.】[26]

○『만수실리교량수주경』에서 간략히 말하였다. "염주의 재료는 비교하면 종류마다 다르다. 목환자 열매(槵子)를 뽑아 만들어 한 번 돌리면 천 배의 복을 받고, 연꽃 열매(蓮子)로 만든 것은 만 배의 복을 받으며, 수정水精[27]으로 만든 것은 천억 배의 복을 받으며, 보리수

---

25 십전十纏: 근본번뇌에서 부수적으로 일어나는 10가지 번뇌. ①무참無慚: 자신의 죄나 허물에 대해 스스로 부끄러움이 없는 것. ②무괴無愧: 죄를 저지르고도 남에 대하여 부끄러움이 없는 것. ③질嫉: 남을 시기하고 질투하는 것. ④간慳: 남에게 베풀지 않는 인색한 것. ⑤회悔: 행위에 대해서 후회하는 것. ⑥수면睡眠: 마음이 어둡고 자유롭지 못한 것. ⑦도거掉擧: 마음이 들뜨고 혼란스러운 것. ⑧혼침惛沈: 마음이 혼미하고 침울한 것. ⑨분忿: 자신의 마음에 맞지 않는 대상에 대해 성내는 것. ⑩부覆: 자신의 이익과 명예의 상실을 두려워하여 자신이 저지른 죄를 감추는 것.

26 욕계의 고제에는 십사十使인 탐貪·진嗔·치癡·만慢·의疑·신身·변견邊見·사견邪見·견취見取·계금취戒禁取 10가지가 있고, 집제와 멸제에는 신견·변견·계금취견을 벗어나기 때문에 각기 7가지가 있으며, 도제에서는 신견·변견을 벗어나기 때문에 8가지가 된다. 이들을 합하면 32가지가 되고, 색계·무색계에서는 성냄(嗔)이 없기 때문에 색계의 고집멸도에서 성냄을 제거하면 각각 28가지가 되므로 이를 합하면 88가지이다. 도를 닦아서 끊어야 할 4가지 미혹이 탐·진·치·만이기에 4가지이고, 색계와 무색계에서는 성냄이 없기 때문에 각기 3가지여서 모두 6가지가 되므로 합하여 98가지이다. 다시 십전十纏, 즉 무참無慚·무괴無愧·혼침昏沈·악작惡作·뇌惱·질疾·도거掉擧·수면睡眠·분忿·복覆을 앞의 것에 합하면 108가지가 된다는 말이다.

열매(菩提子)로 만든 것을 가지고 염송하면 무량한 복을 받게 된다.”
【이 경전에는 많은 설명이 있으나 번거로워 다 기록하지 않는다.】

數珠

『牟梨曼陀羅呪經』云 梵語鉢塞莫 梁云數珠. 此乃是[28]引接下根 牽課修業之具也. ○『木槵子經』云 昔有國王 名波琉璃 白佛言. 我國邊小 頻年冦疫 穀貴民困 我常不安. 法藏深[29]廣 不得遍行 惟願垂示法要. 佛言 大王若欲滅煩惱 當貫木槵子 一百八箇 常自隨身 志心稱南無佛陀 南無達磨 南無僧伽名 乃過一子. 如是漸次 乃至千萬 能滿二十萬遍 身心不亂 除諂曲 捨命得生炎摩天. 若滿百萬遍當除百八結業 獲常樂果. 王言 我當奉行.【○百八結者 小乘見修 合論煩惱 摠有一百八數 但明見惑. 三界四諦下煩惱 共有八十八. 謂苦下具一切 卽十使貪嗔癡慢疑身邊見邪見見取戒禁取也. 集滅離三見 謂集滅二諦下 各除身邊邪三見也. 道除於二見 謂道諦除身邊二見也. 上界不行恚 謂上界四諦下 各除嗔一. 已上三界四諦 共有八十八也. 修道所斷惑 欲界有四 謂貪嗔癡慢 上二界各除嗔共有六 已上成十 計九十八也. 更加十纏 謂無慚無愧昏沈惡作惱嫉[30]掉擧睡眠忿覆 合前都有一百八也.】○『曼殊室利校量數珠經略』云 其數珠體種種不同校量. 乃至槵子掐一遍 得福千倍 蓮子得福萬倍 水精得福千億倍 若菩提子 或掐或持 得福無量.【彼經廣有說文 繁不具錄.】

---

27 수정水精: 수옥水玉이라 번역한다. 수정水晶·영수석英水石을 말한다.

28 명판본에는 ‘此乃’로 되어 있으나 ‘此乃是’로 바로잡았다.

29 명판본에는 ‘染’으로 되어 있으나 ‘深’의 오자이다.

30 명판본에는 ‘疾’로 되어 있으나 이는 ‘嫉’의 오자이다.

21) 부채

인도에서 많이 사용한다. 예를 들어『아함경』에서 다음과 같이 말하였다. "아난은 라후라에게, 부처를 모실 때에 모두 부채를 사용한다 말하였고, 우바리優波離[31]가 율장을 결집할 적에 당시 파사닉왕이 상아 장식의 부채를 주면서 그것을 잡고 계율을 암송하도록 하였다."

○옛날 고승 혜영慧榮은 강론할 때 부채를 잡았다.

○수양제가 고승 경탈敬脫[32]에게 너비가 석 자되는 대죽선을 주어 안으로 들어가 경론을 강학하도록 하였다.

扇

西天多用. 如『阿含經』云 阿難 羅云 皆執扇侍佛 優波離結集律藏 時

31 우바리優波離: 인도의 네 계급 중 가장 천한 수드라 출신이며, 장성해서 석가족의 궁중에서 머리를 깎는 이발사가 되었다. 부처께서 성도하신 뒤 고향에 돌아오시어 법을 설하시자 석가족의 왕자들이 출가할 때 머리를 깎아주기 위해 왕자들을 따라 부처가 있는 데로 갔다. 거기서 모든 왕자가 출가하는 것을 보고 자신도 출가하고 싶었으나 천민이라 감히 생각지도 못하고 슬픔에 잠겨 있었다. 이것을 안 부처께서 아나율에게 분부하시어 석가족들이 지켜보는 가운데 우바리의 머리를 깎고 제자로 삼았다. 이는 부처가 주장한 '사성평등'을 실천한 것이다. 부처가 열반한 뒤 제1결집에서 우바리 나이 70이 넘었는데 계율에 관한 모든 사항을 외움으로써 율장을 확립케 하였다.

32 경탈敬脫(555~617): 급군汲郡 사람으로 어려서 출가하였는데, 효성스럽고 청정하며 강직하다고 소문이 났다. 강의를 들으러 갈 때 스님은 항상 짐을 지고 다녔는데 한 어깨에는 어머니를, 또 한 어깨에는 경전·종이·붓을 꾸렸다. 공양 시간이 되면 어머니를 나무 아래 앉혀놓고 마을로 들어가 걸식하였다.

波斯匿王 與象牙裝扇 令執誦律. ○古高僧慧榮 講時執扇. ○隋煬帝 賜高僧敬脫 大竹扇闊三尺 入內講經論.

22) 주장자

『십송률』에서 말하였다. “부처가 지팡이 가지는 것을 허락하였는데 그 끝부분에(鑽) 쇠를 사용하여 쉽게 부러지지 않게 만들었으니, 이것은 여행하는 데 도움을 주기 위해서이다.”【끝부분을 쇠로 사용하는 것은 작은 주장자를 말하는 것이지 지금의 의발을 메고 다니는 큰 것이 아니다.】

○『비나야』에서 말하였다. “부처가 주장자 짚는 것을 허락하였는데, 2가지 이유가 있다. 첫째는 늙고 여의어 힘이 없는 사람을 위한 것이고, 둘째는 병든 몸을 의지하기 위한 것이다.”

○수양제가 잠저潛邸에 머무를 때 법장 선사法藏禪師에게 영수목靈壽木으로 만든 지팡이를 보내 주면서 편지에 “매양 이 지팡이를 짚을 때마다 생각해 주십시오.” 하였다.【지팡이를 짚는 데에도 예가 있는 것이다.『여씨춘추』에서 말하였다. “공자가 제자가 하는 것을 보니 지팡이를 품고 그 아버지에게 묻고, 지팡이를 짚고 형제에게 물으며, 지팡이를 늘어뜨린 채 처자에게 물었다. 대개 귀하고 낮음에 차등을 둔 것이다.” 무릇 존숙과 두 스승을 뵐 때에는 자신의 지팡이를 땅에 놓아두고 인사드리고, 혹 두 스승의 지팡이라면 반드시 제자리에 기대어 두고 인사 올려야 한다. 그러나 문답할 일이 있어서 두 스승을 위해서 지팡이를 가지고 있다가 스승이 돌아보고 질문을 하시면 반드시 지팡이를 가슴에 품고 대답하여야 한다.】

拄杖

『十誦律』云 佛聽蓄杖 其䥫[33]用鐵爲堅牢故 斯盖行李之善助也.【言䥫用鐵 卽小拄杖子 非今擔衣鉢大者.】○『毘奈耶』云 佛聽蓄拄杖 有二因緣. 一爲老瘦無力 二爲病苦嬰身故. ○隋煬帝在邸時 送法藏禪師靈壽杖 書云 每策此杖 時賜相憶.【策杖有禮. 『呂氏春秋』曰 孔子見弟子[34]抱杖而問其父 拄杖而問兄弟 曳杖而問妻子. 盖尊卑之差[35]也. 凡策杖 若見尊宿幷二師 皆須投杖於地問訊 或是二師杖 必倚著處. 然有問訊 若爲二師操杖 師有顧問 必抱杖以對之.】

23) 정병[36]

범어로는 "군지軍遲"이고, 중국에서는 "병"이라고 한다. 항상 물을 담아 몸에 지니고 있다가 손을 깨끗이 씻는 데 사용한다.

○『기귀전』에서 말하였다. "군지에는 2가지가 있는데, 도자기나 질그릇 병의 물은 깨끗하게 (주변을 정화하는) 용도로 쓰고, 동이나 철로 된 병의 물은 손을 씻는 용도로 쓴다."

---

33 명판본에는 '鑽'으로 되어 있으나 '䥫'의 오자이다.

34 명판본에는 孔子弟子로 되어 있으나 『여씨춘추呂氏春秋』를 참조하여 '見'자를 보충하였다. "孔子見弟子 抱杖而問其父母 柱杖而問其兄弟 曳杖而問其妻子…."

35 명판본에는 '善'으로 되어 있으나 '差'의 오자이다.

36 정병淨甁: 음역하면 군지軍遲·군치가責稚迦라 하며, 병甁으로 번역한다.

淨瓶

梵語軍遲 此云瓶. 常貯水隨身 用以淨手. ○『寄歸傳』云 軍持有二 若瓷瓦者 是淨用 若銅鐵者 是觸用.

24) 가리개

계율에 2종류가 있으니, 첫째는 대나무 삿갓이고, 둘째는 잎으로 만든 삿갓이다.

○『기귀전』에서 말하였다. "인도의 승려들은 대나무로 만든 가리개를 쓰거나 혹은 일산을 쓴다. 양나라 고승 혜소惠韶가 왕을 만났을 때 지팡이와 가리개를 지닐 수 있도록 해달라고 청하였다. 오늘날 승려들은 대나무로 만든 가리개를 쓰는데, 종려나무로 만든 가리개는 대나무로 만든 옛날 가리개의 방식에다 손잡이만 없앴을 뿐이다. 오늘날에는 또 그 위에 기름 바른 명주를 덧붙인다. 즉 당나라의 마주馬周가 만든 석모蓆帽에 기름 바른 명주를 올려 비를 막았으므로 그것을 본뜬 것이다."

盖

律有二種 一竹盖 二葉盖. ○『寄歸傳』云 西域僧有持竹盖 或持傘者. 梁高僧惠韶 遇有請 則自携[37]杖笠也. 今僧戴竹笠椶笠 乃竹盖葉盖之遺製 但去柄爾. 今又加油絹於上. 卽唐馬周 製在蓆帽以禦雨 故效之也.

---

37 명판본에는 '檇'로 되어 있으나 '携'의 오자이다.

25) 계도[38]

『승사략』에서는 "계도는 도를 닦기 위한 도구道具[39]이다. 계율을 살펴보니 '달 머리 모양 칼(月頭刀子)을 지니는 것을 허락하였으니 옷을 자르기 위해서이다.' 하였다. 오늘날 비구들이 지니고 있는 칼을 '계도戒刀'라고 부르는 것은 부처가 일체 초목을 베어서 귀신이 사는 마을을 무너뜨리지 못하게 하였기 때문이다. 초목 베는 것도 오히려 경계하는데 하물며 다른 것임에랴." 하였다.

戒刀

『僧史略』云 戒[40]刀皆是道具. 按律許蓄月頭刀子 爲割衣故. 今比丘蓄刀名戒者 盖佛不許斫截一切草木 壞鬼神村故. 草木尙戒 況其他也.

26) 여수낭[41]

『증휘기』에서 말하였다. "모양을 보면 비록 가볍고 작으나 그 용도를 보면 생명을 보호하기 위한 것이니, 즉 자비의 뜻이 여기에 있다. 지금 중국의 승려들은 지니는 자가 드물고, 지금은 계율에 의거하여 승려임을 표시하고 질문에 대비하는 것일 뿐이다."

---

38 계도戒刀: 비구가 가지는 작은 칼. 승구僧具나 3의衣 따위를 베는 데 쓴다.

39 도구道具: 불도 수행을 돕는 가사·발우 따위의 기구를 말한다.

40 명판본에는 '或'으로 되어 있으나 '戒'의 오자이다.

41 명판본에는 '囊'으로 되어 있으나 '囊'의 오자이다.

○『근본백일갈마』에서 말하였다. "물 거름망(水羅)에는 5종류가 있다. 첫째는 방라方羅【명주 한 자 혹은 두 자를 사용하는데 때에 따라 크거나 작게 만들며 모름지기 촘촘하여서 벌레가 통과하지 못하는 것이어야 한다. 만약 성근 명주, 얇은 갑사 또는 모시 베를 사용하면 본래 살아있는 것을 보호한다는 뜻이 없게 된다.】 둘째는 법병法甁【음양병陰陽甁이라고도 한다.】 셋째는 군지君遲【명주로 입구에 덮어 줄로 매달아 놓았다가 물속에 군지를 가라앉혀서 물이 차기를 기다려 당겨 꺼낸다.】 넷째는 작수라酌水羅, 다섯째는 의각라衣角羅이다."【의각衣角이란 가사의 모서리가 아니라, 손바닥 하나만 한 촘촘한 명주를 사용하여 병 입구에 걸거나 발우 가운데 넣어서 물을 거르는 깔때기다.】

○『남산초』에 양식이 있는데 글이 많아서 기록하지 않는다.

○도를 닦는 데 사용하는 도구는 계율에 허락한 것의 이름과 형식이 지극히 많으나 지금 사용하지 않는 것이므로 주注를 달지 않았다.

濾水囊

『增輝記』云 觀其狀雖輕小 察其功用爲護生命 卽慈悲之意 其在此也. 中華僧 鮮有受持 今准律標示 備於有問爾. ○『根本百一羯磨』云 水羅有五種. 一方羅【用絹一尺 或二尺隨時大小 作絹須細密 不透虫者. 若用踈絹薄紗 紵布者 本無護生之意也.】 二法甁【陰陽甁也.】 三君遲【以絹繫口 以繩懸沉於水中 待滿別出.】 四酌水羅 五衣角羅,【言衣角者 非袈裟角也 但取密絹方一搭手 或繫甁口 或安鉢中 濾水角也.】

○『南山鈔』有式樣 文多不錄. ○道具律中聽者 名式極多 非今所用 故不注之.

12. 제청편制聽篇

1) 일산을 가지고 다님

계율에서 말하였다. "발난타跋難陀[1] 비구가 큰 가리개를 쓰고 걸어갔다. 【지금의 양산凉傘과 비슷하다.】 여러 거사가 멀리서 보고 관리라 생각하고 모두 길을 피했는데 가까이 와서야 비구임을 알았다. 이에 그를 나무라고 부처가 계를 제정하여 큰 가리개 쓰는 것은 허락하지 않았지만, 비가 올 경우 우산 쓰는 것은 허락하였다."

持蓋

律云 跋難陀比丘 持大盖行. 【似今凉傘也.】 諸居士遙見謂是官人 皆避道及近元是比丘. 乃譏嫌之 佛乃制戒 不許持大盖 若天雨卽聽.

---

1 발난타跋難陀: 선희善喜·현희賢喜라 번역. 부처가 열반했다는 말을 듣고, 기뻐하였다는 나쁜 비구의 이름.

2) 방의 벽에 그림을 그림

『승기율』에서 말하였다. "비구들이 방을 만들어 벽에 그림을 그리려 하자 부처는 산림山林이나 사람·말 따위를 그리는 것을 허락하였으나, 남녀가 화합하는 모양의 그림은 그리지 못하게 하였다."

○옛날 남제南齊 때에 경릉竟陵의 문선왕文宣王이 서재 벽에 선현들의 모습을 그려놓고 신神처럼 숭상하였는데 그 가운데에는 열녀의 초상도 있었다. 그때 어떤 나그네가 말하길 "그대가 열녀를 그려놓으니 여색을 좋아하지 덕을 좋아하지 않는 듯합니다." 하자, 문선왕이 마침내 지워 버리고 그에게 사과의 말을 했다. 세속의 관리들조차도 오히려 이와 같이 혐의를 피하였다.

畫房壁

『僧祇』云 比丘作房 欲畫壁 佛言 聽畫山林人馬之屬 不得畫男女和合之像. ○昔者 南齊竟陵文宣王 圖先賢形貌於書齋壁 俾若神對 其中有烈女之像. 時有客曰 君畫烈女 似好色不好德也 文宣遂削去謝之. 俗官避嫌 尙如此焉.

3) 향주머니를 걸도록 함

『사분율』에서 말하였다. "비구들의 방안에 냄새가 나자 부처가 향니香泥를 바르도록 허락하였다. 그것을 발라도 여전히 냄새가 나자 부처는 '사방에 향주머니를 걸어라'고 하였다."

懸香

『四分律』云 比丘房內臭 佛許[2]用香泥. 泥之猶臭 佛言四角懸香.

4) 곡식을 사들이거나 내다 팜

『승기율』에서 말하였다. "비구들은 곡물을 사들여 쌓아둘 적에는 응당 생각하여야 할 것이다. '나는 마땅히 이것에 의지하여 경전을 외우고 좌선하고 도를 행할 수 있으나, 곡물이 귀할 때에는 마치 먹을 것이 남은 것처럼, 공덕을 짓는 것처럼 남은 것을 내다팔 것이다.'"

糴糶

『僧祇』云 比丘糴貯穀米 應作是念. 我當依是 得誦經坐禪行道 到穀貴時 若食剩若作功德 餘者糶之.

5) 나무를 심음

『비니모』에서 말하였다. "비구들은 삼보를 위해 세 등급의 나무를 심는다. 첫째는 과일나무(果樹), 둘째는 꽃을 보기 위한 나무(華樹)[3], 셋째는 그늘을 만들어주는 잎이 있는 나무(葉樹)이니, 여기에는 복만 있고 허물이 없다."

---

2 명판본에는 '諸'로 되어 있으나 '許'의 오자이다.

3 화수華樹: 나가수那伽樹·용화보리수龍華菩提樹·용화수라고도 한다. 미륵보살은 56억 7천만 년 후 이 세계에 나서 용화수 아래서 성도한다고 한다.

栽樹

『毗尼母』云 若比丘爲三寶 種三等樹. 一果樹 二華樹 三葉樹 但有福無過.

6) 개를 기름

『살바다율섭』에서 말하였다. "큰절 안에서 절을 지키기 위해 개를 기르는 것을 허락하였으니, 모름지기 기르는 법을 알아야 한다. 만약 탑과 사찰의 땅을 훼손시켰을 때는 마땅히 평평하게 메우고, 만일 더러운 것을 배출하였으면 마땅히 치워야 하는데, 그렇지 않으면 악작죄를 짓는 것이다."

養狗

『薩婆多律攝』云 大寺內爲防守故 聽養狗須知行法. 若颮損塔幷房院地 應平塡若遺下應除去 不爾者得惡作罪.

7) 침상에 요를 깔아 장엄하게 장식함

계율에서 말하였다. "난타 비구가 침상에 요를 깔고 장엄하게 꾸미자 사람들이 나무라며 말하길 '이것은 대단히 장엄하고 고운 것으로 비구가 마땅히 해야 할 일이 아니다.' 하자, 부처는 침상에 요를 깔고 지나치게 장엄한 장식을 할 수 없도록 제도를 만들었다."

嚴飾床褥

律云 難陀比丘 嚴飾床褥 爲人譏云 此太嚴麗 非比丘所宜 佛制不得過量嚴飾床褥.

8) 외도의 책을 이용하여 불경을 다듬고자 함

『사분율』에서 말하였다. "용맹한 비구가 부처에게 아뢰길 '세속 사람들의 말로써 불경을 다듬고자 합니다.' 하자, 부처가 '어리석은 자들이 외도外道들의 말을 불경과 뒤섞고자 하는데 이것은 불경을 훼손시키는 것이다.' 하였다."

用外書治佛經

『四分律』云 勇猛比丘白佛 欲以世間言論 修治佛經 佛言癡人以外道言論 欲雜糅佛經 乃是毁損.

9) 팔찌를 두름

오늘날의 백삭百索[4]과 같다. 『십송률』에서 말하길 "비구가 실로 엮은 팔찌(縷釧)[5]를 착용하는 것은 돌길라突吉羅[6] 죄를 범하는 것이다." 하

---

4 백삭百索: 백일이 되면 해제할 수 있다는 뜻으로 오색실로 가는 끈을 만들어 어린아이 팔목·발목·목에 묶어 액막이를 했다.

5 누천縷釧: 잡귀와 병화를 물리치기 위하여 팔뚝에 동여매는 오색의 실. 속명루續命縷·장명루長命縷 등으로 부른다.

였다.

帶縷釧

若今百索也.『十誦律』云 比丘若著縷釧 犯突吉羅罪.

10) 세금을 내지 않음

『십송률』에서 말하였다. "비구가 관문(關邏)을 지나갈 적에는 응당 세금을 내야 되는데 내지 않거나, 만약 장사꾼을 위해서 세금 낼 물건(稅物)을 통과시켜 주거나, 혹은 사람들에게 다른 길을 가르쳐 주어서 관청에 바칠 세금 다섯 푼(五文)을 내지 않게 한 자들은 바일제波逸提를 범하는 것이다."【다른 길(異道)이라고 말한 것은 세금을 내지 않고 지나가는 사사로운 길이다.】

偸稅

『十誦律』云 比丘過關邏應稅不稅 若爲賈客過稅物 或示人異道 斷官稅錢 直五文者 犯波逸提.[7]【言異道 卽偸稅私經也.】

---

6 돌길라突吉羅: 돌슬길률다突膝吉栗多·돌슬궤리다突瑟几理多·독가다獨柯多. 몸으로 짓는 악작죄惡作罪, 말로 짓는 악설죄惡說罪. 계율의 죄명으로, 몸과 입으로 짓는 나쁜 업을 말한다. 여기에 방편돌길라方便突吉羅·공상돌길라共相突吉羅·중물돌길라重物突吉羅·비전돌길라非錢突吉羅·비니돌길라毘尼突吉羅·지돌길라知突吉羅·백돌길라白突吉羅·문돌길라聞突吉羅의 8종이 있다. 이 돌길라죄를 범한 이는 등활지옥等活地獄에 떨어진다고 한다.

7 『십송률』(T23, p.379c05)에는 비구가 바일제를 범하는 경우에 대해 인용문과

11) 싸우는 것을 봄

『승기율』에서 말하였다. "비구가 코끼리·소·말, 혹은 닭싸움이나 사람이 싸우거나 언쟁하는 것을 보면 월법죄越法罪[8]를 얻는다."

看鬪

『僧祇』云 比丘看象牛馬 乃至雞鬪 及人鬪口諍者 得越法罪.

12) 거울을 봄

『승기율』에서 말하였다. "만약 병이 생기거나 새로 머리를 바짝 깎거나(剃頭) 머리에 종기가 생겨서 거울을 보는 것은 죄가 아니다. 그러나 좋게 꾸미기 위하여 보는 것은 월비니죄越毘尼罪[9]를 얻는다."

같이 자세히 기록하고 있다. "又問 若比丘過關邏應輸稅物而不輸 得何罪? 答 得波羅夷. 若估客語比丘 與我過是物. 比丘與過 若稅物直五錢以上 得波羅夷. 若估客到關邏 語比丘言 與我過是物 稅直當與比丘半. 比丘若過是物 稅直乃至五錢 若直五錢 得波羅夷. 若估客到關 語比丘言 與我過是物 稅直盡與汝. 比丘若過是稅物 乃至五錢若直五錢 得波羅夷. 若估客到關 應輸稅物 比丘示異道令過 斷官稅物 是稅物乃至五錢 若直五錢 得波羅夷. 若估客應輸稅物未到關 比丘示異道令過 是稅物乃至五錢 若直五錢 斷官稅物故 得偸蘭遮."

8 월법죄越法罪: 월삼매야죄越三昧耶罪. 삼매야에 위반하는 죄. 평등平等·서원誓願·제장除障·경각警覺 등의 뜻이 있다. 이것은 서원의 뜻으로 여래의 원을 어기어 비법秘法을 주지 못할 이에게 주며, 비서秘書를 읽을 자격이 없는 이에게 읽게 하는 등의 죄이다.

9 월비니죄越毘尼罪: 부처의 계율을 어기는 죄. 후세에는 가벼운 죄의 이름이 되었다.

照鏡

『僧祇』云 若病瘥 若新剃頭 若頭面有瘡 照無罪. 若爲好故照者 得越毘尼罪.

13) 노래

오늘날 시속의 가곡(唱曲子) 따위이다. 계율에서 말하였다. "5가지 허물이 있으니 첫째는 스스로 마음에 탐심을 일으킨다. 둘째는 다른 사람으로 하여금 집착을 일으키게 한다. 셋째는 혼자 거처하면서 이런저런 생각을(覺觀)[10] 많이 일으킨다. 넷째는 항상 탐욕으로 마음을 덮게 된다(覆心). 다섯째는 젊은 사람들로 하여금 듣고서 항상 애욕愛欲을 일으켜 도道에 반대로 한다."

歌

若今唱曲子之類也. 律云 有五過 一使自心貪 二令他起著 三獨處多起覺觀 四常爲貪欲覆心 五令諸年少聞 常起愛欲反道故.

14) 술을 마심

계율에서 말하였다. "술에는 2종류가 있으니, 첫째는 곡식으로 만들며, 둘째는 목주木酒인데, 즉 풀뿌리나 열매로 만든다."

---

10 각관覺觀: 총체적으로 사고하는 것을 각覺이라 하고, 분석적으로 상세히 관찰하는 것을 관觀이라 한다.

○『열반경』에서 말하였다. "술은 선하지 않은 것과 여러 악의 근본이 되니, 만약 끊어버린다면 여러 가지 죄를 멀리할 수 있다."

○『성실론』에서 물었다. "'술을 마시는 것은 실질적 죄입니까?' 답하기를 '아니다.' '그런데 왜 죄라고 합니까?' '음주 자체는 중생을 괴롭게 만들지는 않으나 이는 죄의 원인이 된다. 만약 사람이 술을 마시게 되면 착하지 못한 문을 열어서 선정禪定 등 여러 선법善法을 막을 수가 있으니, 이것은 마치 많은 과일나무를 심을 적에 반드시 담장으로 막아야 하는 것과 같기 때문이다. 술을 마시는 것은 과수원에 울타리가 없는 것과 같다.' 하였다."

○『사분율』에서 말하였다. "술을 마심에는 10가지 과실이 있으니 첫째는 안색이 나빠지고, 둘째는 힘이 약해지고, 셋째는 시력이 밝지 못하며, 넷째는 화내는 모습이 드러나게 되고, 다섯째는 생계로 삼는 전답과 생업(田業)을 폐하게 되며, 여섯째는 병이 늘어나며, 일곱째는 싸움과 송사訟事가 많아지고, 여덟째는 나쁜 이름이 퍼지고, 아홉째는 지혜가 감소되고, 열째는 몸이 망가지니 죽으면 삼악도에 떨어진다."

○『사미계경』에서 말하였다. "36가지 잘못이 있으니 집안이 파탄나고, 몸이 위태롭게 되고, 도를 잃어버리고, 목숨을 잃어버리는 것 등이 모두 이것으로 말미암는다."

○『법원주림』에서 말하였다. "'술을 많이 마시고도 취하지 않고, 또한 정신에 폐해를 끼치지 않고, 죄를 짓지 않는다면 술을 마시는 것이 죄를 짓는 것이 아니지 않습니까?' 답하였다. '계율을 제정하여 잘못을 막는 것은 본디 선善을 낳기 위함이고 계율은 바로 선을 바르게 하는 것이다. 몸과 입으로 어긋남이 없고 마음과 몸이 끊어져서 차죄와

성죄 둘이 다 끊어져야 계율을 잘 지켰다고 이름한다. 지금 술을 잘 마시는 사람이 비록 정신이 어지럽지 않고 다른 계율을 깨뜨리지 않았다 하더라도 다만 술을 마시는 것이 곧 죄의 원인이니, 이것은 정녕 차죄의 계(遮戒)[11]를 어긴 것이고 마음과 몸으로 범하였기 때문에 죄가 있다고 말하는 것이다.'"

飮酒

律云 酒有二種 一穀所成 二木酒 卽草根菓作者. ○『涅槃經』云 酒爲不善諸惡根本 若能除斷 則遠衆罪. ○『成實論』問云 酒是實罪耶? 答非 所以者何? 飮酒不[12]爲惱衆生故 而是罪因. 若人飮酒 則開不善之門 以能障定[13]等[14]諸善法 如植衆果 必[15]牆障故.[16] 若飮酒如果無牆障焉. ○『四分律』云 飮酒有十過失 一顏色惡 二少力 三眼視不明 四

---

11 차계遮戒: 불음주계不飮酒戒. 술을 마시는 것 자체는 죄악이 아니나, 술을 마심으로써 여러 가지 죄악을 저지르게 되므로 부처께서 막았다. 이와 같이 부처가 금지해서 계가 된 것을 차계라 한다.

12 명판본에는 '不'이 없으나 『성실론』을 참조하여 '不'을 넣어 바로잡았다. 아래(각주 16)에 원문 제시.

13 명판본에는 '之'로 되어 있으나 '定'의 오자이다.

14 명판본에는 '及'으로 되어 있으나 아래(각주 16)의 『성실론』(T32, p.300b09) 원문을 보면 '等'으로 되어 있다. 이를 참조하여 바로잡았다.

15 명판본과 일판본 및 대정장에는 '無'로 되어 있으나 아래(각주 16)의 『성실론』(T32, p.300b09) 원문을 참조하여 '必'로 바로잡았다.

16 『성실론』(T32, p.300b09), "問曰 飮酒是實罪耶 答曰非也 所以者何 飮酒不爲惱衆生故 但是罪因 若人飮酒則開不善門 是故若教人飮酒則得罪分 以能障定等諸善法故 如植衆果必爲牆障 如是四法是實罪 離爲實福爲守護故 結此酒戒."

現嗔相 五壞田業資生 六增疾病 七益鬪訟 八惡名流布 九智慧減少 十身壞命終 墮三惡道. ○『沙彌戒經』有三十六失 乃至破家危身 失道喪命 皆由之. ○『法苑』云 今有耐酒之人飲之不醉 又不弊神 亦不作過 飮得罪否? 答制戒防非 本爲生善 戒是正善. 身口無違 緣中止[17]息 遮性兩斷 乃戒名善. 今耐酒之人 雖不亂神 未破餘戒 但飮便爲罪因 正違遮戒 緣中生犯 乃名有罪.

15) 육고기를 먹음

『능가경』에서 말하였다. "대비보살이 부처에게 아뢰길 '원컨대 고기를 먹는 과오에 대해 말씀해 주시기 바랍니다.' 하자, 부처가 말하였다. '모든 고기는 너희와 무량한 인연이 있으니 응당 육식하지 말아야 한다. 나는 지금 너희 모든 중생을 위하여 간략하게 말하겠다. 일체중생이 근본이래로 인연이 윤회하여 항상 육친六親(부모·형제·처자)이 되기 때문이다. 깨끗하지 못한 기운으로 생겨난 것이기 때문이고, 중생이 나쁜 냄새를 맡고서 모두 공포심이 생기기 때문이다. 수행하는 자들로 하여금 자비심이 생겨나지 않게 하기 때문이다. 이것을 즐기는 사람치고 선善한 이름이 없기 때문이고, 제천諸天에서 버림받기 때문이다.'"

---

17 명판본에는 '正'으로 되어 있으나 『법원주림』을 참조하여 '止'로 바로잡았다. 『법원주림』(T53, p.974c12), "問曰 罪有遮性酒體生罪 今有耐酒之人能飮不醉 又不弊神亦不生罪 此人飮酒應不得罪 斯則能飮無過 不能招咎 何關斷酒 以成戒善 可謂能飮耐酒 常名持戒 少飮卽醉是大罪人 答曰 制戒防非本爲生善 戒是生善 身口無違 緣中止息 遮性兩斷 乃名戒善."

○계율에서 말하였다. "대체로 육식을 하는 사람들은 대자비심이 끊어지게 되어 물이나 육지, 공중을 다니는 생명 가진 것들이 원한을 갖게 되기 때문이다."

○『법원주림』에서 물었다. "'술은 정신을 화락하게 하는 약이고, 육고기는 굶주린 배를 채워주는 음식이다. 이는 예나 지금이나 동일한 음식이거늘, 어찌하여 유독 비루하게 보면서 못 먹게 하는가? 군왕이 먹으라고 차려준 것인데 어찌 승려들에게 관련해서는 허물이라 하면서 막는가?' 답하였다. '육식은 살생으로 말미암고, 술은 정신을 어지럽게 할 수 있으므로 가령 먹을 자리를 만나게 되더라도 억지로 반드시 엄하게 끊어야 하고, 비록 군왕의 명은 어기더라도 오히려 불심을 따라야 할 것이다.'"

食肉

『楞伽經』云 大悲菩薩白佛言 願說食肉過惡 佛言.有無量因緣 不應食肉. 我今爲汝略說. 一切衆生 從本已來 展轉因緣 常爲六親故. 不淨氣分所生故 衆生聞惡氣 悉生怖故. 令修行者 慈心不生故. 凡夫所嗜無善名故 諸天所棄故. ○律云 夫食肉者 斷大慈種 水陸空行 有命者怨故. ○『法苑』問云 酒是和神之藥 肉是充飢之膳. 古今同味 獨何鄙焉?[18] 設君王賜食 豈關僧過? 答肉由殺命 酒能亂神 縱逢見抑 亦須嚴斷 雖違君命 還順佛心矣.

---

18 명판본에는 '獨何鄙云'으로 되어 있으나 '焉'의 오자이다.

16) 매운 것을 먹음

『능가경』에서 말하였다. "모든 파(葱)·염교(薤)·부추(韮)·마늘(蒜)은 냄새가 진하고 깨끗하지 못하므로 거룩한 도에 장애가 될 수 있고, 또 세상의 깨끗한 곳에도 장애가 된다. 하물며 부처의 정토임에랴?"

○『열반경』에서 말하였다. "이에 파와 부추, 마늘과 염교를 먹으면 고통받을 곳에 마땅히 태어난다."

○『능엄경』에서 말하였다. "이 5종의 매운 채소는 익혀서 먹으면 음욕을 일으키고, 생으로 먹으면 노여움을 돋우니, 세상이 이와 같다. 매운 채소를 먹은 사람이 12부경을 잘 설해도 온 세상의 천선天仙은 그 더러운 냄새를 싫어하여 모두 멀리 떠나고, 모든 굶주린 귀신들은 이로 말미암아 먹기 위해서 그 입술을 핥기 때문에 항상 귀신들과 사는 것이 되니, 복덕이 날로 소멸하여 영원히 이익이 없을 것이다."

食辛

『楞伽經』云 一切葱薤韮蒜 臭穢不淨 能障聖道 亦障世間淨處. 何況佛之淨土? ○『涅槃經』云 乃是食葱韮蒜薤 當生苦處. ○『楞嚴經』云 是五種辛 熟食發婬 生食增恚 如是世界. 食辛之人 能宣十二部經 十方天仙 嫌其臭穢 咸皆遠離 諸餓鬼等 因彼食次 舐其唇吻 常與鬼住 福德日消 長無利益.[19]

---

19 『능엄경楞嚴經』(X.18, p.1057b05), "如是世界食辛之人 縱能宣說十二部經 十方天仙 嫌其臭穢 咸皆遠離 次天仙遠棄 諸餓鬼等 因彼食次 舐其唇吻 常與鬼住 福德日銷 長無利益 後與鬼同居."

17) 몸을 버림

『십주단결경』에서 부처가 말하였다. "과거의 무수한 겁 전에 '배선사裴扇闍'라는 큰 나라가 있었다. 제위提謂라는 한 여자가 있었으니 남편이 죽자 수절하며 과부로 지냈다. 집은 부유했으나 자식이 없었다. 어떤 바라문이 말하기를 '지금 당신에게 미친 재앙은 당신의 전생 죄로 말미암은 것이어서, 만약 복을 닦고 죄를 멸하지 않으면 뒷날 지옥에 떨어질 것이니 그때 후회한들 소용이 없을 것이다.' 하자, 제위가 '어떤 복을 지어야 죄를 멸할 수 있습니까?' 하였다. 바라문이 말하기를 '장작을 쌓고 스스로 몸을 태우는 것만 한 것이 없다.' 하자, 제위가 그 가르침에 따라 장작을 쌓으려고 할 적에 어떤 발저바鉢底婆【한어漢言로는 변재辯才이다.】라는 도인이 물었다. '장작을 그리 많이 애써 쌓아서 어디에 쓰려고 하시오?' 여인이 답하였다 '스스로 몸을 태워 죄를 멸하고자 합니다.'

변재가 말하기를 '몸에 앞서 죄업이 정신에 따라다니는 것이지 몸에 붙은 것이 아닌데 헛되이 스스로 몸을 불태운들 어찌 죄업이 없어지겠으며, 어떻게 고뇌에서 선한 과보를 구할 수 있겠습니까? 이치에 통하지 않는 일입니다. 비유컨대 소가 수레를 싫어하여 수레를 부숴버린 것과 같은데, 앞의 수레를 부숴버리면 이어서 뒤에 새 수레를 얻게 될 것입니다. 가령 백 천만 개의 몸을 불태워 무너뜨린들 죄업의 인연은 서로 이어져서 소멸되지 않을 것입니다.'라 하였다."

○사람들에게 몸을 버리도록 권하는 자는 율법에서 바라이波羅夷[20] 죄를 범하는 것이다.

捨身

『十住斷結經』云 佛言 過去無數劫 有一大國名裴扇闍. 有一女人名提謂 夫喪守寡. 家富無子. 有婆羅門謂曰 今身之厄 由汝前世罪故 若不修福滅罪 後墮地獄 悔無所及. 提謂問 作何福 得滅罪耶? 婆羅門曰 莫非積薪自燒其身. 提謂依教積薪次 有道人名鉢底婆【漢言辯才.】問曰 辦具薪火[21]而欲何爲? 女人答曰 欲自燒身滅罪. 辯才告曰 先身罪業 隨逐精神 不與身合 徒自燒身 安能滅罪 何於苦惱求善報耶? 於理不通. 譬如牛䡄車 欲使車壞 前車若壞續得後車. 假使燒壞百千萬身 罪業因緣 相續不滅. ○勸人捨身者 律犯波羅夷罪.

18) 목욕

『사분율』에서 말하였다. "자주 목욕하는 것을 허락함은 세상의 선(世善)[22]을 만들어 내기 때문이다."

---

20 바라이波羅夷: 바라시가波羅市迦·바라사이가波羅闍已迦라고도 쓰며, 기손棄損·극악極惡·무여無餘·단두斷頭·불공주不共住라 번역한다. 계율 가운데 가장 엄하게 금하는 것이다. 이 중죄를 범한 이는 승려로서의 자격을 잃어 승려 무리에서 쫓겨나 함께 살지 못하며, 영원히 불법의 버림을 받아 죽은 뒤에는 아비지옥에 떨어진다고 하는 극히 악한 죄이다. 비구는 살생殺生·투도偸盜·사음邪婬·망어妄語의 4종이 있어 '사바라이'라 하고, 비구니는 여기에 마촉摩觸·팔사성중八事成重·부장타중죄覆障他重罪·수순피거비구隨順被擧比丘의 4가지를 더하여 8종이 되므로 '팔바라이'라 한다.

21 명판본에는 '大'로 되어 있으나 '火'의 오자이다.

22 세선世善: 세복世福이라고도 한다. 세속에 본래 있는 충忠·효孝·인仁·의義 등의 도덕을 말한다. 이런 선善을 행하면 인간·천상의 행복스러운 과보를 받게 되므로

○『비니모』에서 말하였다. "목욕은 몸속의 풍냉병風冷病을 제거하고, 편안하게 도道를 수행할 수 있으므로 5가지 이익이 생긴다. 첫째는 때를 제거하고, 둘째는 피부를 치료하여 한 색깔이 되게 하고, 셋째는 추웠다 더웠다 하는 증상을 없게 하고, 넷째는 중풍의 기운을 내려가게 하며, 다섯째는 병의 통증을 적게 한다."

○『온실경』에서 말하였다. "부처가 의왕醫王 기역耆域[23]【한어漢言로는 고활固活이다.】에게 '승려들이 목욕할 때에는 7가지 물건을 쓰는 것이 좋겠다.'고 하였다. '첫째는 불을 피우고(燃火), 둘째는 깨끗한 물을 쓰고, 셋째는 가루비누(澡豆)를 사용하며, 넷째는 차조기 기름(蘇膏)을 사용하며, 다섯째는 순수한 때 빼는 횟가루(淳灰)를 사용하며, 여섯째는 버드나무 가지(楊枝)를 사용하고, 일곱째는 내의內衣를 입는다. (자주 목욕하면) 7가지 병을 제거하게 되니, 첫째는 온몸이(四大) 편안하고, 둘째는 풍風을 제거하며, 셋째는 습비濕痺[24]를 제거하며, 넷째는 추위를 제거하며, 다섯째는 열기를 제거하며, 여섯째는 더러운 때를 제거하며, 일곱째는 몸이 가볍고 눈이 밝고 깨끗해진다. (자주 목욕하면) 7가지 복을 얻게 되니, 첫째는 온몸에 병이 없어 사는 곳이 늘 편안하고, 둘째는 사는 곳이 청정하여 얼굴과 머리가 단엄하고, 셋째는 몸이 항상 향기롭고 의복이 청결하고, 넷째는 피부가 부드럽고

이렇게 부른다.

23 기역耆域: 보통 기바耆婆라는 이름으로 잘 알려져 있다. 인도 사위성에 살던 의사로 부처께 귀의하여 세존의 풍병, 아난의 창병, 아나율이 소경된 것 등을 치료했다.

24 습비濕痺: 습기로 인해 뼈마디가 저리고 쑤시는 병.

윤이 나서 위엄과 덕이 빛나고, 다섯째는 따르는 사람이 많아서 먼지를 털어내게 되고, 여섯째는 입에서 좋은 향기가 나서 말하는 것이 엄숙하고, 일곱째는 사는 곳에 자연스럽게 의복이 생긴다.'"

○계율에서는 "비구들이 욕실에 들어갈 적에는 한마음으로 말을 적게 하고, 위의를 잘 지키고, 육근六根을 잘 단속하라." 하였다.

浴

『四分律』云 許數數洗浴生世善故. ○『毗尼母』云 澡浴但爲除身中風冷病 得安穩[25]行道故 有五利. 一除垢 二治皮膚令一色 三破寒熱 四下風氣 五少病痛. ○『溫室經』佛爲醫王耆域【漢言固活.】說浴僧當用七物. 一燃火 二淨水 三澡豆 四蘇膏 五淳灰 六楊枝 七內衣. 除七病 一四大安穩 二除風 三除濕痺 四除寒冰 五除熱氣 六除垢穢 七身體輕便 眼目淸淨. 得七福 一四大無病 所生常安 二所生淸淨 面首端嚴 三身體常香 衣服淨潔 四肌體濡澤 威光德大 五多饒人從 拂[26]拭塵垢 六口齒香好 所說肅用 七所生之處 自然衣服. ○律云 凡比丘入浴室 應一心小語 好持威儀 收攝諸根.

釋氏要覽 卷上

25 명판본에는 모두 '隱'으로 되어 있으나 '穩'의 오자이다.

26 명판본에는 '佛'로 되어 있으나 '拂'의 오자이다.

찾아보기

【ㅌ】

【ㅍ】

【ㅎ】

역주 김순미

2005년 『조선조 불교 의례의 시가 연구』로 박사학위를 받은 뒤, 불교의례집인 『천지명양수륙재의범음산보집』을 번역하였다. 조선의 시속례는 유교와 불교가 습합된 부분이 있기 때문에 유교 의례에도 관심을 가지고 『한국예학총서』(총 173권)(경성대학교 한국학연구소)를 만드는 일에 참여하였고, 그 결과 우리나라 최초의 제사 지침서인 이언적의 『봉선잡의』를 단독 번역하여 출판하였다. 또한 조선조 가례학의 대체적인 체계와 중요한 학설을 개관하는 데 도움을 주는 『가례증해』(6권) 번역 사업에 참여하였으며, 이와 관련한 연구 논문을 썼다. 10여 년 동안 대학에서 우리나라 예속과 관련된 강의를 하다가 현재는 한국국학진흥원에서 연구원으로 근무하고 있다.

석씨요람 역주 1

초판 1쇄 인쇄 2022년 12월 13일 | **초판 1쇄 발행** 2022년 12월 23일
석도성 저 | 김순미 역주 | 펴낸이 김시열
펴낸곳 도서출판 운주사
(02832) 서울시 성북구 동소문로 67-1 성심빌딩 3층
전화 (02) 926-8361 | **팩스** 0505-115-8361
ISBN 978-89-5746-714-5 94220 값 27,000원
ISBN 978-89-5746-713-8 (세트)
http://cafe.daum.net/unjubooks 〈다음카페: 도서출판 운주사〉